이펙티브 자바
Effective Java 3/E

KB179904

Effective Java, 3rd Edition

by Joshua Bloch

이펙티브 자바 3판

초판 1쇄 발행 2018년 11월 1일 **5쇄 발행** 2023년 7월 28일 **지은이** 조슈아 블로크 **옮긴이** 개앞맵시(이복연) **펴낸이** 한기성 **펴낸곳** (주)도서출판인사이트 **편집** 문선미 **영업마케팅** 김진불 **제작·관리** 이유현, 박미경 **용지** 월드페이퍼 **인쇄·제본** 천광인쇄사 **등록번호** 제2002-000049호 **등록일자** 2002년 2월 19일 **주소** 서울시 마포구 연남로5길 19-5 **전화** 02-322-5143 **팩스** 02-3143-5579 **이메일** insight@insightbook.co.kr **ISBN** 978-89-6626-228-1 책값은 뒤표지에 있습니다. 잘못 만들어진 책은 바꾸어 드립니다. 이 책의 정오표는 https://blog.insightbook.co.kr에서 확인하실 수 있습니다.

〈개발자의 앞길에 맵핵 시전〉, 줄여서 '개앞맵시'는 역자가 어려서부터 생각한 후학 양성의 꿈을 조금 독특한 방식으로 일찍 실행에 옮긴 것이다. 현재 모습은 주요 개발 테마별 개발자에게 꼭 필요한 기술과 역량을 안내하는 책들을 로드맵 형태로 정리한 지도다.

- 페이스북: https://facebook.com/dev.loadmap
- 로드맵 모음: https://www.mindmeister.com/ko/users/channel/86528

프로그래밍 인사이트

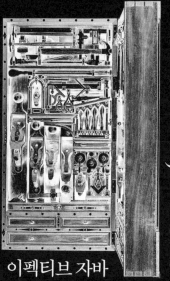

EFFECTIVE JAVA 3/E

이펙티브 자바

조슈아 블로크 지음 | 개앞맵시(이복연) 옮김

인사이트

차례

옮긴이의 말

『이펙티브 자바』는 자바 개발자라면 꼭 한 번은 정독해야 하고, 옆에 두고 필요할 때마다 찾아봐야 할 필독서라고 할 수 있습니다. 워낙 유명하여 이 책을 별달리 설명하거나 포장할 필요도 없습니다. 다만, 깊이 있는 내용을 다루다 보니 결코 쉽지 않다는 게 이 책이 가진 유일한 단점이랄까요? 그래서 이 책의 단점을 어떻게 보완하여 독자분들이 쉽게 읽고 효과적으로 학습할 수 있을지를 여러 가지로 궁리해봤습니다.

번역 용어 해설

이 책은 자바의 깊숙한 곳을 훑다 보니 다양한 전문 용어가 수시로 등장합니다. 어떤 용어는 따로 쓸 때는 문제가 없다가도 다른 용어와 함께 쓰면 헷갈리기도 합니다. 그래서 최대한 직관적이고 일관되면서도 서로 잘 구분되는 용어를 선택하려고 노력했습니다. 다음은 이 책에서 쓰인 번역 용어의 해설집입니다.

- 『이펙티브 자바 3판』 번역 용어 해설: *http://bit.ly/2Mr1ksE*

영어와 번역어를 단순히 1:1 매핑해 나열하기보다는, 연관된 용어까지 고려해 해당 번역어를 선택한 이유를 설명했습니다. 헷갈릴 만한 용어에는 자세한 설명도 덧붙였고, 2판과 달라진 용어가 많아서 2판에서 사용한 용어도 함께 수록했습니다. 참고로 2판의 번역서는 2009년 판(심재철 옮김, 대웅출판사)과 2014년 판(이병준 옮김, 인사이트) 두 가지가 있는데, 제가 비교한 것은 이병준 님이 번역하신 2014년 판입니다.

동영상 강의

저나 이 번역서와 직접적인 관련은 없습니다만, 네이버 랩스의 백기선 님이 이 책의 원서를 기반으로 강의를 진행 중입니다. 책만 읽기 따분한 분, 혹은 활자가 아닌 생생한 강의를 듣고 싶은 분께 강추합니다!

- 백기선 님의 『이펙티브 자바』 강의: *http://bit.ly/2Lu4BGi*

깃허브 저장소

원서 출간 후 반년이 지나도록 저자가 예제 소스를 공개하지 않아 속을 썩이다가, 8개월째에 드디어 소스를 공개했습니다. 다음은 원서의 저장소를 복제해 한국어판 독자를 위해 마련한 저장소입니다.

- 한국어판 깃허브 저장소: *https://git.io/fAm6s*

주석과 출력 문자열은 한국어판에 맞게 번역해놓았습니다. 각 소스 파일의 주석에는 해당 코드가 등장하는 책의 페이지가 언급돼 있으니 참고하세요. 번역서 관련 주요 공지가 생기면 이 저장소 첫 페이지에 올리겠습니다.

본문 편집

이 책의 원서는 처음부터 끝까지 글과 코드뿐입니다. 짧은 아이템에서는 별다른 문제가 없지만, 대다수의 아이템은 한번에 읽고 머릿속에 다 정리하기에는 긴 편이죠. 그래서 몇 가지 시각적인 효과를 추가해봤습니다.

1. 중간중간 샛길로 새는 설명은 다음처럼 '노트' 형태로 구분했습니다.

     본문을 읽다 보면 '아이템 33 참고'처럼 연관된 다른 아이템을 자주 언급합니다. 이때 해당 아이템의 제목을 함께 써준다면 무엇을 참고하라는 것인지 더 잘 연상되겠죠. 그래서 처음에는 아이템 제목을 매번 명시해봤는데, 워낙 빈번히 등장하다 보니 오히려 가독성이 떨어지더군요. 그래서 아이템 번호만 적었으니, 제목이 궁금하면 조금 불편하더라도 목차에서 확인해주세요.

2. 다음의 코드 0-1처럼 예제 코드에도 적당히 번호를 붙여서, 본문에서 가리키는 코드를 더 정확히 지칭하도록 했습니다.

    코드 0-1 코드에 번호를 붙였습니다.

```java
for(Developer developer : developers) {
    if (developer.love(Language.JAVA)) {
        System.out.printf("%s 님께 이 책을 바칩니다.%n", developer.name());
    }
}
```

3. 각 아이템 마지막의 요약(summary) 부분도 '핵심 정리' 형태로 구분했습니다. 내용이 짧거나 명백하여 요약이 따로 없는 아이템은 '핵심 정리'를 추가하지 않았습니다.

감사의 말

마지막으로, 이 책의 초고를 검토해준 유동환, 나상혁, 박성철, 정상혁 님, 그리고 번역 용어를 정하는 데 도움 준 Javawocky(*https://www.facebook.com/groups/javawocky/*)의 회원님들께 깊이 감사드립니다.

이복연

추천사

동료가 갑자기 "오늘 밤 나의 배우자는 집에서 비정상적인 식사를 제조합니다. 너는 가입할 것인가?"라고 말하면 어떨 것 같은가? 아마도 세 가지 생각이 머리를 스칠 것이다. 저녁 식사에 초대받았다. 이 동료는 한국어에 서툴다. 당혹스럽다.

자신이 공부한 외국어를 실전에서 활용해보았다면 세 가지를 통달해야 한다는 사실을 알고 있을 것이다. 바로 언어의 구조(문법), 말할 대상의 이름(어휘), 일상의 이야기를 풀어내는 관례적이고 효과적인 방법(용법)이다. 교실에서는 보통 앞의 두 가지만 가르쳐주는 터라, 여러분이 외국어로 의사를 전달하려 구슬땀을 흘릴 때 웃음을 참느라 애쓰는 원어민의 모습을 쉽게 볼 수 있을 것이다.

프로그래밍 언어를 공부할 때도 이와 똑같다. 언어의 핵심(절차적[1]이냐 함수형이냐 객체 지향이냐)을 이해하고, 어휘(자료구조, 연산자, 표준 라이브러리의 기능)를 알고, 코드를 구성하는 관례적이고 효과적인 방법에 숙달해야 한다.

가령 자바는 단일 상속 방식의 객체 지향 언어이고, 메서드 안의 코드는 명령형(문장 지향) 방식으로 작성한다. 표준 라이브러리는 그래픽, 통신, 분산 컴퓨팅, 보안 등의 기능을 제공한다. 그렇다면 실전에서 가장 효과적 자바 코딩법은 과연 무엇일까?

다른 면도 생각해보자. 입으로 내뱉어 버린 말이나 종이에 인쇄되어 출간된 책이나 잡지와는 달리, 프로그램은 계속 수정할 수 있다. 그래서 코드는 단순히 효과적으로 작동하고 다른 사람이 쉽게 이해할 수 있기만 하면 되는 게 아니라, 구조가 수정하기 쉬워야 한다. 예를 들어 기능 T를 구현하는 방법이 열

---

1 (옮긴이) 원문은 'algorithmic'이나 프로그래밍 패러다임을 구분할 때 흔히 쓰는 용어가 아니라 임의로 '절차적'으로 대체했다.

가지인데, 그중 일곱 가지는 초보적이고 효율이 낮고 이해하기도 어려워서 고려할 가치가 없다고 해보자. 그럼 남은 세 가지 중 하나를 선택해야 한다. 이때 이왕이면 다음 버전에서 기능 T가 어떻게 개선될지까지 고려해, 처음부터 개선된 T′와 비슷한(즉, T′로 수정하기 편한) 구현 방식을 선택하는 것이 좋다.

언어를 공부하기 위해 통달해야 할 첫 번째 요소인 자바 언어의 문법을 다루는 책은 이미 매우 흔하다. 대표적으로 『자바 프로그래밍 언어, 한글4판』(아놀드, 고슬링 외 공저, 케이앤피 IT), 『The Java Language Specification』(고슬링 외 공저, 에디슨웨슬리)가 있다. 두 번째 요소인 자바 관련 라이브러리와 API를 알려주는 책도 많이 출간되었다.

이 책은 언어를 공부하기 위해 통달해야 할 요소의 세 번째를 위한 책이다. 바로 관례적이고 효과적인 용법이다. 저자인 조슈아 블로크는 선 마이크로시스템스에서 수년간 자바 언어를 확장하고 구현하고 사용했다. 조슈아 블로크는 나를 비롯해 수많은 이가 작성한 코드를 살펴봤다. 이를 기초로 잘 작동하고, 다른 이가 쉽게 이해할 수 있고, 미래의 수정과 개선 작업도 수월한 코드를 작성할 수 있도록 도울 것이다. 이 책에 담긴 값진 조언을 보고 나면 여러분의 코드는 쾌적하고 격조 높고 우아한 경지까지 올라설지도 모른다.

가이 L. 스틸 주니어
매사추세츠 버링턴에서
2001년 4월

서문

3판

아직 자바가 낯설던 1997년, 자바의 아버지인 제임스 고슬링(James Gosling)은 자바를 '아주 단순한' '노동자용 언어'라 말했다. 한편 C++의 아버지인 비야네 스트롭스트룹(Bjarne Stroustrup)은 C++를 '한 가지 방식만 지원하도록 고안된 언어들과는 현격히 다른' '다중-패러다임 언어'라 했다. 그러면서 다음과 같은 경고를 덧붙였다.

> 갓 탄생한 언어 대부분이 그렇듯, 자바가 상대적으로 간결해 보이는 이유는 어느 정도는 허상이고 어느 정도는 그 기능의 미숙함 때문이다. 자바도 시간이 흐르면서 급격히 커지고 복잡해질 것이다. 결국 두세 배는 커지고 구현 종속적인 확장과 라이브러리가 늘어날 것이다.
>
> — 스트롭스트룹

그로부터 20년이 흐른 지금에 와서 보면 두 거장의 말이 모두 맞았다. 지금의 자바는 거대하고 복잡하다. 또한, 병렬 실행과 반복부터 날짜와 시간까지 다양한 목적의 수많은 추상 개념을 제공한다.

플랫폼이 성장하면서 열정이 살짝 식었음은 인정하지만, 나는 여전히 자바를 좋아한다. 커져버린 규모와 복잡성으로 인해 최신의 모범 사례가 그 어느 때보다 간절해졌다. 그래서 이번 『이펙티브 자바 3판』에 내 혼신의 힘을 기울였다. 이번 3판이 앞서의 초판과 2판의 정신을 잘 계승하여 독자 여러분의 기대에 부응하기를 바란다.

작은 것이 아름답지만, 단순함이 쉬움을 뜻하진 않는다.

캘리포니아 산호세에서
2017년 11월

추신. 최근 나는 우리 업계 관례와 관련한 논의에 꽤 많은 시간을 할애했다. 이 업계가 탄생한 1950년대 이래로, 우리는 자유롭게 서로의 API를 재구현해왔다. 이 관례는 컴퓨터 기술을 대성공으로 이끈 일등 공신 중 하나다. 나는 우리가 이러한 자유를 계속 누리게 하고자 노력할 것이며, 여러분도 동참해주길 바란다. 서로의 API를 재구현할 권리는 우리 업계가 지속해서 건강히 성장하는 데 꼭 필요하다.[1]

2판

이 책의 초판을 낸 2001년 이후 자바 플랫폼에 많은 일이 일어났고, 드디어 2판을 써야 할 시간이 도래했다. 그중 가장 큰 변화라면 자바 5가 도입한 제네릭(Generics), 열거 타입(enum), 애너테이션(annotation), 오토박싱(autoboxing), for-each 반복문을 꼽을 수 있다. 그다음으로, 역시 자바 5에서 소개한 동시성 라이브러리인 java.util.concurrent가 있다. 길라드 브라카(Gilad Bracha)와 나는 이러한 새로운 언어 특성을 설계하는 팀을 이끄는 멋진 행운을 누렸다. 또한 더그 리(Doug Lea)가 이끈 동시성 라이브러리 설계팀에 기여할 행운도 함께 얻었다.

플랫폼상의 이들 대 격변은 이클립스(Eclipse), 인텔리J 아이디어(IntelliJ IDEA), 넷빈즈(NetBeans)와 같은 최신 통합 개발 환경(IDE)은 물론 파인드벅스(FindBugs) 같은 정적 분석 도구에도 널리 영향을 끼쳤다. 비록 내가 여기까지 참여하진 못했지만, 그 혜택을 듬뿍 누리며 이 도구들이 자바 개발 경험에 주는 효과를 배울 수 있었다.

2004년 선(Sun)에서 구글로 자리를 옮긴 후로도, 지난 4년간 자바 커뮤니티 프로세스(JCP)를 통해 동시성과 컬렉션 API를 개선하는 방식으로 자바 플랫폼 개발에 계속 관여했다. 또한 자바 플랫폼으로 구글 내부에서 쓸 라이브러리를 개발하며, 사용자의 입장에도 서보게 되었다.

2001년 초판을 쓸 당시의 최우선 목표는 나의 경험을 여러분과 나누는 것이었다. 내 경험을 통해 여러분이 내 성공으로부터 배우는 동시에 나와 같은 실

---

1 (옮긴이) 오라클과 구글 사이의 자바 저작권 소송에 관한 저자의 입장이다. 오라클은 특정 자바 API에 저작권이 있으니 마음대로 쓰면 안 된다고 주장하고, 구글은 API 자체에 저작권을 부여한다는 개념에 동의할 수 없으며 해당 API를 다르게 재구현했으므로 문제되지 않는다고 주장한다. 2010년부터 이어져온 이 법정공방은 2018년 3월 미 연방항소법원의 판결을 끝으로 오라클이 승리하였다.

패를 겪지 않게 돕고 싶었다. 이번 2판에서는 자바 플랫폼 라이브러리의 활용하는 실례를 보강하는 쪽에 신경을 썼다.

2판은 최신 내용을 모두 담기 위해 노력하면서도 기대 이상으로 성공한 초판의 정신을 이었다. 아이템의 수도 57개에서 78개로 늘었다. 단순히 23개를 새로 추가한 것이 아니라 초판의 내용을 전체적으로 가다듬었고, 이제는 필요 없어진 구닥다리 아이템을 제거했다. 2판과 초판의 아이템들 사이의 관계를 부록에 실었으니 참고하기 바란다.

초판의 서문에서 나는 자바와 그 라이브러리가 소프트웨어 품질과 생산성에 어마어마한 도움이 될 터이니 즐겁게 써달라 말씀드렸다. 자바 5와 6에서의 변화는 그러한 장점을 더욱 극대화했다. 플랫폼은 2001년 때보다 훨씬 크고 복잡해졌지만, 새로운 기능을 활용하는 패턴과 관례를 익히고 나면 여러분의 프로그램은 더욱 좋아지고 여러분 삶은 훨씬 편해질 것이다. 이번 2판이 자바를 향한 내 열정을 충실히 반영하고, 독자 여러분이 자바 플랫폼과 새로운 기능들을 더 효과적이고 재미있게 활용하는 데 도움이 되길 바란다.

캘리포니아 산호세에서
2008년 4월

초판

1996년, 당시 자바소프트(JavaSoft)라 알려진 새 일터를 향해 서쪽으로 집을 옮겼다. 그 후로 줄곧 5년 동안 자바 플랫폼 아키텍트로 일하며 수많은 라이브러리를 설계, 구현, 관리해왔고 많은 사람에게 컨설팅도 했다. 자바 플랫폼의 이들 라이브러리를 관장할 수 있었던 건 내게 천재일우의 기회였다. 우리 세대 최고의 소프트웨어 엔지니어들과 함께 했다고 해도 전혀 과장이 아니다. 그 과정에서 소프트웨어를 제대로 작동시키는 방법과 최고의 효과를 내는 언어 혹은 라이브러리 활용법 등 자바에 관해 많은 것을 배웠다.

이 책은 내 경험을 나누어 여러분이 내 성공으로부터 배우는 동시에 내가 경험한 실패를 다시 겪지 않게 도와주려는 시도다. 스콧 마이어스(Scott Meyers)의 명저 『이펙티브 C++』의 형식을 빌려 각 아이템이 특정 관점 하나에서 여러분 프로그램과 설계를 개선하도록 꾸몄다. 이 방식이 내겐 매우 효과적이었는데, 여러분에게도 도움이 되길 기대한다.

되도록 자바 라이브러리로부터 실무의 예를 끄집어내 규칙을 설명하였다. 더 나은 대안을 설명할 때 내가 직접 작성한 코드를 활용하려 노력했지만, 때론 동료가 작성한 코드를 차용하기도 했다. 최대한 신경 썼지만, 혹여나 다른 이를 불쾌하게 하였다면 진심으로 죄송하다. 잘못된 사례는 비난하려는 의도가 아니라 순전히 먼저 걸어간 이의 경험으로부터 함께 배우고자 인용했을 뿐이다.

이 책을 재사용용 컴포넌트 개발자를 염두에 두고 쓴 건 아니지만, 내가 지난 20년을 컴포넌트를 만들며 지낸 터라 그러한 색채가 강할 것이다. 나는 기본적으로 공개된 API 관점에서 생각하며, 여러분도 그렇게 하기를 권한다. 재사용용 컴포넌트를 개발하지 않을 때라도, 이 방식이 여러분이 작성하는 소프트웨어 품질을 끌어올려 줄 것이다. 나아가, 의식하지 못하는 사이 재사용용 컴포넌트를 만들게 되는 경우도 드물지 않다. 예컨대 여러분이 뭔가 유용한 코드를 작성했고, 이를 동기 친구들에게 공유했다고 해보자. 그럼 순식간에 십수 명의 사용자가 생기고, 여러분은 어느새 API를 마음대로 수정할 수 없는 상황에 처하게 된다. 그러면 코드를 처음 작성할 때 설계에 쏟아부은 노력에 감사하게 될 것이다.

익스트림 프로그래밍(XP) 같은 경량 개발 방법론을 선호하는 개발자에게는 API 설계에 대한 내 집착이 조금 과하다 느껴질지도 모르겠다. 이들 방법론에서는 동작하는 가장 단순한 프로그램을 강조한다. 경량 방법론을 따르는 독자라면 API 설계가 리팩터링 과정에 큰 도움이 된다는 걸 발견할 것이다. 리팩터링의 핵심 목표인 시스템 구조 개선과 중복 제거는 잘 설계된 API를 건너뛰고는 도달할 수 없기 때문이다.

완벽한 언어는 없지만, 훌륭한 언어는 좀 있다. 내가 본 자바 언어와 라이브러리는 소프트웨어 품질과 생산성에 큰 도움이 되고 가지고 놀기에도 재밌다. 이 책이 나의 열정을 온전히 전달하여 여러분이 자바를 더 효과적이고 재미있게 사용하는 데 도움이 되길 바란다.

감사의 글

3판

이 책의 초판과 2판을 친절하고 열정적으로 맞이해준 독자 여러분께 감사드린다. 책에 담긴 아이디어를 머리에 새기고, 이 책이 여러분과 여러분의 일에 어떤 긍정적인 영향을 주었는지를 알게 해주었다. 이 책을 강의에 활용해준 교수분들, 실무에 적용해준 많은 기술팀에 감사한다.

친절함과 전문성, 인내와 은혜로 나를 지원해준 에디슨웨슬리와 피어슨 팀도 모두 고맙다. 그중에서도 특히, 담당 편집자인 Greg Doench는 한 치의 흔들림도 없었다. 멋진 편집자이자 완벽한 신사다. 나 때문에 흰머리가 좀 는 거 같아서 매우 죄송할 따름이다. PM을 맡아준 Julie Nahil과 제품 편집자인 Dana Wilson은 언제나 성실하고 빠르고 체계적이고 친절했다. 세심한 Kim Wimpsett은 원고를 세련되게 교열해줬다.

이번에도 역시 최고 리뷰팀이 도와주었다. 참여해준 모두에게 진심을 담아 감사드린다. 신디 블로크(Cindy Bloch), Brian Kernighan, Kevin Bourrillion, Joe Bowbeer, William Chargin, Joe Darcy, Brian Goetz, Tim Halloran, Stuart Marks, Tim Peierls, Yoshiki Shibata는 거의 모든 장을 일일이 검토해줬고, Marcus Biel, Dan Bloch, Beth Bottos, Martin Buchholz, Michael Diamond, Charlie Garrod, Tom Hawtin, Doug Lea, Aleksey Shipilëv, Lou Wasserman, Peter Weinberger도 많이 도와주었다. 이 분들 덕에 책의 가치가 훨씬 높아졌고, 망신당할 뻔한 수많은 실수를 바로잡을 수 있었다.

책 속의 많은 아이디어를 테스트하며 자신의 시간과 지식을 아낌없이 쏟아부어준 William Chargin, Doug Lea, Tim Peierls께는 특별히 더 감사드린다.

마지막으로 아내 신디 블로크는 나를 격려해주고, 날 원고 상태에서 모든 아이템을 읽어봐 주고, 색인을 작성해줬다. 이처럼 큰 프로젝트에서 빼먹을 수 없는 일들을 맡아 도와주고 책을 쓰는 내내 나를 인내해줘서 고맙다.

2판

이 책의 초판을 친절하고 열정적으로 맞이해준 독자 여러분께 감사드린다. 책에 담긴 아이디어를 머리에 새기고, 이 책이 여러분과 여러분의 일에 어떤 긍정적인 영향을 주었는지를 알게 해주었다. 이 책을 강의에 활용해준 교수 분들, 실무에 적용해준 많은 기술팀에 감사드린다.

친절함과 전문성, 인내와 은혜로 저를 지원해준 에디슨웨슬리의 팀원 모두 고맙다. 그중에서도 특히, 담당 편집자인 Greg Doench는 한 치의 흔들림도 없었다. 멋진 편집자이자 완벽한 신사다. 제품 관리자를 맡아준 Julie Nahil은 언제나 성실하고 빠르고 체계적이고 친절했다. 세심한 Barbara Wood는 내 원고를 세련되게 교열해줬다.

이번에도 역시 최고 리뷰팀이 도와주었다. 참여해준 모두에게 진심을 담아 감사드린다. Lexi Baugher, Cindy Bloch, Beth Bottos, Joe Bowbeer, Brian Goetz, Tim Halloran, Brian Kernighan, Rob Konigsberg, Tim Peierls, Bill Pugh, Yoshiki Shibata, Peter Stout, Peter Weinberger, Frank Yellin은 거의 모든 장을 일일이 검토해줬고, Pablo Bellver, Dan Bloch, Dan Bornstein, Kevin Bourrillion, Martin Buchholz, Joe Darcy, Neal Gafter, Laurence Gonsalves, Aaron Greenhouse, Barry Hayes, Peter Jones, Angelika Langer, Doug Lea, Bob Lee, Jeremy Manson, Tom May, Mike McCloskey, Andriy Tereshchenko, Paul Tyma도 많은 도움을 주었다. 이 분들 덕에 책의 가치가 훨씬 높아졌고, 망신당할 뻔한 수많은 실수를 바로잡을 수 있었다. 아직도 부족한 면이 있다면 그건 모두 내 탓이다.

책 속의 많은 아이디어에 대한 사람들의 피드백을 모아준 Doug와 Tim에게는 따로 또 감사드린다. 시간과 지식을 빌려준 두 분의 관대함에 큰 은혜를 입었다.

현재 구글에서 저를 매니징해주는 Prabha Krishna에게도 그간의 지원과 격려에 큰 감사를 드린다.

마지막으로 나의 아내 신디 블로크는 나를 격려해주고, 날 원고 상태에서 모든 아이템을 읽어봐 주고, 프레임메이커 작업을 도와주고, 색인까지 작성해주었다. 책을 쓰는 내내 나를 인내해줘서 고맙다.

초판

이 책의 집필을 제안해준 에디슨웨슬리의 Patrick Chan, 시리즈 관리 편집자인 Lisa Friendly, 시리즈 기술 편집자인 Tim Lindholm, 편집 이사인 Mike Hendrickson께 감사드린다. 이 세 분은 나를 독려해 이 프로젝트가 나아가게 만들었고 초인적인 인내와 우직한 믿음으로 책의 탄생을 이끌어냈다.

멋진 저술 소재를 만들어준 제임스 고슬링과 그의 최초 팀, 그리고 고슬링의 뒤를 따라와 준 수많은 자바 플랫폼 개발자들께 감사드린다. 특히 나를 격려해 주고 응원해준 선의 자바 플랫폼 도구와 라이브러리 팀에서 함께 일한 동료들께 감사하다. Andrew Bennett, Joe Darcy, Neal Gafter, Iris Garcia, Konstantin Kladko, Ian Little, Mike McCloskey, Mark Reinhold로 구성된 멋진 팀이고, 앞서 함께 일했던 Zhenghua Li, Bill Maddox, Naveen Sanjeeva도 잊지 않겠다.

이 프로젝트를 전폭적으로 지원해준 내 매니저인 Andrew Bennett, 디렉터인 Larry Abrahams께도 감사드린다. 엔지니어들에게 창의적으로 생각하고 책을 펴낼 수 있는 환경을 제공해준 자바 소프트웨어의 엔지니어링 부사장 Rich Green께도 감사를 전한다.

그리고 최고 리뷰팀이 도와주었다. 참여해준 모두에게 진심을 담아 감사드린다. Andrew Bennett, Cindy Bloch, Dan Bloch, Beth Bottos, Joe Bowbeer, Gilad Bracha, Mary Campione, Joe Darcy, David Eckhardt, Joe Fialli, Lisa Friendly, James Gosling, Peter Haggar, David Holmes, Brian Kernighan, Konstantin Kladko, Doug Lea, Zhenghua Li, Tim Lindholm, Mike McCloskey, Tim Peierls, Mark Reinhold, Ken Russell, Bill Shannon, Peter Stout, Phil Wadler, 그리고 익명의 검토자 두 명까지 포함해 모두 정말 감사하다. 이 분들 덕에 책의 가치가 훨씬 높아졌고, 망신당할 뻔한 수많은 실수를 바로잡을 수 있었다. 아직도 부족한 면이 있다면 그건 모두 내 탓이다.

선 안팎의 수많은 동료들이 이 책을 개선하기 위한 기술 토론에 참여해줬다. 그중 Ben Gomes, Steffen Grarup, Peter Kessler, Richard Roda, John Rose, David Stoutamire는 유용한 통찰을 제공해줬다. 이 책 속의 많은 아이디어를 시험하며 자신의 시간과 지식을 아낌없이 쏟아부어준 Doug에게는 특별히 더 감사를 전한다.

Julie Dinicola, Jacqui Doucette, Mike Hendrickson, Heather Olszyk, Tracy Russ를 포함해 에디슨웨슬리의 모든 팀원께도 감사를 전한다. 옥죄는 일정 압박에도 언제나 상냥한 모습으로 전문가다운 지원을 잊지 않았다.

추천사를 써준 Guy Steele, 이 프로젝트에 참여해줘 영광이었다.

마지막으로 나를 격려해주고 종종 어서 쓰라고 위협해준 나의 아내 신디 블로크는 날 원고 상태에서 모든 아이템을 읽어봐 주고, 프레임메이커 작업을 도와주고, 색인까지 작성해주었다. 책을 쓰는 내내 나를 인내해줘서 고맙다.

1장

E f f e c t i v e   J a v a   T h i r d   E d i t i o n

들어가기

이 책은 여러분이 자바 언어와 그 기반 라이브러리, 즉 java.lang, java.util, java.io, java.util.concurrent, java.util.function 같은 하위 패키지를 효과적으로 사용하게끔 구성했다. 때때로 다른 패키지들도 다룰 것이다.

이 책은 총 90개의 아이템을 담았다. 각각의 아이템이 하나의 규칙을 다루며, 각 규칙은 업계 최고의 베테랑 프로그래머들이 유익하다고 인정하는 관례다. 이 아이템들을 주제별로 11개 장으로 묶었고, 각 장은 넓은 관점에서 소프트웨어 설계의 한 측면을 다룬다. 아이템들은 서로 독립적이라 책을 처음부터 순서대로 읽을 필요는 없다. 또한, 아이템들이 서로를 참조하는 경우가 많으니 여러분 각자 마음이 이끄는 대로 읽어도 좋다.

이 책의 2판이 출간된 뒤로 자바 플랫폼에 많은 기능이 더해졌다. 이 책의 아이템 대부분이 이런 신기능을 어떠한 형태로든 활용하지만, 그중 새로운 기능을 더 밀도 있게 다룬 아이템은 다음 표와 같다.

기능	아이템 번호	도입된 자바 버전
람다	42~44	자바 8
스트림	45~48	자바 8
옵셔널	55	자바 8
인터페이스의 디폴트 메서드	21	자바 8
try-with-resources	9	자바 7

@SafeVarargs	32	자바 7
모듈	15	자바 9

대부분의 아이템에는 프로그램 예제를 곁들였다. 많은 디자인 패턴과 관용구를 설명하는 코드 예제는 이 책의 핵심 특징이기도 하다. 적재적소에 이 분야 표준 레퍼런스인『GoF의 디자인 패턴』(프로텍미디어, 2015)[Gamma95]으로의 참조를 달아뒀다.

피해야 할 관행을 보여주는 코드 예도 자주 등장한다. 안티패턴(antipattern)이라고도 하는 이런 예는 "// **따라 하지 말 것!**" 같은 주석을 달아 명시했다. 또한, 그 예가 나쁜 이유를 설명하고 대안을 제시해뒀다.

이 책은 입문자용이 아니다. 여러분이 자바에 이미 익숙하다고 가정한다. 자바에 익숙하지 않다면 피터 세스토트(Peter Sestoft)의『Java Precisely』(MIT Press, 2016) 같은 입문서를 먼저 읽기를 권한다.『이펙티브 자바』는 자바 언어를 다룰 줄 안다면 누구나 볼 수 있는 수준이지만 고수급 프로그래머조차 생각해야 할 거리를 던져주기도 한다.

이 책의 규칙 대부분은 아주 핵심적인 기본 원칙 몇 개에서 파생된다. 바로 명료성(clarity)과 단순성(simplicity)이다. 이 두 가지는 무엇보다 중요하다. 컴포넌트는 사용자를 놀라게 하는 동작을 해서는 절대 안 된다(정해진 동작이나 예측할 수 있는 동작만 수행해야 한다). 컴포넌트는 가능한 한 작되, 그렇다고 너무 작아서는 안 된다. (이 책에서 컴포넌트란 개별 메서드부터 여러 패키지로 이뤄진 복잡한 프레임워크까지 재사용 가능한 모든 소프트웨어 요소를 뜻한다.) 코드는 복사되는 게 아니라 재사용되어야 한다. 컴포넌트 사이의 의존성은 최소로 유지해야 한다. 오류는 만들어지자마자 가능한 한 빨리 (되도록 컴파일타임에) 잡아야 한다.

이 규칙들이 100% 옳을 수는 없겠지만, 거의 모든 경우에 적용되는 최고의 모범 사례일 것이다. 이 규칙들을 생각 없이 맹종하진 말아야 하나, 어겨야 할 때는 합당한 이유가 있어야 한다. 대다수의 다른 규율과 마찬가지로, 프로그래밍 고수 경지에 오르려면 먼저 정석이 되는 규칙들을 배운 후, 언제 그 규칙을 깨도 되느냐를 익혀야 한다.

이 책에서 성능에 집중하는 부분은 많지 않다. 대신 프로그램을 명확하고, 정확하고, 유용하고, 견고하고, 유연하고, 관리하기 쉽게 짜는 데 집중한다. 이러한 목표를 만족하는 코드를 작성했다면 대부분의 상황에선 원하는 성능에 도달하기(아이템 67)도 그리 어렵지 않을 것이다. 물론 일부 아이템에서는 성능을 논하고 성능 수치를 제시하기도 한다. 이때의 수치는 '내 컴퓨터에서' 측정한 근사치다.

참고로, 내 컴퓨터는 3.5GHz의 쿼드 코어 인텔 코어 i7-4770K CPU와 16GB의 DDR3-1866 CLP 메모리를 장착한 조립 PC이고, 윈도우 7 프로페셔널 SP1(64비트)에서 Azul의 Zulu OpenJDK 9.0.0.15를 사용했다.

자바 언어와 라이브러리의 기능을 이야기할 때 종종 그 기능이 최초로 소개된 릴리스를 명시해야 하는데, 이 책에서는 편의상 정식 이름이 아닌 별칭을 쓴다. 정식 이름과 해당 별칭의 관계는 다음 표와 같다.

공식 릴리스 이름	별칭
JDK 1.0.x	자바 1.0
JDK 1.1.x	자바 1.1
Java 2 Platform, Standard Edition, v1.2	자바 2
Java 2 Platform, Standard Edition, v1.3	자바 3
Java 2 Platform, Standard Edition, v1.4	자바 4
Java 2 Platform, Standard Edition, v5.0	자바 5
Java Platform, Standard Edition 6	자바 6
Java Platform, Standard Edition 7	자바 7
Java Platform, Standard Edition 8	자바 8
Java Platform, Standard Edition 9	자바 9
Java Platform, Standard Edition 10	자바 10
Java Platform, Standard Edition 11	자바 11

책 속의 예제는 대부분 바로 실행되지만, 가독성 때문에 생략한 부분도 있다. java.util과 java.io 패키지의 클래스들은 설명 없이 그냥 사용했으니 예제를 직접 컴파일하려면 임포트 구문을 추가하는 등 약간의 코드를 더 써줘야 할 수 있다. 여러분의 편의를 위해 컴파일과 실행까지 확인한 완벽한 예제 코드를 이

책의 웹사이트 *https://git.io/fAm6s*에 올려두었다.

기술 용어는 대부분 자바 8용 언어 명세(The Java Language Specification, Java SE 8 Edition)[JLS]를 따르며, 주요 사항은 다음과 같다. 자바가 지원하는 타입(type; 자료형)은 **인터페이스**(interface), **클래스**(class), **배열**(array), **기본 타입**(primitive)까지 총 네 가지다. **애너테이션**(annotation)은 인터페이스의 일종이며 **열거 타입**(enum)은 클래스의 일종이다. 네 가지 타입 중 처음 세 가지는 **참조 타입**(reference type)이라 한다. 즉, 클래스의 인스턴스와 배열은 **객체**(object)인 반면, 기본 타입 값은 그렇지 않다. 클래스의 **멤버**로는 **필드**(field), **메서드**(method), **멤버 클래스**, **멤버 인터페이스**가 있다. **메서드 시그니처**는 메서드 이름과 입력 매개변수(parameter)의 타입들로 이뤄진다(반환값의 타입은 시그니처에 포함되지 않는다).

단, 일부 용어는 자바 언어 명세와 다르게 사용한다. 자바 언어 명세와 달리이 책은 **상속**(inheritance)을 **서브클래싱**(subclassing)과 동의어로 쓴다. 인터페이스 상속 대신 "클래스가 인터페이스를 **구현한다**(implement)" 혹은 "인터페이스가 다른 인터페이스를 **확장한다**(extend)"고 표현한다. 아무것도 명시하지 않은 접근 수준(access level)을 이야기할 때는 (기술적으로 정확한 이름인) **패키지 접근**(package access)[JLS, 6.1.1] 대신 전통적인 **패키지-프라이빗**(package-private)을 쓴다.

또한, 자바 언어 명세가 정의하지 않은 기술 용어도 몇 개 사용하려 한다. **공개 API**(exported API), 줄여서 **API**(application programming interface)는 프로그래머가 클래스, 인터페이스, 패키지를 통해 접근할 수 있는 모든 클래스, 인터페이스, 생성자, 멤버, 직렬화된 형태(serialized form)를 말한다. (언어 구성요소 중 하나인 인터페이스와 헷갈리지 않게 하기 위해 흔히 쓰는 인터페이스대신 API를 쓴다.) API를 사용하는 프로그램 작성자(사람)를 그 API의 **사용자**(user)라 하고, API를 사용하는 클래스(코드)는 그 API의 **클라이언트**(client)라한다.

클래스, 인터페이스, 생성자, 멤버, 직렬화된 형태를 총칭해 **API 요소**(API element)라 한다. 공개 API는 그 API를 정의한 패키지의 밖에서 접근할 수 있는 API 요소로 이뤄진다. 다시 말해 모든 클라이언트가 접근할 수 있고, API 작성자가 지원하기로 약속한 API 요소들이다. 자바독(Javadoc) 유틸리티를 기본 모드로 실행하면 이 API 요소들만 담긴 문서가 만들어진다. 대략적으로 얘기하면, 패키지의 공개 API는 그 패키지의 모든 public 클래스와 인터페이스의 public 혹은 protected 멤버와 생성자로 구성된다.[1]

자바 9에서는 모듈 시스템이라는 개념이 더해졌다. 자바 라이브러리에 이 모듈 개념을 적용하면 공개 API는 '해당 라이브러리의 모듈 선언(module declaration)에서 공개하겠다고 한' 패키지들의 공개 API만으로 이뤄진다. 즉, 공개할 패키지를 선택할 수 있다.

---

1   (옮긴이) 접근 수준을 나타내는 public, protected, private, package-private은 한글로 쓰면 오히려 눈에 잘 들어오지 않는다고 판단하여 영어로 쓰기로 했다.

2장

객체 생성과 파괴

이번 장은 객체의 생성과 파괴를 다룬다. 객체를 만들어야 할 때와 만들지 말아야 할 때를 구분하는 법, 올바른 객체 생성 방법과 불필요한 생성을 피하는 방법, 제때 파괴됨을 보장하고 파괴 전에 수행해야 할 정리 작업을 관리하는 요령을 알아본다.

생성자 대신 정적 팩터리 메서드를 고려하라

클라이언트가 클래스의 인스턴스를 얻는 전통적인 수단은 public 생성자다. 하지만 모든 프로그래머가 꼭 알아둬야 할 기법이 하나 더 있다. 클래스는 생성자와 별도로 정적 팩터리 메서드(static factory method)를 제공할 수 있다. 그 클래스의 인스턴스를 반환하는 단순한 정적 메서드 말이다. 다음 코드는 boolean 기본 타입의 박싱 클래스(boxed class)인 Boolean에서 발췌한 간단한 예다. 이 메서드는 기본 타입인 boolean 값을 받아 Boolean 객체 참조로 변환해 준다.

```
public static Boolean valueOf(boolean b) {
    return b ? Boolean.TRUE : Boolean.FALSE;
}
```

 지금 얘기하는 정적 팩터리 메서드는 디자인 패턴[Gamma95]에서의 팩터리 메서드 (Factory Method)와 다르다. 디자인 패턴 중에는 이와 일치하는 패턴은 없다.

클래스는 클라이언트에 public 생성자 대신 (혹은 생성자와 함께) 정적 팩터리 메서드를 제공할 수 있다. 이 방식에는 장점과 단점이 모두 존재한다. 먼저 정적 팩터리 메서드가 생성자보다 좋은 장점 다섯 가지를 알아보자.

첫 번째, 이름을 가질 수 있다. 생성자에 넘기는 매개변수와 생성자 자체만으로는 반환될 객체의 특성을 제대로 설명하지 못한다. 반면 정적 팩터리는 이름만 잘 지으면 반환될 객체의 특성을 쉽게 묘사할 수 있다. 예컨대 생성자인 BigInteger(int, int, Random)과 정적 팩터리 메서드인 BigInteger.probablePrime 중 어느 쪽이 '값이 소수인 BigInteger를 반환한다'는 의미를 더 잘 설명할 것 같은지 생각해 보라. (BigInteger.probablePrime은 자바 4에서 추가됐다.)

하나의 시그니처로는 생성자를 하나만 만들 수 있다. 입력 매개변수들의 순서를 다르게 한 생성자를 새로 추가하는 식으로 이 제한을 피해볼 수도 있지만, 좋지 않은 발상이다. 그런 API를 사용하는 개발자는 각 생성자가 어떤 역할을 하는지 정확히 기억하기 어려워 엉뚱한 것을 호출하는 실수를 할 수 있다. 코드를 읽는 사람도 클래스 설명 문서를 찾아보지 않고는 의미를 알지 못할 것이다.

이름을 가질 수 있는 정적 팩터리 메서드에는 이런 제약이 없다. 한 클래스에 시그니처가 같은 생성자가 여러 개 필요할 것 같으면, 생성자를 정적 팩터리 메서드로 바꾸고 각각의 차이를 잘 드러내는 이름을 지어주자.

두 번째, 호출될 때마다 인스턴스를 새로 생성하지는 않아도 된다. 이 덕분에 불변 클래스(immutable class; 아이템 17)는 인스턴스를 미리 만들어 놓거나 새로 생성한 인스턴스를 캐싱하여 재활용하는 식으로 불필요한 객체 생성을 피할 수 있다. 대표적 예인 `Boolean.valueOf(boolean)` 메서드는 객체를 아예 생성하지 않는다. 따라서 (특히 생성 비용이 큰) 같은 객체가 자주 요청되는 상황이라면 성능을 상당히 끌어올려 준다. 플라이웨이트 패턴(Flyweight pattern)[Gamma95]도 이와 비슷한 기법이라 할 수 있다.

반복되는 요청에 같은 객체를 반환하는 식으로 정적 팩터리 방식의 클래스는 언제 어느 인스턴스를 살아 있게 할지를 철저히 통제할 수 있다. 이런 클래스를 인스턴스 통제(instance-controlled) 클래스라 한다. 그렇다면 인스턴스를 통제하는 이유는 무엇일까? 인스턴스를 통제하면 클래스를 싱글턴(singleton; 아이템 3)으로 만들 수도, 인스턴스화 불가(noninstantiable; 아이템 4)로 만들 수도 있다. 또한 불변 값 클래스(아이템 17)에서 동치인 인스턴스가 단 하나뿐임을 보장할 수 있다(a == b일 때만 a.equals(b)가 성립). 인스턴스 통제는 플라이웨이트 패턴[Gamma95]의 근간이 되며, 열거 타입(아이템 34)은 인스턴스가 하나만 만들어짐을 보장한다.

세 번째, 반환 타입의 하위 타입 객체를 반환할 수 있는 능력이 있다. 이 능력은 반환할 객체의 클래스를 자유롭게 선택할 수 있게 하는 '엄청난 유연성'을 선물한다.

API를 만들 때 이 유연성을 응용하면 구현 클래스를 공개하지 않고도 그 객체를 반환할 수 있어 API를 작게 유지할 수 있다. 이는 인터페이스를 정적 팩터리 메서드의 반환 타입으로 사용하는 인터페이스 기반 프레임워크(아이템 20)를 만드는 핵심 기술이기도 하다.

자바 8 전에는 인터페이스에 정적 메서드를 선언할 수 없었다. 그렇기 때문에 이름이 "Type"인 인터페이스를 반환하는 정적 메서드가 필요하면, "Types"라는 (인스턴스화 불가인) 동반 클래스(companion class)를 만들어 그 안에 정의하는 것이 관례였다. 예컨대 자바 컬렉션 프레임워크는 핵심 인터페이스들에 수정 불가나 동기화 등의 기능을 덧붙인 총 45개의 유틸리티 구현체를 제공하는데, 이 구현체 대부분을 단 하나의 인스턴스화 불가 클래스인 java.util. Collections에서 정적 팩터리 메서드를 통해 얻도록 했다.

컬렉션 프레임워크는 이 45개 클래스를 공개하지 않기 때문에 API 외견을 훨씬 작게 만들 수 있었다. API가 작아진 것은 물론 개념적인 무게, 즉 프로그래머가 API를 사용하기 위해 익혀야 하는 개념의 수와 난이도도 낮췄다. 프로그래머는 명시한 인터페이스대로 동작하는 객체를 얻을 것임을 알기에 굳이 별도 문서를 찾아가며 실제 구현 클래스가 무엇인지 알아보지 않아도 된다. 나아가 정적 팩터리 메서드를 사용하는 클라이언트는 얻은 객체를 (그 구현 클래스가 아닌) 인터페이스만으로 다루게 된다(아이템 64). 물론 이는 일반적으로 좋은 습관이다.

자바 8부터는 인터페이스가 정적 메서드를 가질 수 없다는 제한이 풀렸기 때문에 인스턴스화 불가 동반 클래스를 둘 이유가 별로 없다. 동반 클래스에 두었던 public 정적 멤버들 상당수를 그냥 인터페이스 자체에 두면 되는 것이다. 하지만 정적 메서드들을 구현하기 위한 코드 중 많은 부분은 여전히 별도의 package-private 클래스에 두어야 할 수 있다. 자바 8에서도 인터페이스에는 public 정적 멤버만 허용하기 때문이다. 자바 9에서는 private 정적 메서드까지 허락하지만 정적 필드와 정적 멤버 클래스는 여전히 public이어야 한다.

네 번째, 입력 매개변수에 따라 매번 다른 클래스의 객체를 반환할 수 있다. 반환 타입의 하위 타입이기만 하면 어떤 클래스의 객체를 반환하든 상관없다. 심지어 다음 릴리스에서는 또 다른 클래스의 객체를 반환해도 된다.

가령 EnumSet 클래스(아이템 36)는 public 생성자 없이 오직 정적 팩터리만 제공하는데, OpenJDK에서는 원소의 수에 따라 두 가지 하위 클래스 중 하나의 인스턴스를 반환한다. (대다수에 해당하는) 원소가 64개 이하면 원소들을 long 변수 하나로 관리하는 RegularEnumSet의 인스턴스를, 65개 이상이면 long 배열 로 관리하는 JumboEnumSet의 인스턴스를 반환한다.

클라이언트는 이 두 클래스의 존재를 모른다. 만약 원소가 적을 때 RegularEnumSet을 사용할 이점이 없어진다면 다음 릴리스 때는 이를 삭제해도 아무 문제가 없다. 비슷하게, 성능을 더 개선한 세 번째, 네 번째 클래스를 다음 릴리스에 추가할 수도 있다. 클라이언트는 팩터리가 건네주는 객체가 어느 클 래스의 인스턴스인지 알 수도 없고 알 필요도 없다. EnumSet의 하위 클래스이 기만 하면 되는 것이다.

다섯 번째, 정적 팩터리 메서드를 작성하는 시점에는 반환할 객체의 클래스 가 존재하지 않아도 된다. 이런 유연함은 서비스 제공자 프레임워크(service provider framework)를 만드는 근간이 된다. 대표적인 서비스 제공자 프레임 워크로는 JDBC(Java Database Connectivity)가 있다. 서비스 제공자 프레임워 크에서의 제공자(provider)는 서비스의 구현체다. 그리고 이 구현체들을 클라 이언트에 제공하는 역할을 프레임워크가 통제하여, 클라이언트를 구현체로부 터 분리해준다.

서비스 제공자 프레임워크는 3개의 핵심 컴포넌트로 이뤄진다. 구현체의 동 작을 정의하는 서비스 인터페이스(service interface), 제공자가 구현체를 등록 할 때 사용하는 제공자 등록 API(provider registration API), 클라이언트가 서비 스의 인스턴스를 얻을 때 사용하는 서비스 접근 API(service access API)가 그 주인공이다. 클라이언트는 서비스 접근 API를 사용할 때 원하는 구현체의 조 건을 명시할 수 있다. 조건을 명시하지 않으면 기본 구현체를 반환하거나 지원 하는 구현체들을 하나씩 돌아가며 반환한다. 이 서비스 접근 API가 바로 서비 스 제공자 프레임워크의 근간이라고 한 '유연한 정적 팩터리'의 실체다.

3개의 핵심 컴포넌트와 더불어 종종 서비스 제공자 인터페이스(service provider interface)라는 네 번째 컴포넌트가 쓰이기도 한다. 이 컴포넌트는 서비 스 인터페이스의 인스턴스를 생성하는 팩터리 객체를 설명해준다. 서비스 제공자 인터페이스가 없다면 각 구현체를 인스턴스로 만들 때 리플렉션(아이템 65)을 사용해야 한다. JDBC에서는 Connection이 서비스 인터페이스 역할을, DriverManager.registerDriver가 제공자 등록 API 역할을, DriverManager.get Connection이 서비스 접근 API 역할을, Driver가 서비스 제공자 인터페이스 역할을 수행한다.

서비스 제공자 프레임워크 패턴에는 여러 변형이 있다. 예컨대 서비스 접근 API는 공급자가 제공하는 것보다 더 풍부한 서비스 인터페이스를 클라이언트에 반환할 수 있다. 브리지 패턴(Bridge pattern)[Gamma95]이라 알려진 것이다. 의존 객체 주입(dependency injection, 의존성 주입) 프레임워크(아이템 5)도 강력한 서비스 제공자라고 생각할 수 있다. 자바 6부터는 java.util.ServiceLoader라는 범용 서비스 제공자 프레임워크가 제공되어 프레임워크를 직접 만들 필요가 거의 없어졌다(아이템 59). 한편, JDBC는 자바 6 전에 등장한 개념이라 ServiceLoader를 사용하지 않는다.

이제 단점을 알아볼 차례다. **첫 번째, 상속을 하려면 public이나 protected 생성자가 필요하니 정적 팩터리 메서드만 제공하면 하위 클래스를 만들 수 없다.** 앞서 이야기한 컬렉션 프레임워크의 유틸리티 구현 클래스들은 상속할 수 없다는 이야기다. 어찌 보면 이 제약은 상속보다 컴포지션을 사용(아이템 18)하도록 유도하고 불변 타입(아이템 17)으로 만들려면 이 제약을 지켜야 한다는 점에서 오히려 장점으로 받아들일 수도 있다.

두 번째, 정적 팩터리 메서드는 프로그래머가 찾기 어렵다. 생성자처럼 API 설명에 명확히 드러나지 않으니 사용자는 정적 팩터리 메서드 방식 클래스를 인스턴스화할 방법을 알아내야 한다. 이 일을 언젠가 자바독이 알아서 처리해줬으면 좋겠으나, 그날이 오기까지는 API 문서를 잘 써놓고 메서드 이름도 널리 알려진 규약을 따라 짓는 식으로 문제를 완화해줘야 한다. 다음은 정적 팩터리 메서드에 흔히 사용하는 명명 방식들이다.

- **from**: 매개변수를 하나 받아서 해당 타입의 인스턴스를 반환하는 형변환 메서드

  예 Date d = Date.from(instant);

- **of**: 여러 매개변수를 받아 적합한 타입의 인스턴스를 반환하는 집계 메서드

  예 Set<Rank> faceCards = EnumSet.of(JACK, QUEEN, KING);

- **valueOf**: from과 of의 더 자세한 버전

  예 BigInteger prime = BigInteger.valueOf(Integer.MAX_VALUE);

- **instance** 혹은 **getInstance**: (매개변수를 받는다면) 매개변수로 명시한 인
  스턴스를 반환하지만, 같은 인스턴스임을 보장하지는 않는다.

  예 StackWalker luke = StackWalker.getInstance(options);

- **create** 혹은 **newInstance**: instance 혹은 getInstance와 같지만, 매번 새로
  운 인스턴스를 생성해 반환함을 보장한다.

  예 Object newArray = Array.newInstance(classObject, arrayLen);

- **getType**: getInstance와 같으나, 생성할 클래스가 아닌 다른 클래스에 팩터
  리 메서드를 정의할 때 쓴다. "*Type*"은 팩터리 메서드가 반환할 객체의 타입
  이다.

  예 FileStore fs = Files.getFileStore(path)

- **newType:** newInstance와 같으나, 생성할 클래스가 아닌 다른 클래스에 팩터
  리 메서드를 정의할 때 쓴다. "*Type*"은 팩터리 메서드가 반환할 객체의 타입
  이다.

  예 BufferedReader br = Files.newBufferedReader(path);

- **type**: *getType*과 *newType*의 간결한 버전

  예 List<Complaint> litany = Collections.list(legacyLitany);

핵심 정리

정적 팩터리 메서드와 public 생성자는 각자의 쓰임새가 있으니 상대적인 장단점을 이
해하고 사용하는 것이 좋다. 그렇다고 하더라도 정적 팩터리를 사용하는 게 유리한 경우
가 더 많으므로 무작정 public 생성자를 제공하던 습관이 있다면 고치자.

아이템 2

생성자에 매개변수가 많다면 빌더를 고려하라

정적 팩터리와 생성자에는 똑같은 제약이 하나 있다. 선택적 매개변수가 많을 때 적절히 대응하기 어렵다는 점이다. 식품 포장의 영양정보를 표현하는 클래스를 생각해보자. 영양정보는 1회 내용량, 총 n회 제공량, 1회 제공량당 칼로리 같은 필수 항목 몇 개와 총 지방, 트랜스지방, 포화지방, 콜레스테롤, 나트륨 등 총 20개가 넘는 선택 항목으로 이뤄진다. 그런데 대부분 제품은 이 선택 항목 중 대다수의 값이 그냥 0이다.

이런 클래스용 생성자 혹은 정적 팩터리는 어떤 모습일까? 프로그래머들은 이럴 때 점층적 생성자 패턴(telescoping constructor pattern)을 즐겨 사용했다. 필수 매개변수만 받는 생성자, 필수 매개변수와 선택 매개변수 1개를 받는 생성자, 선택 매개변수를 2개까지 받는 생성자, … 형태로 선택 매개변수를 전부 다 받는 생성자까지 늘려가는 방식이다. 다음 코드가 그 예다. 지면상 선택 매개변수가 4개까지 늘어난 코드를 예로 들었다.

코드 2-1 점층적 생성자 패턴 - 확장하기 어렵다!

```java
public class NutritionFacts {
    private final int servingSize;  // (ml, 1회 제공량)      필수
    private final int servings;     // (회, 총 n회 제공량)   필수
    private final int calories;     // (1회 제공량당)        선택
    private final int fat;          // (g/1회 제공량)        선택
    private final int sodium;       // (mg/1회 제공량)       선택
    private final int carbohydrate; // (g/1회 제공량)        선택

    public NutritionFacts(int servingSize, int servings) {
        this(servingSize, servings, 0);
    }

    public NutritionFacts(int servingSize, int servings, int calories) {
        this(servingSize, servings, calories, 0);
    }
```

```
    public NutritionFacts(int servingSize, int servings,int calories,
                          int fat) {
        this(servingSize, servings, calories, fat, 0);
    }

    public NutritionFacts(int servingSize, int servings, int calories,
                          int fat, int sodium) {
        this(servingSize, servings, calories, fat, sodium, 0);
    }

    public NutritionFacts(int servingSize, int servings, int calories,
                          int fat, int sodium, int carbohydrate) {
        this.servingSize  = servingSize;
        this.servings     = servings;
        this.calories     = calories;
        this.fat          = fat;
        this.sodium       = sodium;
        this.carbohydrate = carbohydrate;
    }
}
```

이 클래스의 인스턴스를 만들려면 원하는 매개변수를 모두 포함한 생성자 중 가장 짧은 것을 골라 호출하면 된다.

```
NutritionFacts cocaCola = new NutritionFacts(240, 8, 100, 0, 35, 27);
```

보통 이런 생성자는 사용자가 설정하길 원치 않는 매개변수까지 포함하기 쉬 운데, 어쩔 수 없이 그런 매개변수에도 값을 지정해줘야 한다. 앞 코드에서는 지방(fat)에 0을 넘겼다. 이 예에서는 매개변수가 '겨우' 6개뿐이라 그리 나빠 보이지 않을 수 있지만, 수가 더 늘어나면 금세 걷잡을 수 없게 된다.

요약하면, **점층적 생성자 패턴도 쓸 수는 있지만, 매개변수 개수가 많아지면 클라이언트 코드를 작성하거나 읽기 어렵다.** 코드를 읽을 때 각 값의 의미가 무엇인지 헷갈릴 것이고, 매개변수가 몇 개인지도 주의해서 세어 보아야 할 것 이다. 타입이 같은 매개변수가 연달아 늘어서 있으면 찾기 어려운 버그로 이어 질 수 있다. 클라이언트가 실수로 매개변수의 순서를 바꿔 건네줘도 컴파일러 는 알아채지 못하고, 결국 런타임에 엉뚱한 동작을 하게 된다(아이템 51).

이번에는 선택 매개변수가 많을 때 활용할 수 있는 두 번째 대안인 자바빈즈 패턴(JavaBeans pattern)을 보겠다. 매개변수가 없는 생성자로 객체를 만든 후, 세터(setter) 메서드들을 호출해 원하는 매개변수의 값을 설정하는 방식이다.

코드 2-2 자바빈즈 패턴 - 일관성이 깨지고, 불변으로 만들 수 없다.

```java
public class NutritionFacts {
    // 매개변수들은 (기본값이 있다면) 기본값으로 초기화된다.
    private int servingSize  = -1; // 필수; 기본값 없음
    private int servings     = -1; // 필수; 기본값 없음
    private int calories     = 0;
    private int fat          = 0;
    private int sodium       = 0;
    private int carbohydrate = 0;

    public NutritionFacts() { }
    // 세터 메서드들
    public void setServingSize(int val)  { servingSize = val; }
    public void setServings(int val)     { servings = val; }
    public void setCalories(int val)     { calories = val; }
    public void setFat(int val)          { fat = val; }
    public void setSodium(int val)       { sodium = val; }
    public void setCarbohydrate(int val) { carbohydrate = val; }
}
```

점층적 생성자 패턴의 단점들이 자바빈즈 패턴에서는 더 이상 보이지 않는다. 코드가 길어지긴 했지만 인스턴스를 만들기 쉽고, 그 결과 더 읽기 쉬운 코드가 되었다.

```java
NutritionFacts cocaCola = new NutritionFacts();
cocaCola.setServingSize(240);
cocaCola.setServings(8);
cocaCola.setCalories(100);
cocaCola.setSodium(35);
cocaCola.setCarbohydrate(27);
```

하지만 불행히도 자바빈즈는 자신만의 심각한 단점을 지니고 있다. **자바빈즈 패턴에서는 객체 하나를 만들려면 메서드를 여러 개 호출해야 하고, 객체가 완전히 생성되기 전까지는 일관성(consistency)이 무너진 상태에 놓이게 된다.** 점층적 생성자 패턴에서는 매개변수들이 유효한지를 생성자에서만 확인하면 일관성을 유지할 수 있었는데, 그 장치가 완전히 사라진 것이다. 일관성이 깨진 객체가 만들어지면, 버그를 심은 코드와 그 버그 때문에 런타임에 문제를 겪는 코드가 물리적으로 멀리 떨어져 있을 것이므로 디버깅도 만만치 않다. 이처럼 일관성이 무너지는 문제 때문에 **자바빈즈 패턴에서는 클래스를 불변(아이템 17)으로 만들 수 없으며** 스레드 안전성을 얻으려면 프로그래머가 추가 작업을 해줘야만 한다.

이러한 단점을 완화하고자 생성이 끝난 객체를 수동으로 '얼리고(freezing)', 얼리기 전에는 사용할 수 없도록 하기도 한다. 하지만 이 방법은 다루기 어려워서 실전에서는 거의 쓰이지 않는다. 이 방법을 쓴다고 하더라도 객체 사용 전에 프로그래머가 freeze 메서드를 확실히 호출해줬는지를 컴파일러가 보증할 방법이 없어서 런타임 오류에 취약하다.

다행히 우리에겐 세 번째 대안이 있다. 점층적 생성자 패턴의 안전성과 자바빈즈 패턴의 가독성을 겸비한 빌더 패턴(Builder pattern)[Gamma95]이다. 클라이언트는 필요한 객체를 직접 만드는 대신, 필수 매개변수만으로 생성자(혹은 정적 팩터리)를 호출해 빌더 객체를 얻는다. 그런 다음 빌더 객체가 제공하는 일종의 세터 메서드들로 원하는 선택 매개변수들을 설정한다. 마지막으로 매개변수가 없는 build 메서드를 호출해 드디어 우리에게 필요한 (보통은 불변인) 객체를 얻는다. 빌더는 생성할 클래스 안에 정적 멤버 클래스로 만들어두는 게 보통이다. 이제 빌더가 어찌 동작하는지 코드로 살펴보자.

코드 2-3 빌더 패턴 - 점층적 생성자 패턴과 자바빈즈 패턴의 장점만 취했다.

```java
public class NutritionFacts {
    private final int servingSize;
    private final int servings;
    private final int calories;
    private final int fat;
    private final int sodium;
    private final int carbohydrate;

    public static class Builder {
        // 필수 매개변수
        private final int servingSize;
        private final int servings;

        // 선택 매개변수 - 기본값으로 초기화한다.
        private int calories      = 0;
        private int fat           = 0;
        private int sodium        = 0;
        private int carbohydrate  = 0;

        public Builder(int servingSize, int servings) {
            this.servingSize = servingSize;
            this.servings    = servings;
        }

        public Builder calories(int val)
            { calories = val;      return this; }
```

```
    public Builder fat(int val)
        { fat = val;           return this; }
    public Builder sodium(int val)
        { sodium = val;        return this; }
    public Builder carbohydrate(int val)
        { carbohydrate = val;  return this; }

    public NutritionFacts build() {
        return new NutritionFacts(this);
    }
}

private NutritionFacts(Builder builder) {
    servingSize  = builder.servingSize;
    servings     = builder.servings;
    calories     = builder.calories;
    fat          = builder.fat;
    sodium       = builder.sodium;
    carbohydrate = builder.carbohydrate;
}
}
```

NutritionFacts 클래스는 불변이며, 모든 매개변수의 기본값들을 한곳에 모아 됐다. 빌더의 세터 메서드들은 빌더 자신을 반환하기 때문에 연쇄적으로 호출할 수 있다. 이런 방식을 메서드 호출이 흐르듯 연결된다는 뜻으로 플루언트 API(fluent API) 혹은 메서드 연쇄(method chaining)라 한다. 다음은 이 클래스를 사용하는 클라이언트 코드의 모습이다.

```
NutritionFacts cocaCola = new NutritionFacts.Builder(240, 8)
        .calories(100).sodium(35).carbohydrate(27).build();
```

이 클라이언트 코드는 쓰기 쉽고, 무엇보다도 읽기 쉽다. **빌더 패턴은 (파이썬과 스칼라에 있는) 명명된 선택적 매개변수(named optional parameters)를 흉내 낸 것이다.**

핵심이 도드라져 보이도록 유효성 검사 코드는 생략했다. 잘못된 매개변수를 최대한 일찍 발견하려면 빌더의 생성자와 메서드에서 입력 매개변수를 검사하고, build 메서드가 호출하는 생성자에서 여러 매개변수에 걸친 불변식(invariant)을 검사하자. 공격에 대비해 이런 불변식을 보장하려면 빌더로부터 매개변수를 복사한 후 해당 객체 필드들도 검사해야 한다(아이템 50). 검사해서 잘못된 점을 발견하면 어떤 매개변수가 잘못되었는지를 자세히 알려주는 메시지를 담아 IllegalArgumentException을 던지면 된다(아이템 75).

 (옮긴이) **불변(immutable 혹은 immutability)**은 어떠한 변경도 허용하지 않는다는 뜻
으로, 주로 변경을 허용하는 가변(mutable) 객체와 구분하는 용도로 쓰인다. 대표적으로
String 객체는 한번 만들어지면 절대 값을 바꿀 수 없는 불변 객체다.

한편, **불변식(invariant)**은 프로그램이 실행되는 동안, 혹은 정해진 기간 동안 반드시
만족해야 하는 조건을 말한다. 다시 말해 변경을 허용할 수는 있으나 주어진 조건 내에서
만 허용한다는 뜻이다. 예컨대 리스트의 크기는 반드시 0 이상이어야 하니, 만약 한순간
이라도 음수 값이 된다면 불변식이 깨진 것이다. 또한, 기간을 표현하는 Period 클래스에
서 start 필드의 값은 반드시 end 필드의 값보다 앞서야 하므로, 두 값이 역전되면 역시
불변식이 깨진 것이다(아이템 50 참조).

따라서 가변 객체에도 불변식은 존재할 수 있으며, 넓게 보면 불변은 불변식의 극단적
인 예라 할 수 있다.

빌더 패턴은 계층적으로 설계된 클래스와 함께 쓰기에 좋다. 각 계층의 클래
스에 관련 빌더를 멤버로 정의하자. 추상 클래스는 추상 빌더를, 구체 클래스
(concrete class)는 구체 빌더를 갖게 한다. 다음은 피자의 다양한 종류를 표현
하는 계층구조의 루트에 놓인 추상 클래스다.

코드 2-4 계층적으로 설계된 클래스와 잘 어울리는 빌더 패턴

```java
public abstract class Pizza {
    public enum Topping { HAM, MUSHROOM, ONION, PEPPER, SAUSAGE }
    final Set<Topping> toppings;

    abstract static class Builder<T extends Builder<T>> {
        EnumSet<Topping> toppings = EnumSet.noneOf(Topping.class);
        public T addTopping(Topping topping) {
            toppings.add(Objects.requireNonNull(topping));
            return self();
        }

        abstract Pizza build();

        // 하위 클래스는 이 메서드를 재정의(overriding)하여
        // "this"를 반환하도록 해야 한다.
        protected abstract T self();
    }

    Pizza(Builder<?> builder) {
        toppings = builder.toppings.clone(); // 아이템 50 참조
    }
}
```

Pizza.Builder 클래스는 재귀적 타입 한정(아이템 30)을 이용하는 제네릭 타입이다. 여기에 추상 메서드인 self를 더해 하위 클래스에서는 형변환하지 않고도 메서드 연쇄를 지원할 수 있다. self 타입이 없는 자바를 위한 이 우회 방법을 시뮬레이트한 셀프 타입(simulated self-type) 관용구라 한다.

여기 Pizza의 하위 클래스가 2개 있다. 하나는 일반적인 뉴욕 피자이고, 다른 하나는 칼초네(calzone) 피자다. 뉴욕 피자는 크기(size) 매개변수를 필수로 받고, 칼초네 피자는 소스를 안에 넣을지 선택(sauceInside)하는 매개변수를 필수로 받는다.

코드 2-5 뉴욕 피자

```java
public class NyPizza extends Pizza {
    public enum Size { SMALL, MEDIUM, LARGE }
    private final Size size;

    public static class Builder extends Pizza.Builder<Builder> {
        private final Size size;

        public Builder(Size size) {
            this.size = Objects.requireNonNull(size);
        }

        @Override public NyPizza build() {
            return new NyPizza(this);
        }

        @Override protected Builder self() { return this; }
    }

    private NyPizza(Builder builder) {
        super(builder);
        size = builder.size;
    }
}
```

코드 2-6 칼초네 피자

```java
public class Calzone extends Pizza {
    private final boolean sauceInside;

    public static class Builder extends Pizza.Builder<Builder> {
        private boolean sauceInside = false; // 기본값

        public Builder sauceInside() {
            sauceInside = true;
```

```
            return this;
        }

        @Override public Calzone build() {
            return new Calzone(this);
        }

        @Override protected Builder self() { return this; }
    }

    private Calzone(Builder builder) {
        super(builder);
        sauceInside = builder.sauceInside;
    }
}
```

각 하위 클래스의 빌더가 정의한 build 메서드는 해당하는 구체 하위 클래스
를 반환하도록 선언한다. NyPizza.Builder는 NyPizza를 반환하고, Calzone.
Builder는 Calzone를 반환한다는 뜻이다. 하위 클래스의 메서드가 상위 클래스
의 메서드가 정의한 반환 타입이 아닌, 그 하위 타입을 반환하는 기능을 공변
반환 타이핑(covariant return typing)이라 한다. 이 기능을 이용하면 클라이언
트가 형변환에 신경 쓰지 않고도 빌더를 사용할 수 있다.

이러한 '계층적 빌더'를 사용하는 클라이언트의 코드도 앞선 영양정보 빌더
를 사용하는 코드와 다르지 않다. 다음의 클라이언트 측 코드 예는 열거 타입
상수를 정적 임포트했다고 가정하고 작성했다.

```
NyPizza pizza = new NyPizza.Builder(SMALL)
        .addTopping(SAUSAGE).addTopping(ONION).build();
Calzone calzone = new Calzone.Builder()
        .addTopping(HAM).sauceInside().build();
```

생성자로는 누릴 수 없는 사소한 이점으로, 빌더를 이용하면 가변인수(varargs)
매개변수를 여러 개 사용할 수 있다. 각각을 적절한 메서드로 나눠 선언하면 된
다. 아니면 메서드를 여러 번 호출하도록 하고 각 호출 때 넘겨진 매개변수들을
하나의 필드로 모을 수도 있다. 코드 2-4의 addTopping 메서드가 이렇게 구현한
예다.

빌더 패턴은 상당히 유연하다. 빌더 하나로 여러 객체를 순회하면서 만들 수
있고, 빌더에 넘기는 매개변수에 따라 다른 객체를 만들 수도 있다. 객체마다

부여되는 일련번호와 같은 특정 필드는 빌더가 알아서 채우도록 할 수도 있다.

빌더 패턴에 장점만 있는 것은 아니다. 객체를 만들려면, 그에 앞서 빌더부터 만들어야 한다. 빌더 생성 비용이 크지는 않지만 성능에 민감한 상황에서는 문제가 될 수 있다. 또한 점층적 생성자 패턴보다는 코드가 장황해서 매개변수가 4개 이상은 되어야 값어치를 한다. 하지만 API는 시간이 지날수록 매개변수가 많아지는 경향이 있음을 명심하자. 생성자나 정적 팩터리 방식으로 시작했다가 나중에 매개변수가 많아지면 빌더 패턴으로 전환할 수도 있지만, 이전에 만들어둔 생성자와 정적 팩터리가 아주 도드라져 보일 것이다. 그러니 애초에 빌더로 시작하는 편이 나을 때가 많다.

> **핵심 정리**
>
> **생성자나 정적 팩터리가 처리해야 할 매개변수가 많다면 빌더 패턴을 선택하는 게 더 낫다. 매개변수 중 다수가 필수가 아니거나 같은 타입이면 특히 더 그렇다. 빌더는 점층적 생성자보다 클라이언트 코드를 읽고 쓰기가 훨씬 간결하고, 자바빈즈보다 훨씬 안전하다.**

private 생성자나 열거 타입으로 싱글턴임을 보증하라

싱글턴(singleton)이란 인스턴스를 오직 하나만 생성할 수 있는 클래스를 말한다.[Gamma95] 싱글턴의 전형적인 예로는 함수(아이템 24)와 같은 무상태(stateless) 객체나 설계상 유일해야 하는 시스템 컴포넌트를 들 수 있다. 그런데 **클래스를 싱글턴으로 만들면 이를 사용하는 클라이언트를 테스트하기가 어려워질 수 있다.** 타입을 인터페이스로 정의한 다음 그 인터페이스를 구현해서 만든 싱글턴이 아니라면 싱글턴 인스턴스를 가짜(mock) 구현으로 대체할 수 없기 때문이다.

싱글턴을 만드는 방식은 보통 둘 중 하나다. 두 방식 모두 생성자는 private으로 감춰두고, 유일한 인스턴스에 접근할 수 있는 수단으로 public static 멤버를 하나 마련해둔다. 우선 public static 멤버가 final 필드인 방식을 살펴보자.

코드 3-1 public static final 필드 방식의 싱글턴

```java
public class Elvis {
    public static final Elvis INSTANCE = new Elvis();
    private Elvis() { ... }

    public void leaveTheBuilding() { ... }
}
```

private 생성자는 public static final 필드인 `Elvis.INSTANCE`를 초기화할 때 딱 한 번만 호출된다. public이나 protected 생성자가 없으므로 `Elvis` 클래스가 초기화될 때 만들어진 인스턴스가 전체 시스템에서 하나뿐임이 보장된다. 클라이언트는 손 쓸 방법이 없다. 예외는 단 한 가지, 권한이 있는 클라이언트는 리플렉션 API(아이템 65)인 `AccessibleObject.setAccessible`을 사용해 private 생성자를 호출할 수 있다. 이러한 공격을 방어하려면 생성자를 수정하여 두 번째 객체가 생성되려 할 때 예외를 던지게 하면 된다.

싱글턴을 만드는 두 번째 방법에서는 정적 팩터리 메서드를 public static 멤버로 제공한다.

코드 3-2 정적 팩터리 방식의 싱글턴

```java
public class Elvis {
    private static final Elvis INSTANCE = new Elvis();
    private Elvis() { ... }
    public static Elvis getInstance() { return INSTANCE; }

    public void leaveTheBuilding() { ... }
}
```

`Elvis.getInstance`는 항상 같은 객체의 참조를 반환하므로 제2의 Elvis 인스턴스란 결코 만들어지지 않는다(역시 리플렉션을 통한 예외는 똑같이 적용된다).

코드 3-1의 public 필드 방식의 큰 장점은 해당 클래스가 싱글턴임이 API에 명백히 드러난다는 것이다. public static 필드가 final이니 절대로 다른 객체를 참조할 수 없다. 두 번째 장점은 바로 간결함이다.

한편, 코드 3-2의 정적 팩터리 방식의 첫 번째 장점은 (마음이 바뀌면) API를 바꾸지 않고도 싱글턴이 아니게 변경할 수 있다는 점이다. 유일한 인스턴스를 반환하던 팩터리 메서드가 (예컨대) 호출하는 스레드별로 다른 인스턴스를 넘겨주게 할 수 있다. 두 번째 장점은 원한다면 정적 팩터리를 제네릭 싱글턴 팩터리로 만들 수 있다는 점이다(아이템 30). 세 번째 장점은 정적 팩터리의 메서드 참조를 공급자(supplier)로 사용할 수 있다는 점이다. 가령 `Elvis::getInstance`를 `Supplier<Elvis>`로 사용하는 식이다(아이템 43, 44). 이러한 장점들이 굳이 필요하지 않다면 public 필드 방식이 좋다.

둘 중 하나의 방식으로 만든 싱글턴 클래스를 직렬화하려면(12장 참조) 단순히 `Serializable`을 구현한다고 선언하는 것만으로는 부족하다. 모든 인스턴스 필드를 일시적(transient)이라고 선언하고 `readResolve` 메서드를 제공해야 한다(아이템 89). 이렇게 하지 않으면 직렬화된 인스턴스를 역직렬화할 때마다 새로운 인스턴스가 만들어진다. 코드 3-2의 예에서라면 가짜 Elvis가 탄생한다는 뜻이다. 가짜 Elvis 탄생을 예방하고 싶다면 Elvis 클래스에 다음의 `readResolve` 메서드를 추가하자.

```
// 싱글턴임을 보장해주는 readResolve 메서드
private Object readResolve() {
    // '진짜' Elvis를 반환하고, 가짜 Elvis는 가비지 컬렉터에 맡긴다.
    return INSTANCE;
}
```

싱글턴을 만드는 세 번째 방법은 원소가 하나인 열거 타입을 선언하는 것이다.

코드 3-3 열거 타입 방식의 싱글턴 - 바람직한 방법

```
public enum Elvis {
    INSTANCE;

    public void leaveTheBuilding() { ... }
}
```

public 필드 방식과 비슷하지만, 더 간결하고, 추가 노력 없이 직렬화할 수 있고, 심지어 아주 복잡한 직렬화 상황이나 리플렉션 공격에서도 제2의 인스턴스가 생기는 일을 완벽히 막아준다. 조금 부자연스러워 보일 수는 있으나 **대부분 상황에서는 원소가 하나뿐인 열거 타입이 싱글턴을 만드는 가장 좋은 방법이다.** 단, 만들려는 싱글턴이 Enum 외의 클래스를 상속해야 한다면 이 방법은 사용할 수 없다(열거 타입이 다른 인터페이스를 구현하도록 선언할 수는 있다).

아이템 4

인스턴스화를 막으려거든 private 생성자를 사용하라

이따금 단순히 정적 메서드와 정적 필드만을 담은 클래스를 만들고 싶을 때가 있을 것이다. 객체 지향적으로 사고하지 않는 이들이 종종 남용하는 방식이기에 그리 곱게 보이지는 않지만, 분명 나름의 쓰임새가 있다. 예컨대 java.lang. Math와 java.util.Arrays처럼 기본 타입 값이나 배열 관련 메서드들을 모아놓을 수 있다. 또한, java.util.Collections처럼 특정 인터페이스를 구현하는 객체를 생성해주는 정적 메서드(혹은 팩터리)를 모아놓을 수도 있다(자바 8부터는 이런 메서드를 인터페이스에 넣을 수 있다). 마지막으로, final 클래스와 관련한 메서드들을 모아놓을 때도 사용한다. final 클래스를 상속해서 하위 클래스에 메서드를 넣는 건 불가능하기 때문이다.

정적 멤버만 담은 유틸리티 클래스는 인스턴스로 만들어 쓰려고 설계한 게 아니다. 하지만 생성자를 명시하지 않으면 컴파일러가 자동으로 기본 생성자를 만들어준다. 즉, 매개변수를 받지 않는 public 생성자가 만들어지며, 사용자는 이 생성자가 자동 생성된 것인지 구분할 수 없다. 실제로 공개된 API들에서도 이처럼 의도치 않게 인스턴스화할 수 있게 된 클래스가 종종 목격되곤 한다.

추상 클래스로 만드는 것으로는 인스턴스화를 막을 수 없다. 하위 클래스를 만들어 인스턴스화하면 그만이다. 이를 본 사용자는 상속해서 쓰라는 뜻으로 오해할 수 있으니 더 큰 문제다(아이템 19). 다행히도 인스턴스화를 막는 방법은 아주 간단하다. 컴파일러가 기본 생성자를 만드는 경우는 오직 명시된 생성자가 없을 때뿐이니 **private 생성자를 추가하면 클래스의 인스턴스화를 막을 수 있다.**

코드 4-1 인스턴스를 만들 수 없는 유틸리티 클래스

```
public class UtilityClass {
    // 기본 생성자가 만들어지는 것을 막는다(인스턴스화 방지용).
```

```
    private UtilityClass() {
        throw new AssertionError();
    }
    ...  // 나머지 코드는 생략
}
```

명시적 생성자가 private이니 클래스 바깥에서는 접근할 수 없다. 꼭 Assertion Error를 던질 필요는 없지만, 클래스 안에서 실수로라도 생성자를 호출하지 않도록 해준다. 이 코드는 어떤 환경에서도 클래스가 인스턴스화되는 것을 막아준다. 그런데 생성자가 분명 존재하는데 호출할 수는 없다니, 그다지 직관적이지 않다. 그러니 앞의 코드처럼 적절한 주석을 달아두도록 하자.

이 방식은 상속을 불가능하게 하는 효과도 있다. 모든 생성자는 명시적이든 묵시적이든 상위 클래스의 생성자를 호출하게 되는데, 이를 private으로 선언했으니 하위 클래스가 상위 클래스의 생성자에 접근할 길이 막혀버린다.

아이템 5

자원을 직접 명시하지 말고 의존 객체 주입을 사용하라

많은 클래스가 하나 이상의 자원에 의존한다. 가령 맞춤법 검사기는 사전(dictionary)에 의존하는데, 이런 클래스를 정적 유틸리티 클래스(아이템 4)로 구현한 모습을 드물지 않게 볼 수 있다.

코드 5-1 정적 유틸리티를 잘못 사용한 예 - 유연하지 않고 테스트하기 어렵다.

```java
public class SpellChecker {
    private static final Lexicon dictionary = ...;

    private SpellChecker() {} // 객체 생성 방지

    public static boolean isValid(String word) { ... }
    public static List<String> suggestions(String typo) { ... }
}
```

비슷하게, 싱글턴(아이템 3)으로 구현하는 경우도 흔하다.

코드 5-2 싱글턴을 잘못 사용한 예 - 유연하지 않고 테스트하기 어렵다.

```java
public class SpellChecker {
    private final Lexicon dictionary = ...;

    private SpellChecker(...) {}
    public static SpellChecker INSTANCE = new SpellChecker(...);

    public boolean isValid(String word) { ... }
    public List<String> suggestions(String typo) { ... }
}
```

두 방식 모두 사전을 단 하나만 사용한다고 가정한다는 점에서 그리 훌륭해 보이지 않다. 실전에서는 사전이 언어별로 따로 있고 특수 어휘용 사전을 별도로 두기도 한다. 심지어 테스트용 사전도 필요할 수 있다. 사전 하나로 이 모든 쓰임에 대응할 수 있기를 바라는 건 너무 순진한 생각이다.

SpellChecker가 여러 사전을 사용할 수 있도록 만들어보자. 간단히 dictionary

필드에서 final 한정자를 제거하고 다른 사전으로 교체하는 메서드를 추가할 수 있지만, 아쉽게도 이 방식은 어색하고 오류를 내기 쉬우며 멀티스레드 환경에서는 쓸 수 없다. **사용하는 자원에 따라 동작이 달라지는 클래스에는 정적 유틸리티 클래스나 싱글턴 방식이 적합하지 않다.**

대신 클래스(SpellChecker)가 여러 자원 인스턴스를 지원해야 하며, 클라이언트가 원하는 자원(dictionary)을 사용해야 한다. 이 조건을 만족하는 간단한 패턴이 있으니, 바로 **인스턴스를 생성할 때 생성자에 필요한 자원을 넘겨주는 방식**이다. 이는 의존 객체 주입의 한 형태로, 맞춤법 검사기를 생성할 때 의존 객체인 사전을 주입해주면 된다.

코드 5-3 의존 객체 주입은 유연성과 테스트 용이성을 높여준다.

```java
public class SpellChecker {
    private final Lexicon dictionary;

    public SpellChecker(Lexicon dictionary) {
        this.dictionary = Objects.requireNonNull(dictionary);
    }

    public boolean isValid(String word) { ... }
    public List<String> suggestions(String typo) { ... }
}
```

의존 객체 주입 패턴은 아주 단순하여 수많은 프로그래머가 이 방식에 이름이 있다는 사실도 모른 채 사용해왔다. 예에서는 dictionary라는 딱 하나의 자원만 사용하지만, 자원이 몇 개든 의존 관계가 어떻든 상관없이 잘 작동한다. 또한 불변(아이템 17)을 보장하여 (같은 자원을 사용하려는) 여러 클라이언트가 의존 객체들을 안심하고 공유할 수 있기도 하다. 의존 객체 주입은 생성자, 정적 팩터리(아이템 1), 빌더(아이템 2) 모두에 똑같이 응용할 수 있다.

이 패턴의 쓸만한 변형으로, 생성자에 자원 팩터리를 넘겨주는 방식이 있다. 팩터리란 호출할 때마다 특정 타입의 인스턴스를 반복해서 만들어주는 객체를 말한다. 즉, 팩터리 메서드 패턴(Factory Method pattern)[Gamma95]을 구현한 것이다. 자바 8에서 소개한 Supplier<T> 인터페이스가 팩터리를 표현한 완벽한 예다. Supplier<T>를 입력으로 받는 메서드는 일반적으로 한정적 와일드카드 타입(bounded wildcard type, 아이템 31)을 사용해 팩터리의 타입 매개변수를 제한해야 한다. 이 방식을 사용해 클라이언트는 자신이 명시한 타입의 하위 타입이라면 무엇이든 생성할 수 있는 팩터리를 넘길 수 있다. 예컨대 다음 코드는 클라이언트가 제공한 팩터리가 생성한 타일(Tile)들로 구성된 모자이크 (Mosaic)를 만드는 메서드다.

```
Mosaic create(Supplier<? extends Tile> tileFactory) { ... }
```

의존 객체 주입이 유연성과 테스트 용이성을 개선해주긴 하지만, 의존성이 수천 개나 되는 큰 프로젝트에서는 코드를 어지럽게 만들기도 한다. 대거(Dagger), 주스(Guice), 스프링(Spring) 같은 의존 객체 주입 프레임워크를 사용하면 이런 어질러짐을 해소할 수 있다. 프레임워크 활용법은 이 책에서 다룰 주제는 아니지만, 이들 프레임워크는 의존 객체를 직접 주입하도록 설계된 API를 알맞게 응용해 사용하고 있음을 언급해둔다.

> **핵심 정리**
>
> 클래스가 내부적으로 하나 이상의 자원에 의존하고, 그 자원이 클래스 동작에 영향을 준다면 싱글턴과 정적 유틸리티 클래스는 사용하지 않는 것이 좋다. 이 자원들을 클래스가 직접 만들게 해서도 안 된다. 대신 필요한 자원을 (혹은 그 자원을 만들어주는 팩터리를) 생성자에 (혹은 정적 팩터리나 빌더에) 넘겨주자. 의존 객체 주입이라 하는 이 기법은 클래스의 유연성, 재사용성, 테스트 용이성을 기막히게 개선해준다.

불필요한 객체 생성을 피하라

똑같은 기능의 객체를 매번 생성하기보다는 객체 하나를 재사용하는 편이 나을 때가 많다. 재사용은 빠르고 세련된다. 특히 불변 객체(아이템 17)는 언제든 재사용할 수 있다.

다음 코드는 하지 말아야 할 극단적인 예이니 유심히 한번 살펴보자.

```
String s = new String("bikini"); // 따라 하지 말 것!
```

이 문장은 실행될 때마다 String 인스턴스를 새로 만든다. 완전히 쓸데없는 행위다. 생성자에 넘겨진 "bikini" 자체가 이 생성자로 만들어내려는 String과 기능적으로 완전히 똑같다. 이 문장이 반복문이나 빈번히 호출되는 메서드 안에 있다면 쓸데없는 String 인스턴스가 수백만 개 만들어질 수도 있다.

개선된 버전을 보자.

```
String s = "bikini";
```

이 코드는 새로운 인스턴스를 매번 만드는 대신 하나의 String 인스턴스를 사용한다. 나아가 이 방식을 사용한다면 같은 가상 머신 안에서 이와 똑같은 문자열 리터럴을 사용하는 모든 코드가 같은 객체를 재사용함이 보장된다.[JLS, 3.10.5]

생성자 대신 정적 팩터리 메서드(아이템 1)를 제공하는 불변 클래스에서는 정적 팩터리 메서드를 사용해 불필요한 객체 생성을 피할 수 있다. 예컨대 Boolean(String) 생성자 대신 Boolean.valueOf(String) 팩터리 메서드를 사용하는 것이 좋다(그래서 이 생성자는 자바 9에서 사용 자제(deprecated) API로 지정되었다). 생성자는 호출할 때마다 새로운 객체를 만들지만, 팩터리 메서드는 전혀 그렇지 않다. 불변 객체만이 아니라 가변 객체라 해도 사용 중에 변경되지 않을 것임을 안다면 재사용할 수 있다.

생성 비용이 아주 비싼 객체도 더러 있다. 이런 '비싼 객체'가 반복해서 필요하다면 캐싱하여 재사용하길 권한다. 안타깝게도 자신이 만드는 객체가 비싼 객체인지를 매번 명확히 알 수는 없다. 예를 들어 주어진 문자열이 유효한 로마 숫자인지를 확인하는 메서드를 작성한다고 해보자. 다음은 정규표현식을 활용한 가장 쉬운 해법이다.

코드 6-1 성능을 훨씬 더 끌어올릴 수 있다!

```
static boolean isRomanNumeral(String s) {
    return s.matches("^(?=.)M*(C[MD]|D?C{0,3})"
            + "(X[CL]|L?X{0,3})(I[XV]|V?I{0,3})$");
}
```

이 방식의 문제는 String.matches 메서드를 사용한다는 데 있다. **String.matches는 정규표현식으로 문자열 형태를 확인하는 가장 쉬운 방법이지만, 성능이 중요한 상황에서 반복해 사용하기엔 적합하지 않다.** 이 메서드가 내부에서 만드는 정규표현식용 Pattern 인스턴스는, 한 번 쓰고 버려져서 곧바로 가비지 컬렉션 대상이 된다. Pattern은 입력받은 정규표현식에 해당하는 유한 상태 머신(finite state machine)을 만들기 때문에 인스턴스 생성 비용이 높다.

성능을 개선하려면 필요한 정규표현식을 표현하는 (불변인) Pattern 인스턴스를 클래스 초기화(정적 초기화) 과정에서 직접 생성해 캐싱해두고, 나중에 isRomanNumeral 메서드가 호출될 때마다 이 인스턴스를 재사용한다.

코드 6-2 값비싼 객체를 재사용해 성능을 개선한다.

```
public class RomanNumerals {
    private static final Pattern ROMAN = Pattern.compile(
            "^(?=.)M*(C[MD]|D?C{0,3})"
            + "(X[CL]|L?X{0,3})(I[XV]|V?I{0,3})$");

    static boolean isRomanNumeral(String s) {
        return ROMAN.matcher(s).matches();
    }
}
```

이렇게 개선하면 isRomanNumeral이 빈번히 호출되는 상황에서 성능을 상당히 끌어올릴 수 있다. 내 컴퓨터에서 길이가 8인 문자열을 입력했을 때 개선 전에는 1.1μs, 개선 후에는 0.17μs가 걸렸다. 6.5배 정도 빨라진 것이다. 성능만 좋아진 것이 아니라 코드도 더 명확해졌다. 개선 전에서는 존재조차 몰랐던 Pattern 인스턴스를 static final 필드로 끄집어내고 이름을 지어주어 코드의 의미가 훨씬 잘 드러난다.

개선된 isRomanNumeral 방식의 클래스가 초기화된 후 이 메서드를 한 번도 호출하지 않는다면 ROMAN 필드는 쓸데없이 초기화된 꼴이다. isRomanNumeral 메서드가 처음 호출될 때 필드를 초기화하는 지연 초기화(lazy initialization, 아이템 83)로 불필요한 초기화를 없앨 수는 있지만, 권하지는 않는다. 지연 초기화는 코드를 복잡하게 만드는데, 성능은 크게 개선되지 않을 때가 많기 때문이다(아이템 67).

객체가 불변이라면 재사용해도 안전함이 명백하다. 하지만 훨씬 덜 명확하거나, 심지어 직관에 반대되는 상황도 있다. 어댑터[Gamma95]를 생각해보자(어댑터를 뷰(view)라고도 한다). 어댑터는 실제 작업은 뒷단 객체에 위임하고, 자신은 제2의 인터페이스 역할을 해주는 객체다. 어댑터는 뒷단 객체만 관리하면 된다. 즉, 뒷단 객체 외에는 관리할 상태가 없으므로 뒷단 객체 하나당 어댑터 하나씩만 만들어지면 충분하다.

예컨대 Map 인터페이스의 keySet 메서드는 Map 객체 안의 키 전부를 담은 Set 뷰를 반환한다. keySet을 호출할 때마다 새로운 Set 인스턴스가 만들어지리라고 순진하게 생각할 수도 있지만, 사실은 매번 같은 Set 인스턴스를 반환할지도 모른다. 반환된 Set 인스턴스가 일반적으로 가변이더라도 반환된 인스턴스들은 기능적으로 모두 똑같다. 즉, 반환한 객체 중 하나를 수정하면 다른 모든 객체가 따라서 바뀐다. 모두가 똑같은 Map 인스턴스를 대변하기 때문이다. 따라서 keySet이 뷰 객체를 여러 개 만들어도 상관은 없지만, 그럴 필요도 없고 이득도 없다.

불필요한 객체를 만들어내는 또 다른 예로 오토박싱(auto boxing)을 들 수 있다. 오토박싱은 프로그래머가 기본 타입과 박싱된 기본 타입을 섞어 쓸 때 자동으로 상호 변환해주는 기술이다. **오토박싱은 기본 타입과 그에 대응하는 박싱된 기본 타입의 구분을 흐려주지만, 완전히 없애주는 것은 아니다.** 의미상으로는 별다를 것 없지만 성능에서는 그렇지 않다(아이템 61). 다음 메서드를 보자. 모든 양의 정수의 총합을 구하는 메서드로, int는 충분히 크지 않으니 long을 사용해 계산하고 있다.

코드 6-3 끔찍이 느리다! 객체가 만들어지는 위치를 찾았는가?

```
private static long sum() {
    Long sum = 0L;
    for (long i = 0; i <= Integer.MAX_VALUE; i++)
        sum += i;

    return sum;
}
```

이 프로그램이 정확한 답을 내기는 한다. 하지만 제대로 구현했을 때보다 훨씬 느리다. 겨우 (아마도 오타일 듯한) 문자 하나 때문에 말이다. sum 변수를 long 이 아닌 Long으로 선언해서 불필요한 Long 인스턴스가 약 2^{31}개나 만들어진 것이다(대략, long 타입인 i가 Long 타입인 sum에 더해질 때마다). 단순히 sum의 타입을 long으로만 바꿔주면 내 컴퓨터에서는 6.3초에서 0.59초로 빨라진다. 교훈은 명확하다. **박싱된 기본 타입보다는 기본 타입을 사용하고, 의도치 않은 오토박싱이 숨어들지 않도록 주의하자.**

이번 아이템을 "객체 생성은 비싸니 피해야 한다"로 오해하면 안 된다. 특히 나 요즘의 JVM에서는 별다른 일을 하지 않는 작은 객체를 생성하고 회수하는 일이 크게 부담되지 않는다. 프로그램의 명확성, 간결성, 기능을 위해서 객체 를 추가로 생성하는 것이라면 일반적으로 좋은 일이다.

거꾸로, 아주 무거운 객체가 아닌 다음에야 단순히 객체 생성을 피하고자 여러분만의 객체 풀(pool)을 만들지는 말자. 물론 객체 풀을 만드는 게 나은 예가 있긴 하다. 데이터베이스 연결 같은 경우 생성 비용이 워낙 비싸니 재사용하는 편이 낫다. 하지만 일반적으로는 자체 객체 풀은 코드를 헷갈리게 만들고 메모리 사용량을 늘리고 성능을 떨어뜨린다. 요즘 JVM의 가비지 컬렉터는 상당히 잘 최적화되어서 가벼운 객체용을 다룰 때는 직접 만든 객체 풀보다 훨씬 빠르다.

이번 아이템은 방어적 복사(defensive copy)를 다루는 아이템 50과 대조적이다. 이번 아이템이 "기존 객체를 재사용해야 한다면 새로운 객체를 만들지 마라"라면, 아이템 50은 "새로운 객체를 만들어야 한다면 기존 객체를 재사용하지 마라"다. 방어적 복사가 필요한 상황에서 객체를 재사용했을 때의 피해가, 필요 없는 객체를 반복 생성했을 때의 피해보다 훨씬 크다는 사실을 기억하자. 방어적 복사에 실패하면 언제 터져 나올지 모르는 버그와 보안 구멍으로 이어 지지만, 불필요한 객체 생성은 그저 코드 형태와 성능에만 영향을 준다.

다 쓴 객체 참조를 해제하라

C, C++처럼 메모리를 직접 관리해야 하는 언어를 쓰다가 자바처럼 가비지 컬렉터를 갖춘 언어로 넘어오면 프로그래머의 삶이 훨씬 평안해진다. 다 쓴 객체를 알아서 회수해가니 말이다. 처음 경험할 때는 마법을 보는 듯했다. 그래서 자칫 메모리 관리에 더 이상 신경 쓰지 않아도 된다고 오해할 수 있는데, 절대 사실이 아니다.

스택을 간단히 구현한 다음 코드를 보자.

코드 7-1 메모리 누수가 일어나는 위치는 어디인가?

```java
public class Stack {
    private Object[] elements;
    private int size = 0;
    private static final int DEFAULT_INITIAL_CAPACITY = 16;

    public Stack() {
        elements = new Object[DEFAULT_INITIAL_CAPACITY];
    }

    public void push(Object e) {
        ensureCapacity();
        elements[size++] = e;
    }

    public Object pop() {
        if (size == 0)
            throw new EmptyStackException();
        return elements[--size];
    }

    /**
     * 원소를 위한 공간을 적어도 하나 이상 확보한다.
     * 배열 크기를 늘려야 할 때마다 대략 두 배씩 늘린다.
     */
    private void ensureCapacity() {
        if (elements.length == size)
            elements = Arrays.copyOf(elements, 2 * size + 1);
    }
}
```

특별한 문제는 없어 보인다(제네릭 버전은 아이템 29 참조). 여러분이 별의별 테스트를 수행해도 거뜬히 통과할 것이다. 하지만 꼭꼭 숨어 있는 문제가 있다. 이는 바로 '메모리 누수'로, 이 스택을 사용하는 프로그램을 오래 실행하다 보면 점차 가비지 컬렉션 활동과 메모리 사용량이 늘어나 결국 성능이 저하될 것이다. 상대적으로 드문 경우긴 하지만 심할 때는 디스크 페이징이나 OutOfMemoryError를 일으켜 프로그램이 예기치 않게 종료되기도 한다.

각설하고, 앞 코드에서 메모리 누수는 어디서 일어날까? 이 코드에서는 스택이 커졌다가 줄어들었을 때 스택에서 꺼내진 객체들을 가비지 컬렉터가 회수하지 않는다. 프로그램에서 그 객체들을 더 이상 사용하지 않더라도 말이다. 이 스택이 그 객체들의 다 쓴 참조(obsolete reference)를 여전히 가지고 있기 때문이다. 여기서 다 쓴 참조란 문자 그대로 앞으로 다시 쓰지 않을 참조를 뜻한다. 앞의 코드에서는 elements 배열의 '활성 영역' 밖의 참조들이 모두 여기에 해당한다. 활성 영역은 인덱스가 size보다 작은 원소들로 구성된다.

가비지 컬렉션 언어에서는 (의도치 않게 객체를 살려두는) 메모리 누수를 찾기가 아주 까다롭다. 객체 참조 하나를 살려두면 가비지 컬렉터는 그 객체뿐 아니라 그 객체가 참조하는 모든 객체(그리고 또 그 객체들이 참조하는 모든 객체…)를 회수해가지 못한다. 그래서 단 몇 개의 객체가 매우 많은 객체를 회수되지 못하게 할 수 있고 잠재적으로 성능에 악영향을 줄 수 있다.

해법은 간단하다. 해당 참조를 다 썼을 때 null 처리(참조 해제)하면 된다. 예시의 스택 클래스에서는 각 원소의 참조가 더 이상 필요 없어지는 시점은 스택에서 꺼내질 때다. 다음은 pop 메서드를 제대로 구현한 모습이다.

코드 7-2 제대로 구현한 pop 메서드

```
public Object pop() {
    if (size == 0)
        throw new EmptyStackException();
    Object result = elements[--size];
    elements[size] = null; // 다 쓴 참조 해제
    return result;
}
```

다 쓴 참조를 null 처리하면 다른 이점도 따라온다. 만약 null 처리한 참조를 실수로 사용하려 하면 프로그램은 즉시 NullPointerException을 던지며 종료

된다(미리 null 처리하지 않았다면 아무 내색 없이 무언가 잘못된 일을 수행할 것이다). 프로그램 오류는 가능한 한 조기에 발견하는 게 좋다.

이 문제로 크게 데인 적이 있는 프로그래머는 모든 객체를 다 쓰자마자 일일이 null 처리하는 데 혈안이 되기도 한다. 하지만 그럴 필요도 없고 바람직하지도 않다. 프로그램을 필요 이상으로 지저분하게 만들 뿐이다. **객체 참조를 null 처리하는 일은 예외적인 경우여야 한다.** 다 쓴 참조를 해제하는 가장 좋은 방법은 그 참조를 담은 변수를 유효 범위(scope) 밖으로 밀어내는 것이다. 여러분이 변수의 범위를 최소가 되게 정의했다면(아이템 57) 이 일은 자연스럽게 이뤄진다.

그렇다면 null 처리는 언제 해야 할까? Stack 클래스는 왜 메모리 누수에 취약한 걸까? 바로 스택이 자기 메모리를 직접 관리하기 때문이다. 이 스택은 (객체 자체가 아니라 객체 참조를 담는) elements 배열로 저장소 풀을 만들어 원소들을 관리한다. 배열의 활성 영역에 속한 원소들이 사용되고 비활성 영역은 쓰이지 않는다. 문제는 가비지 컬렉터는 이 사실을 알 길이 없다는 데 있다. 가비지 컬렉터가 보기에는 비활성 영역에서 참조하는 객체도 똑같이 유효한 객체다. 비활성 영역의 객체가 더 이상 쓸모없다는 건 프로그래머만 아는 사실이다. 그러므로 프로그래머는 비활성 영역이 되는 순간 null 처리해서 해당 객체를 더는 쓰지 않을 것임을 가비지 컬렉터에 알려야 한다.

일반적으로 **자기 메모리를 직접 관리하는 클래스라면 프로그래머는 항시 메모리 누수에 주의해야 한다.** 원소를 다 사용한 즉시 그 원소가 참조한 객체들을 다 null 처리해줘야 한다.

캐시 역시 메모리 누수를 일으키는 주범이다. 객체 참조를 캐시에 넣고 나서, 이 사실을 까맣게 잊은 채 그 객체를 다 쓴 뒤로도 한참을 그냥 놔두는 일을 자주 접할 수 있다. 해법은 여러 가지다. 운 좋게 캐시 외부에서 키(key)를 참조하는 동안만(값이 아니다) 엔트리가 살아 있는 캐시가 필요한 상황이라면 WeakHashMap을 사용해 캐시를 만들자. 다 쓴 엔트리는 그 즉시 자동으로 제거될 것이다. 단, WeakHashMap은 이러한 상황에서만 유용하다는 사실을 기억하자.

캐시를 만들 때 보통은 캐시 엔트리의 유효 기간을 정확히 정의하기 어렵기 때문에 시간이 지날수록 엔트리의 가치를 떨어뜨리는 방식을 흔히 사용한다. 이런 방식에서는 쓰지 않는 엔트리를 이따금 청소해줘야 한다. (Scheduled ThreadPoolExecutor 같은) 백그라운드 스레드를 활용하거나 캐시에 새 엔트리를 추가할 때 부수 작업으로 수행하는 방법이 있다. LinkedHashMap은 remove EldestEntry 메서드를 써서 후자의 방식으로 처리한다. 더 복잡한 캐시를 만들고 싶다면 java.lang.ref 패키지를 직접 활용해야 할 것이다.

메모리 누수의 세 번째 주범은 바로 리스너(listener) 혹은 콜백(callback)이라 부르는 것이다. 클라이언트가 콜백을 등록만 하고 명확히 해지하지 않는다면, 뭔가 조치해주지 않는 한 콜백은 계속 쌓여갈 것이다. 이럴 때 콜백을 약한 참조(weak reference)로 저장하면 가비지 컬렉터가 즉시 수거해간다. 예를 들어 WeakHashMap에 키로 저장하면 된다.

> **핵심 정리**
>
> 메모리 누수는 겉으로 잘 드러나지 않아 시스템에 수년간 잠복하는 사례도 있다. 이런 누수는 철저한 코드 리뷰나 힙 프로파일러 같은 디버깅 도구를 동원해야만 발견되기도 한다. 그래서 이런 종류의 문제는 예방법을 익혀두는 것이 매우 중요하다.

아이템 8

finalizer와 cleaner 사용을 피하라

자바는 두 가지 객체 소멸자를 제공한다. 그중 **finalizer는 예측할 수 없고, 상황에 따라 위험할 수 있어 일반적으로 불필요하다.** 오동작, 낮은 성능, 이식성 문제의 원인이 되기도 한다. finalizer는 나름의 쓰임새가 몇 가지 있긴 하지만(이번 아이템에서 다룬다) 기본적으로 '쓰지 말아야' 한다. 그래서 자바 9에서는 finalizer를 사용 자제(deprecated) API로 지정하고 cleaner를 그 대안으로 소개했다(하지만 자바 라이브러리에서도 finalizer를 여전히 사용한다). **cleaner는 finalizer보다는 덜 위험하지만, 여전히 예측할 수 없고, 느리고, 일반적으로 불필요하다.**

C++ 프로그래머라면 다음의 내용을 주의하자. 자바의 finalizer와 cleaner는 C++의 파괴자(destructor)와는 다른 개념이다. C++에서의 파괴자는 (생성자의 꼭 필요한 대척점으로) 특정 객체와 관련된 자원을 회수하는 보편적인 방법이다. 자바에서는 접근할 수 없게 된 객체를 회수하는 역할을 가비지 컬렉터가 담당하고, 프로그래머에게는 아무런 작업도 요구하지 않는다. C++의 파괴자는 비메모리 자원을 회수하는 용도로도 쓰인다. 하지만 자바에서는 try-with-resources와 try-finally를 사용해 해결한다(아이템 9).

finalizer와 cleaner는 즉시 수행된다는 보장이 없다.[JLS, 12.6] 객체에 접근할 수 없게 된 후 finalizer나 cleaner가 실행되기까지 얼마나 걸릴지 알 수 없다. **즉, finalizer와 cleaner로는 제때 실행되어야 하는 작업은 절대 할 수 없다.** 예컨대 파일 닫기를 finalizer나 cleaner에 맡기면 중대한 오류를 일으킬 수 있다. 시스템이 동시에 열 수 있는 파일 개수에 한계가 있기 때문이다. 시스템이 finalizer나 cleaner 실행을 게을리해서 파일을 계속 열어 둔다면 새로운 파일을 열지 못해 프로그램이 실패할 수 있다.

finalizer나 cleaner를 얼마나 신속히 수행할지는 전적으로 가비지 컬렉터 알고리즘에 달렸으며, 이는 가비지 컬렉터 구현마다 천차만별이다. finalizer나 cleaner 수행 시점에 의존하는 프로그램의 동작 또한 마찬가지다. 여러분이 테스트한 JVM에서는 완벽하게 동작하던 프로그램이 가장 중요한 고객의 시스템에서는 엄청난 재앙을 일으킬지도 모른다.

굼뜬 finalizer 처리는 현업에서도 실제로 문제를 일으킨다. 클래스에 finalizer를 달아두면 그 인스턴스의 자원 회수가 제멋대로 지연될 수 있다. 필자의 동료가 원인을 알 수 없는 OutOfMemoryError를 내며 죽는 GUI 애플리케이션을 디버깅한 이야기를 들려주겠다. 그 친구가 상황을 분석해보니 애플리케이션이 죽는 시점에 그래픽스 객체 수천 개가 finalizer 대기열에서 회수되기만을 기다리고 있었다. 불행히도 finalizer 스레드는 다른 애플리케이션 스레드보다 우선순위가 낮아서 실행될 기회를 제대로 얻지 못한 것이다. 자바 언어 명세는 어떤 스레드가 finalizer를 수행할지 명시하지 않으니 이 문제를 예방할 보편적인 해법은 없다. 딱 하나, finalizer를 사용하지 않는 방법뿐이다. 한편, cleaner는 자신을 수행할 스레드를 제어할 수 있다는 면에서 조금 낫다. 하지만 여전히 백그라운드에서 수행되며 가비지 컬렉터의 통제하에 있으니 즉각 수행되리라는 보장은 없다.

자바 언어 명세는 finalizer나 cleaner의 수행 시점뿐 아니라 수행 여부조차 보장하지 않는다. 접근할 수 없는 일부 객체에 딸린 종료 작업을 전혀 수행하지 못한 채 프로그램이 중단될 수도 있다는 얘기다. 따라서 프로그램 생애주기와 상관없는, **상태를 영구적으로 수정하는 작업에서는 절대 finalizer나 cleaner에 의존해서는 안 된다.** 예를 들어 데이터베이스 같은 공유 자원의 영구 락(lock) 해제를 finalizer나 cleaner에 맡겨 놓으면 분산 시스템 전체가 서서히 멈출 것이다.

System.gc나 System.runFinalization 메서드에 현혹되지 말자. finalizer와 cleaner가 실행될 가능성을 높여줄 수는 있으나, 보장해주진 않는다. 사실 이를 보장해주겠다는 메서드가 2개 있었다. 바로 System.runFinalizersOnExit와 그 쌍둥이인 Runtime.runFinalizersOnExit다. 하지만 이 두 메서드는 심각한 결함 때문에 수십 년간 지탄받아 왔다.[ThreadStop]

finalizer의 부작용은 여기서 끝이 아니다. finalizer 동작 중 발생한 예외는 무시되며, 처리할 작업이 남았더라도 그 순간 종료된다.[JLS, 12.6] 잡지 못한 예외 때문에 해당 객체는 자칫 마무리가 덜 된 상태로 남을 수 있다. 그리고 다른 스레드가 이처럼 훼손된 객체를 사용하려 한다면 어떻게 동작할지 예측할 수 없다. 보통의 경우엔 잡지 못한 예외가 스레드를 중단시키고 스택 추적 내역을 출력하겠지만, 같은 일이 finalizer에서 일어난다면 경고조차 출력하지 않는다. 그나마 cleaner를 사용하는 라이브러리는 자신의 스레드를 통제하기 때문에 이러한 문제가 발생하지 않는다.

finalizer와 cleaner는 심각한 성능 문제도 동반한다. 내 컴퓨터에서 간단한 AutoCloseable 객체를 생성하고 가비지 컬렉터가 수거하기까지 12ns가 걸린 반면(try-with-resources로 자신을 닫도록 했다), finalizer를 사용하면 550ns가 걸렸다. 다시 말해 finalizer를 사용한 객체를 생성하고 파괴하니 50배나 느렸다. finalizer가 가비지 컬렉터의 효율을 떨어뜨리기 때문이다. cleaner도 클래스의 모든 인스턴스를 수거하는 형태로 사용하면 성능은 finalizer와 비슷하다 (내 컴퓨터에서는 인스턴스당 500ns 정도 걸렸다). 하지만 잠시 후에 살펴볼 안전망 형태로만 사용하면 훨씬 빨라진다. 안전망 방식에서는 객체 하나를 생성, 정리, 파괴하는 데 내 컴퓨터에서 약 66ns가 걸렸다. 안전망을 설치하는 대가로 성능이 약 5배 정도 느려진다는 뜻이다.

finalizer를 사용한 클래스는 finalizer 공격에 노출되어 심각한 보안 문제를 일으킬 수도 있다. finalizer 공격 원리는 간단하다. 생성자나 직렬화 과정(readObject와 readResolve 메서드, 12장 참조)에서 예외가 발생하면, 이 생성되다 만 객체에서 악의적인 하위 클래스의 finalizer가 수행될 수 있게 된다. 있어서는 안 될 일이다. 이 finalizer는 정적 필드에 자신의 참조를 할당하여 가비지 컬렉터가 수집하지 못하게 막을 수 있다. 이렇게 일그러진 객체가 만들어지고 나면, 이 객체의 메서드를 호출해 애초에는 허용되지 않았을 작업을 수행하는 건 일도 아니다. **객체 생성을 막으려면 생성자에서 예외를 던지는 것만으로 충분하지만, finalizer가 있다면 그렇지도 않다.** 이러한 공격은 끔찍한 결과를 초래할 수 있다. final 클래스들은 그 누구도 하위 클래스를 만들 수 없으니 이 공격에서 안전하다. final이 아닌 클래스를 finalizer 공격으로부터 방어하려면 **아무 일도 하지 않는 finalize 메서드를 만들고 final로 선언하자.**

그렇다면 파일이나 스레드 등 종료해야 할 자원을 담고 있는 객체의 클래스에서 finalizer나 cleaner를 대신해줄 묘안은 무엇일까? 그저 **AutoCloseable을 구현**해주고, 클라이언트에서 인스턴스를 다 쓰고 나면 close 메서드를 호출하면 된다(일반적으로 예외가 발생해도 제대로 종료되도록 try-with-resources를 사용해야 한다. 아이템 9 참조). 구체적인 구현법과 관련하여 알아두면 좋을 게 하나 있다. 각 인스턴스는 자신이 닫혔는지를 추적하는 것이 좋다. 다시 말해, close 메서드에서 이 객체는 더 이상 유효하지 않음을 필드에 기록하고, 다른 메서드는 이 필드를 검사해서 객체가 닫힌 후에 불렸다면 IllegalStateException을 던지는 것이다.

이쯤이면 cleaner와 finalizer는 대체 어디에 쓰는 물건인지 궁금해진다. 적절한 쓰임새가 (아마도) 두 가지 있다. 하나는 자원의 소유자가 close 메서드를 호출하지 않는 것에 대비한 안전망 역할이다. cleaner나 finalizer가 즉시 (혹은 끝까지) 호출되리라는 보장은 없지만, 클라이언트가 하지 않은 자원 회수를 늦게라도 해주는 것이 아예 안 하는 것보다는 나으니 말이다. 이런 안전망 역할의 finalizer를 작성할 때는 그럴만한 값어치가 있는지 심사숙고하자. 자바 라이브러리의 일부 클래스는 안전망 역할의 finalizer를 제공한다. FileInputStream, FileOutputStream, ThreadPoolExecutor가 대표적이다.

cleaner와 finalizer를 적절히 활용하는 두 번째 예는 네이티브 피어(native peer)와 연결된 객체에서다. 네이티브 피어란 일반 자바 객체가 네이티브 메서드를 통해 기능을 위임한 네이티브 객체를 말한다. 네이티브 피어는 자바 객체가 아니니 가비지 컬렉터는 그 존재를 알지 못한다. 그 결과 자바 피어를 회수할 때 네이티브 객체까지 회수하지 못한다. cleaner나 finalizer가 나서서 처리하기에 적당한 작업이다. 단, 성능 저하를 감당할 수 있고 네이티브 피어가 심각한 자원을 가지고 있지 않을 때에만 해당된다. 성능 저하를 감당할 수 없거나 네이티브 피어가 사용하는 자원을 즉시 회수해야 한다면 앞서 설명한 close 메서드를 사용해야 한다.

cleaner는 사용하기에 조금 까다롭다. 다음의 Room 클래스로 이 기능을 설명해보겠다. 방(room) 자원을 수거하기 전에 반드시 청소(clean)해야 한다고 가정해보자. Room 클래스는 AutoCloseable을 구현한다. 사실 자동 청소 안전망이

cleaner를 사용할지 말지는 순전히 내부 구현 방식에 관한 문제다. 즉, finalizer
와 달리 cleaner는 클래스의 public API에 나타나지 않는다는 이야기다.

코드 8-1 cleaner를 안전망으로 활용하는 AutoCloseable 클래스

```
public class Room implements AutoCloseable {
    private static final Cleaner cleaner = Cleaner.create();

    // 청소가 필요한 자원. 절대 Room을 참조해서는 안 된다!
    private static class State implements Runnable {
        int numJunkPiles; // 방(Room) 안의 쓰레기 수

        State(int numJunkPiles) {
            this.numJunkPiles = numJunkPiles;
        }

        // close 메서드나 cleaner가 호출한다.
        @Override public void run() {
            System.out.println("방 청소");
            numJunkPiles = 0;
        }
    }

    // 방의 상태. cleanable과 공유한다.
    private final State state;

    // cleanable 객체. 수거 대상이 되면 방을 청소한다.
    private final Cleaner.Cleanable cleanable;

    public Room(int numJunkPiles) {
        state = new State(numJunkPiles);
        cleanable = cleaner.register(this, state);
    }

    @Override public void close() {
        cleanable.clean();
    }
}
```

static으로 선언된 중첩 클래스인 State는 cleaner가 방을 청소할 때 수거할 자
원들을 담고 있다. 이 예에서는 단순히 방 안의 쓰레기 수를 뜻하는 numJunk
Piles 필드가 수거할 자원에 해당한다. 더 현실적으로 만들려면 이 필드는 네
이티브 피어를 가리키는 포인터를 담은 final long 변수여야 한다. State는
Runnable을 구현하고, 그 안의 run 메서드는 cleanable에 의해 딱 한 번만 호출
될 것이다. 이 cleanable 객체는 Room 생성자에서 cleaner에 Room과 State를 등

록할 때 얻는다. run 메서드가 호출되는 상황은 둘 중 하나다. 보통은 Room의 close 메서드를 호출할 때다. close 메서드에서 Cleanable의 clean을 호출하면 이 메서드 안에서 run을 호출한다. 혹은 가비지 컬렉터가 Room을 회수할 때까지 클라이언트가 close를 호출하지 않는다면, cleaner가 (바라건대) State의 run 메서드를 호출해줄 것이다.

State 인스턴스는 '절대로' Room 인스턴스를 참조해서는 안 된다. Room 인스턴스를 참조할 경우 순환참조가 생겨 가비지 컬렉터가 Room 인스턴스를 회수해갈 (따라서 자동 청소될) 기회가 오지 않는다. State가 정적 중첩 클래스인 이유가 여기에 있다. 정적이 아닌 중첩 클래스는 자동으로 바깥 객체의 참조를 갖게 되기 때문이다(아이템 24). 이와 비슷하게 람다 역시 바깥 객체의 참조를 갖기 쉬우니 사용하지 않는 것이 좋다.

앞서 이야기한 대로 Room의 cleaner는 단지 안전망으로만 쓰였다. 클라이언트가 모든 Room 생성을 try-with-resources 블록으로 감쌌다면 자동 청소는 전혀 필요하지 않다. 다음은 잘 짜인 클라이언트 코드의 예다.

```java
public class Adult {
    public static void main(String[] args) {
        try (Room myRoom = new Room(7)) {
            System.out.println("안녕~");
        }
    }
}
```

기대한 대로 Adult 프로그램은 "**안녕~**"을 출력한 후, 이어서 "**방 청소**"를 출력한다. 이번엔 결코 방 청소를 하지 않는 다음 프로그램을 살펴보자.

```java
public class Teenager {
    public static void main(String[] args) {
        new Room(99);
        System.out.println("아무렴");
    }
}
```

"**아무렴**"에 이어 "**방 청소**"가 출력되리라 기대했는가? 하지만 내 컴퓨터에서 "**방 청소**"는 한 번도 출력되지 않았다. 앞서 '예측할 수 없다'고 한 상황이다. cleaner의 명세에는 이렇게 쓰여 있다.

System.exit을 호출할 때의 cleaner 동작은 구현하기 나름이다. 청소가 이뤄질지는 보장하지 않는다.

명세에선 명시하지 않았지만 일반적인 프로그램 종료에서도 마찬가지다. 내 컴퓨터에서는 Teenager의 main 메서드에 System.gc()를 추가하는 것으로 종료 전에 "**방 청소**"를 출력할 수 있었지만, 여러분의 컴퓨터에서도 그러리라는 보장은 없다.

> **핵심 정리**
>
> cleaner(자바 8까지는 finalizer)는 안전망 역할이나 중요하지 않은 네이티브 자원 회수용으로만 사용하자. 물론 이런 경우라도 불확실성과 성능 저하에 주의해야 한다.

try-finally보다는 try-with-resources를 사용하라

자바 라이브러리에는 close 메서드를 호출해 직접 닫아줘야 하는 자원이 많다. InputStream, OutputStream, java.sql.Connection 등이 좋은 예다. 자원 닫기는 클라이언트가 놓치기 쉬워서 예측할 수 없는 성능 문제로 이어지기도 한다. 이런 자원 중 상당수가 안전망으로 finalizer를 활용하고는 있지만 finalizer는 그리 믿을만하지 못하다(아이템 8).

전통적으로 자원이 제대로 닫힘을 보장하는 수단으로 try-finally가 쓰였다. 예외가 발생하거나 메서드에서 반환되는 경우를 포함해서 말이다.

코드 9-1 try-finally - 더 이상 자원을 회수하는 최선의 방책이 아니다!

```java
static String firstLineOfFile(String path) throws IOException {
    BufferedReader br = new BufferedReader(new FileReader(path));
    try {
        return br.readLine();
    } finally {
        br.close();
    }
}
```

나쁘지 않지만, 자원을 하나 더 사용한다면 어떨까?

코드 9-2 자원이 둘 이상이면 try-finally 방식은 너무 지저분하다!

```java
static void copy(String src, String dst) throws IOException {
    InputStream in = new FileInputStream(src);
    try {
        OutputStream out = new FileOutputStream(dst);
        try {
            byte[] buf = new byte[BUFFER_SIZE];
            int n;
            while ((n = in.read(buf)) >= 0)
                out.write(buf, 0, n);
        } finally {
            out.close();
        }
```

```
    } finally {
        in.close();
    }
}
```

믿기 어렵겠지만 훌륭한 프로그래머조차 이런 잘못을 흔히 저지른다. 심지어
나 자신도 『자바 퍼즐러』(한빛미디어, 2014)[Bloch05]에서 실수를 저질렀는데,
수년간 아무도 눈치채지 못했다. 사실 2007년 당시 자바 라이브러리에서 close
메서드를 제대로 구현한 비율은 겨우 1/3 정도다.

　try-finally 문을 제대로 사용한 앞의 두 코드 예제에조차 미묘한 결점이 있다.
예외는 try 블록과 finally 블록 모두에서 발생할 수 있는데, 예컨대 기기에 물
리적인 문제가 생긴다면 firstLineOfFile 메서드 안의 readLine 메서드가 예
외를 던지고, 같은 이유로 close 메서드도 실패할 것이다. 이런 상황이라면 두
번째 예외가 첫 번째 예외를 완전히 집어삼켜 버린다. 그러면 스택 추적 내역
에 첫 번째 예외에 관한 정보는 남지 않게 되어, 실제 시스템에서의 디버깅을
몹시 어렵게 한다(일반적으로 문제를 진단하려면 처음 발생한 예외를 보고 싶
을 것이다). 물론 두 번째 예외 대신 첫 번째 예외를 기록하도록 코드를 수정할
수는 있지만, 코드가 너무 지저분해져서 실제로 그렇게까지 하는 경우는 거의
없다.

　이러한 문제들은 자바 7이 투척한 try-with-resources[JLS, 14.20.3] 덕에 모두
해결되었다. 이 구조를 사용하려면 해당 자원이 AutoCloseable 인터페이스를
구현해야 한다. 단순히 void를 반환하는 close 메서드 하나만 덩그러니 정의한
인터페이스다. 자바 라이브러리와 서드파티 라이브러리들의 수많은 클래스와
인터페이스가 이미 AutoCloseable을 구현하거나 확장해됐다. 여러분도 닫아야
하는 자원을 뜻하는 클래스를 작성한다면 AutoCloseable을 반드시 구현하기
바란다.

　다음은 try-with-resources를 사용해 코드 9-1을 재작성한 예다.

코드 9-3 try-with-resources - 자원을 회수하는 최선책!

```
static String firstLineOfFile(String path) throws IOException {
    try (BufferedReader br = new BufferedReader(
            new FileReader(path))) {
        return br.readLine();
```

```
        }
}
```

다음은 코드 9-2에 try-with-resources를 적용한 모습이다.

코드 9-4 복수의 자원을 처리하는 **try-with-resources** - 짧고 매혹적이다!

```
static void copy(String src, String dst) throws IOException {
    try (InputStream in = new FileInputStream(src);
        OutputStream out = new FileOutputStream(dst)) {
        byte[] buf = new byte[BUFFER_SIZE];
        int n;
        while ((n = in.read(buf)) >= 0)
            out.write(buf, 0, n);
    }
}
```

try-with-resources 버전이 짧고 읽기 수월할 뿐 아니라 문제를 진단하기도 훨씬 좋다. firstLineOfFile 메서드를 생각해보자. readLine과 (코드에는 나타나지 않는) close 호출 양쪽에서 예외가 발생하면, close에서 발생한 예외는 숨겨지고 readLine에서 발생한 예외가 기록된다. 이처럼 실전에서는 프로그래머에게 보여줄 예외 하나만 보존되고 여러 개의 다른 예외가 숨겨질 수도 있다. 이렇게 숨겨진 예외들도 그냥 버려지지는 않고, 스택 추적 내역에 '숨겨졌다(suppressed)'는 꼬리표를 달고 출력된다. 또한, 자바 7에서 Throwable에 추가된 getSuppressed 메서드를 이용하면 프로그램 코드에서 가져올 수도 있다.

보통의 try-finally에서처럼 try-with-resources에서도 catch 절을 쓸 수 있다. catch 절 덕분에 try 문을 더 중첩하지 않고도 다수의 예외를 처리할 수 있다. 다음 코드에서는 firstLineOfFile 메서드를 살짝 수정하여 파일을 열거나 데이터를 읽지 못했을 때 예외를 던지는 대신 기본값을 반환하도록 해봤다. 예가 살짝 어색하더라도 이해해주기 바란다.

코드 9-5 **try-with-resources**를 **catch** 절과 함께 쓰는 모습

```
static String firstLineOfFile(String path, String defaultVal) {
    try (BufferedReader br = new BufferedReader(
            new FileReader(path))) {
        return br.readLine();
    } catch (IOException e) {
        return defaultVal;
    }
}
```

핵심 정리

꼭 회수해야 하는 자원을 다룰 때는 try-finally 말고, try-with-resources를 사용하자. 예외는 없다. 코드는 더 짧고 분명해지고, 만들어지는 예외 정보도 훨씬 유용하다. try-finally로 작성하면 실용적이지 못할 만큼 코드가 지저분해지는 경우라도, try-with-resources로는 정확하고 쉽게 자원을 회수할 수 있다.

3장

모든 객체의 공통 메서드

Object는 객체를 만들 수 있는 구체 클래스지만 기본적으로는 상속해서 사용하도록 설계되었다. Object에서 final이 아닌 메서드(equals, hashCode, toString, clone, finalize)는 모두 재정의(overriding)를 염두에 두고 설계된 것이라 재정의 시 지켜야 하는 일반 규약이 명확히 정의되어 있다. 그래서 Object를 상속하는 클래스, 즉 모든 클래스는 이 메서드들을 일반 규약에 맞게 재정의해야 한다. 메서드를 잘못 구현하면 대상 클래스가 이 규약을 준수한다고 가정하는 클래스(HashMap과 HashSet 등)를 오동작하게 만들 수 있다. 이번 장에서는 final이 아닌 Object 메서드들을 언제 어떻게 재정의해야 하는지를 다룬다. 그중 finalize 메서드는 아이템 8에서 다뤘으니 더 이상 언급하지 않는다. Comparable.compareTo의 경우 Object의 메서드는 아니지만 성격이 비슷하여 이번 장에서 함께 다룬다.

equals는 일반 규약을 지켜 재정의하라

equals 메서드는 재정의하기 쉬워 보이지만 곳곳에 함정이 도사리고 있어서 자칫하면 끔찍한 결과를 초래한다. 문제를 회피하는 가장 쉬운 길은 아예 재정의하지 않는 것이다. 그냥 두면 그 클래스의 인스턴스는 오직 자기 자신과만 같게 된다. 그러니 다음에서 열거한 상황 중 하나에 해당한다면 재정의하지 않는 것이 최선이다.

- **각 인스턴스가 본질적으로 고유하다.** 값을 표현하는 게 아니라 동작하는 개체를 표현하는 클래스가 여기 해당한다. Thread가 좋은 예로, Object의 equals 메서드는 이러한 클래스에 딱 맞게 구현되었다.
- **인스턴스의 '논리적 동치성(logical equality)'을 검사할 일이 없다.** 예컨대 java.util.regex.Pattern은 equals를 재정의해서 두 Pattern의 인스턴스가 같은 정규표현식을 나타내는지를 검사하는, 즉 논리적 동치성을 검사하는 방법도 있다. 하지만 설계자는 클라이언트가 이 방식을 원하지 않거나 애초에 필요하지 않다고 판단할 수도 있다. 설계자가 후자로 판단했다면 Object의 기본 equals만으로 해결된다.
- **상위 클래스에서 재정의한 equals가 하위 클래스에도 딱 들어맞는다.** 예컨대 대부분의 Set 구현체는 AbstractSet이 구현한 equals를 상속받아 쓰고, List 구현체들은 AbstractList로부터, Map 구현체들은 AbstractMap으로부터 상속받아 그대로 쓴다.
- **클래스가 private이거나 package-private이고 equals 메서드를 호출할 일이 없다.** 여러분이 위험을 철저히 회피하는 스타일이라 equals가 실수로라도 호출되는 걸 막고 싶다면 다음처럼 구현해두자.

```
@Override public boolean equals(Object o) {
    throw new AssertionError(); // 호출 금지!
}
```

그렇다면 equals를 재정의해야 할 때는 언제일까? 객체 식별성(object identity; 두 객체가 물리적으로 같은가)이 아니라 논리적 동치성을 확인해야 하는데, 상위 클래스의 equals가 논리적 동치성을 비교하도록 재정의되지 않았을 때다. 주로 값 클래스들이 여기 해당한다. 값 클래스란 Integer와 String처럼 값을 표현하는 클래스를 말한다. 두 값 객체를 equals로 비교하는 프로그래머는 객체가 같은지가 아니라 값이 같은지를 알고 싶어 할 것이다. equals가 논리적 동치성을 확인하도록 재정의해두면, 그 인스턴스는 값을 비교하길 원하는 프로그래머의 기대에 부응함은 물론 Map의 키와 Set의 원소로 사용할 수 있게 된다.

값 클래스라 해도, 값이 같은 인스턴스가 둘 이상 만들어지지 않음을 보장하는 인스턴스 통제 클래스(아이템 1)라면 equals를 재정의하지 않아도 된다. Enum(아이템 34)도 여기에 해당한다. 이런 클래스에서는 어차피 논리적으로 같은 인스턴스가 2개 이상 만들어지지 않으니 논리적 동치성과 객체 식별성이 사실상 똑같은 의미가 된다. 따라서 Object의 equals가 논리적 동치성까지 확인해준다고 볼 수 있다.

equals 메서드를 재정의할 때는 반드시 일반 규약을 따라야 한다. 다음은 Object 명세에 적힌 규약이다.

> equals 메서드는 동치관계(equivalence relation)를 구현하며, 다음을 만족한다.
>
> - **반사성(reflexivity)**: null이 아닌 모든 참조 값 x에 대해, x.equals(x)는 true다.
> - **대칭성(symmetry)**: null이 아닌 모든 참조 값 x, y에 대해, x.equals(y)가 true면 y.equals(x)도 true다.
> - **추이성(transitivity)**: null이 아닌 모든 참조 값 x, y, z에 대해, x.equals(y)가 true이고 y.equals(z)도 true면 x.equals(z)도 true다.
> - **일관성(consistency)**: null이 아닌 모든 참조 값 x, y에 대해, x.equals(y)를 반복해서 호출하면 항상 true를 반환하거나 항상 false를 반환한다.
> - **null-아님**: null이 아닌 모든 참조 값 x에 대해, x.equals(null)은 false다.

수학에 익숙하지 않은 독자라면 이 내용이 조금 어려울 수 있다. 하지만 그렇다고 그냥 지나치면 안 된다! 이 규약을 어기면 프로그램이 이상하게 동작하거나 종료될 것이고, 원인이 되는 코드를 찾기도 굉장히 어려울 것이다. 존 던(John Donne)의 말처럼 세상에 홀로 존재하는 클래스는 없다. 한 클래스의 인스턴스는 다른 곳으로 빈번히 전달된다. 그리고 컬렉션 클래스들을 포함해 수많은 클래스는 전달받은 객체가 equals 규약을 지킨다고 가정하고 동작한다.

equals 규약을 어기면 큰일남은 이해했을 것이니, 이제 규약 자체를 자세히 알아볼 차례다. 먼저 좋은 소식부터 전하겠다! 이 규약은 겉보기와 달리 그리 복잡하지 않다. 이해하고 나면 규약을 따르는 것도 어렵지 않다.

그렇다면 Object 명세에서 말하는 동치관계란 무엇일까? 쉽게 말해, 집합을 서로 같은 원소들로 이뤄진 부분집합으로 나누는 연산이다. 이 부분집합을 동치류(equivalence class; 동치 클래스)라 한다. equals 메서드가 쓸모 있으려면 모든 원소가 같은 동치류에 속한 어떤 원소와도 서로 교환할 수 있어야 한다. 이제 동치관계를 만족시키기 위한 다섯 요건을 하나씩 살펴보자.

반사성은 단순히 말하면 객체는 자기 자신과 같아야 한다는 뜻이다. 이 요건은 일부러 어기는 경우가 아니라면 만족시키지 못하기가 더 어려워 보인다. 이 요건을 어긴 클래스의 인스턴스를 컬렉션에 넣은 다음 contains 메서드를 호출하면 방금 넣은 인스턴스가 없다고 답할 것이다.

대칭성은 두 객체는 서로에 대한 동치 여부에 똑같이 답해야 한다는 뜻이다. 반사성 요건과 달리 대칭성 요건은 자칫하면 어길 수 있어 보인다. 대소문자를 구별하지 않는 문자열을 구현한 다음 클래스를 예로 살펴보자. 이 클래스에서 toString 메서드는 원본 문자열의 대소문자를 그대로 돌려주지만 equals에서는 대소문자를 무시한다.

코드 10-1 잘못된 코드 - 대칭성 위배!

```java
public final class CaseInsensitiveString {
    private final String s;

    public CaseInsensitiveString(String s) {
        this.s = Objects.requireNonNull(s);
    }
```

```
    // 대칭성 위배!
    @Override public boolean equals(Object o) {
        if (o instanceof CaseInsensitiveString)
            return s.equalsIgnoreCase(
                ((CaseInsensitiveString) o).s);
        if (o instanceof String) // 한 방향으로만 작동한다!
            return s.equalsIgnoreCase((String) o);
        return false;
    }
    ... // 나머지 코드는 생략
}
```

CaseInsensitiveString의 equals는 순진하게 일반 문자열과도 비교를 시도한다. 다음처럼 CaseInsensitiveString과 일반 String 객체가 하나씩 있다고 해보자.

```
CaseInsensitiveString cis = new CaseInsensitiveString("Polish");
String s = "polish";
```

예상할 수 있듯 cis.equals(s)는 true를 반환한다. 문제는 CaseInsensitive String의 equals는 일반 String을 알고 있지만 String의 equals는 Case InsensitiveString의 존재를 모른다는 데 있다. 따라서 s.equals(cis)는 false를 반환하여, 대칭성을 명백히 위반한다. 이번에는 CaseInsensitiveString을 컬렉션에 넣어보자.

```
List<CaseInsensitiveString> list = new ArrayList<>();
list.add(cis);
```

이 다음에 list.contains(s)를 호출하면 어떤 결과가 나올까? 현재의 OpenJDK 에서는 false를 반환하기는 한다. 하지만 이는 순전히 구현하기 나름이라 OpenJDK 버전이 바뀌거나 다른 JDK에서는 true를 반환하거나 런타임 예외를 던질 수도 있다. **equals 규약을 어기면 그 객체를 사용하는 다른 객체들이 어떻게 반응할지 알 수 없다.**

이 문제를 해결하려면 CaseInsensitiveString의 equals를 String과도 연동하겠다는 허황한 꿈을 버려야 한다. 그 결과 equals는 다음처럼 간단한 모습으로 바뀐다.

```
@Override public boolean equals(Object o) {
    return o instanceof CaseInsensitiveString &&
        ((CaseInsensitiveString) o).s.equalsIgnoreCase(s);
}
```

추이성은 첫 번째 객체와 두 번째 객체가 같고, 두 번째 객체와 세 번째 객체가 같다면, 첫 번째 객체와 세 번째 객체도 같아야 한다는 뜻이다. 이 요건도 간단하지만 자칫하면 어기기 쉽다. 상위 클래스에는 없는 새로운 필드를 하위 클래스에 추가하는 상황을 생각해보자. equals 비교에 영향을 주는 정보를 추가한 것이다. 간단히 2차원에서의 점을 표현하는 클래스를 예로 들어보자.

```
public class Point {
    private final int x;
    private final int y;

    public Point(int x, int y) {
        this.x = x;
        this.y = y;
    }

    @Override public boolean equals(Object o) {
        if (!(o instanceof Point))
            return false;
        Point p = (Point)o;
        return p.x == x && p.y == y;
    }

    ... // 나머지 코드는 생략
}
```

이제 이 클래스를 확장해서 점에 색상을 더해보자.

```
public class ColorPoint extends Point {
    private final Color color;

    public ColorPoint(int x, int y, Color color) {
        super(x, y);
        this.color = color;
    }

    ... // 나머지 코드는 생략
}
```

equals 메서드는 어떻게 해야 할까? 그대로 둔다면 Point의 구현이 상속되어 색상 정보는 무시한 채 비교를 수행한다. equals 규약을 어긴 것은 아니지만, 중요한 정보를 놓치게 되니 받아들일 수 없는 상황이다. 다음 코드처럼 비교 대상이 또 다른 ColorPoint이고 위치와 색상이 같을 때만 true를 반환하는 equals를 생각해보자.

코드 10-2 잘못된 코드 - 대칭성 위배!

```java
@Override public boolean equals(Object o) {
    if (!(o instanceof ColorPoint))
        return false;
    return super.equals(o) && ((ColorPoint) o).color == color;
}
```

이 메서드는 일반 Point를 ColorPoint에 비교한 결과와 그 둘을 바꿔 비교한 결과가 다를 수 있다. Point의 equals는 색상을 무시하고, ColorPoint의 equals는 입력 매개변수의 클래스 종류가 다르다며 매번 false만 반환할 것이다. 각각의 인스턴스를 하나씩 만들어 실제로 동작하는 모습을 확인해보자.

```java
Point p = new Point(1, 2);
ColorPoint cp = new ColorPoint(1, 2, Color.RED);
```

이세 p.equals(cp)는 true를, cp.equals(p)는 false를 반환한다. ColorPoint. equals가 Point와 비교할 때는 색상을 무시하도록 하면 해결될까?

코드 10-3 잘못된 코드 - 추이성 위배!

```java
@Override public boolean equals(Object o) {
    if (!(o instanceof Point))
        return false;

    // o가 일반 Point면 색상을 무시하고 비교한다.
    if (!(o instanceof ColorPoint))
        return o.equals(this);

    // o가 ColorPoint면 색상까지 비교한다.
    return super.equals(o) && ((ColorPoint) o).color == color;
}
```

이 방식은 대칭성은 지켜주지만, 추이성을 깨버린다.

```java
ColorPoint p1 = new ColorPoint(1, 2, Color.RED);
Point p2 = new Point(1, 2);
ColorPoint p3 = new ColorPoint(1, 2, Color.BLUE);
```

이제 p1.equals(p2)와 p2.equals(p3)는 true를 반환하는데, p1.equals(p3)가 false를 반환한다. 추이성에 명백히 위배된다! p1과 p2, p2와 p3 비교에서는 색상을 무시했지만, p1과 p3 비교에서는 색상까지 고려했기 때문이다.

또한, 이 방식은 무한 재귀에 빠질 위험도 있다. Point의 또 다른 하위 클래스로 SmellPoint를 만들고, equals는 같은 방식으로 구현했다고 해보자. 그런 다음 myColorPoint.equals(mySmellPoint)를 호출하면 StackOverflowError를 일으킨다.

그럼 해법은 무엇일까? 사실 이 현상은 모든 객체 지향 언어의 동치관계에서 나타나는 근본적인 문제다. **구체 클래스를 확장해 새로운 값을 추가하면서 equals 규약을 만족시킬 방법은 존재하지 않는다.** 객체 지향적 추상화의 이점을 포기하지 않는 한은 말이다.

이 말은 얼핏, equals 안의 instanceof 검사를 getClass 검사로 바꾸면 규약도 지키고 값도 추가하면서 구체 클래스를 상속할 수 있다는 뜻으로 들린다.

코드 10-4 잘못된 코드 - 리스코프 치환 원칙(59쪽) 위배!

```java
@Override public boolean equals(Object o) {
    if (o == null || o.getClass() != getClass())
        return false;
    Point p = (Point) o;
    return p.x == x && p.y == y;
}
```

이번 equals는 같은 구현 클래스의 객체와 비교할 때만 true를 반환한다. 괜찮아 보이지만 실제로 활용할 수는 없다. Point의 하위 클래스는 정의상 여전히 Point이므로 어디서든 Point로써 활용될 수 있어야 한다. 그런데 이 방식에서는 그렇지 못하다. 예를 들어 주어진 점이 (반지름이 1인) 단위 원 안에 있는지를 판별하는 메서드가 필요하다고 해보자. 다음은 이를 구현한 코드다.

```java
// 단위 원 안의 모든 점을 포함하도록 unitCircle을 초기화한다.
private static final Set<Point> unitCircle = Set.of(
        new Point( 1, 0), new Point( 0, 1),
        new Point(-1, 0), new Point( 0, -1));

public static boolean onUnitCircle(Point p) {
    return unitCircle.contains(p);
}
```

이 기능을 구현하는 가장 빠른 방법은 아니지만, 어쨌든 동작은 한다. 이제 값을 추가하지 않는 방식으로 Point를 확장하겠다. 만들어진 인스턴스의 개수를 생성자에서 세보도록 하자.

```java
public class CounterPoint extends Point {
    private static final AtomicInteger counter = new AtomicInteger();

    public CounterPoint(int x, int y) {
        super(x, y);
        counter.incrementAndGet();
    }
    public static int numberCreated() { return counter.get(); }
}
```

리스코프 치환 원칙(Liskov substitution principle)에 따르면, 어떤 타입에 있어 중요한 속성이라면 그 하위 타입에서도 마찬가지로 중요하다. 따라서 그 타입의 모든 메서드가 하위 타입에서도 똑같이 잘 작동해야 한다.[Liskov87] 이는 앞서의 "Point의 하위 클래스는 정의상 여전히 Point이므로 어디서든 Point로써 활용될 수 있어야 한다"를 격식 있게 표현한 말이다.

 그런데 CounterPoint의 인스턴스를 onUnitCircle 메서드에 넘기면 어떻게 될까? Point 클레스의 equals를 getClass를 사용해 작성했다면 onUnitCircle은 false를 반환할 것이다. CounterPoint 인스턴스의 x, y 값과는 무관하게 말이다. 왜 그럴까? 원인은 컬렉션 구현체에서 주어진 원소를 담고 있는지를 확인하는 방법에 있다. onUnitCircle에서 사용한 Set을 포함하여 대부분의 컬렉션은 이 작업에 equals 메서드를 이용하는데, CounterPoint의 인스턴스는 어떤 Point와도 같을 수 없기 때문이다. 반면, Point의 equals를 instanceof 기반으로 올바로 구현했다면 CounterPoint 인스턴스를 건네줘도 onUnitCircle 메서드가 제대로 동작할 것이다.

 구체 클래스의 하위 클래스에서 값을 추가할 방법은 없지만 괜찮은 우회 방법이 하나 있다. "상속 대신 컴포지션을 사용하라"는 아이템 18의 조언을 따르면 된다. Point를 상속하는 대신 Point를 ColorPoint의 private 필드로 두고, ColorPoint와 같은 위치의 일반 Point를 반환하는 뷰(view) 메서드(아이템 6)를 public으로 추가하는 식이다.

코드 10-5 **equals 규약을 지키면서 값 추가하기**

```java
public class ColorPoint {
    private final Point point;
    private final Color color;

    public ColorPoint(int x, int y, Color color) {
        point = new Point(x, y);
        this.color = Objects.requireNonNull(color);
    }

    /**
     * 이 ColorPoint의 Point 뷰를 반환한다.
     */
    public Point asPoint() {
        return point;
    }

    @Override public boolean equals(Object o) {
        if (!(o instanceof ColorPoint))
            return false;
        ColorPoint cp = (ColorPoint) o;
        return cp.point.equals(point) && cp.color.equals(color);
    }
    ... // 나머지 코드는 생략
}
```

자바 라이브러리에도 구체 클래스를 확장해 값을 추가한 클래스가 종종 있다. 한 가지 예로 java.sql.Timestamp는 java.util.Date를 확장한 후 nanoseconds 필드를 추가했다. 그 결과로 Timestamp의 equals는 대칭성을 위배하며, Date 객체와 한 컬렉션에 넣거나 서로 섞어 사용하면 엉뚱하게 동작할 수 있다. 그 래서 Timestamp의 API 설명에는 Date와 섞어 쓸 때의 주의사항을 언급하고 있 다. 둘을 명확히 분리해 사용하는 한 문제될 것은 없지만, 섞이지 않도록 보장 해줄 수단은 없다. 자칫 실수하면 디버깅하기 어려운 이상한 오류를 경험할 수 있으니 주의하자. Timestamp를 이렇게 설계한 것은 실수니 절대 따라 해서는 안 된다.

 추상 클래스의 하위 클래스에서라면 equals 규약을 지키면서도 값을 추가할 수 있다. "태그 달린 클래스보다는 클래스 계층구조를 활용하라"는 아이템 23의 조언을 따르는 클 래스 계층구조에서는 아주 중요한 사실이다. 예컨대 아무런 값을 갖지 않는 추상 클래스 인 Shape를 위에 두고, 이를 확장하여 radius 필드를 추가한 Circle 클래스와, length와

width 필드를 추가한 Rectangle 클래스를 만들 수 있다. 상위 클래스를 직접 인스턴스로 만드는 게 불가능하다면 지금까지 이야기한 문제들은 일어나지 않는다.

일관성은 두 객체가 같다면 (어느 하나 혹은 두 객체 모두가 수정되지 않는 한) 앞으로도 영원히 같아야 한다는 뜻이다. 가변 객체는 비교 시점에 따라 서로 다를 수도 혹은 같을 수도 있는 반면, 불변 객체는 한번 다르면 끝까지 달라야 한다. 클래스를 작성할 때는 불변 클래스로 만드는 게 나을지를 심사숙고하자 (아이템 17). 불변 클래스로 만들기로 했다면 equals가 한번 같다고 한 객체와는 영원히 같다고 답하고, 다르다고 한 객체와는 영원히 다르다고 답하도록 만들어야 한다.

클래스가 불변이든 가변이든 **equals의 판단에 신뢰할 수 없는 자원이 끼어들게 해서는 안 된다.** 이 제약을 어기면 일관성 조건을 만족시키기가 아주 어렵다. 예컨대 java.net.URL의 equals는 주어진 URL과 매핑된 호스트의 IP 주소를 이용해 비교한다. 호스트 이름을 IP 주소로 바꾸려면 네트워크를 통해야 하는데, 그 결과가 항상 같다고 보장할 수 없다. 이는 URL의 equals가 일반 규약을 어기게 하고, 실무에서도 종종 문제를 일으킨다. URL의 equals를 이렇게 구현한 것은 커다란 실수였으니 절대 따라 해서는 안 된다. 하위 호환성이 발목을 잡아 잘못된 동작을 바로잡을 수도 없다. 이런 문제를 피하려면 equals는 항시 메모리에 존재하는 객체만을 사용한 결정적(deterministic) 계산만 수행해야 한다.

마지막 요건은 공식 이름이 없으니 임의로 'null-아님'이라 부르겠다. **null-아님**은 이름처럼 모든 객체가 null과 같지 않아야 한다는 뜻이다. 의도하지 않았음에도 o.equals(null)이 true를 반환하는 상황은 상상하기 어렵지만, 실수로 NullPointerException을 던지는 코드는 흔할 것이다. 이 일반 규약은 이런 경우도 허용하지 않는다. 수많은 클래스가 다음 코드처럼 입력이 null인지를 확인해 자신을 보호한다.

```
// 명시적 null 검사 - 필요 없다!
@Override public boolean equals(Object o) {
    if (o == null)
        return false;
    ...
}
```

이러한 검사는 필요치 않다. 동치성을 검사하려면 equals는 건네받은 객체를 적절히 형변환한 후 필수 필드들의 값을 알아내야 한다. 그러려면 형변환에 앞서 instanceof 연산자로 입력 매개변수가 올바른 타입인지 검사해야 한다.

```java
// 묵시적 null 검사 - 이쪽이 낫다.
@Override public boolean equals(Object o) {
    if (!(o instanceof MyType))
        return false;
    MyType mt = (MyType) o;
    ...
}
```

equals가 타입을 확인하지 않으면 잘못된 타입이 인수로 주어졌을 때 Class CastException을 던져서 일반 규약을 위배하게 된다. 그런데 instanceof는 (두 번째 피연산자와 무관하게) 첫 번째 피연산자가 null이면 false를 반환한다.[JLS, 15.20.2] 따라서 입력이 null이면 타입 확인 단계에서 false를 반환하기 때문에 null 검사를 명시적으로 하지 않아도 된다.

지금까지의 내용을 종합해서 양질의 equals 메서드 구현 방법을 단계별로 정리해보겠다.

1. **== 연산자를 사용해 입력이 자기 자신의 참조인지 확인한다.** 자기 자신이면 true를 반환한다. 이는 단순한 성능 최적화용으로, 비교 작업이 복잡한 상황일 때 값어치를 할 것이다.

2. **instanceof 연산자로 입력이 올바른 타입인지 확인한다.** 그렇지 않다면 false를 반환한다. 이때의 올바른 타입은 equals가 정의된 클래스인 것이 보통이지만, 가끔은 그 클래스가 구현한 특정 인터페이스가 될 수도 있다. 어떤 인터페이스는 자신을 구현한 (서로 다른) 클래스끼리도 비교할 수 있도록 equals 규약을 수정하기도 한다. 이런 인터페이스를 구현한 클래스라면 equals에서 (클래스가 아닌) 해당 인터페이스를 사용해야 한다. Set, List, Map, Map.Entry 등의 컬렉션 인터페이스들이 여기 해당한다.

3. **입력을 올바른 타입으로 형변환한다.** 앞서 2번에서 instanceof 검사를 했기 때문에 이 단계는 100% 성공한다.

4. **입력 객체와 자기 자신의 대응되는 '핵심' 필드들이 모두 일치하는지 하나**

씩 검사한다. 모든 필드가 일치하면 true를, 하나라도 다르면 false를 반환한다. 2단계에서 인터페이스를 사용했다면 입력의 필드 값을 가져올 때도 그 인터페이스의 메서드를 사용해야 한다. 타입이 클래스라면 (접근 권한에 따라) 해당 필드에 직접 접근할 수도 있다.

float와 double을 제외한 기본 타입 필드는 == 연산자로 비교하고, 참조 타입 필드는 각각의 equals 메서드로, float와 double 필드는 각각 정적 메서드인 Float.compare(float, float)와 Double.compare(double, double)로 비교한다. float와 double을 특별 취급하는 이유는 Float.NaN, -0.0f, 특수한 부동소수 값 등을 다뤄야 하기 때문이다. 자세한 설명은 [JLS 15.21.1]이나 Float.equals의 API 문서를 참고하자. Float.equals와 Double.equals 메서드를 대신 사용할 수도 있지만, 이 메서드들은 오토박싱을 수반할 수 있으니 성능상 좋지 않다. 배열 필드는 원소 각각을 앞서의 지침대로 비교한다. 배열의 모든 원소가 핵심 필드라면 Arrays.equals 메서드들 중 하나를 사용하자.

때론 null도 정상 값으로 취급하는 참조 타입 필드도 있다. 이런 필드는 정적 메서드인 Objects.equals(Object, Object)로 비교해 NullPointerException 발생을 예방하자.

앞서의 CaseInsensitiveString 예처럼 비교하기가 아주 복잡한 필드를 가진 클래스도 있다. 이럴 때는 그 필드의 표준형(canonical form)을 저장해둔 후 표준형끼리 비교하면 훨씬 경제적이다. 이 기법은 특히 불변 클래스(아이템 17)에 제격이다. 가변 객체라면 값이 바뀔 때마다 표준형을 최신 상태로 갱신해줘야 한다.

어떤 필드를 먼저 비교하느냐가 equals의 성능을 좌우하기도 한다. 최상의 성능을 바란다면 다를 가능성이 더 크거나 비교하는 비용이 싼 (혹은 둘 다 해당하는) 필드를 먼저 비교하자. 동기화용 락(lock) 필드 같이 객체의 논리적 상태와 관련 없는 필드는 비교하면 안 된다. 핵심 필드로부터 계산해낼 수 있는 파생 필드 역시 굳이 비교할 필요는 없지만, 파생 필드를 비교하는 쪽이 더 빠를 때도 있다. 파생 필드가 객체 전체의 상태를 대표하는 상황이 그렇다. 예컨대 자신의 영역을 캐시해두는 Polygon 클래스가 있다고 해보자. 그렇다면 모든 변과 정점을 일일이 비교할 필요 없이 캐시해둔 영역만 비교하면 결과를 곧바로 알 수 있다.

equals를 다 구현했다면 세 가지만 자문해보자. 대칭적인가? 추이성이 있는가? 일관적인가? 자문에서 끝내지 말고 단위 테스트를 작성해 돌려보자. 단, equals 메서드를 AutoValue(65쪽)를 이용해 작성했다면 테스트를 생략해도 안심할 수 있다. 세 요건 중 하나라도 실패한다면 원인을 찾아서 고치자. 물론 나머지 요건인 반사성과 null-아님도 만족해야 하지만, 이 둘이 문제되는 경우는 별로 없다.

다음은 이상의 비법에 따라 작성해본 PhoneNumber 클래스용 equals 메서드다.

코드 10-6 전형적인 **equals** 메서드의 예

```java
public final class PhoneNumber {
    private final short areaCode, prefix, lineNum;

    public PhoneNumber(int areaCode, int prefix, int lineNum) {
        this.areaCode = rangeCheck(areaCode, 999, "지역코드");
        this.prefix   = rangeCheck(prefix,   999, "프리픽스");
        this.lineNum  = rangeCheck(lineNum, 9999, "가입자 번호");
    }

    private static short rangeCheck(int val, int max, String arg) {
        if (val < 0 || val > max)
            throw new IllegalArgumentException(arg + ": " + val);
        return (short) val;
    }

    @Override public boolean equals(Object o) {
        if (o == this)
            return true;
        if (!(o instanceof PhoneNumber))
            return false;
        PhoneNumber pn = (PhoneNumber)o;
        return pn.lineNum == lineNum && pn.prefix == prefix
                && pn.areaCode == areaCode;
    }
    ... // 나머지 코드는 생략
}
```

드디어 마지막 주의사항이다.

- **equals를 재정의할 땐 hashCode도 반드시 재정의하자**(아이템 11).
- **너무 복잡하게 해결하려 들지 말자.** 필드들의 동치성만 검사해도 equals 규약을 어렵지 않게 지킬 수 있다. 오히려 너무 공격적으로 파고들다가 문제를 일으키기도 한다. 일반적으로 별칭(alias)은 비교하지 않는 게 좋다. 예컨대 File 클래스라면, 심볼릭 링크를 비교해 같은 파일을 가리키는지를 확인하려 들면 안 된다. 다행히 File 클래스는 이런 시도를 하지 않는다.
- Object 외의 타입을 매개변수로 받는 equals 메서드는 선언하지 말자. 많은 프로그래머가 equals를 다음과 같이 작성해놓고 문제의 원인을 찾아 헤맨다.

```
// 잘못된 예 - 입력 타입은 반드시 Object여야 한다!
public boolean equals(MyClass o) {
    ...
}
```

이 메서드는 Object.equals를 재정의한 게 아니다. 입력 타입이 Object가 아니므로 재정의가 아니라 다중정의(아이템 52)한 것이다. 기본 equals를 그대로 둔 채로 추가한 것일지라도, 이처럼 '타입을 구체적으로 명시한' equals는 오히려 해가 된다. 이 메서드는 하위 클래스에서의 @Override 애너테이션이 긍정 오류(false positive; 거짓 양성)를 내게 하고 보안 측면에서도 잘못된 정보를 준다. 이번 절 예제 코드들에서처럼 @Override 애너테이션을 일관되게 사용하면 이러한 실수를 예방할 수 있다(아이템 40). 예를 들어 다음 equals 메서드는 컴파일되지 않고, 무엇이 문제인지를 정확히 알려주는 오류 메시지를 보여줄 것이다.

```
// 여전히 잘못된 예 - 컴파일되지 않음
@Override public boolean equals(MyClass o) {
    ...
}
```

equals(hashCode도 마찬가지)를 작성하고 테스트하는 일은 지루하고 이를 테스트하는 코드도 항상 뻔하다. 다행히 이 작업을 대신해줄 오픈소스가 있으니, 그 친구는 바로 구글이 만든 AutoValue 프레임워크다. 클래스에 애너테이션 하나만 추가하면 AutoValue가 이 메서드들을 알아서 작성해주며, 여러분이 직접 작성하는 것과 근본적으로 똑같은 코드를 만들어줄 것이다.

대다수의 IDE도 같은 기능을 제공하지만 생성된 코드가 AutoValue만큼 깔끔하거나 읽기 좋지는 않다. 또한 IDE는 나중에 클래스가 수정된 걸 자동으로 알아채지는 못하니 테스트 코드를 작성해둬야 한다. 이런 단점을 감안하더라도 사람이 직접 작성하는 것보다는 IDE에 맡기는 편이 낫다. 적어도 사람처럼 부주의한 실수를 저지르지는 않으니 말이다.

> **핵심 정리**
>
> 꼭 필요한 경우가 아니면 equals를 재정의하지 말자. 많은 경우에 Object의 equals가 여러분이 원하는 비교를 정확히 수행해준다. 재정의해야 할 때는 그 클래스의 핵심 필드 모두를 빠짐없이, 다섯 가지 규약을 확실히 지켜가며 비교해야 한다.

equals를 재정의하려거든 hashCode도 재정의하라

equals를 재정의한 클래스 모두에서 hashCode도 재정의해야 한다. 그렇지 않으면 hashCode 일반 규약을 어기게 되어 해당 클래스의 인스턴스를 HashMap이나 HashSet 같은 컬렉션의 원소로 사용할 때 문제를 일으킬 것이다. 다음은 Object 명세에서 발췌한 규약이다.

- equals 비교에 사용되는 정보가 변경되지 않았다면, 애플리케이션이 실행되는 동안 그 객체의 hashCode 메서드는 몇 번을 호출해도 일관되게 항상 같은 값을 반환해야 한다. 단, 애플리케이션을 다시 실행한다면 이 값이 달라져도 상관없다.
- equals(Object)가 두 객체를 같다고 판단했다면, 두 객체의 hashCode는 똑같은 값을 반환해야 한다.
- equals(Object)가 두 객체를 다르다고 판단했더라도, 두 객체의 hashCode가 서로 다른 값을 반환할 필요는 없다. 단, 다른 객체에 대해서는 다른 값을 반환해야 해시테이블의 성능이 좋아진다.

hashCode 재정의를 잘못했을 때 크게 문제가 되는 조항은 두 번째다. 즉, 논리적으로 같은 객체는 같은 해시코드를 반환해야 한다. 아이템 10에서 보았듯이 equals는 물리적으로 다른 두 객체를 논리적으로는 같다고 할 수 있다. 하지만 Object의 기본 hashCode 메서드는 이 둘이 전혀 다르다고 판단하여, 규약과 달리 (무작위처럼 보이는) 서로 다른 값을 반환한다.

예를 들어 아이템 10의 PhoneNumber 클래스의 인스턴스를 HashMap의 원소로 사용한다고 해보자.

```
Map<PhoneNumber, String> m = new HashMap<>();
m.put(new PhoneNumber(707, 867, 5309), "제니");
```

이 코드 다음에 m.get(new PhoneNumber(707, 867, 5309))를 실행하면 "제니"가 나와야 할 것 같지만, 실제로는 null을 반환한다. 여기에는 2개의 PhoneNumber 인스턴스가 사용되었다. 하나는 HashMap에 "제니"를 넣을 때 사용됐고, (논리적 동치인) 두 번째는 이를 꺼내려할 때 사용됐다. PhoneNumber 클래스는 hashCode 를 재정의하지 않았기 때문에 논리적 동치인 두 객체가 서로 다른 해시코드를 반환하여 두 번째 규약을 지키지 못한다. 그 결과 get 메서드는 엉뚱한 해시 버 킷에 가서 객체를 찾으려 한 것이다. 설사 두 인스턴스를 같은 버킷에 담았더 라도 get 메서드는 여전히 null을 반환하는데, HashMap은 해시코드가 다른 엔 트리끼리는 동치성 비교를 시도조차 하지 않도록 최적화되어 있기 때문이다.

이 문제는 PhoneNumber에 적절한 hashCode 메서드만 작성해주면 해결된다. 올바른 hashCode 메서드는 어떤 모습이어야 할까? 안 좋게 작성하려면 아주 간단하다. 예를 들어 다음 코드는 적법하게 구현했지만, 절대 사용해서는 안 된다.

코드 11-1 최악의 (하지만 적법한) hashCode 구현 - 사용 금지!
```
@Override public int hashCode() { return 42; }
```

이 코드는 동치인 모든 객체에서 똑같은 해시코드를 반환하니 적법하다. 하지 만 끔찍하게도 모든 객체에게 똑같은 값만 내어주므로 모든 객체가 해시테이 블의 버킷 하나에 담겨 마치 연결 리스트(linked list)처럼 동작한다. 그 결과 평 균 수행 시간이 O(1)인 해시테이블이 O(n)으로 느려져서, 객체가 많아지면 도 저히 쓸 수 없게 된다.

좋은 해시 함수라면 서로 다른 인스턴스에 다른 해시코드를 반환한다. 이것 이 바로 hashCode의 세 번째 규약이 요구하는 속성이다. 이상적인 해시 함수는 주어진 (서로 다른) 인스턴스들을 32비트 정수 범위에 균일하게 분배해야 한 다. 이상을 완벽히 실현하기는 어렵지만 비슷하게 만들기는 그다지 어렵지 않 다. 다음은 좋은 hashCode를 작성하는 간단한 요령이다.

1. int 변수 result를 선언한 후 값 c로 초기화한다. 이때 c는 해당 객체의 첫 번째 핵심 필드를 단계 2.a 방식으로 계산한 해시코드다(여기서 핵심 필드

란 equals 비교에 사용되는 필드를 말한다. 아이템 10 참조).

2. 해당 객체의 나머지 핵심 필드 f 각각에 대해 다음 작업을 수행한다.

   a. 해당 필드의 해시코드 c를 계산한다.

      i. 기본 타입 필드라면, *Type*.hashCode(f)를 수행한다. 여기서 *Type*은 해당 기본 타입의 박싱 클래스다.

      ii. 참조 타입 필드면서 이 클래스의 equals 메서드가 이 필드의 equals를 재귀적으로 호출해 비교한다면, 이 필드의 hashCode를 재귀적으로 호출한다. 계산이 더 복잡해질 것 같으면, 이 필드의 표준형(canonical representation)을 만들어 그 표준형의 hashCode를 호출한다. 필드의 값이 null이면 0을 사용한다(다른 상수도 괜찮지만 전통적으로 0을 사용한다).

      iii. 필드가 배열이라면, 핵심 원소 각각을 별도 필드처럼 다룬다. 이상의 규칙을 재귀적으로 적용해 각 핵심 원소의 해시코드를 계산한 다음, 단계 2.b 방식으로 갱신한다. 배열에 핵심 원소가 하나도 없다면 단순히 상수(0을 추천한다)를 사용한다. 모든 원소가 핵심 원소라면 Arrays.hashCode를 사용한다.

   b. 단계 2.a에서 계산한 해시코드 c로 result를 갱신한다. 코드로는 다음과 같다.

```
result = 31 * result + c;
```

3. result를 반환한다.

hashCode를 다 구현했다면 이 메서드가 동치인 인스턴스에 대해 똑같은 해시코드를 반환할지 자문해보자. 그리고 여러분의 직관을 검증할 단위 테스트를 작성하자(equals와 hashCode 메서드를 AutoValue로 생성했다면 건너뛰어도 좋다). 동치인 인스턴스가 서로 다른 해시코드를 반환한다면 원인을 찾아 해결하자.

   파생 필드는 해시코드 계산에서 제외해도 된다. 즉, 다른 필드로부터 계산해 낼 수 있는 필드는 모두 무시해도 된다. 또한 equals 비교에 사용되지 않은 필드는 '반드시' 제외해야 한다. 그렇지 않으면 hashCode 규약 두 번째를 어기게 될 위험이 있다.

단계 2.b의 곱셈 31 * result는 필드를 곱하는 순서에 따라 result 값이 달라지게 한다. 그 결과 클래스에 비슷한 필드가 여러 개일 때 해시 효과를 크게 높여준다. 예컨대 String의 hashCode를 곱셈 없이 구현한다면 모든 아나그램(anagram, 구성하는 철자가 같고 그 순서만 다른 문자열)의 해시코드가 같아진다. 곱할 숫자를 31로 정한 이유는 31이 홀수이면서 소수(prime)이기 때문이다. 만약 이 숫자가 짝수이고 오버플로가 발생한다면 정보를 잃게 된다. 2를 곱하는 것은 시프트 연산과 같은 결과를 내기 때문이다. 소수를 곱하는 이유는 명확하지 않지만 전통적으로 그리 해왔다. 결과적으로 31을 이용하면, 이 곱셈을 시프트 연산과 뺄셈으로 대체해 최적화할 수 있다(31 * i는 (i << 5) - i 와 같다). 요즘 VM들은 이런 최적화를 자동으로 해준다.

이 요령을 PhoneNumber 클래스에 적용해보자.

코드 11-2 전형적인 hashCode 메서드

```java
@Override public int hashCode() {
    int result = Short.hashCode(areaCode);
    result = 31 * result + Short.hashCode(prefix);
    result = 31 * result + Short.hashCode(lineNum);
    return result;
}
```

이 메서드는 PhoneNumber 인스턴스의 핵심 필드 3개만을 사용해 간단한 계산만 수행한다. 그 과정에 비결정적(undeterministic) 요소는 전혀 없으므로 동치인 PhoneNumber 인스턴스들은 같은 해시코드를 가질 것이 확실하다. 사실 코드 11-2는 PhoneNumber에 딱 맞게 구현한 hashCode다. 자바 플랫폼 라이브러리의 클래스들이 제공하는 hashCode 메서드와 비교해도 손색이 없다. 단순하고, 충분히 빠르고, 서로 다른 전화번호들은 다른 해시 버킷들로 제법 훌륭히 분배해준다.

이번 아이템에서 소개한 해시 함수 제작 요령은 최첨단은 아니지만 충분히 훌륭하다. 품질 면에서나 해싱 기능 면에서나 자바 플랫폼 라이브러리가 사용한 방식과 견줄만하며 대부분의 쓰임에도 문제가 없다. 단, 해시 충돌이 더욱 적은 방법을 꼭 써야 한다면 구아바의 com.google.common.hash.Hashing을 참고

하자.[Guava]

Objects 클래스는 임의의 개수만큼 객체를 받아 해시코드를 계산해주는 정적 메서드인 hash를 제공한다. 이 메서드를 활용하면 앞서의 요령대로 구현한 코드와 비슷한 수준의 hashCode 함수를 단 한 줄로 작성할 수 있다. 하지만 아쉽게도 속도는 더 느리다. 입력 인수를 담기 위한 배열이 만들어지고, 입력 중기본 타입이 있다면 박싱과 언박싱도 거쳐야 하기 때문이다. 그러니 hash 메서드는 성능에 민감하지 않은 상황에서만 사용하자. 다음 코드는 PhoneNumber의 hashCode를 이 방식으로 구현한 예다.

코드 11-3 한 줄짜리 hashCode 메서드 - 성능이 살짝 아쉽다.

```
@Override public int hashCode() {
    return Objects.hash(lineNum, prefix, areaCode);
}
```

클래스가 불변이고 해시코드를 계산하는 비용이 크다면, 매번 새로 계산하기보다는 캐싱하는 방식을 고려해야 한다. 이 타입의 객체가 주로 해시의 키로 사용될 것 같다면 인스턴스가 만들어질 때 해시코드를 계산해둬야 한다. 해시의 키로 사용되지 않는 경우라면 hashCode가 처음 불릴 때 계산하는 지연 초기화(lazy initialization) 전략은 어떨까? 필드를 지연 초기화하려면 그 클래스를 스레드 안전하게 만들도록 신경 써야 한다(아이템 83). PhoneNumber 클래스는 굳이 이렇게까지 할 이유는 없지만, 예시를 위해 한번 해보겠다. 한 가지, hashCode 필드의 초깃값은 흔히 생성되는 객체의 해시코드와는 달라야 함에 유념하자.

코드 11-4 해시코드를 지연 초기화하는 hashCode 메서드 - 스레드 안정성까지 고려해야 한다.

```
private int hashCode; // 자동으로 0으로 초기화된다.

@Override public int hashCode() {
    int result = hashCode;
    if (result == 0) {
        result = Short.hashCode(areaCode);
        result = 31 * result + Short.hashCode(prefix);
        result = 31 * result + Short.hashCode(lineNum);
        hashCode = result;
    }
    return result;
}
```

성능을 높인답시고 해시코드를 계산할 때 핵심 필드를 생략해서는 안 된다. 속도야 빨라지겠지만, 해시 품질이 나빠져 해시테이블의 성능을 심각하게 떨어뜨릴 수도 있다. 특히 어떤 필드는 특정 영역에 몰린 인스턴스들의 해시코드를 넓은 범위로 고르게 퍼트려주는 효과가 있을지도 모른다. 하필 이런 필드를 생략한다면 해당 영역의 수많은 인스턴스가 단 몇 개의 해시코드로 집중되어 해시테이블의 속도가 선형으로 느려질 것이다.

이 문제는 단지 이론에 그치지 않는다. 실제로 자바 2 전의 String은 최대 16개의 문자만으로 해시코드를 계산했다. 문자열이 길면 균일하게 나눠 (첫 문자를 포함해) 16 문자만 뽑아내 사용한 것이다. URL처럼 계층적인 이름을 대량으로 사용한다면 이런 해시 함수는 앞서 이야기한 심각한 문제를 고스란히 드러낸다.

hashCode가 반환하는 값의 생성 규칙을 API 사용자에게 자세히 공표하지 말자. 그래야 클라이언트가 이 값에 의지하지 않게 되고, 추후에 계산 방식을 바꿀 수도 있다. String과 Integer를 포함해, 자바 라이브러리의 많은 클래스에서 hashCode 메서드가 반환하는 정확한 값을 알려준다. 바람직하지 않은 실수지만 바로잡기에는 이미 늦었다. 향후 릴리스에서 해시 기능을 개선할 여지도 없애버렸다. 자세한 규칙을 공표하지 않는다면, 해시 기능에서 결함을 발견했거나 더 나은 해시 방식을 알아낸 경우 다음 릴리스에서 수정할 수 있다.

> **핵심 정리**
>
> equals를 재정의할 때는 hashCode도 반드시 재정의해야 한다. 그렇지 않으면 프로그램이 제대로 동작하지 않을 것이다. 재정의한 hashCode는 Object의 API 문서에 기술된 일반 규약을 따라야 하며, 서로 다른 인스턴스라면 되도록 해시코드도 서로 다르게 구현해야 한다. 이렇게 구현하기가 어렵지는 않지만 조금 따분한 일이긴 하다(68쪽의 요령을 참고하자). 하지만 걱정마시라. 아이템 10에서 이야기한 AutoValue 프레임워크를 사용하면 멋진 equals와 hashCode를 자동으로 만들어준다. IDE들도 이런 기능을 일부 제공한다.

아이템 12

toString을 항상 재정의하라

Object의 기본 toString 메서드가 우리가 작성한 클래스에 적합한 문자열을 반환하는 경우는 거의 없다. 이 메서드는 PhoneNumber@adbbd처럼 단순히 **클래스_이름@16진수로_표시한_해시코드**를 반환할 뿐이다. toString의 일반 규약에 따르면 '간결하면서 사람이 읽기 쉬운 형태의 유익한 정보'를 반환해야 한다. PhoneNumber@adbbd는 간결하고 읽기 쉽다고 볼 수도 있지만, 707-867-5309처럼 전화번호를 직접 알려주는 형태가 훨씬 유익한 정보를 담고 있다. 또한 toString의 규약은 "모든 하위 클래스에서 이 메서드를 재정의하라"고 한다. 정말 새겨들어야 할 조언이다!

equals와 hashCode 규약(아이템 10, 11)만큼 대단히 중요하진 않지만, **toString을 잘 구현한 클래스는 사용하기에 훨씬 즐겁고, 그 클래스를 사용한 시스템은 디버깅하기 쉽다.** toString 메서드는 객체를 println, printf, 문자열 연결 연산자(+), assert 구문에 넘길 때, 혹은 디버거가 객체를 출력할 때 자동으로 불린다. 여러분이 직접 호출하지 않더라도 다른 어딘가에서 쓰일 거란 이야기다. 예컨대 여러분이 작성한 객체를 참조하는 컴포넌트가 오류 메시지를 로깅할 때 자동으로 호출할 수 있다. toString을 제대로 재정의하지 않는다면 쓸모없는 메시지만 로그에 남을 것이다.

PhoneNumber용 toString을 제대로 재정의했다면 다음 코드만으로 문제를 진단하기에 충분한 메시지를 남길 수 있다.

```
System.out.println(phoneNumber + "에 연결할 수 없습니다.");
```

toString을 재정의했든 아니든 프로그래머 대부분은 진단 메시지를 이렇게 만들 것이다. 재정의를 하지 않았다면 그다지 쓸모가 없는 메시지가 출력된다. 좋은 toString은 (특히 컬렉션처럼) 이 인스턴스를 포함하는 객체에서 유

용하게 쓰인다. map 객체를 출력했을 때 {Jenny=PhoneNumber@adbbd}보다는
{Jenny=707-867-5309}라는 메시지가 나오는 게 훨씬 반갑지 않겠는가?

실전에서 toString은 그 객체가 가진 주요 정보 모두를 반환하는 게 좋다. 앞
서의 전화번호처럼 말이다. 하지만 객체가 거대하거나 객체의 상태가 문자열
로 표현하기에 적합하지 않다면 무리가 있다. 이런 상황이라면 "**맨해튼 거주자
전화번호부(총 1487536개)**"나 "Thread[main,5,main]" 같은 요약 정보를 담아야 한
다. 이상적으로는 스스로를 완벽히 설명하는 문자열이어야 한다(방금의 스레
드 예는 이 조건에는 맞지 않는다). 다음의 테스트 실패 메시지는 toString에
주요 정보가 담기지 않았을 때 문제가 되는 대표적인 예다.

```
Assertion failure: expected {abc, 123}, but was {abc, 123}.
// 단언 실패: 예상값 {abc, 123}, 실젯값 {abc, 123}.
```

toString을 구현할 때면 반환값의 포맷을 문서화할지 정해야 한다. 이는 아
주 중요한 선택이다. 전화번호나 행렬 같은 값 클래스라면 문서화하기를 권한
다. 포맷을 명시하면 그 객체는 표준적이고, 명확하고, 사람이 읽을 수 있게 된
다. 따라서 그 값 그대로 입출력에 사용하거나 CSV 파일처럼 사람이 읽을 수
있는 데이터 객체로 저장할 수도 있다. 포맷을 명시하기로 했다면, 명시한 포
맷에 맞는 문자열과 객체를 상호 전환할 수 있는 정적 팩터리나 생성자를 함께
제공해주면 좋다. 자바 플랫폼의 많은 값 클래스가 따르는 방식이기도 하다.
BigInteger, BigDecimal과 대부분의 기본 타입 클래스가 여기 해당한다.

단점도 있다. 포맷을 한번 명시하면 (그 클래스가 많이 쓰인다면) 평생 그 포
맷에 얽매이게 된다. 이를 사용하는 프로그래머들이 그 포맷에 맞춰 파싱하
고, 새로운 객체를 만들고, 영속 데이터로 저장하는 코드를 작성할 것이다. 만
약 향후 릴리스에서 포맷을 바꾼다면 이를 사용하던 코드들과 데이터들은 엉
망이 될 것이고, 프로그래머들은 절규할 것이다. 반대로 포맷을 명시하지 않는
다면 향후 릴리스에서 정보를 더 넣거나 포맷을 개선할 수 있는 유연성을 얻게
된다.

포맷을 명시하든 아니든 여러분의 의도는 명확히 밝혀야 한다. 포맷을 명시
하려면 아주 정확하게 해야 한다. 아이템 11에서 다룬 PhoneNumber 클래스용
toString 메서드를 보자.

```
/**
 * 이 전화번호의 문자열 표현을 반환한다.
 * 이 문자열은 "XXX-YYY-ZZZZ" 형태의 12글자로 구성된다.
 * XXX는 지역 코드, YYY는 프리픽스, ZZZZ는 가입자 번호다.
 * 각각의 대문자는 10진수 숫자 하나를 나타낸다.
 *
 * 전화번호의 각 부분의 값이 너무 작아서 자릿수를 채울 수 없다면,
 * 앞에서부터 0으로 채워나간다. 예컨대 가입자 번호가 123이라면
 * 전화번호의 마지막 네 문자는 "0123"이 된다.
 */
@Override public String toString() {
    return String.format("%03d-%03d-%04d",
            areaCode, prefix, lineNum);
}
```

포맷을 명시하지 않기로 했다면 다음처럼 작성할 수 있을 것이다.

```
/**
 * 이 약물에 관한 대략적인 설명을 반환한다.
 * 다음은 이 설명의 일반적인 형태이나,
 * 상세 형식은 정해지지 않았으며 향후 변경될 수 있다.
 *
 * "[약물 #9: 유형=사랑, 냄새=테레빈유, 겉모습=먹물]"
 */
@Override public String toString() { ... }
```

이러한 설명을 읽고도 이 포맷에 맞춰 코딩하거나 특정 값을 빼내어 영구 저장한 프로그래머는 나중에 포맷이 바뀌어 피해를 입어도 자기 자신을 탓할 수밖에 없을 것이다.

포맷 명시 여부와 상관없이 **toString이 반환한 값에 포함된 정보를 얻어올 수 있는 API를 제공하자.** 예컨대 PhoneNumber 클래스는 지역 코드, 프리픽스, 가입자 번호용 접근자를 제공해야 한다. 그렇지 않으면 이 정보가 필요한 프로그래머는 toString의 반환값을 파싱할 수밖에 없다. 성능이 나빠지고, 필요하지도 않은 작업이다. 게다가 향후 포맷을 바꾸면 시스템이 망가지는 결과를 초래할 수 있다. 접근자를 제공하지 않으면 (변경될 수 있다고 문서화했더라도) 그 포맷이 사실상 준-표준 API나 다름없어진다.

정적 유틸리티 클래스(아이템 4)는 toString을 제공할 이유가 없다. 또한, 대부분의 열거 타입(아이템 34)도 자바가 이미 완벽한 toString을 제공하니 따로 재정의하지 않아도 된다. 하지만 하위 클래스들이 공유해야 할 문자열 표현이

있는 추상 클래스라면 toString을 재정의해줘야 한다. 예컨대 대다수의 컬렉션 구현체는 추상 컬렉션 클래스들의 toString 메서드를 상속해 쓴다.

아이템 10에서 소개한 구글의 AutoValue 프레임워크는 toString도 생성해 준다(대부분의 IDE도 마찬가지다). AutoValue는 각 필드의 내용을 멋지게 나타내 주기는 하지만 클래스의 '의미'까지 파악하지는 못한다. 예컨대 앞서의 PhoneNumber 클래스용 toString은 자동 생성에 적합하지 않고(전화번호는 표준 체계를 따라야 한다) Potion 클래스는 적합하다. 비록 자동 생성에 적합하지는 않더라도 객체의 값에 관해 아무것도 알려주지 않는 Object의 toString보다는 자동 생성된 toString이 훨씬 유용하다.

> **핵심 정리**
>
> 모든 구체 클래스에서 Object의 toString을 재정의하자. 상위 클래스에서 이미 알맞게 재정의한 경우는 예외다. toString을 재정의한 클래스는 사용하기도 즐겁고 그 클래스를 사용한 시스템을 디버깅하기 쉽게 해준다. toString은 해당 객체에 관한 명확하고 유용한 정보를 읽기 좋은 형태로 반환해야 한다.

clone 재정의는 주의해서 진행하라

Cloneable은 복제해도 되는 클래스임을 명시하는 용도의 믹스인 인터페이스 (mixin interface, 아이템 20)지만, 아쉽게도 의도한 목적을 제대로 이루지 못했다. 가장 큰 문제는 clone 메서드가 선언된 곳이 Cloneable이 아닌 Object이고, 그마저도 protected라는 데 있다. 그래서 Cloneable을 구현하는 것만으로는 외부 객체에서 clone 메서드를 호출할 수 없다. 리플렉션(아이템 65)을 사용하면 가능하지만, 100% 성공하는 것도 아니다. 해당 객체가 접근이 허용된 clone 메서드를 제공한다는 보장이 없기 때문이다. 하지만 이를 포함한 여러 문제점에도 불구하고 Cloneable 방식은 널리 쓰이고 있어서 잘 알아두는 것이 좋다. 이번 아이템에서는 clone 메서드를 잘 동작하게끔 해주는 구현 방법과 언제 그렇게 해야 하는지를 알려주고, 가능한 다른 선택지에 관해 논의하겠다.

자, 메서드 하나 없는 Cloneable 인터페이스는 대체 무슨 일을 할까? 이 인터페이스는 놀랍게도 Object의 protected 메서드인 clone의 동작 방식을 결정한다. Cloneable을 구현한 클래스의 인스턴스에서 clone을 호출하면 그 객체의 필드들을 하나하나 복사한 객체를 반환하며, 그렇지 않은 클래스의 인스턴스에서 호출하면 CloneNotSupportedException을 던진다. 이는 인터페이스를 상당히 이례적으로 사용한 예이니 따라 하지는 말자. 인터페이스를 구현한다는 것은 일반적으로 해당 클래스가 그 인터페이스에서 정의한 기능을 제공한다고 선언하는 행위다. 그런데 Cloneable의 경우에는 상위 클래스에 정의된 protected 메서드의 동작 방식을 변경한 것이다.

명세에서는 이야기하지 않지만 **실무에서 Cloneable을 구현한 클래스는 clone 메서드를 public으로 제공하며, 사용자는 당연히 복제가 제대로 이뤄지리라 기대한다.** 이 기대를 만족시키려면 그 클래스와 모든 상위 클래스는 복잡하고, 강제할 수 없고, 허술하게 기술된 프로토콜을 지켜야만 하는데, 그 결과로 깨지기 쉽고, 위험하고, 모순적인 메커니즘이 탄생한다. 생성자를 호출하지 않고도 객체를 생성할 수 있게 되는 것이다.

clone 메서드의 일반 규약은 허술하다. Object 명세에서 가져온 다음 설명을 보자.

> 이 객체의 복사본을 생성해 반환한다. '복사'의 정확한 뜻은 그 객체를 구현한 클래스에 따라 다를 수 있다. 일반적인 의도는 다음과 같다. 어떤 객체 x에 대해 다음 식은 참이다.
>
> x.clone() != x
>
> 또한 다음 식도 참이다.
>
> x.clone().getClass() == x.getClass()
>
> 하지만 이상의 요구를 반드시 만족해야 하는 것은 아니다.
> 한편 다음 식도 일반적으로 참이지만, 역시 필수는 아니다.
>
> x.clone().equals(x)
>
> 관례상, 이 메서드가 반환하는 객체는 super.clone을 호출해 얻어야 한다. 이 클래스와 (Object를 제외한) 모든 상위 클래스가 이 관례를 따른다면 다음 식은 참이다.
>
> x.clone().getClass() == x.getClass()
>
> 관례상, 반환된 객체와 원본 객체는 독립적이어야 한다. 이를 만족하려면 super.clone으로 얻은 객체의 필드 중 하나 이상을 반환 전에 수정해야 할 수도 있다.

강제성이 없다는 점만 빼면 생성자 연쇄(constructor chaining)와 살짝 비슷한 메커니즘이다. 즉, clone 메서드가 super.clone이 아닌, 생성자를 호출해 얻은 인스턴스를 반환해도 컴파일러는 불평하지 않을 것이다. 하지만 이 클래스의 하위 클래스에서 super.clone을 호출한다면 잘못된 클래스의 객체가 만들어져, 결국 하위 클래스의 clone 메서드가 제대로 동작하지 않게 된다.[1] clone을 재정

---

1 (옮긴이) 클래스 B가 클래스 A를 상속할 때, 하위 클래스인 B의 clone은 B 타입 객체를 반환해야 한다. 그런데 A의 clone이 자신의 생성자, 즉 new A(...)로 생성한 객체를 반환한다면 B의 clone도 A 타입 객체를 반환할 수밖에 없다. 달리 말해 super.clone을 연쇄적으로 호출하도록 구현해두면 clone이 처음 호출된 상위 클래스의 객체가 만들어진다.

의한 클래스가 final이라면 걱정해야 할 하위 클래스가 없으니 이 관례는 무시해도 안전하다. 하지만 final 클래스의 clone 메서드가 super.clone을 호출하지 않는다면 Cloneable을 구현할 이유도 없다. Object의 clone 구현의 동작 방식에 기댈 필요가 없기 때문이다.

제대로 동작하는 clone 메서드를 가진 상위 클래스를 상속해 Cloneable을 구현하고 싶다고 해보자. 먼저 super.clone을 호출한다. 그렇게 얻은 객체는 원본의 완벽한 복제본일 것이다. 클래스에 정의된 모든 필드는 원본 필드와 똑같은 값을 갖는다. 모든 필드가 기본 타입이거나 불변 객체를 참조한다면 이 객체는 완벽히 우리가 원하는 상태라 더 손볼 것이 없다. 아이템 10에서의 PhoneNumber 클래스가 여기 해당한다. 그런데 쓸데없는 복사를 지양한다는 관점에서 보면 불변 클래스는 굳이 clone 메서드를 제공하지 않는 게 좋다. 이 점을 고려해 PhoneNumber의 clone 메서드는 다음처럼 구현할 수 있다.

코드 13-1 가변 상태를 참조하지 않는 클래스용 clone 메서드

```java
@Override public PhoneNumber clone() {
    try {
        return (PhoneNumber) super.clone();
    } catch (CloneNotSupportedException e) {
        throw new AssertionError(); // 일어날 수 없는 일이다.
    }
}
```

이 메서드가 동작하게 하려면 PhoneNumber의 클래스 선언에 Cloneable을 구현한다고 추가해야 한다. Object의 clone 메서드는 Object를 반환하지만 PhoneNumber의 clone 메서드는 PhoneNumber를 반환하게 했다. 자바가 공변 반환 타이핑(covariant return typing)을 지원하니 이렇게 하는 것이 가능하고 권장하는 방식이기도 하다. 달리 말해서, 재정의한 메서드의 반환 타입은 상위 클래스의 메서드가 반환하는 타입의 하위 타입일 수 있다. 이 방식으로 클라이언트가 형변환하지 않아도 되게끔 해주자. 이를 위해 앞 코드에서는 super.clone에서 얻은 객체를 반환하기 전에 PhoneNumber로 형변환하였다(절대 실패하지 않는다).

super.clone 호출을 try-catch 블록으로 감싼 이유는 Object의 clone 메서드가 검사 예외(checked exception)인 CloneNotSupportedException을 던지도

록 선언되었기 때문이다. PhoneNumber가 Cloneable을 구현하니, 우리는 super.
clone이 성공할 것임을 안다. 이 거추장스러운 코드는 CloneNotSupported
Exception이 사실은 비검사 예외(unchecked exception)였어야 했다는 신호다
(아이템 71).

간단했던 앞서의 구현이 클래스가 가변 객체를 참조하는 순간 재앙으로 돌
변한다. 아이템 7에서 소개한 Stack 클래스를 예로 들어보자.

```java
public class Stack {
    private Object[] elements;
    private int size = 0;
    private static final int DEFAULT_INITIAL_CAPACITY = 16;

    public Stack() {
        this.elements = new Object[DEFAULT_INITIAL_CAPACITY];
    }

    public void push(Object e) {
        ensureCapacity();
        elements[size++] = e;
    }

    public Object pop() {
        if (size == 0)
            throw new EmptyStackException();
        Object result = elements[--size];
        elements[size] = null; // 다 쓴 참조 해제
        return result;
    }

    // 원소를 위한 공간을 적어도 하나 이상 확보한다.
    private void ensureCapacity() {
        if (elements.length == size)
            elements = Arrays.copyOf(elements, 2 * size + 1);
    }
}
```

이 클래스를 복제할 수 있도록 만들어보자. clone 메서드가 단순히 super.
clone의 결과를 그대로 반환한다면 어떻게 될까? 반환된 Stack 인스턴스의
size 필드는 올바른 값을 갖겠지만, elements 필드는 원본 Stack 인스턴스와 똑
같은 배열을 참조할 것이다. 원본이나 복제본 중 하나를 수정하면 다른 하나도
수정되어 불변식을 해친다는 이야기다. 따라서 프로그램이 이상하게 동작하거
나 NullPointerException을 던질 것이다.

Stack 클래스의 하나뿐인 생성자를 호출한다면 이러한 상황은 절대 일어나지 않는다. **clone 메서드는 사실상 생성자와 같은 효과를 낸다. 즉, clone은 원본 객체에 아무런 해를 끼치지 않는 동시에 복제된 객체의 불변식을 보장해야 한다.** 그래서 Stack의 clone 메서드는 제대로 동작하려면 스택 내부 정보를 복사해야 하는데, 가장 쉬운 방법은 elements 배열의 clone을 재귀적으로 호출해주는 것이다.

코드 13-2 가변 상태를 참조하는 클래스용 clone 메서드

```
@Override public Stack clone() {
    try {
        Stack result = (Stack) super.clone();
        result.elements = elements.clone();
        return result;
    } catch (CloneNotSupportedException e) {
        throw new AssertionError();
    }
}
```

elements.clone의 결과를 Object[]로 형변환할 필요는 없다. 배열의 clone은 런타임 타입과 컴파일타임 타입 모두가 원본 배열과 똑같은 배열을 반환한다. 따라서 배열을 복제할 때는 배열의 clone 메서드를 사용하라고 권장한다. 사실, 배열은 clone 기능을 제대로 사용하는 유일한 예라 할 수 있다.

한편, elements 필드가 final이었다면 앞서의 방식은 작동하지 않는다. final 필드에는 새로운 값을 할당할 수 없기 때문이다. 이는 근본적인 문제로, 직렬화와 마찬가지로 **Cloneable 아키텍처는 '가변 객체를 참조하는 필드는 final로 선언하라'는 일반 용법과 충돌한다**(단, 원본과 복제된 객체가 그 가변 객체를 공유해도 안전하다면 괜찮다). 그래서 복제할 수 있는 클래스를 만들기 위해 일부 필드에서 final 한정자를 제거해야 할 수도 있다.

clone을 재귀적으로 호출하는 것만으로는 충분하지 않을 때도 있다. 이번에는 해시테이블용 clone 메서드를 생각해보자. 해시테이블 내부는 버킷들의 배열이고, 각 버킷은 키-값 쌍을 담는 연결 리스트의 첫 번째 엔트리를 참조한다. 그리고 성능을 위해 java.util.LinkedList 대신 직접 구현한 경량 연결 리스트를 사용하겠다.

```
public class HashTable implements Cloneable {
    private Entry[] buckets = ...;

    private static class Entry {
        final Object key;
        Object value;
        Entry next;

        Entry(Object key, Object value, Entry next) {
            this.key = key;
            this.value = value;
            this.next = next;
        }
    }
    ... // 나머지 코드는 생략
}
```

Stack에서처럼 단순히 버킷 배열의 clone을 재귀적으로 호출해보자.

코드 13-3 잘못된 clone 메서드 - 가변 상태를 공유한다!

```
@Override public HashTable clone() {
    try {
        HashTable result = (HashTable) super.clone();
        result.buckets = buckets.clone();
        return result;
    } catch (CloneNotSupportedException e) {
        throw new AssertionError();
    }
}
```

복제본은 자신만의 버킷 배열을 갖지만, 이 배열은 원본과 같은 연결 리스트를
참조하여 원본과 복제본 모두 예기치 않게 동작할 가능성이 생긴다. 이를 해결
하려면 각 버킷을 구성하는 연결 리스트를 복사해야 한다. 다음은 일반적인 해
법이다.

코드 13-4 복잡한 가변 상태를 갖는 클래스용 재귀적 clone 메서드

```
public class HashTable implements Cloneable {
    private Entry[] buckets = ...;

    private static class Entry {
        final Object key;
        Object value;
        Entry next;

        Entry(Object key, Object value, Entry next) {
            this.key = key;
            this.value = value;
```

```
            this.next = next;
        }

        // 이 엔트리가 가리키는 연결 리스트를 재귀적으로 복사
        Entry deepCopy() {
            return new Entry(key, value,
                next == null ? null : next.deepCopy());
        }
    }

    @Override public HashTable clone() {
        try {
            HashTable result = (HashTable) super.clone();
            result.buckets = new Entry[buckets.length];
            for (int i = 0; i < buckets.length; i++)
                if (buckets[i] != null)
                    result.buckets[i] = buckets[i].deepCopy();
            return result;
        } catch (CloneNotSupportedException e) {
            throw new AssertionError();
        }
    }
    ... // 나머지 코드는 생략
}
```

private 클래스인 HashTable.Entry는 깊은복사(deep copy)를 지원하도록 보강
되었다 HashTable의 clone 메서드는 먼저 적절한 크기의 새로운 버킷 배열을
할당한 다음 원래의 버킷 배열을 순회하며 비지 않은 각 버킷에 대해 깊은복사
를 수행한다. 이때 Entry의 deepCopy 메서드는 자신이 가리키는 연결 리스트
전체를 복사하기 위해 자신을 재귀적으로 호출한다. 이 기법은 간단하며, 버킷
이 너무 길지 않다면 잘 작동한다. 하지만 연결 리스트를 복제하는 방법으로는
그다지 좋지 않다. 재귀 호출 때문에 리스트의 원소 수만큼 스택 프레임을 소
비하여, 리스트가 길면 스택 오버플로를 일으킬 위험이 있기 때문이다. 이 문
제를 피하려면 deepCopy를 재귀 호출 대신 반복자를 써서 순회하는 방향으로
수정해야 한다.

코드 13-5 엔트리 자신이 가리키는 연결 리스트를 반복적으로 복사한다.

```
Entry deepCopy() {
    Entry result = new Entry(key, value, next);
    for (Entry p = result; p.next != null; p = p.next)
        p.next = new Entry(p.next.key, p.next.value, p.next.next);
    return result;
}
```

이제 복잡한 가변 객체를 복제하는 마지막 방법을 살펴보겠다. 먼저 super. clone을 호출하여 얻은 객체의 모든 필드를 초기 상태로 설정한 다음, 원본 객체의 상태를 다시 생성하는 고수준 메서드들을 호출한다. HashTable 예에서라면, buckets 필드를 새로운 버킷 배열로 초기화한 다음 원본 테이블에 담긴 모든 키-값 쌍 각각에 대해 복제본 테이블의 (책에 싣지 않은) put(key, value) 메서드를 호출해 둘의 내용이 똑같게 해주면 된다. 이처럼 고수준 API를 활용해 복제하면 보통은 간단하고 제법 우아한 코드를 얻게 되지만, 아무래도 저수준에서 바로 처리할 때보다는 느리다. 또한 Cloneable 아키텍처의 기초가 되는 필드 단위 객체 복사를 우회하기 때문에 전체 Cloneable 아키텍처와는 어울리지 않는 방식이기도 하다.

생성자에서는 재정의될 수 있는 메서드를 호출하지 않아야 하는데(아이템 19) clone 메서드도 마찬가지다. 만약 clone이 하위 클래스에서 재정의한 메서드를 호출하면, 하위 클래스는 복제 과정에서 자신의 상태를 교정할 기회를 잃게 되어 원본과 복제본의 상태가 달라질 가능성이 크다. 따라서 앞 문단에서 얘기한 put(key, value) 메서드는 final이거나 private이어야 한다(private이라면 final이 아닌 public 메서드가 사용하는 도우미 메서드일 것이다).

Object의 clone 메서드는 CloneNotSupportedException을 던진다고 선언했지만 재정의한 메서드는 그렇지 않다. public인 **clone 메서드에서는 throws 절을 없애야 한다.** 검사 예외를 던지지 않아야 그 메서드를 사용하기 편하기 때문이다(아이템 71).

상속해서 쓰기 위한 클래스 설계 방식 두 가지(아이템 19) 중 어느 쪽에서든, 상속용 클래스는 Cloneable을 구현해서는 안 된다. 여러분은 Object의 방식을 모방할 수도 있다. 제대로 작동하는 clone 메서드를 구현해 protected로 두고 CloneNotSupportedException도 던질 수 있다고 선언하는 것이다. 이 방식은 마치 Object를 바로 상속할 때처럼 Cloneable 구현 여부를 하위 클래스에서 선택하도록 해준다. 다른 방법으로는, clone을 동작하지 않게 구현해놓고 하위 클래스에서 재정의하지 못하게 할 수도 있다. 다음과 같이 clone을 퇴화시켜놓으면 된다.

코드 13-6 하위 클래스에서 Cloneable을 지원하지 못하게 하는 clone 메서드

```
@Override
protected final Object clone() throws CloneNotSupportedException {
    throw new CloneNotSupportedException();
}
```

기억해둬야 할 게 하나 더 남았다. Cloneable을 구현한 스레드 안전 클래스를 작성할 때는 clone 메서드 역시 적절히 동기화해줘야 한다(아이템 78)는 점이다. Object의 clone 메서드는 동기화를 신경 쓰지 않았다. 그러니 super.clone 호출 외에 다른 할 일이 없더라도 clone을 재정의하고 동기화해줘야 한다.

요약하자면, Cloneable을 구현하는 모든 클래스는 clone을 재정의해야 한다. 이때 접근 제한자는 public으로, 반환 타입은 클래스 자신으로 변경한다. 이 메서드는 가장 먼저 super.clone을 호출한 후 필요한 필드를 전부 적절히 수정한다. 일반적으로 이 말은 그 객체의 내부 '깊은 구조'에 숨어 있는 모든 가변 객체를 복사하고, 복제본이 가진 객체 참조 모두가 복사된 객체들을 가리키게 함을 뜻한다. 이러한 내부 복사는 주로 clone을 재귀적으로 호출해 구현하지만, 이 방식이 항상 최선인 것은 아니다. 기본 타입 필드와 불변 객체 참조만 갖는 클래스라면 아무 필드도 수정할 필요가 없다. 단, 일련번호나 고유 ID는 비록 기본 타입이나 불변일지라도 수정해줘야 한다.

그런데 이 모든 작업이 꼭 필요한 걸까? 다행히도 이처럼 복잡한 경우는 드물다. Cloneable을 이미 구현한 클래스를 확장한다면 어쩔 수 없이 clone을 잘 작동하도록 구현해야 한다. 그렇지 않은 상황에서는 **복사 생성자와 복사 팩터리라는 더 나은 객체 복사 방식을 제공할 수 있다.** 복사 생성자란 단순히 자신과 같은 클래스의 인스턴스를 인수로 받는 생성자를 말한다. 다음 예를 보자.

코드 13-7 복사 생성자

```
public Yum(Yum yum) { ... };
```

복사 팩터리는 복사 생성자를 모방한 정적 팩터리(아이템 1)다.

코드 13-8 복사 팩터리

```
public static Yum newInstance(Yum yum) { ... };
```

복사 생성자와 그 변형인 복사 팩터리는 Cloneable/clone 방식보다 나은 면이 많다. 언어 모순적이고 위험천만한 객체 생성 메커니즘(생성자를 쓰지 않는 방식)을 사용하지 않으며, 엉성하게 문서화된 규약에 기대지 않고, 정상적인 final 필드 용법과도 충돌하지 않으며, 불필요한 검사 예외를 던지지 않고, 형변환도 필요치 않다.

여기서 끝이 아니다. 복사 생성자와 복사 팩터리는 해당 클래스가 구현한 '인터페이스' 타입의 인스턴스를 인수로 받을 수 있다. 예컨대 관례상 모든 범용 컬렉션 구현체는 Collection이나 Map 타입을 받는 생성자를 제공한다. 인터페이스 기반 복사 생성자와 복사 팩터리의 더 정확한 이름은 '변환 생성자(conversion constructor)'와 '변환 팩터리(conversion factory)'다. 이들을 이용하면 클라이언트는 원본의 구현 타입에 얽매이지 않고 복제본의 타입을 직접 선택할 수 있다. 예컨대 HashSet 객체 s를 TreeSet 타입으로 복제할 수 있다. clone으로는 불가능한 이 기능을 변환 생성자로는 간단히 new TreeSet<>(s)로 처리할 수 있다.

> **핵심 정리**
>
> Cloneable이 몰고 온 모든 문제를 되짚어봤을 때, 새로운 인터페이스를 만들 때는 절대 Cloneable을 확장해서는 안 되며, 새로운 클래스도 이를 구현해서는 안 된다. final 클래스라면 Cloneable을 구현해도 위험이 크지 않지만, 성능 최적화 관점에서 검토한 후 별다른 문제가 없을 때만 드물게 허용해야 한다(아이템 67). 기본 원칙은 '복제 기능은 생성자와 팩터리를 이용하는 게 최고'라는 것이다. 단, 배열만은 clone 메서드 방식이 가장 깔끔한, 이 규칙의 합당한 예외라 할 수 있다.

Comparable을 구현할지 고려하라

이번에는 Comparable 인터페이스의 유일무이한 메서드인 compareTo를 알아보자. 그렇다! 이번 장에서 다룬 다른 메서드들과 달리 compareTo는 Object의 메서드가 아니다. 성격은 두 가지만 빼면 Object의 equals와 같다. 그렇다면 무엇이 다른가? compareTo는 단순 동치성 비교에 더해 순서까지 비교할 수 있으며, 제네릭하다. Comparable을 구현했다는 것은 그 클래스의 인스턴스들에는 자연적인 순서(natural order)가 있음을 뜻한다. 그래서 Comparable을 구현한 객체들의 배열은 다음처럼 손쉽게 정렬할 수 있다.

```
Arrays.sort(a);
```

검색, 극단값 계산, 자동 정렬되는 컬렉션 관리도 역시 쉽게 할 수 있다. 예컨대 다음 프로그램은 명령줄 인수들을 (중복은 제거하고) 알파벳순으로 출력한다. String이 Comparable을 구현한 덕분이다.

```
public class WordList {
    public static void main(String[] args) {
        Set<String> s = new TreeSet<>();
        Collections.addAll(s, args);
        System.out.println(s);
    }
}
```

여러분도 Comparable을 구현하여 이 인터페이스를 활용하는 수많은 제네릭 알고리즘과 컬렉션의 힘을 누릴 수 있다. 좁쌀만 한 노력으로 코끼리만 한 큰 효과를 얻는 것이다. 사실상 자바 플랫폼 라이브러리의 모든 값 클래스와 열거 타입(아이템 34)이 Comparable을 구현했다. 알파벳, 숫자, 연대 같이 순서가 명확한 값 클래스를 작성한다면 반드시 Comparable 인터페이스를 구현하자.

```
public interface Comparable<T> {
    int compareTo(T t);
}
```

compareTo 메서드의 일반 규약은 equals의 규약과 비슷하다.

> 이 객체와 주어진 객체의 순서를 비교한다. 이 객체가 주어진 객체보다 작으면 음의 정수를,
> 같으면 0을, 크면 양의 정수를 반환한다. 이 객체와 비교할 수 없는 타입의 객체가 주어지면
> ClassCastException을 던진다.
>
> 다음 설명에서 sgn(표현식) 표기는 수학에서 말하는 부호 함수(signum function)를 뜻
> 하며, 표현식의 값이 음수, 0, 양수일 때 -1, 0, 1을 반환하도록 정의했다.
>
> - Comparable을 구현한 클래스는 모든 x, y에 대해 sgn(x.compareTo(y)) == -sgn(y.
>   compareTo(x))여야 한다(따라서 x.compareTo(y)는 y.compareTo(x)가 예외를 던질
>   때에 한해 예외를 던져야 한다).
> - Comparable을 구현한 클래스는 추이성을 보장해야 한다. 즉, (x.compareTo(y) > 0
>   && y.compareTo(z) > 0)이면 x.compareTo(z) > 0이다.
> - Comparable을 구현한 클래스는 모든 z에 대해 x.compareTo(y) == 0이면 sgn(x.
>   compareTo(z)) == sgn(y.compareTo(z))다.
> - 이번 권고가 필수는 아니지만 꼭 지키는 게 좋다. (x.compareTo(y) == 0) == (x.
>   equals(y))여야 한다. Comparable을 구현하고 이 권고를 지키지 않는 모든 클래스는
>   그 사실을 명시해야 한다. 다음과 같이 명시하면 적당할 것이다.
>
> "주의: 이 클래스의 순서는 equals 메서드와 일관되지 않다."

수학적인 이야기라 해서 겁먹을 것 없다. equals 규약(아이템 10)이 그랬던 것
처럼, 생각보다 복잡하지는 않으니 말이다. 모든 객체에 대해 전역 동치관계를
부여하는 equals 메서드와 달리, compareTo는 타입이 다른 객체를 신경 쓰지 않
아도 된다. 타입이 다른 객체가 주어지면 간단히 ClassCastException을 던져도
되며, 대부분 그렇게 한다. 물론, 이 규약에서는 다른 타입 사이의 비교도 허용
하는데, 보통은 비교할 객체들이 구현한 공통 인터페이스를 매개로 이뤄진다.
    hashCode 규약을 지키지 못하면 해시를 사용하는 클래스와 어울리지 못하듯,

compareTo 규약을 지키지 못하면 비교를 활용하는 클래스와 어울리지 못한다. 비교를 활용하는 클래스의 예로는 정렬된 컬렉션인 TreeSet과 TreeMap, 검색과 정렬 알고리즘을 활용하는 유틸리티 클래스인 Collections와 Arrays가 있다.

이쯤에서 compareTo 규약을 자세히 살펴보자. 첫 번째 규약은 두 객체 참조의 순서를 바꿔 비교해도 예상한 결과가 나와야 한다는 얘기다. 즉, 첫 번째 객체가 두 번째 객체보다 작으면, 두 번째가 첫 번째보다 커야 한다. 첫 번째가 두 번째와 크기가 같다면, 두 번째는 첫 번째와 같아야 한다. 마지막으로 첫 번째가 두 번째보다 크면, 두 번째는 첫 번째보다 작아야 한다. 두 번째 규약은 첫 번째가 두 번째보다 크고 두 번째가 세 번째보다 크면, 첫 번째는 세 번째보다 커야 한다는 뜻이다. 마지막 규약은 크기가 같은 객체들끼리는 어떤 객체와 비교하더라도 항상 같아야 한다는 뜻이다.

이상의 세 규약은 compareTo 메서드로 수행하는 동치성 검사도 equals 규약과 똑같이 반사성, 대칭성, 추이성을 충족해야 함을 뜻한다. 그래서 주의사항도 똑같다. 기존 클래스를 확장한 구체 클래스에서 새로운 값 컴포넌트를 추가했다면 compareTo 규약을 지킬 방법이 없다. 객체 지향적 추상화의 이점을 포기할 생각이 아니라면 밀이다(아이템 10). 우회법도 같다. Comparable을 구현한 클래스를 확장해 값 컴포넌트를 추가하고 싶다면, 확장하는 대신 독립된 클래스를 만들고, 이 클래스에 원래 클래스의 인스턴스를 가리키는 필드를 두자. 그런 다음 내부 인스턴스를 반환하는 '뷰' 메서드를 제공하면 된다. 이렇게 하면 바깥 클래스에 우리가 원하는 compareTo 메서드를 구현해넣을 수 있다. 클라이언트는 필요에 따라 바깥 클래스의 인스턴스를 필드 안에 담긴 원래 클래스의 인스턴스로 다룰 수도 있고 말이다.

compareTo의 마지막 규약은 필수는 아니지만 꼭 지키길 권한다. 마지막 규약은 간단히 말하면 compareTo 메서드로 수행한 동치성 테스트의 결과가 equals와 같아야 한다는 것이다. 이를 잘 지키면 compareTo로 줄지은 순서와 equals의 결과가 일관되게 된다. compareTo의 순서와 equals의 결과가 일관되지 않은 클래스도 여전히 동작은 한다. 단, 이 클래스의 객체를 정렬된 컬렉션에 넣으면 해당 컬렉션이 구현한 인터페이스(Collection, Set, 혹은 Map)에 정의된 동작과 엇박자를 낼 것이다. 이 인터페이스들은 equals 메서드의 규약을 따른다고 되어 있지만, 놀랍게도 정렬된 컬렉션들은 동치성을 비교할 때 equals 대신 compareTo를 사용하기 때문이다. 아주 큰 문제는 아니지만, 주의해야 한다.

compareTo와 equals가 일관되지 않는 BigDecimal 클래스를 예로 생각해보자. 빈 HashSet 인스턴스를 생성한 다음 new BigDecimal("1.0")과 new Big Decimal("1.00")을 차례로 추가한다. 이 두 BigDecimal은 equals 메서드로 비교하면 서로 다르기 때문에 HashSet은 원소를 2개 갖게 된다. 하지만 HashSet 대신 TreeSet을 사용하면 원소를 하나만 갖게 된다. compareTo 메서드로 비교하면 두 BigDecimal 인스턴스가 똑같기 때문이다(자세한 설명은 BigDecimal 문서를 참고하자).

compareTo 메서드 작성 요령은 equals와 비슷하다. 몇 가지 차이점만 주의하면 된다. Comparable은 타입을 인수로 받는 제네릭 인터페이스이므로 compareTo 메서드의 인수 타입은 컴파일타임에 정해진다. 입력 인수의 타입을 확인하거나 형변환할 필요가 없다는 뜻이다. 인수의 타입이 잘못됐다면 컴파일 자체가 되지 않는다. 또한 null을 인수로 넣어 호출하면 NullPointerException을 던져야 한다. 물론 실제로도 인수(이 경우 null)의 멤버에 접근하려는 순간 이 예외가 던져질 것이다.

compareTo 메서드는 각 필드가 동치인지를 비교하는 게 아니라 그 순서를 비교한다. 객체 참조 필드를 비교하려면 compareTo 메서드를 재귀적으로 호출한다. Comparable을 구현하지 않은 필드나 표준이 아닌 순서로 비교해야 한다면 비교자(Comparator)를 대신 사용한다. 비교자는 직접 만들거나 자바가 제공하는 것 중에 골라 쓰면 된다. 다음 코드는 아이템 10에서 구현한 CaseInsensitiveString용 compareTo 메서드로, 자바가 제공하는 비교자를 사용하고 있다.

코드 14-1 객체 참조 필드가 하나뿐인 비교자

```java
public final class CaseInsensitiveString
        implements Comparable<CaseInsensitiveString> {
    public int compareTo(CaseInsensitiveString cis) {
        return String.CASE_INSENSITIVE_ORDER.compare(s, cis.s);
    }
    ... // 나머지 코드 생략
}
```

CaseInsensitiveString이 Comparable<CaseInsensitiveString>을 구현한 것에 주목하자. CaseInsensitiveString의 참조는 CaseInsensitiveString 참조와만 비교할 수 있다는 뜻으로, Comparable을 구현할 때 일반적으로 따르는 패턴이다.

이 책의 2판에서는 compareTo 메서드에서 정수 기본 타입 필드를 비교할 때는 관계 연산자인 <와 >를, 실수 기본 타입 필드를 비교할 때는 정적 메서드인 Double.compare와 Float.compare를 사용하라고 권했다. 그런데 자바 7부터는 상황이 변했다. 박싱된 기본 타입 클래스들에 새로 추가된 정적 메서드인 compare를 이용하면 되는 것이다. **compareTo 메서드에서 관계 연산자 <와 >를 사용하는 이전 방식은 거추장스럽고 오류를 유발하니, 이제는 추천하지 않는다.**

클래스에 핵심 필드가 여러 개라면 어느 것을 먼저 비교하느냐가 중요해진다. 가장 핵심적인 필드부터 비교해나가자. 비교 결과가 0이 아니라면, 즉 순서가 결정되면 거기서 끝이다. 그 결과를 곧장 반환하자. 가장 핵심이 되는 필드가 똑같다면, 똑같지 않은 필드를 찾을 때까지 그다음으로 중요한 필드를 비교해나간다. 다음은 아이템 10의 PhoneNumber 클래스용 compareTo 메서드를 이 방식으로 구현한 모습이다.

코드 14-2 기본 타입 필드가 여럿일 때의 비교자

```java
public int compareTo(PhoneNumber pn) {
    int result = Short.compare(areaCode, pn.areaCode);   // 가장 중요한 필드
    if (result == 0) {
        result = Short.compare(prefix, pn.prefix);       // 두 번째로 중요한 필드
        if (result == 0)
            result = Short.compare(lineNum, pn.lineNum); // 세 번째로 중요한 필드
    }
    return result;
}
```

자바 8에서는 Comparator 인터페이스가 일련의 비교자 생성 메서드(comparator construction method)와 팀을 꾸려 메서드 연쇄 방식으로 비교자를 생성할 수 있게 되었다. 그리고 이 비교자들을 Comparable 인터페이스가 원하는 compareTo 메서드를 구현하는 데 멋지게 활용할 수 있다. 많은 프로그래머가

이 방식의 간결함에 매혹되지만, 약간의 성능 저하가 뒤따른다. PhoneNumber 인스턴스의 정렬된 배열에 적용해보니 내 컴퓨터에서 10% 정도 느려졌다. 참고로, 자바의 정적 임포트 기능을 이용하면 정적 비교자 생성 메서드들을 그 이름만으로 사용할 수 있어 코드가 훨씬 깔끔해진다. 다음은 PhoneNumber용 compareTo 메서드에 이 방식을 적용한 모습이다.

코드 14-3 비교자 생성 메서드를 활용한 비교자

```
private static final Comparator<PhoneNumber> COMPARATOR =
        comparingInt((PhoneNumber pn) -> pn.areaCode)
            .thenComparingInt(pn -> pn.prefix)
            .thenComparingInt(pn -> pn.lineNum);

public int compareTo(PhoneNumber pn) {
    return COMPARATOR.compare(this, pn);
}
```

이 코드는 클래스를 초기화할 때 비교자 생성 메서드 2개를 이용해 비교자를 생성한다. 그 첫 번째인 comparingInt는 객체 참조를 int 타입 키에 매핑하는 키 추출 함수(key extractor function)를 인수로 받아, 그 키를 기준으로 순서를 정하는 비교자를 반환하는 정적 메서드다. 앞의 예에서 comparingInt는 람다(lambda)를 인수로 받으며, 이 람다는 PhoneNumber에서 추출한 지역 코드를 기준으로 전화번호의 순서를 정하는 Comparator<PhoneNumber>를 반환한다. 이 람다에서 입력 인수의 타입(PhoneNumber pn)을 명시한 점에 주목하자. 자바의 타입 추론 능력이 이 상황에서 타입을 알아낼 만큼 강력하지 않기 때문에 프로그램이 컴파일되도록 우리가 도와준 것이다.

두 전화번호의 지역 코드가 같을 수 있으니 비교 방식을 더 다듬어야 한다. 이 일은 두 번째 비교자 생성 메서드인 thenComparingInt가 수행한다. then ComparingInt는 Comparator의 인스턴스 메서드로, int 키 추출자 함수를 입력받아 다시 비교자를 반환한다(이 비교자는 첫 번째 비교자를 적용한 다음 새로 추출한 키로 추가 비교를 수행한다). thenComparingInt는 원하는 만큼 연달아 호출할 수 있다. 앞의 예에서는 2개를 연달아 호출했으며, 그중 첫 번째의 키로는 프리픽스를, 두 번째의 키로는 가입자 번호를 사용했다. 이번에는 then ComparingInt를 호출할 때 타입을 명시하지 않았다. 자바의 타입 추론 능력이 이 정도는 추론해낼 수 있기 때문이다.

Comparator는 수많은 보조 생성 메서드들로 중무장하고 있다. long과 double 용으로는 comparingInt와 thenComparingInt의 변형 메서드를 준비했다. short 처럼 더 작은 정수 타입에는 (PhoneNumber 예에서처럼) int용 버전을 사용하면 된다. 마찬가지로 float은 double용을 이용해 수행한다. 이런 식으로 자바의 숫자용 기본 타입을 모두 커버한다.

객체 참조용 비교자 생성 메서드도 준비되어 있다. 우선, comparing이라는 정적 메서드 2개가 다중정의되어 있다. 첫 번째는 키 추출자를 받아서 그 키의 자연적 순서를 사용한다. 두 번째는 키 추출자 하나와 추출된 키를 비교할 비교자까지 총 2개의 인수를 받는다. 또한, thenComparing이란 인스턴스 메서드가 3개 다중정의되어 있다. 첫 번째는 비교자 하나만 인수로 받아 그 비교자로 부차 순서[2]를 정한다. 두 번째는 키 추출자를 인수로 받아 그 키의 자연적 순서로 보조 순서를 정한다. 마지막 세 번째는 키 추출자 하나와 추출된 키를 비교할 비교자까지 총 2개의 인수를 받는다.

이따금 '값의 차'를 기준으로 첫 번째 값이 두 번째 값보다 작으면 음수를, 두 값이 같으면 0을, 첫 번째 값이 크면 양수를 반환하는 compareTo나 compare 메서드와 마주할 것이다. 여기 그 예를 가져왔다.

코드 14-4 해시코드 값의 차를 기준으로 하는 비교자 - 추이성을 위배한다!

```
static Comparator<Object> hashCodeOrder = new Comparator<>() {
    public int compare(Object o1, Object o2) {
        return o1.hashCode() - o2.hashCode();
    }
};
```

이 방식은 사용하면 안 된다. 이 방식은 정수 오버플로를 일으키거나 IEEE 754 부동소수점 계산 방식[JLS 15.20.1, 15.21.1]에 따른 오류를 낼 수 있다. 그렇다고 이번 아이템에서 설명한 방법대로 구현한 코드보다 월등히 빠르지도 않을 것이다. 그 대신 다음의 두 방식 중 하나를 사용하자.

---

2 (옮긴이) comparing으로 1차적 순서를 정하고, 이어지는 thenComparing으로 2차, 3차, ... 순서를 정하기 때문에 '부차' 순서라 표현했다.

코드 14-5 정적 **compare** 메서드를 활용한 비교자

```
static Comparator<Object> hashCodeOrder = new Comparator<>() {
    public int compare(Object o1, Object o2) {
        return Integer.compare(o1.hashCode(), o2.hashCode());
    }
};
```

코드 14-6 비교자 생성 메서드를 활용한 비교자

```
static Comparator<Object> hashCodeOrder =
        Comparator.comparingInt(o -> o.hashCode());
```

> **핵심 정리**
>
> 순서를 고려해야 하는 값 클래스를 작성한다면 꼭 Comparable 인터페이스를 구현하여, 그 인스턴스들을 쉽게 정렬하고, 검색하고, 비교 기능을 제공하는 컬렉션과 어우러지도록 해야 한다. compareTo 메서드에서 필드의 값을 비교할 때 <와 > 연산자는 쓰지 말아야 한다. 그 대신 박싱된 기본 타입 클래스가 제공하는 정적 compare 메서드나 Comparator 인터페이스가 제공하는 비교자 생성 메서드를 사용하자.

4장

클래스와 인터페이스

추상화의 기본 단위인 클래스와 인터페이스는 자바 언어의 심장과도 같다. 그
래서 자바 언어에는 클래스와 인터페이스 설계에 사용하는 강력한 요소가 많
이 있다. 이번 장에서는 이런 요소를 적절히 활용하여 클래스와 인터페이스를
쓰기 편하고, 견고하며, 유연하게 만드는 방법을 안내한다.

클래스와 멤버의 접근 권한을 최소화하라

어설프게 설계된 컴포넌트와 잘 설계된 컴포넌트의 가장 큰 차이는 바로 클래스 내부 데이터와 내부 구현 정보를 외부 컴포넌트로부터 얼마나 잘 숨겼느냐다. 잘 설계된 컴포넌트는 모든 내부 구현을 완벽히 숨겨, 구현과 API를 깔끔히 분리한다. 오직 API를 통해서만 다른 컴포넌트와 소통하며 서로의 내부 동작 방식에는 전혀 개의치 않는다. 정보 은닉, 혹은 캡슐화라고 하는 이 개념은 소프트웨어 설계의 근간이 되는 원리다.[Parnas72]

정보 은닉의 장점은 정말 많다. 그중 대부분은 시스템을 구성하는 컴포넌트들을 서로 독립시켜서 개발, 테스트, 최적화, 적용, 분석, 수정을 개별적으로 할 수 있게 해주는 것과 연관되어 있다. 정보 은닉의 장점을 구체적으로 한번 알아보자.

- 시스템 개발 속도를 높인다. 여러 컴포넌트를 병렬로 개발할 수 있기 때문이다.
- 시스템 관리 비용을 낮춘다. 각 컴포넌트를 더 빨리 파악하여 디버깅할 수 있고, 다른 컴포넌트로 교체하는 부담도 적기 때문이다.
- 정보 은닉 자체가 성능을 높여주지는 않지만, 성능 최적화에 도움을 준다. 완성된 시스템을 프로파일링해 최적화할 컴포넌트를 정한 다음(아이템 67), 다른 컴포넌트에 영향을 주지 않고 해당 컴포넌트만 최적화할 수 있기 때문이다.
- 소프트웨어 재사용성을 높인다. 외부에 거의 의존하지 않고 독자적으로 동작할 수 있는 컴포넌트라면 그 컴포넌트와 함께 개발되지 않은 낯선 환경에서도 유용하게 쓰일 가능성이 크기 때문이다.
- 큰 시스템을 제작하는 난이도를 낮춰준다. 시스템 전체가 아직 완성되지 않

은 상태에서도 개별 컴포넌트의 동작을 검증할 수 있기 때문이다.

자바는 정보 은닉을 위한 다양한 장치를 제공한다. 그중 접근 제어 메커니즘 [JLS, 6.6]은 클래스, 인터페이스, 멤버의 접근성(접근 허용 범위)을 명시한다. 각 요소의 접근성은 그 요소가 선언된 위치와 접근 제한자(private, protected, public)로 정해진다. 이 접근 제한자를 제대로 활용하는 것이 정보 은닉의 핵심 이다.

기본 원칙은 간단하다. **모든 클래스와 멤버의 접근성을 가능한 한 좁혀야 한 다.** 달리 말하면, 소프트웨어가 올바로 동작하는 한 항상 가장 낮은 접근 수준 을 부여해야 한다는 뜻이다.

(가장 바깥이라는 의미의) 톱레벨 클래스와 인터페이스에 부여할 수 있는 접 근 수준은 package-private과 public 두 가지다. 톱레벨 클래스나 인터페이스 를 public으로 선언하면 공개 API가 되며, package-private으로 선언하면 해당 패키지 안에서만 이용할 수 있다. 패키지 외부에서 쓸 이유가 없다면 package-private으로 선언하자. 그러면 이들은 API가 아닌 내부 구현이 되어 언제든 수 정할 수 있다. 즉, 클라이언트에 아무런 피해 없이 다음 릴리스에서 수정, 교체, 제거할 수 있다. 반면, public으로 선언한다면 API가 되므로 하위 호환을 위해 영원히 관리해줘야만 한다.

한 클래스에서만 사용하는 package-private 톱레벨 클래스나 인터페이스 는 이를 사용하는 클래스 안에 private static으로 중첩시켜보자(아이템 24). 톱 레벨로 두면 같은 패키지의 모든 클래스가 접근할 수 있지만, private static으 로 중첩시키면 바깥 클래스 하나에서만 접근할 수 있다. 한편, 이보다 훨씬 중 요한 일이 있다. 바로 public일 필요가 없는 클래스의 접근 수준을 package-private 톱레벨 클래스로 좁히는 일이다. public 클래스는 그 패키지의 API인 반면, package-private 톱레벨 클래스는 내부 구현에 속하기 때문이다.

멤버(필드, 메서드, 중첩 클래스, 중첩 인터페이스)에 부여할 수 있는 접근 수 준은 네 가지다. 접근 범위가 좁은 것부터 순서대로 살펴보자.

- private: 멤버를 선언한 톱레벨 클래스에서만 접근할 수 있다.
- package-private: 멤버가 소속된 패키지 안의 모든 클래스에서 접근할 수 있

다. 접근 제한자를 명시하지 않았을 때 적용되는 패키지 접근 수준이다(단, 인터페이스의 멤버는 기본적으로 public이 적용된다).

- **protected**: package-private의 접근 범위를 포함하며, 이 멤버를 선언한 클래스의 하위 클래스에서도 접근할 수 있다(제약이 조금 따른다[JLS, 6.6.2]).
- **public**: 모든 곳에서 접근할 수 있다.

클래스의 공개 API를 세심히 설계한 후, 그 외의 모든 멤버는 private으로 만들자. 그런 다음 오직 같은 패키지의 다른 클래스가 접근해야 하는 멤버에 한하여 (private 제한자를 제거해) package-private으로 풀어주자. 권한을 풀어주는 일을 자주 하게 된다면 여러분 시스템에서 컴포넌트를 더 분해해야 하는 것은 아닌지 다시 고민해보자. private과 package-private 멤버는 모두 해당 클래스의 구현에 해당하므로 보통은 공개 API에 영향을 주지 않는다. 단, Serializable을 구현한 클래스에서는 그 필드들도 의도치 않게 공개 API가 될 수도 있다(아이템 86, 87).

public 클래스에서는 멤버의 접근 수준을 package-private에서 protected로 바꾸는 순간 그 멤버에 접근할 수 있는 대상 범위가 엄청나게 넓어진다. public 클래스의 protected 멤버는 공개 API이므로 영원히 지원돼야 한다. 또한 내부 동작 방식을 API 문서에 적어 사용자에게 공개해야 할 수도 있다(아이템 19). 따라서 protected 멤버의 수는 적을수록 좋다.

그런데 멤버 접근성을 좁히지 못하게 방해하는 제약이 하나 있다. 상위 클래스의 메서드를 재정의할 때는 그 접근 수준을 상위 클래스에서보다 좁게 설정할 수 없다는 것이다.[JLS, 8.4.8.3] 이 제약은 상위 클래스의 인스턴스는 하위 클래스의 인스턴스로 대체해 사용할 수 있어야 한다는 규칙(리스코프 치환 원칙, 아이템 10)을 지키기 위해 필요하다. 이 규칙을 어기면 하위 클래스를 컴파일할 때 컴파일 오류가 난다. 클래스가 인터페이스를 구현하는 건 이 규칙의 특별한 예로 볼 수 있고, 이때 클래스는 인터페이스가 정의한 모든 메서드를 public으로 선언해야 한다.

단지 코드를 테스트하려는 목적으로 클래스, 인터페이스, 멤버의 접근 범위를 넓히려 할 때가 있다. 적당한 수준까지는 넓혀도 괜찮다. 예를 들어, public

클래스의 private 멤버를 package-private까지 풀어주는 것은 허용할 수 있지만, 그 이상은 안 된다. 즉, 테스트만을 위해 클래스, 인터페이스, 멤버를 공개 API로 만들어서는 안 된다. 다행히 이렇게 해야 할 이유도 없다. 테스트 코드를 테스트 대상과 같은 패키지에 두면 package-private 요소에 접근할 수 있기 때문이다.

public 클래스의 인스턴스 필드는 되도록 public이 아니어야 한다(아이템 16). 필드가 가변 객체를 참조하거나, final이 아닌 인스턴스 필드를 public으로 선언하면 그 필드에 담을 수 있는 값을 제한할 힘을 잃게 된다. 그 필드와 관련된 모든 것은 불변식을 보장할 수 없게 된다는 뜻이다. 여기에 더해, 필드가 수정될 때 (락 획득 같은) 다른 작업을 할 수 없게 되므로 **public 가변 필드를 갖는 클래스는 일반적으로 스레드 안전하지 않다.** 심지어 필드가 final이면서 불변 객체를 참조하더라도 문제는 여전히 남는다. 내부 구현을 바꾸고 싶어도 그 public 필드를 없애는 방식으로는 리팩터링할 수 없게 된다.

이러한 문제는 정적 필드에서도 마찬가지이나, 예외가 하나 있다. 해당 클래스가 표현하는 추상 개념을 완성하는 데 꼭 필요한 구성요소로써의 상수라면 public static final 필드로 공개해도 좋다. 관례상 이런 상수의 이름은 대문자 알파벳으로 쓰며, 각 단어 사이에 밑줄(_)을 넣는다(아이템 68). 이런 필드는 반드시 기본 타입 값이나 불변 객체를 참조해야 한다(아이템 17). 가변 객체를 참조한다면 final이 아닌 필드에 적용되는 모든 불이익이 그대로 적용된다. 다른 객체를 참조하지는 못하지만, 참조된 객체 자체는 수정될 수 있으니 끔찍한 결과를 초래할 수도 있는 것이다.

길이가 0이 아닌 배열은 모두 변경 가능하니 주의하자. 따라서 **클래스에서 public static final 배열 필드를 두거나 이 필드를 반환하는 접근자 메서드를 제공해서는 안 된다.** 이런 필드나 접근자를 제공한다면 클라이언트에서 그 배열의 내용을 수정할 수 있게 된다. 예컨대 다음 코드에는 보안 허점이 존재한다.

```
// 보안 허점이 숨어 있다.
public static final Thing[] VALUES = { ... };
```

어떤 IDE가 생성하는 접근자는 private 배열 필드의 참조를 반환하여 이 같은 문제를 똑같이 일으키니 주의하자. 해결책은 두 가지다. 첫 번째 방법은 앞 코드의 public 배열을 private으로 만들고 public 불변 리스트를 추가하는 것이다.

```
private static final Thing[] PRIVATE_VALUES = { ... };
public static final List<Thing> VALUES =
    Collections.unmodifiableList(Arrays.asList(PRIVATE_VALUES));
```

두 번째는 배열을 private으로 만들고 그 복사본을 반환하는 public 메서드를 추가하는 방법이다(방어적 복사).

```
private static final Thing[] PRIVATE_VALUES = { ... };
public static final Thing[] values() {
    return PRIVATE_VALUES.clone();
}
```

클라이언트가 무엇을 원하느냐를 판단해 둘 중 하나를 선택하면 된다. 어느 반환 타입이 더 쓰기 편할지, 성능은 어느 쪽이 나을지를 고민해 정하자.

 자바 9에서는 모듈 시스템이라는 개념이 도입되면서 두 가지 암묵적 접근 수준이 추가되었다. 패키지가 클래스들의 묶음이듯, 모듈은 패키지들의 묶음이다. 모듈은 자신에 속하는 패키지 중 공개(export)할 것들을 (관례상 module-info.java 파일에) 선언한다. protected 혹은 public 멤버라도 해당 패키지를 공개하지 않았다면 모듈 외부에서는 접근할 수 없다. 물론 모듈 안에서는 exports로 선언했는지 여부에 아무런 영향도 받지 않는다. 모듈 시스템을 활용하면 클래스를 외부에 공개하지 않으면서도 같은 모듈을 이루는 패키지 사이에서는 자유롭게 공유할 수 있다. 이 문단 첫 문장에서 이야기한 두 가지 암묵적 접근 수준은 바로 이 숨겨진 패키지 안에 있는 public 클래스의 public 혹은 protected 멤버와 관련이 있다. 이 암묵적 접근 수준들은 각각 public 수준과 protected 수준과 같으나, 그 효과가 모듈 내부로 한정되는 변종인 것이다. 이런 형태로 공유해야 하는 상황은 흔하지 않다. 그래야 하는 상황이 벌어지더라도 패키지들 사이에서 클래스들을 재배치하면 대부분 해결된다.

 앞서 다룬 4개의 기존 접근 수준과 달리, 모듈에 적용되는 새로운 두 접근 수준은 상당히 주의해서 사용해야 한다. 여러분 모듈의 JAR 파일을 자신의 모듈 경로가 아닌 애플리케이션의 클래스패스(classpath)에 두면 그 모듈 안의 모든 패키지는 마치 모듈이 없는 것처럼 행동한다. 즉, 모듈이 공개했는지 여부와 상관없이, public 클래스가 선언한 모든 public 혹은 protected 멤버를 모듈 밖에서도 접근할 수 있게 된다.[Reinhold, 1.2] 새로 등장한 이 접근 수준을 적극 활용한 대표적인 예가 바로 JDK 자체다. 자바 라이브러리에서 공개하지 않은 패키지들은 해당 모듈 밖에서는 절대로 접근할 수 없다.

접근 보호 방식이 추가된 것 말고도, 모듈은 여러 면에서 자바 프로그래밍에 영향을 준다. 사실 모듈의 장점을 제대로 누리려면 해야 할 일이 많다. 먼저 패키지들을 모듈 단위로 묶고, 모듈 선언에 패키지들의 모든 의존성을 명시한다. 그런 다음 소스 트리를 재배치하고, 모듈 안으로부터 (모듈 시스템을 적용하지 않는) 일반 패키지로의 모든 접근에 특별한 조치를 취해야 한다.[Reinhold, 3] JDK 외에도 모듈 개념이 널리 받아들여질지 예측하기는 아직 이른 감이 있다. 그러니 꼭 필요한 경우가 아니라면 당분간은 사용하지 않는 게 좋을 것 같다.

> **핵심 정리**
>
> 프로그램 요소의 접근성은 가능한 한 최소한으로 하라. 꼭 필요한 것만 골라 최소한의 public API를 설계하자. 그 외에는 클래스, 인터페이스, 멤버가 의도치 않게 API로 공개되는 일이 없도록 해야 한다. public 클래스는 상수용 public static final 필드 외에는 어떠한 public 필드도 가져서는 안 된다. public static final 필드가 참조하는 객체가 불변인지 확인하라.

아이템 16

public 클래스에서는 public 필드가 아닌 접근자 메서드를 사용하라

이따금 인스턴스 필드들을 모아놓는 일 외에는 아무 목적도 없는 퇴보한 클래스를 작성하려 할 때가 있다.

코드 16-1 이처럼 퇴보한 클래스는 public이어서는 안 된다!

```java
class Point {
    public double x;
    public double y;
}
```

이런 클래스는 데이터 필드에 직접 접근할 수 있으니 캡슐화의 이점을 제공하지 못한다(아이템 15). API를 수정하지 않고는 내부 표현을 바꿀 수 없고, 불변식을 보장할 수 없으며, 외부에서 필드에 접근할 때 부수 작업을 수행할 수도 없다. 철저한 객체 지향 프로그래머는 이런 클래스를 상당히 싫어해서 필드들을 모두 private으로 바꾸고 public 접근자(getter)를 추가한다.

코드 16-2 접근자와 변경자(mutator) 메서드를 활용해 데이터를 캡슐화한다.

```java
class Point {
    private double x;
    private double y;

    public Point(double x, double y) {
        this.x = x;
        this.y = y;
    }

    public double getX() { return x; }
    public double getY() { return y; }

    public void setX(double x) { this.x = x; }
    public void setY(double y) { this.y = y; }
}
```

public 클래스에서라면 이 방식이 확실히 맞다. **패키지 바깥에서 접근할 수 있**

는 클래스라면 접근자를 제공함으로써 클래스 내부 표현 방식을 언제든 바꿀 수 있는 유연성을 얻을 수 있다. public 클래스가 필드를 공개하면 이를 사용하는 클라이언트가 생겨날 것이므로 내부 표현 방식을 마음대로 바꿀 수 없게 된다.

하지만 package-private 클래스 혹은 private 중첩 클래스라면 데이터 필드를 노출한다 해도 하등의 문제가 없다. 그 클래스가 표현하려는 추상 개념만 올바르게 표현해주면 된다. 이 방식은 클래스 선언 면에서나 이를 사용하는 클라이언트 코드 면에서나 접근자 방식보다 훨씬 깔끔하다. 클라이언트 코드가 이 클래스 내부 표현에 묶이기는 하나, 클라이언트도 어차피 이 클래스를 포함하는 패키지 안에서만 동작하는 코드일 뿐이다. 따라서 패키지 바깥 코드는 전혀 손대지 않고도 데이터 표현 방식을 바꿀 수 있다. private 중첩 클래스의 경우라면 수정 범위가 더 좁아져서 이 클래스를 포함하는 외부 클래스까지로 제한된다.

자바 플랫폼 라이브러리에도 public 클래스의 필드를 직접 노출하지 말라는 규칙을 어기는 사례가 종종 있다. 대표적인 예가 java.awt.package 패키지의 Point와 Dimension 클래스다. 이 클래스들을 흉내 내지 말고, 타산지석으로 삼길 바란다. 아이템 67에서 설명하듯, 내부를 노출한 Dimension 클래스의 심각한 성능 문제는 오늘날까지도 해결되지 못했다.

public 클래스의 필드가 불변이라면 직접 노출할 때의 단점이 조금은 줄어들지만, 여전히 결코 좋은 생각이 아니다. API를 변경하지 않고는 표현 방식을 바꿀 수 없고, 필드를 읽을 때 부수 작업을 수행할 수 없다는 단점은 여전하다. 단, 불변식은 보장할 수 있게 된다. 예컨대 다음 클래스는 각 인스턴스가 유효한 시간을 표현함을 보장한다.

코드 16-3 불변 필드를 노출한 public 클래스 - 과연 좋은가?

```java
public final class Time {
    private static final int HOURS_PER_DAY    = 24;
    private static final int MINUTES_PER_HOUR = 60;

    public final int hour;
    public final int minute;

    public Time(int hour, int minute) {
```

```
        if (hour < 0 || hour >= HOURS_PER_DAY)
            throw new IllegalArgumentException("시간: " + hour);
        if (minute < 0 || minute >= MINUTES_PER_HOUR)
            throw new IllegalArgumentException("분: " + minute);
        this.hour = hour;
        this.minute = minute;
    }
    ... // 나머지 코드 생략
}
```

> **핵심 정리**
>
> public 클래스는 절대 가변 필드를 직접 노출해서는 안 된다. 불변 필드라면 노출해도 덜 위험하지만 완전히 안심할 수는 없다. 하지만 package-private 클래스나 private 중첩 클래스에서는 종종 (불변이든 가변이든) 필드를 노출하는 편이 나을 때도 있다.

변경 가능성을 최소화하라

불변 클래스란 간단히 말해 그 인스턴스의 내부 값을 수정할 수 없는 클래스다. 불변 인스턴스에 간직된 정보는 고정되어 객체가 파괴되는 순간까지 절대 달라지지 않는다. 자바 플랫폼 라이브러리에도 다양한 불변 클래스가 있다. String, 기본 타입의 박싱된 클래스들, BigInteger, BigDecimal이 여기 속한다. 이 클래스들을 불변으로 설계한 데는 그럴만한 이유가 있다. 불변 클래스는 가변 클래스보다 설계하고 구현하고 사용하기 쉬우며, 오류가 생길 여지도 적고 훨씬 안전하다.

클래스를 불변으로 만들려면 다음 다섯 가지 규칙을 따르면 된다.

- **객체의 상태를 변경하는 메서드(변경자)를 제공하지 않는다.**
- **클래스를 확장할 수 없도록 한다.** 하위 클래스에서 부주의하게 혹은 나쁜 의도로 객체의 상태를 변하게 만드는 사태를 막아준다. 상속을 막는 대표적인 방법은 클래스를 final로 선언하는 것이지만, 다른 방법도 뒤에 살펴볼 것이다.
- **모든 필드를 final로 선언한다.** 시스템이 강제하는 수단을 이용해 설계자의 의도를 명확히 드러내는 방법이다. 새로 생성된 인스턴스를 동기화 없이 다른 스레드로 건네도 문제없이 동작하게끔 보장하는 데도 필요하다(자바 언어 명세의 메모리 모델 부분[JLS, 17.5; Geotz06, 16]에 자세히 설명되어 있다).
- **모든 필드를 private으로 선언한다.** 필드가 참조하는 가변 객체를 클라이언트에서 직접 접근해 수정하는 일을 막아준다. 기술적으로는 기본 타입 필드나 불변 객체를 참조하는 필드를 public final로만 선언해도 불변 객체가 되지만, 이렇게 하면 다음 릴리스에서 내부 표현을 바꾸지 못하므로 권하지는

않는다(아이템 15, 16).

- **자신 외에는 내부의 가변 컴포넌트에 접근할 수 없도록 한다.** 클래스에 가변 객체를 참조하는 필드가 하나라도 있다면 클라이언트에서 그 객체의 참조를 얻을 수 없도록 해야 한다. 이런 필드는 절대 클라이언트가 제공한 객체 참조를 가리키게 해서는 안 되며, 접근자 메서드가 그 필드를 그대로 반환해서도 안 된다. 생성자, 접근자, readObject 메서드(아이템 88) 모두에서 방어적 복사를 수행하라.

지금까지의 아이템들에서 선보인 예제 클래스들은 대부분 불변이다. 각 속성을 반환하는 접근자만 제공할 뿐 변경자는 없던 아이템 11의 PhoneNumber도 이에 해당한다. 여기 조금 더 복잡한 예를 준비했다.

코드 17-1 불변 복소수 클래스

```java
public final class Complex {
    private final double re;
    private final double im;

    public Complex(double re, double im) {
        this.re = re;
        this.im = im;
    }

    public double realPart()      { return re; }
    public double imaginaryPart() { return im; }

    public Complex plus(Complex c) {
        return new Complex(re + c.re, im + c.im);
    }

    public Complex minus(Complex c) {
        return new Complex(re - c.re, im - c.im);
    }

    public Complex times(Complex c) {
        return new Complex(re * c.re - im * c.im,
                           re * c.im + im * c.re);
    }

    public Complex dividedBy(Complex c) {
        double tmp = c.re * c.re + c.im * c.im;
        return new Complex((re * c.re + im * c.im) / tmp,
                           (im * c.re - re * c.im) / tmp);
    }
```

```
@Override public boolean equals(Object o) {
    if (o == this)
        return true;
    if (!(o instanceof Complex))
        return false;
    Complex c = (Complex) o;

    // == 대신 compare를 사용하는 이유는 63쪽을 확인하라.
    return Double.compare(c.re, re) == 0
        && Double.compare(c.im, im) == 0;
}

@Override public int hashCode() {
    return 31 * Double.hashCode(re) + Double.hashCode(im);
}

@Override public String toString() {
    return "(" + re + " + " + im + "i)";
}
}
```

이 클래스는 복소수(실수부와 허수부로 구성된 수)를 표현한다. Object의 메서드 몇 개를 재정의했고, 실수부와 허수부 값을 반환하는 접근자 메서드 (realPart와 imaginaryPart)와 사칙연산 메서드(plus, minus, times, dividedBy)를 정의했다. 이 사칙연산 메서드들이 인스턴스 자신은 수정하지 않고 새로운 Complex 인스턴스를 만들어 반환하는 모습에 주목하자. 이처럼 피연산자에 함수를 적용해 그 결과를 반환하지만, 피연산자 자체는 그대로인 프로그래밍 패턴을 함수형 프로그래밍이라 한다. 이와 달리, 절차적 혹은 명령형 프로그래밍에서는 메서드에서 피연산자인 자신을 수정해 자신의 상태가 변하게 된다. 또한 메서드 이름으로 (add 같은) 동사 대신 (plus 같은) 전치사를 사용한 점에도 주목하자. 이는 해당 메서드가 객체의 값을 변경하지 않는다는 사실을 강조하려는 의도다. 참고로, 이 명명 규칙을 따르지 않은 BigInteger와 BigDecimal 클래스를 사람들이 잘못 사용해 오류가 발생하는 일이 자주 있다.

함수형 프로그래밍에 익숙하지 않다면 조금 부자연스러워 보일 수도 있지만, 이 방식으로 프로그래밍하면 코드에서 불변이 되는 영역의 비율이 높아지는 장점을 누릴 수 있다. **불변 객체는 단순하다.** 불변 객체는 생성된 시점의 상태를 파괴될 때까지 그대로 간직한다. 모든 생성자가 클래스 불변식(class invariant)을 보장한다면 그 클래스를 사용하는 프로그래머가 다른 노력을 들이지 않더라도 영원히 불변으로 남는다. 반면 가변 객체는 임의의 복잡한 상태에 놓일 수 있다. 변경자 메서드가 일으키는 상태 전이를 정밀하게 문서로 남겨놓지 않은 가변 클래스는 믿고 사용하기 어려울 수도 있다.

불변 객체는 근본적으로 스레드 안전하여 따로 동기화할 필요 없다. 여러 스레드가 동시에 사용해도 절대 훼손되지 않는다. 사실 클래스를 스레드 안전하게 만드는 가장 쉬운 방법이기도 하다. 불변 객체에 대해서는 그 어떤 스레드도 다른 스레드에 영향을 줄 수 없으니 **불변 객체는 안심하고 공유할 수 있다.** 따라서 불변 클래스라면 한번 만든 인스턴스를 최대한 재활용하기를 권한다. 가장 쉬운 재활용 방법은 자주 쓰이는 값들을 상수(public static final)로 제공하는 것이다. 예컨대 Complex 클래스는 다음 상수들을 제공할 수 있다.

```
public static final Complex ZERO = new Complex(0, 0);
public static final Complex ONE  = new Complex(1, 0);
public static final Complex I    = new Complex(0, 1);
```

이 방식으로 한 걸음 더 들어가보자. 불변 클래스는 자주 사용되는 인스턴스를 캐싱하여 같은 인스턴스를 중복 생성하지 않게 해주는 정적 팩터리(아이템 1)를 제공할 수 있다. 박싱된 기본 타입 클래스 전부와 BigInteger가 여기 속한다. 이런 정적 팩터리를 사용하면 여러 클라이언트가 인스턴스를 공유하여 메모리 사용량과 가비지 컬렉션 비용이 줄어든다. 새로운 클래스를 설계할 때 public 생성자 대신 정적 팩터리를 만들어두면, 클라이언트를 수정하지 않고도 필요에 따라 캐시 기능을 나중에 덧붙일 수 있다.

불변 객체를 자유롭게 공유할 수 있다는 점은 방어적 복사(아이템 50)도 필요 없다는 결론으로 자연스럽게 이어진다. 아무리 복사해봐야 원본과 똑같으니 복사 자체가 의미가 없다. 그러니 불변 클래스는 clone 메서드나 복사 생성자(아이템 13)를 제공하지 않는 게 좋다. String 클래스의 복사 생성자는 이 사실을 잘 이해하지 못한 자바 초창기 때 만들어진 것으로, 되도록 사용하지 말아야 한다(아이템 6).

불변 객체는 자유롭게 공유할 수 있음은 물론, 불변 객체끼리는 내부 데이터를 공유할 수 있다. 예컨대 BigInteger 클래스는 내부에서 값의 부호(sign)와 크기(magnitude)를 따로 표현한다. 부호에는 int 변수를, 크기(절댓값)에는 int 배열을 사용하는 것이다. 한편 negate 메서드는 크기가 같고 부호만 반대인 새로운 BigInteger를 생성하는데, 이때 배열은 비록 가변이지만 복사하지 않고 원본 인스턴스와 공유해도 된다. 그 결과 새로 만든 BigInteger 인스턴스도 원본 인스턴스가 가리키는 내부 배열을 그대로 가리킨다.

객체를 만들 때 다른 불변 객체들을 구성요소로 사용하면 이점이 많다. 값이 바뀌지 않는 구성요소들로 이뤄진 객체라면 그 구조가 아무리 복잡하더라도 불변식을 유지하기 훨씬 수월하기 때문이다. 좋은 예로, 불변 객체는 맵의 키와 집합(Set)의 원소로 쓰기에 안성맞춤이다. 맵이나 집합은 안에 담긴 값이 바뀌면 불변식이 허물어지는데, 불변 객체를 사용하면 그런 걱정은 하지 않아도 된다.

불변 객체는 그 자체로 실패 원자성[1]을 제공한다(아이템 76). 상태가 절대 변하지 않으니 잠깐이라도 불일치 상태에 빠질 가능성이 없다.

불변 클래스에도 단점은 있다. 값이 다르면 반드시 독립된 객체로 만들어야 한다는 것이다. 값의 가짓수가 많다면 이들을 모두 만드는 데 큰 비용을 치러야 한다. 예컨대 백만 비트짜리 BigInteger에서 비트 하나를 바꿔야 한다고 해보자.

```
BigInteger moby = ...;
moby = moby.flipBit(0);
```

flipBit 메서드는 새로운 BigInteger 인스턴스를 생성한다. 원본과 단지 한 비트만 다른 백만 비트짜리 인스턴스를 말이다. 이 연산은 BigInteger의 크기에 비례해 시간과 공간을 잡아먹는다. BitSet도 BigInteger처럼 임의 길이의 비트 순열을 표현하지만, BigInteger와는 달리 '가변'이다. BitSet 클래스는 원하는 비트 하나만 상수 시간 안에 바꿔주는 메서드를 제공한다.

```
BitSet moby = ...;
moby.flip(0);
```

---

1 (옮긴이) 여기서 실패 원자성(failure atomicity)이란 '메서드에서 예외가 발생한 후에도 그 객체는 여전히 (메서드 호출 전과 똑같은) 유효한 상태여야 한다'는 성질이다. 불변 객체의 메서드는 내부 상태를 바꾸지 않으니 이 성질을 만족한다.

원하는 객체를 완성하기까지의 단계가 많고, 그 중간 단계에서 만들어진 객체들이 모두 버려진다면 성능 문제가 더 불거진다. 이 문제에 대처하는 방법은 두 가지다. 첫 번째는 흔히 쓰일 다단계 연산(multistep operation)들을 예측하여 기본 기능으로 제공하는 방법이다. 이러한 다단계 연산을 기본으로 제공한다면 더 이상 각 단계마다 객체를 생성하지 않아도 된다. 불변 객체는 내부적으로 아주 영리한 방식으로 구현할 수 있기 때문이다. 예컨대 BigInteger는 모듈러 지수 같은 다단계 연산 속도를 높여주는 가변 동반 클래스(companion class)를 package-private으로 두고 있다. 앞서 이야기한 이유들로, 이 가변 동반 클래스를 사용하기란 BigInteger를 쓰는 것보다 훨씬 어렵다. 그래도 우리는 운이 좋다. 그 어려운 부분을 모두 BigInteger가 대신 처리해주니 말이다.

클라이언트들이 원하는 복잡한 연산들을 정확히 예측할 수 있다면 package-private의 가변 동반 클래스만으로 충분하다. 그렇지 않다면 이 클래스를 public으로 제공하는 게 최선이다. 자바 플랫폼 라이브러리에서 이에 해당하는 대표적인 예가 바로 String 클래스다. 그렇다면 String의 가변 동반 클래스는? 바로 StringBuilder(와 구닥다리 전임자 StringBuffer)다.

이상으로 불변 클래스를 만드는 기본적인 방법과 불변 클래스의 장단점을 알아보았다. 그다음으로 불변 클래스를 만드는 또 다른 설계 방법 몇 가지 알아볼 차례다. 클래스가 불변임을 보장하려면 자신을 상속하지 못하게 해야 함을 기억하는가? 자신을 상속하지 못하게 하는 가장 쉬운 방법은 final 클래스로 선언하는 것이지만, 더 유연한 방법이 있다. 모든 생성자를 private 혹은 package-private으로 만들고 public 정적 팩터리를 제공하는 방법이다(아이템 1). 구체적인 예를 보자. 다음은 코드 17-1의 Complex 클래스를 이 방식으로 구현한 코드다.

코드 17-2 생성자 대신 정적 팩터리를 사용한 불변 클래스

```java
public class Complex {
    private final double re;
    private final double im;

    private Complex(double re, double im) {
        this.re = re;
        this.im = im;
    }
```

```
    public static Complex valueOf(double re, double im) {
        return new Complex(re, im);
    }

    ... // 나머지 코드는 생략
}
```

이 방식이 최선일 때가 많다. 바깥에서 볼 수 없는 package-private 구현 클래스를 원하는 만큼 만들어 활용할 수 있으니 훨씬 유연하다. 패키지 바깥의 클라이언트에서 바라본 이 불변 객체는 사실상 final이다. public이나 protected 생성자가 없으니 다른 패키지에서는 이 클래스를 확장하는 게 불가능하기 때문이다. 정적 팩터리 방식은 다수의 구현 클래스를 활용한 유연성을 제공하고, 이에 더해 다음 릴리스에서 객체 캐싱 기능을 추가해 성능을 끌어올릴 수도 있다.

BigInteger와 BigDecimal을 설계할 당시엔 불변 객체가 사실상 final이어야 한다는 생각이 널리 퍼지지 않았다. 그래서 이 두 클래스의 메서드들은 모두 재정의할 수 있게 설계되었고, 안타깝게도 하위 호환성이 발목을 잡아 지금까지도 이 문제를 고치지 못했다. 그러니 만약 신뢰할 수 없는 클라이언트로부터 BigInteger나 BigDecimal의 인스턴스를 인수로 받는다면 주의해야 한다. 이 값들이 불변이어야 클래스의 보안을 지킬 수 있다면 인수로 받은 객체가 '진짜' BigInteger(혹은 BigDecimal)인지 반드시 확인해야 한다. 다시 말해 신뢰할 수 없는 하위 클래스의 인스턴스라고 확인되면, 이 인수들은 가변이라 가정하고 방어적으로 복사해 사용해야 한다(아이템 50).

```
public static BigInteger safeInstance(BigInteger val) {
    return val.getClass() == BigInteger.class ?
            val : new BigInteger(val.toByteArray());
}
```

이번 아이템의 초입에서 나열한 불변 클래스의 규칙 목록에 따르면 모든 필드가 final이고 어떤 메서드도 그 객체를 수정할 수 없어야 한다. 사실 이 규칙은 좀 과한 감이 있어서, 성능을 위해 다음처럼 살짝 완화할 수 있다. "어떤 메서드도 객체의 상태 중 외부에 비치는 값을 변경할 수 없다." 어떤 불변 클래스는 계산 비용이 큰 값을 나중에 (처음 쓰일 때) 계산하여 final이 아닌 필드에 캐시해놓기도 한다. 똑같은 값을 다시 요청하면 캐시해둔 값을 반환하여 계산 비용을 절감하는 것이다. 이 묘수는 순전히 그 객체가 불변이기 때문에 부릴 수 있는데, 몇 번을 계산해도 항상 같은 결과가 만들어짐이 보장되기 때문이다.

예컨대 PhoneNumber의 hashCode 메서드(아이템 11, 53쪽)는 처음 불렸을 때 해시 값을 계산해 캐시한다. 지연 초기화(아이템 83)의 에이기도 한 이 기법을 String도 사용한다.

> ❗ 직렬화할 때는 추가로 주의할 점이 있다. Serializable을 구현하는 불변 클래스의 내부에 가변 객체를 참조하는 필드가 있다면 readObject나 readResolve 메서드를 반드시 제공하거나, ObjectOutputStream.writeUnshared와 ObjectInputStream.readUnshared 메서드를 사용해야 한다. 플랫폼이 제공하는 기본 직렬화 방법이면 충분하더라도 말이다. 그렇지 않으면 공격자가 이 클래스로부터 가변 인스턴스를 만들어낼 수 있다(이 주제는 아이템 88에서 다룬다).

정리해보자. 게터(getter)가 있다고 해서 무조건 세터(setter)를 만들지는 말자. **클래스는 꼭 필요한 경우가 아니라면 불변이어야 한다.** 불변 클래스는 장점이 많으며, 단점이라곤 특정 상황에서의 잠재적 성능 저하뿐이다. PhoneNumber와 Complex 같은 단순한 값 객체는 항상 불변으로 만들자(자바 플랫폼에서도 원래는 불변이어야 했지만 그렇지 않게 만들어진 객체가 몇 개 있다. java.util.Date와 java.awt.Point가 그렇다). String과 BigInteger처럼 무거운 값 객체도 불변으로 만들 수 있는지 고심해야 한다. 성능 때문에 어쩔 수 없다면(아이템 67) 불변 클래스와 쌍을 이루는 가변 동반 클래스를 public 클래스로 제공하도록 하자.

한편, 모든 클래스를 불변으로 만들 수는 없다. **불변으로 만들 수 없는 클래스라도 변경할 수 있는 부분을 최소한으로 줄이자.** 객체가 가질 수 있는 상태의 수를 줄이면 그 객체를 예측하기 쉬워지고 오류가 생길 가능성이 줄어든다. 그러니 꼭 변경해야 할 필드를 뺀 나머지 모두를 final로 선언하자. 이번 아이템과 아이템 15의 조언을 종합하면 다음과 같다. **다른 합당한 이유가 없다면 모든 필드는 private final이어야 한다.**

생성자는 불변식 설정이 모두 완료된, 초기화가 완벽히 끝난 상태의 객체를

생성해야 한다. 확실한 이유가 없다면 생성자와 정적 팩터리 외에는 그 어떤 초기화 메서드도 public으로 제공해서는 안 된다. 객체를 재활용할 목적으로 상태를 다시 초기화하는 메서드도 안 된다. 복잡성만 커지고 성능 이점은 거의 없다.

java.util.concurrent 패키지의 CountDownLatch 클래스가 이상의 원칙을 잘 방증한다. 비록 가변 클래스지만 가질 수 있는 상태의 수가 많지 않다. 인스턴스를 생성해 한 번 사용하고 그걸로 끝이다. 카운트가 0에 도달하면 더는 재사용할 수 없는 것이다.

마지막으로 이번 아이템에서 다룬 Complex 클래스에 관해 주의사항을 하나 이야기하겠다. 이 클래스는 불변을 설명하기 위한 예로 든 것일 뿐, 실무에서 쓸 만한 수준은 못 된다. 복소수 곱셈과 나눗셈을 표준 공식대로 구현했지만, 반올림을 제대로 처리하지 않고 복소수 NaN과 무한대도 다루지 못한다.[Kahan91, Smith62, Thomas94]

상속보다는 컴포지션을 사용하라

상속은 코드를 재사용하는 강력한 수단이지만, 항상 최선은 아니다. 잘못 사용하면 오류를 내기 쉬운 소프트웨어를 만들게 된다. 상위 클래스와 하위 클래스를 모두 같은 프로그래머가 통제하는 패키지 안에서라면 상속도 안전한 방법이다. 확장할 목적으로 설계되었고 문서화도 잘 된 클래스(아이템 19)도 마찬가지로 안전하다. 하지만 일반적인 구체 클래스를 패키지 경계를 넘어, 즉 다른 패키지의 구체 클래스를 상속하는 일은 위험하다. 상기하자면, 이 책에서의 '상속'은 (클래스가 다른 클래스를 확장하는) 구현 상속을 말한다. 이번 아이템에서 논하는 문제는 (클래스가 인터페이스를 구현하거나 인터페이스가 다른 인터페이스를 확장하는) 인터페이스 상속과는 무관하다.

메서드 호출과 달리 상속은 캡슐화를 깨뜨린다.[Snyder86] 다르게 말하면, 상위 클래스가 어떻게 구현되느냐에 따라 하위 클래스의 동작에 이상이 생길 수 있다. 상위 클래스는 릴리스마다 내부 구현이 달라질 수 있으며, 그 여파로 코드 한 줄 건드리지 않은 하위 클래스가 오동작할 수 있다는 말이다. 이러한 이유로 상위 클래스 설계자가 확장을 충분히 고려하고 문서화도 제대로 해두지 않으면 하위 클래스는 상위 클래스의 변화에 발맞춰 수정돼야만 한다.

구체적인 예를 살펴보자. 우리에게 HashSet을 사용하는 프로그램이 있다. 성능을 높이려면 이 HashSet은 처음 생성된 이후 원소가 몇 개 더해졌는지 알 수 있어야 한다(HashSet의 현재 크기와는 다른 개념이다. 현재 크기는 원소가 제거되면 줄어든다). 그래서 코드 18-1과 같이 변형된 HashSet을 만들어 추가된 원소의 수를 저장하는 변수와 접근자 메서드를 추가했다. 그런 다음 HashSet에 원소를 추가하는 메서드인 add와 addAll을 재정의했다.

코드 18-1 잘못된 예 - 상속을 잘못 사용했다!

```java
public class InstrumentedHashSet<E> extends HashSet<E> {
```

```
    // 추가된 원소의 수
    private int addCount = 0;

    public InstrumentedHashSet() {
    }

    public InstrumentedHashSet(int initCap, float loadFactor) {
        super(initCap, loadFactor);
    }

    @Override public boolean add(E e) {
        addCount++;
        return super.add(e);
    }

    @Override public boolean addAll(Collection<? extends E> c) {
        addCount += c.size();
        return super.addAll(c);
    }

    public int getAddCount() {
        return addCount;
    }
}
```

이 클래스는 잘 구현된 것처럼 보이지만 제대로 작동하지 않는다. 이 클래스의
인스턴스에 addAll 메서드로 원소 3개를 더했다고 해보자. 다음 코드는 자바 9
부터 지원하는 정적 팩터리 메서드인 List.of로 리스트를 생성했다. 그 전 버
전을 사용하는 독자는 Arrays.asList를 사용하면 된다.

```
InstrumentedHashSet<String> s = new InstrumentedHashSet<>();
s.addAll(List.of("틱", "탁탁", "펑"));
```

이제 getAddCount 메서드를 호출하면 3을 반환하리라 기대하겠지만, 실제로는
6을 반환한다. 어디서 잘못된 걸까? 그 원인은 HashSet의 addAll 메서드가 add
메서드를 사용해 구현된 데 있다. 이런 내부 구현 방식은 HashSet 문서에는 (당
연히) 쓰여 있지 않다. InstrumentedHashSet의 addAll은 addCount에 3을 더한
후 HashSet의 addAll 구현을 호출했다. HashSet의 addAll은 각 원소를 add 메서
드를 호출해 추가하는데, 이때 불리는 add는 InstrumentedHashSet에서 재정의
한 메서드다. 따라서 addCount에 값이 중복해서 더해져, 최종값이 6으로 늘어
난 것이다. addAll로 추가한 원소 하나당 2씩 늘어났다.

이 경우 하위 클래스에서 addAll 메서드를 재정의하지 않으면 문제를 고칠 수 있다. 하지만 당장은 제대로 동작할지 모르나, HashSet의 addAll이 add 메서드를 이용해 구현했음을 가정한 해법이라는 한계를 지닌다. 이처럼 자신의 다른 부분을 사용하는 '자기사용(self-use)' 여부는 해당 클래스의 내부 구현 방식에 해당하며, 자바 플랫폼 전반적인 정책인지, 그래서 다음 릴리스에서도 유지될지는 알 수 없다. 따라서 이런 가정에 기댄 InstrumentedHashSet도 깨지기 쉽다.

addAll 메서드를 다른 식으로 재정의할 수도 있다. 예컨대 주어진 컬렉션을 순회하며 원소 하나당 add 메서드를 한 번만 호출하는 것이다. 이 방식은 HashSet의 addAll을 더 이상 호출하지 않으니 addAll이 add를 사용하는지와 상관없이 결과가 옳다는 점에서 조금은 나은 해법이다. 하지만 여전히 문제는 남는다. 상위 클래스의 메서드 동작을 다시 구현하는 이 방식은 어렵고, 시간도 더 들고, 자칫 오류를 내거나 성능을 떨어뜨릴 수도 있다. 또한 하위 클래스에서는 접근할 수 없는 private 필드를 써야 하는 상황이라면 이 방식으로는 구현 자체가 불가능하다.

하위 클래스가 깨지기 쉬운 이유는 더 있다. 다음 릴리스에서 상위 클래스에 새로운 메서드를 추가한다면 어떨까? 보안 때문에 컬렉션에 추가된 모든 원소가 특정 조건을 만족해야만 하는 프로그램을 생각해보자. 그 컬렉션을 상속하여 원소를 추가하는 모든 메서드를 재정의해 필요한 조건을 먼저 검사하게끔 하면 될 것 같다. 하지만 이 방식이 통하는 것은 상위 클래스에 또 다른 원소 추가 메서드가 만들어지기 전까지다. 다음 릴리스에서 우려한 일이 생기면, 하위 클래스에서 재정의하지 못한 그 새로운 메서드를 사용해 '허용되지 않은' 원소를 추가할 수 있게 된다. 실제로도 컬렉션 프레임워크 이전부터 존재하던 Hashtable과 Vector를 컬렉션 프레임워크에 포함시키자 이와 관련한 보안 구멍들을 수정해야 하는 사태가 벌어졌다.

이상의 두 문제 모두 메서드 재정의가 원인이었다. 따라서 클래스를 확장하더라도 메서드를 재정의하는 대신 새로운 메서드를 추가하면 괜찮으리라 생각할 수도 있다. 이 방식이 훨씬 안전한 것은 맞지만, 위험이 전혀 없는 것은 아니다. 다음 릴리스에서 상위 클래스에 새 메서드가 추가됐는데, 운 없게도 하필 여러분이 하위 클래스에 추가한 메서드와 시그니처가 같고 반환 타입은 다르다면 여러분의 클래스는 컴파일조차 되지 않는다.[JLS, 8.4.8.3] 혹, 반환 타입마저 같다면 상위 클래스의 새 메서드를 재정의한 꼴이니 앞서의 문제와 똑같은 상황에 부닥친다. 문제는 여기서 그치지 않는다. 여러분이 이 메서드를 작성할 때는 상위 클래스의 메서드는 존재하지도 않았으니, 여러분이 만든 메서드는 상위 클래스의 메서드가 요구하는 규약을 만족하지 못할 가능성이 크다.

다행히 이상의 문제를 모두 피해 가는 묘안이 있다. 기존 클래스를 확장하는 대신, 새로운 클래스를 만들고 private 필드로 기존 클래스의 인스턴스를 참조하게 하자. 기존 클래스가 새로운 클래스의 구성요소로 쓰인다는 뜻에서 이러한 설계를 컴포지션(composition; 구성)이라 한다. 새 클래스의 인스턴스 메서드들은 (private 필드로 참조하는) 기존 클래스의 대응하는 메서드를 호출해 그 결과를 반환한다. 이 방식을 전달(forwarding)이라 하며, 새 클래스의 메서드들을 전달 메서드(forwarding method)라 부른다. 그 결과 새로운 클래스는 기존 클래스의 내부 구현 방식의 영향에서 벗어나며, 심지어 기존 클래스에 새로운 메서드가 추가되더라도 전혀 영향받지 않는다. 구체적인 예시를 위해 InstrumentedHashSet을 컴포지션과 전달 방식으로 다시 구현한 코드를 준비했다. 이번 구현은 둘로 나눠보았다. 하나는 집합 클래스 자신이고, 다른 하나는 전달 메서드만으로 이뤄진 재사용 가능한 전달 클래스다.

코드 18-2 래퍼 클래스 - 상속 대신 컴포지션을 사용했다.

```java
public class InstrumentedSet<E> extends ForwardingSet<E> {
    private int addCount = 0;

    public InstrumentedSet(Set<E> s) {
        super(s);
    }

    @Override public boolean add(E e) {
        addCount++;
        return super.add(e);
    }

    @Override public boolean addAll(Collection<? extends E> c) {
        addCount += c.size();
        return super.addAll(c);
    }
```

```
        public int getAddCount() {
            return addCount;
        }
    }
}
```

코드 18-3 재사용할 수 있는 전달 클래스
```
public class ForwardingSet<E> implements Set<E> {
    private final Set<E> s;
    public ForwardingSet(Set<E> s) { this.s = s; }

    public void clear()                 { s.clear(); }
    public boolean contains(Object o)   { return s.contains(o); }
    public boolean isEmpty()            { return s.isEmpty(); }
    public int size()                   { return s.size(); }
    public Iterator<E> iterator()       { return s.iterator(); }
    public boolean add(E e)             { return s.add(e); }
    public boolean remove(Object o)     { return s.remove(o); }
    public boolean containsAll(Collection<?> c)
                                        { return s.containsAll(c); }
    public boolean addAll(Collection<? extends E> c)
                                        { return s.addAll(c); }
    public boolean removeAll(Collection<?> c)
                                        { return s.removeAll(c); }
    public boolean retainAll(Collection<?> c)
                                        { return s.retainAll(c); }
    public Object[] toArray()           { return s.toArray(); }
    public <T> T[] toArray(T[] a)       { return s.toArray(a); }
    @Override public boolean equals(Object o)
                                        { return s.equals(o); }
    @Override public int hashCode()     { return s.hashCode(); }
    @Override public String toString() { return s.toString(); }
}
```

InstrumentedSet은 HashSet의 모든 기능을 정의한 Set 인터페이스를 활용해 설계되어 견고하고 아주 유연하다. 구체적으로는 Set 인터페이스를 구현했고, Set의 인스턴스를 인수로 받는 생성자를 하나 제공한다. 임의의 Set에 계측 기능을 덧씌워 새로운 Set으로 만드는 것이 이 클래스의 핵심이다. 상속 방식은 구체 클래스 각각을 따로 확장해야 하며, 지원하고 싶은 상위 클래스의 생성자 각각에 대응하는 생성자를 별도로 정의해줘야 한다. 하지만 지금 선보인 컴포지션 방식은 한 번만 구현해두면 어떠한 Set 구현체라도 계측할 수 있으며, 기존 생성자들과도 함께 사용할 수 있다.

```
Set<Instant> times = new InstrumentedSet<>(new TreeSet<>(cmp));
Set<E> s = new InstrumentedSet<>(new HashSet<>(INIT_CAPACITY));
```

InstrumentedSet을 이용하면 대상 Set 인스턴스를 특정 조건하에서만 임시로 계측할 수 있다.

```
static void walk(Set<Dog> dogs) {
    InstrumentedSet<Dog> iDogs = new InstrumentedSet<>(dogs);
    ... // 이 메서드에서는 dogs 대신 iDogs를 사용한다.
}
```

다른 Set 인스턴스를 감싸고(wrap) 있다는 뜻에서 InstrumentedSet 같은 클래스를 래퍼 클래스라 하며, 다른 Set에 계측 기능을 덧씌운다는 뜻에서 데코레이터 패턴(Decorator pattern, [Gamma95])이라고 한다. 컴포지션과 전달의 조합은 넓은 의미로 위임(delegation)이라고 부른다. 단, 엄밀히 따지면 래퍼 객체가 내부 객체에 자기 자신의 참조를 넘기는 경우만 위임에 해당한다.[Lieberman86; Gamma95]

래퍼 클래스는 단점이 거의 없다. 한 가지, 래퍼 클래스가 콜백(callback) 프레임워크와는 어울리지 않는다는 점만 주의하면 된다. 콜백 프레임워크에서는 자기 자신의 참조를 다른 객체에 넘겨서 다음 호출(콜백) 때 사용하도록 한다. 내부 객체는 자신을 감싸고 있는 래퍼의 존재를 모르니 대신 자신(this)의 참조를 넘기고, 콜백 때는 래퍼가 아닌 내부 객체를 호출하게 된다. 이를 SELF 문제라고 한다.[Lieberman86][2] 전달 메서드가 성능에 주는 영향이나 래퍼 객체가 메모리 사용량에 주는 영향을 걱정하는 사람도 있지만, 실전에서는 둘 다 별다른 영향이 없다고 밝혀졌다. 전달 메서드들을 작성하는 게 지루하겠지만, 재사용할 수 있는 전달 클래스(코드 18-3)를 인터페이스당 하나씩만 만들어두면 원하는 기능을 덧씌우는 전달 클래스들을 아주 손쉽게 구현할 수 있다. 좋은 예로, 구아바는 모든 컬렉션 인터페이스용 전달 메서드를 전부 구현해뒀다.[Guava]

상속은 반드시 하위 클래스가 상위 클래스의 '진짜' 하위 타입인 상황에서만 쓰여야 한다. 다르게 말하면, 클래스 B가 클래스 A와 is-a 관계일 때만 클래스 A를 상속해야 한다. 클래스 A를 상속하는 클래스 B를 작성하려 한다면 "B가

---

2 (옮긴이) 잘 이해되지 않는다면 *http://bit.ly/2LepViV*에서 스택 오버플로의 답변을 참고하기 바란다. 예제 코드와 함께 잘 설명해두었다.

정말 A인가?"라고 자문해보자. "그렇다"고 확신할 수 없다면 B는 A를 상속해서는 안 된다. 대답이 "아니다"라면 A를 private 인스턴스로 두고, A와는 다른 API를 제공해야 하는 상황이 대다수다. 즉, A는 B의 필수 구성요소가 아니라 구현하는 방법 중 하나일 뿐이다.

자바 플랫폼 라이브러리에서도 이 원칙을 명백히 위반한 클래스들을 찾아볼 수 있다. 예를 들어, 스택은 벡터가 아니므로 Stack은 Vector를 확장해서는 안 됐다. 마찬가지로, 속성 목록도 해시테이블이 아니므로 Properties도 Hashtable을 확장해서는 안 됐다. 두 사례 모두 컴포지션을 사용했다면 더 좋았을 것이다.

컴포지션을 써야 할 상황에서 상속을 사용하는 건 내부 구현을 불필요하게 노출하는 꼴이다. 그 결과 API가 내부 구현에 묶이고 그 클래스의 성능도 영원히 제한된다. 더 심각한 문제는 클라이언트가 노출된 내부에 직접 접근할 수 있다는 점이다. 다른 문제는 접어두더라도, 사용자를 혼란스럽게 할 수 있다. 예컨대 Properties의 인스턴스인 p가 있을 때, p.getProperty(key)와 p.get(key)는 결과가 다를 수 있다. 전자가 Properties의 기본 동작인 데 반해, 후자는 Properties의 상위 클래스인 Hashtable로부터 물려받은 메서드이기 때문이다. 가장 심각한 문제는 클라이언트에서 상위 클래스를 직접 수정하여 하위 클래스의 불변식을 해칠 수 있다는 사실이다. 예컨대 Properties는 키와 값으로 문자열만 허용하도록 설계하려 했으나, 상위 클래스인 Hashtable의 메서드를 직접 호출하면 이 불변식을 깨버릴 수 있다. 불변식이 한번 깨지면 load와 store 같은 다른 Properties API는 더 이상 사용할 수 없다. 이 문제가 밝혀졌을 때는 이미 수많은 사용자가 문자열 이외의 타입을 Properties의 키나 값으로 사용하고 있었다. 문제를 바로잡기에는 너무 늦어버린 것이다.

컴포지션 대신 상속을 사용하기로 결정하기 전에 마지막으로 자문해야 할 질문을 소개한다. 확장하려는 클래스의 API에 아무런 결함이 없는가? 결함이 있다면, 이 결함이 여러분 클래스의 API까지 전파돼도 괜찮은가? 컴포지션으로는 이런 결함을 숨기는 새로운 API를 설계할 수 있지만, 상속은 상위 클래스의 API를 '그 결함까지도' 그대로 승계한다.

핵심 정리

상속은 강력하지만 캡슐화를 해친다는 문제가 있다. 상속은 상위 클래스와 하위 클래스가 순수한 is-a 관계일 때만 써야 한다. is-a 관계일 때도 안심할 수만은 없는 게, 하위 클래스의 패키지가 상위 클래스와 다르고, 상위 클래스가 확장을 고려해 설계되지 않았다면 여전히 문제가 될 수 있다. 상속의 취약점을 피하려면 상속 대신 컴포지션과 전달을 사용하자. 특히 래퍼 클래스로 구현할 적당한 인터페이스가 있다면 더욱 그렇다. 래퍼 클래스는 하위 클래스보다 견고하고 강력하다.

상속을 고려해 설계하고 문서화하라. 그러지 않았다면 상속을 금지하라

아이템 18에서는 상속을 염두에 두지 않고 설계했고 상속할 때의 주의점도 문서화해놓지 않은 '외부' 클래스를 상속할 때의 위험을 경고했다. 여기서 '외부'란 프로그래머의 통제권 밖에 있어서 언제 어떻게 변경될지 모른다는 뜻이다. 그렇다면 상속을 고려한 설계와 문서화란 정확히 무얼 뜻할까?

우선, 메서드를 재정의하면 어떤 일이 일어나는지를 정확히 정리하여 문서로 남겨야 한다. 달리 말하면, **상속용 클래스는 재정의할 수 있는 메서드들을 내부적으로 어떻게 이용하는지(자기사용) 문서로 남겨야 한다.** 클래스의 API로 공개된 메서드에서 클래스 자신의 또 다른 메서드를 호출할 수도 있다. 그런데 마침 호출되는 메서드가 재정의 가능 메서드라면 그 사실을 호출하는 메서드의 API 설명에 적시해야 한다. 덧붙여서 어떤 순서로 호출하는지, 각각의 호출 결과가 이어지는 처리에 어떤 영향을 주는지도 담아야 한다('재정의 가능'이란 public과 protected 메서드 중 final이 아닌 모든 메서드를 뜻한다). 더 넓게 말하면, 재정의 가능 메서드를 호출할 수 있는 모든 상황을 문서로 남겨야 한다. 예를 들어 백그라운드 스레드나 정적 초기화 과정에서도 호출이 일어날 수 있다.

API 문서의 메서드 설명 끝에서 종종 "Implementation Requirements"로 시작하는 절을 볼 수 있는데, 그 메서드의 내부 동작 방식을 설명하는 곳이다. 이절은 메서드 주석에 @implSpec 태그를 붙여주면 자바독 도구가 생성해준다. 다음은 java.util.AbstractCollection에서 발췌한 예다.

```
public boolean remove(Object o)
```

주어진 원소가 이 컬렉션 안에 있다면 그 인스턴스를 하나 제거한다(선택적 동작). 더 정확하게 말하면, 이 컬렉션 안에 'Object.equals(o, e)가 참인 원소' e가 하나 이상 있다면 그

중 하나를 제거한다. 주어진 원소가 컬렉션 안에 있었다면(즉, 호출 결과 이 컬렉션이 변경됐다면) true를 반환한다.

> **Implementation Requirements:** 이 메서드는 컬렉션을 순회하며 주어진 원소를 찾도록 구현되었다. 주어진 원소를 찾으면 반복자의 remove 메서드를 사용해 컬렉션에서 제거한다. 이 컬렉션이 주어진 객체를 갖고 있으나, 이 컬렉션의 iterator 메서드가 반환한 반복자가 remove 메서드를 구현하지 않았다면 UnsupportedOperationException을 던지니 주의하자.

이 설명에 따르면 iterator 메서드를 재정의하면 remove 메서드의 동작에 영향을 줌을 확실히 알 수 있다. iterator 메서드로 얻은 반복자의 동작이 remove 메서드의 동작에 주는 영향도 정확히 설명했다. 아이템 18에서는 HashSet을 상속하여 add를 재정의한 것이 addAll에까지 영향을 준다는 사실을 알 수 없었는데, 아주 대조적이다.

하지만 이런 식은 "좋은 API 문서란 '어떻게'가 아닌 '무엇'을 하는지를 설명해야 한다"라는 격언과는 대치되지 않나? 그렇다. 상속이 캡슐화를 해치기 때문에 일어나는 안타까운 현실이다. 클래스를 안전하게 상속할 수 있도록 하려면 (상속만 아니었다면 기술하지 않았어야 할) 내부 구현 방식을 설명해야만 한다.

@implSpec 태그는 자바 8에서 처음 도입되어 자바 9부터 본격적으로 사용되기 시작했다. 이 태그가 기본값으로 활성화되어야 바람직하다고 생각하지만 자바 11의 자바독에서도 선택사항으로 남겨져 있다. 이 태그를 활성화하려면 명령줄 매개변수로 -tag "implSpec:a:Implementation Requirements:"를 지정해주면 된다.[3]

이처럼 내부 메커니즘을 문서로 남기는 것만이 상속을 위한 설계의 전부는 아니다. 효율적인 하위 클래스를 큰 어려움 없이 만들 수 있게 하려면 **클래스의 내부 동작 과정 중간에 끼어들 수 있는 훅(hook)을 잘 선별하여** protected **메서드 형태로 공개해야 할 수도 있다.** 드물게는 protected 필드로 공개해야 할

---

3 (옮긴이) 자바독의 커스텀 태그 기능을 이용해 자바 개발팀에서 내부적으로 사용하는 규약이다. @implSpec이라는 정해진 태그가 있는 것은 아니다. 예컨대 태그 이름을 @**구현**으로 바꾸고 자바독 명령줄에서 -tag "**구현:a:구현 요구 사항:**"이라고 지정해도 똑같은 효과를 볼 수 있다. 다만, 언젠가 표준 태그로 정의될지도 모르니 이왕이면 자바 개발팀과 같은 방식으로 사용하는 편이 좋을 것이다.

수도 있다. java.util.AbstractList의 removeRange 메서드를 예로 살펴보자.

```
protected void removeRange(int fromIndex, int toIndex)
```

fromIndex(포함)부터 toIndex(미포함)까지의 모든 원소를 이 리스트에서 제거한다. toIndex 이후의 원소들은 앞으로 (index만큼씩) 당겨진다. 이 호출로 리스트는 'toIndex – fromIndex'만큼 짧아진다. (toIndex == fromIndex라면 아무런 효과가 없다.)

이 리스트 혹은 이 리스트의 부분리스트에 정의된 clear 연산이 이 메서드를 호출한다. 리스트 구현의 내부 구조를 활용하도록 이 메서드를 재정의하면 이 리스트와 부분리스트의 clear 연산 성능을 크게 개선할 수 있다.

Implementation Requirements: 이 메서드는 fromIndex에서 시작하는 리스트 반복 자를 얻어 모든 원소를 제거할 때까지 ListIterator.next와 ListIterator.remove를 반복 호출하도록 구현되었다. **주의: ListIterator.remove가 선형 시간이 걸리면 이 구현의 성능은 제곱에 비례한다.**

Parameters:
    fromIndex   제거할 첫 원소의 인덱스
    toIndex   제거할 마지막 원소의 다음 인덱스

List 구현체의 최종 사용자는 removeRange 메서드에 관심이 없다. 그럼에도 이 메서드를 제공한 이유는 단지 하위 클래스에서 부분리스트의 clear 메서드를 고성능으로 만들기 쉽게 하기 위해서다. removeRange 메서드가 없다면 하위 클래스에서 clear 메서드를 호출하면 (제거할 원소 수의) 제곱에 비례해 성능이 느려지거나 부분리스트의 메커니즘을 밑바닥부터 새로 구현해야 했을 것이다. 만만치 않은 일이다.

그렇다면 상속용 클래스를 설계할 때 어떤 메서드를 protected로 노출해야 할지는 어떻게 결정할까? 안타깝게도 마법은 없다. 심사숙고해서 잘 예측해본 다음, 실제 하위 클래스를 만들어 시험해보는 것이 최선이다. protected 메서드 하나하나가 내부 구현에 해당하므로 그 수는 가능한 한 적어야 한다. 한편으로 는 너무 적게 노출해서 상속으로 얻는 이점마저 없애지 않도록 주의해야 한다.

상속용 클래스를 시험하는 방법은 직접 하위 클래스를 만들어보는 것이 '유

일'하다. 꼭 필요한 protected 멤버를 놓쳤다면 하위 클래스를 작성할 때 그 빈 자리가 확연히 드러난다. 거꾸로, 하위 클래스를 여러 개 만들 때까지 전혀 쓰이지 않는 protected 멤버는 사실 private이었어야 할 가능성이 크다. 경험상 이러한 검증에는 하위 클래스 3개 정도가 적당하다. 그리고 이 중 하나 이상은 제3자가 작성해봐야 한다.

널리 쓰일 클래스를 상속용으로 설계한다면 여러분이 문서화한 내부 사용 패턴과, protected 메서드와 필드를 구현하면서 선택한 결정에 영원히 책임져야 함을 잘 인식해야 한다. 이 결정들이 그 클래스의 성능과 기능에 영원한 족쇄가 될 수 있다. 그러니 **상속용으로 설계한 클래스는 배포 전에 반드시 하위 클래스를 만들어 검증해야 한다.**

또한, 상속하려는 사람을 위해 덧붙인 설명은 단순히 그 클래스의 인스턴스만 만들어 사용할 프로그래머에게는 필요 없는 군더더기일 뿐이다. 이 책을 쓰는 시점엔 일반적인 API 설명과 상속용 설명을 구분해주는 도구가 마땅치 않다.

상속을 허용하는 클래스가 지켜야 할 제약이 아직 몇 개 남았다. **상속용 클래스의 생성자는 직접적으로든 간접적으로든 재정의 가능 메서드를 호출해서는 안 된다.** 이 규칙을 어기면 프로그램이 오동작할 것이다. 상위 클래스의 생성자가 하위 클래스의 생성자보다 먼저 실행되므로 하위 클래스에서 재정의한 메서드가 하위 클래스의 생성자보다 먼저 호출된다. 이때 그 재정의한 메서드가 하위 클래스의 생성자에서 초기화하는 값에 의존한다면 의도대로 동작하지 않을 것이다. 이 규칙을 어기는 코드를 준비했으니 구체적인 모습을 확인해보자.

```java
public class Super {
    // 잘못된 예 - 생성자가 재정의 가능 메서드를 호출한다.
    public Super() {
        overrideMe();
    }

    public void overrideMe() {
    }
}
```

다음은 하위 클래스의 코드로, overrideMe 메서드를 재정의했다. 상위 클래스의 생성자가 호출해 오동작을 일으키는 바로 그 메서드다.

```java
public final class Sub extends Super {
    // 초기화되지 않은 final 필드. 생성자에서 초기화한다.
    private final Instant instant;

    Sub() {
        instant = Instant.now();
    }

    // 재정의 가능 메서드. 상위 클래스의 생성자가 호출한다.
    @Override public void overrideMe() {
        System.out.println(instant);
    }

    public static void main(String[] args) {
        Sub sub = new Sub();
        sub.overrideMe();
    }
}
```

이 프로그램이 instant를 두 번 출력하리라 기대했겠지만, 첫 번째는 null을 출력한다. 상위 클래스의 생성자는 하위 클래스의 생성자가 인스턴스 필드를 초기화하기도 전에 overrideMe를 호출하기 때문이다. final 필드의 상태가 이 프로그램에서는 두 가지임에 주목하자(정상이라면 단 하나뿐이어야 한다). overrideMe에서 instant 객체의 메서드를 호출하려 한다면 상위 클래스의 생성자가 overrideMe를 호출할 때 NullPointerException을 던지게 된다. 이 프로그램이 NullPointerException을 던지지 않은 유일한 이유는 println이 null 입력도 받아들이기 때문이다.

 private, final, static 메서드는 재정의가 불가능하니 생성자에서 안심하고 호출해도 된다.

Cloneable과 Serializable 인터페이스는 상속용 설계의 어려움을 한층 더해준다. 둘 중 하나라도 구현한 클래스를 상속할 수 있게 설계하는 것은 일반적으로 좋지 않은 생각이다. 그 클래스를 확장하려는 프로그래머에게 엄청난 부담을 지우기 때문이다. 물론 이 인터페이스들을 하위 클래스에서 (원한다면) 구현하도록 하는 특별한 방법도 있다. 이 방법들은 아이템 13과 86에서 설명한다.

clone과 readObject 메서드는 생성자와 비슷한 효과를 낸다(새로운 객체를 만든다). 따라서 상속용 클래스에서 Cloneable이나 Serializable을 구현할지 정해야 한다면, 이들을 구현할 때 따르는 제약도 생성자와 비슷하다는 점에 주의하자. 즉, **clone과 readObject 모두 직접적으로든 간접적으로든 재정의 가능 메서드를 호출해서는 안 된다.** readObject의 경우 하위 클래스의 상태가 미처 다 역직렬화되기 전에 재정의한 메서드부터 호출하게 된다. clone의 경우 하위 클래스의 clone 메서드가 복제본의 상태를 (올바른 상태로) 수정하기 전에 재정의한 메서드를 호출한다. 어느 쪽이든 프로그램 오작동으로 이어질 것이다. 특히 clone이 잘못되면 복제본뿐 아니라 원본 객체에도 피해를 줄 수 있다. 예를 들어 재정의한 메서드에서 원본 객체의 깊숙한 내부 자료구조까지 복제본으로 완벽히 복사됐다고 가정하고 복제본을 수정했다고 하자. 그런데 사실은 clone이 완벽하지 못했어서 복제본의 내부 어딘가에서 여전히 원본 객체의 데이터를 참조하고 있다면 원본 객체도 피해를 입는 것이다.

마지막으로, Serializable을 구현한 상속용 클래스가 readResolve나 writeReplace 메서드를 갖는다면 이 메서드들은 private이 아닌 protected로 선언해야 한다. private으로 선언한다면 하위 클래스에서 무시되기 때문이다. 이 역시 상속을 허용하기 위해 내부 구현을 클래스 API로 공개하는 예 중 하나다.

이제 **클래스를 상속용으로 설계하려면 엄청난 노력이 들고 그 클래스에 안기는 제약도 상당함을 알았다.** 절대 가볍게 생각하고 정할 문제가 아니다. 추상 클래스나 인터페이스의 골격 구현(아이템 20)처럼 상속을 허용하는 게 명백히 정당한 상황이 있고, 불변 클래스(아이템 17)처럼 명백히 잘못된 상황이 있다.

그렇다면 그 외의 일반적인 구체 클래스는 어떨까? 전통적으로 이런 클래스는 final도 아니고 상속용으로 설계되거나 문서화되지도 않았다. 하지만 그대로 두면 위험하다. 클래스에 변화가 생길 때마다 하위 클래스를 오동작하게 만들 수 있기 때문이다. 실제로도 보통의 구체 클래스를 그 내부만 수정했음에도 이를 확장한 클래스에서 문제가 생겼다는 버그 리포트를 받는 일이 드물지 않다.

이 문제를 해결하는 가장 좋은 방법은 상속용으로 설계하지 않은 클래스

는 상속을 금지하는 것이다. 상속을 금지하는 방법은 두 가지다. 둘 중 더 쉬운 쪽은 클래스를 final로 선언하는 방법이다. 두 번째 선택지는 모든 생성자를 private이나 package-private으로 선언하고 public 정적 팩터리를 만들어주는 방법이다. 정적 팩터리 방법은 내부에서 다양한 하위 클래스를 만들어 쓸 수 있는 유연성을 주며, 이와 관련해서는 아이템 17에서 다뤘다. 둘 중 어느 방식이든 좋다.

이 조언은 다소 논란의 여지가 있다. 그동안 수많은 프로그래머가 일반적인 구체 클래스를 상속해 계측, 통지, 동기화, 기능 제약 등을 추가해왔을 테니 말이다. 핵심 기능을 정의한 인터페이스가 있고, 클래스가 그 인터페이스를 구현했다면 상속을 금지해도 개발하는 데 아무런 어려움이 없을 것이다. Set, List, Map이 좋은 예다. 아이템 18에서 설명한 래퍼 클래스 패턴 역시 기능을 증강할 때 상속 대신 쓸 수 있는 더 나은 대안이라 하겠다.

구체 클래스가 표준 인터페이스를 구현하지 않았는데 상속을 금지하면 사용하기에 상당히 불편해진다. 이런 클래스라도 상속을 꼭 허용해야겠다면 합당한 방법이 하나 있다. 클래스 내부에서는 재정의 가능 메서드를 사용하지 않게 만들고 이 사실을 문서로 남기는 것이다. 재정의 가능 메서드를 호출하는 자기 사용 코드를 완벽히 제거하라는 말이다. 이렇게 하면 상속해도 그리 위험하지 않은 클래스를 만들 수 있다. 메서드를 재정의해도 다른 메서드의 동작에 아무런 영향을 주지 않기 때문이다.

클래스의 동작을 유지하면서 재정의 가능 메서드를 사용하는 코드를 제거할 수 있는 기계적인 방법을 소개한다. 먼저 각각의 재정의 가능 메서드는 자신의 본문 코드를 private '도우미 메서드'로 옮기고, 이 도우미 메서드를 호출하도록 수정한다. 그런 다음 재정의 가능 메서드를 호출하는 다른 코드들도 모두 이 도우미 메서드를 직접 호출하도록 수정하면 된다.

핵심 정리

상속용 클래스를 설계하기란 결코 만만치 않다. 클래스 내부에서 스스로를 어떻게 사용하는지(자기사용 패턴) 모두 문서로 남겨야 하며, 일단 문서화한 것은 그 클래스가 쓰이는 한 반드시 지켜야 한다. 그러지 않으면 그 내부 구현 방식을 믿고 활용하던 하위 클래스를 오동작하게 만들 수 있다. 다른 이가 효율 좋은 하위 클래스를 만들 수 있도록 일부 메서드를 protected로 제공해야 할 수도 있다. 그러니 클래스를 확장해야 할 명확한 이유가 떠오르지 않으면 상속을 금지하는 편이 나을 것이다. 상속을 금지하려면 클래스를 final로 선언하거나 생성자 모두를 외부에서 접근할 수 없도록 만들면 된다.

추상 클래스보다는 인터페이스를 우선하라

자바가 제공하는 다중 구현 메커니즘은 인터페이스와 추상 클래스, 이렇게 두 가지다. 자바 8부터 인터페이스도 디폴트 메서드(default method)를 제공할 수 있게 되어[JLS 9.4.3], 이제는 두 메커니즘 모두 인스턴스 메서드를 구현 형태로 제공할 수 있다. 한편, 둘의 가장 큰 차이는 추상 클래스가 정의한 타입을 구현하는 클래스는 반드시 추상 클래스의 하위 클래스가 되어야 한다는 점이다. 자바는 단일 상속만 지원하니, 추상 클래스 방식은 새로운 타입을 정의하는 데 커다란 제약을 안게 되는 셈이다. 반면 인터페이스가 선언한 메서드를 모두 정의하고 그 일반 규약을 잘 지킨 클래스라면 다른 어떤 클래스를 상속했든 같은 타입으로 취급된다.

기존 클래스에도 손쉽게 새로운 인터페이스를 구현해넣을 수 있다. 인터페이스가 요구하는 메서드를 (아직 없다면) 추가하고, 클래스 선언에 implements 구문만 추가하면 끝이다. 자바 플랫폼에서도 Comparable, Iterable, AutoCloseable 인터페이스가 새로 추가됐을 때 표준 라이브러리의 수많은 기존 클래스가 이 인터페이스들을 구현한 채 릴리스됐다. 반면 기존 클래스 위에 새로운 추상 클래스를 끼워넣기는 어려운 게 일반적이다. 두 클래스가 같은 추상 클래스를 확장하길 원한다면, 그 추상 클래스는 계층구조상 두 클래스의 공통 조상이어야 한다. 안타깝게도 이 방식은 클래스 계층구조에 커다란 혼란을 일으킨다. 새로 추가된 추상 클래스의 모든 자손이 이를 상속하게 되는 것이다. 그렇게 하는 것이 적절하지 않은 상황에서도 강제로 말이다.

인터페이스는 믹스인(mixin) 정의에 안성맞춤이다. 믹스인이란 클래스가 구현할 수 있는 타입으로, 믹스인을 구현한 클래스에 원래의 '주된 타입' 외에도 특정 선택적 행위를 제공한다고 선언하는 효과를 준다. 예컨대 Comparable은 자신을 구현한 클래스의 인스턴스들끼리는 순서를 정할 수 있다고 선언하는 믹스인 인터페이스다. 이처럼 대상 타입의 주된 기능에 선택적 기능을 '혼합 (mixed in)'한다고 해서 믹스인이라 부른다. 추상 클래스로는 믹스인을 정의할 수 없다. 이유는 앞서와 같이, 기존 클래스에 덧씌울 수 없기 때문이다. 클래스 는 두 부모를 섬길 수 없고, 클래스 계층구조에는 믹스인을 삽입하기에 합리적 인 위치가 없기 때문이다.

인터페이스로는 계층구조가 없는 타입 프레임워크를 만들 수 있다. 타입을 계층적으로 정의하면 수많은 개념을 구조적으로 잘 표현할 수 있지만, 현실에 는 계층을 엄격히 구분하기 어려운 개념도 있다. 예를 들어 가수(Singer) 인터 페이스와 작곡가(Songwriter) 인터페이스가 있다고 해보자.

```java
public interface Singer {
    AudioClip sing(Song s);
}

public interface Songwriter {
    Song compose(int chartPosition);
}
```

우리 주변엔 작곡도 하는 가수가 제법 있다. 이 코드처럼 타입을 인터페이스로 정의하면 가수 클래스가 Singer와 Songwriter 모두를 구현해도 전혀 문제되지 않는다. 심지어 Singer와 Songwriter 모두를 확장하고 새로운 메서드까지 추가 한 제3의 인터페이스를 정의할 수도 있다.

```java
public interface SingerSongwriter extends Singer, Songwriter {
    AudioClip strum();
    void actSensitive();
}
```

이 정도의 유연성이 항상 필요하지는 않지만, 이렇게 만들어둔 인터페이스가 결정적인 도움을 줄 수도 있다. 같은 구조를 클래스로 만들려면 가능한 조합 전부를 각각의 클래스로 정의한 고도비만 계층구조가 만들어질 것이다. 속성 이 n개라면 지원해야 할 조합의 수는 2^n개나 된다. 흔히 조합 폭발(combinatorial explosion)이라 부르는 현상이다. 거대한 클래스 계층구조에는 공통 기능 을 정의해놓은 타입이 없으니, 자칫 매개변수 타입만 다른 메서드들을 수없이 많이 가진 거대한 클래스를 낳을 수 있다.

래퍼 클래스 관용구(아이템 18)와 함께 사용하면 **인터페이스는 기능을 향상시키는 안전하고 강력한 수단이 된다.** 타입을 추상 클래스로 정의해두면 그 타입에 기능을 추가하는 방법은 상속뿐이다. 상속해서 만든 클래스는 래퍼 클래스보다 활용도가 떨어지고 깨지기는 더 쉽다.

인터페이스의 메서드 중 구현 방법이 명백한 것이 있다면, 그 구현을 디폴트 메서드로 제공해 프로그래머들의 일감을 덜어줄 수 있다. 이 기법의 예는 코드 21-1의 removeIf 메서드를 보면 된다. 디폴트 메서드를 제공할 때는 상속하려는 사람을 위한 설명을 @implSpec 자바독 태그를 붙여 문서화해야 한다(아이템 19).

디폴트 메서드에도 제약은 있다. 많은 인터페이스가 equals와 hashCode 같은 Object의 메서드를 정의하고 있지만, 이들은 디폴트 메서드로 제공해서는 안 된다. 또한 인터페이스는 인스턴스 필드를 가질 수 없고 public이 아닌 정적 멤버도 가질 수 없다(단, private 정적 메서드는 예외다). 마지막으로, 여러분이 만들지 않은 인터페이스에는 디폴트 메서드를 추가할 수 없다.

한편, 인터페이스와 추상 골격 구현(skeletal implementation) 클래스를 함께 제공하는 식으로 인터페이스와 추상 클래스의 장점을 모두 취하는 방법도 있다. 인터페이스로는 타입을 정의하고, 필요하면 디폴트 메서드 몇 개도 함께 제공한다. 그리고 골격 구현 클래스는 나머지 메서드들까지 구현한다. 이렇게 해두면 단순히 골격 구현을 확장하는 것만으로 이 인터페이스를 구현하는 데 필요한 일이 대부분 완료된다. 바로 템플릿 메서드 패턴이다.[Gamma95]

관례상 인터페이스 이름이 *Interface*라면 그 골격 구현 클래스의 이름은 Abstract*Interface*로 짓는다. 좋은 예로, 컬렉션 프레임워크의 Abstract*Collection*, Abstract*Set*, Abstract*List*, Abstract*Map* 각각이 바로 핵심 컬렉션 인터페이스의 골격 구현이다. 어쩌면 Skeletal*Collection*, Skeletal*Set*, Skeletal*List*, Skeletal*Map* 형태가 더 적절했을지도 모르지만, 이미 Abstract를 접두어로 쓰는 형태가 확고히 자리잡았다. 제대로 설계했다면 골격 구현은 (독립된 추상 클래스든 디폴트 메서드로 이뤄진 인터페이스든) 그 인터페이스로 나름의 구현을 만들려는 프로그래머의 일을 상당히 덜어준다. 예를 보자. 다음 코드는 완벽히 동작하는 List 구현체를 반환하는 정적 팩터리 메서드로, AbstractList 골격 구현으로 활용했다.

코드 20-1 골격 구현을 사용해 완성한 구체 클래스

```java
static List<Integer> intArrayAsList(int[] a) {
    Objects.requireNonNull(a);

    // 다이아몬드 연산자를 이렇게 사용하는 건 자바 9부터 가능하다.
    // 더 낮은 버전을 사용한다면 <Integer>로 수정하자.
    return new AbstractList<>() {
        @Override public Integer get(int i) {
            return a[i];    // 오토박싱(아이템 6)
        }

        @Override public Integer set(int i, Integer val) {
            int oldVal = a[i];
            a[i] = val;     // 오토언박싱
            return oldVal;  // 오토박싱
        }

        @Override public int size() {
            return a.length;
        }
    };
}
```

List 구현체가 여러분에게 제공하는 기능들을 생각하면, 이 코드는 골격 구현의 힘을 잘 보여주는 인상적인 예라 할 수 있다. 그건 그렇고, 이 예는 int 배열을 받아 Integer 인스턴스의 리스트 형태로 보여주는 어댑터(Adapter, [Gamma95])이기도 하다. int 값과 Integer 인스턴스 사이의 변환(박싱과 언박싱) 때문에 성능은 그리 좋지 않다. 또한, 이 구현에서 익명 클래스(아이템 24) 형태를 사용했음에 주목하자.

골격 구현 클래스의 아름다움은 추상 클래스처럼 구현을 도와주는 동시에, 추상 클래스로 타입을 정의할 때 따라오는 심각한 제약에서는 자유롭다는 점에 있다. 골격 구현을 확장하는 것으로 인터페이스 구현이 거의 끝나지만, 꼭 이렇게 해야 하는 것은 아니다. 구조상 골격 구현을 확장하지 못하는 처지라면 인터페이스를 직접 구현해야 한다. 이런 경우라도 인터페이스가 직접 제공하는 디폴트 메서드의 이점을 여전히 누릴 수 있다. 또한, 골격 구현 클래스를 우회적으로 이용할 수도 있다. 인터페이스를 구현한 클래스에서 해당 골격 구현을 확장한 private 내부 클래스를 정의하고, 각 메서드 호출을 내부 클래스의 인스턴스에 전달하는 것이다. 아이템 18에서 다룬 래퍼 클래스와 비슷한 이 방

식을 시뮬레이트한 다중 상속(simulated multiple inheritance)이라 하며, 다중
상속의 많은 장점을 제공하는 동시에 단점은 피하게 해준다.

골격 구현 작성은 (조금 지루하지만) 상대적으로 쉽다. 가장 먼저, 인터페이
스를 잘 살펴 다른 메서드들의 구현에 사용되는 기반 메서드들을 선정한다. 이
기반 메서드들은 골격 구현에서는 추상 메서드가 될 것이다. 그다음으로, 기
반 메서드들을 사용해 직접 구현할 수 있는 메서드를 모두 디폴트 메서드로 제
공한다. 단, equals와 hashCode 같은 Object의 메서드는 디폴트 메서드로 제공
하면 안 된다는 사실을 항상 유념하자. 만약 인터페이스의 메서드 모두가 기반
메서드와 디폴트 메서드가 된다면 골격 구현 클래스를 별도로 만들 이유는 없
다. 기반 메서드나 디폴트 메서드로 만들지 못한 메서드가 남아 있다면, 이 인
터페이스를 구현하는 골격 구현 클래스를 하나 만들어 남은 메서드들을 작성
해 넣는다. 골격 구현 클래스에는 필요하면 public이 아닌 필드와 메서드를 추
가해도 된다.

간단한 예로 Map.Entry 인터페이스를 살펴보자. getKey, getValue는 확실
히 기반 메서드이며, 선택적으로 setValue도 포함할 수 있다. 이 인터페이스는
equals와 hashCode의 동작 방식도 정의해놨다. Object 메서드들은 디폴트 메서
드로 제공해서는 안 되므로, 해당 메서드들은 모두 골격 구현 클래스에 구현한
다. toString도 기반 메서드를 사용해 구현해놨다.

코드 20-2 골격 구현 클래스

```
public abstract class AbstractMapEntry<K,V>
        implements Map.Entry<K,V> {

    // 변경 가능한 엔트리는 이 메서드를 반드시 재정의해야 한다.
    @Override public V setValue(V value) {
        throw new UnsupportedOperationException();
    }

    // Map.Entry.equals의 일반 규약을 구현한다.
    @Override public boolean equals(Object o) {
        if (o == this)
            return true;
        if (!(o instanceof Map.Entry))
            return false;
        Map.Entry<?,?> e = (Map.Entry) o;
        return Objects.equals(e.getKey(),   getKey())
            && Objects.equals(e.getValue(), getValue());
```

```
    }

    // Map.Entry.hashCode의 일반 규약을 구현한다.
    @Override public int hashCode() {
        return Objects.hashCode(getKey())
            ^ Objects.hashCode(getValue());
    }

    @Override public String toString() {
        return getKey() + "=" + getValue();
    }
}
```

 Map.Entry 인터페이스나 그 하위 인터페이스로는 이 골격 구현을 제공할 수 없다. 디폴트 메서드는 equals, hashCode, toString 같은 Object 메서드를 재정의할 수 없기 때문이다.

골격 구현은 기본적으로 상속해서 사용하는 걸 가정하므로 아이템 19에서 이야기한 설계 및 문서화 지침을 모두 따라야 한다. 간략히 보여주기 위해 앞의 코드에서는 문서화 주석을 생략했지만, 인터페이스에 정의한 디폴트 메서드든 별도의 추상 클래스든, 골격 구현은 반드시 그 동작 방식을 잘 정리해 문서로 남겨야 한다.

단순 구현(simple implementation)은 골격 구현의 작은 변종으로, Abstract Map.SimpleEntry가 좋은 예다. 단순 구현도 골격 구현과 같이 상속을 위해 인터페이스를 구현한 것이지만, 추상 클래스가 아니란 점이 다르다. 쉽게 말해 동작하는 가장 단순한 구현이다. 이러한 단순 구현은 그대로 써도 되고 필요에 맞게 확장해도 된다.

핵심 정리

일반적으로 다중 구현용 타입으로는 인터페이스가 가장 적합하다. 복잡한 인터페이스라면 구현하는 수고를 덜어주는 골격 구현을 함께 제공하는 방법을 꼭 고려해보자. 골격 구현은 '가능한 한' 인터페이스의 디폴트 메서드로 제공하여 그 인터페이스를 구현한 모든 곳에서 활용하도록 하는 것이 좋다. '가능한 한'이라고 한 이유는, 인터페이스에 걸려 있는 구현상의 제약 때문에 골격 구현을 추상 클래스로 제공하는 경우가 더 흔하기 때문이다.

인터페이스는 구현하는 쪽을 생각해 설계하라

자바 8 전에는 기존 구현체를 깨뜨리지 않고는 인터페이스에 메서드를 추가할 방법이 없었다. 인터페이스에 메서드를 추가하면 보통은 컴파일 오류가 나는데, 추가된 메서드가 우연히 기존 구현체에 이미 존재할 가능성은 아주 낮기 때문이다. 자바 8에 와서 기존 인터페이스에 메서드를 추가할 수 있도록 디폴트 메서드를 소개했지만[JLS 9.4], 위험이 완전히 사라진 것은 아니다.

디폴트 메서드를 선언하면, 그 인터페이스를 구현한 후 디폴트 메서드를 재정의하지 않은 모든 클래스에서 디폴트 구현이 쓰이게 된다. 이처럼 자바에도 기존 인터페이스에 메서드를 추가하는 길이 열렸지만 모든 기존 구현체들과 매끄럽게 연동되리라는 보장은 없다. 자바 7까지의 세상에서는 모든 클래스가 "현재의 인터페이스에 새로운 메서드가 추가될 일은 영원히 없다"고 가정하고 작성됐으니 말이다. 디폴트 메서드는 구현 클래스에 대해 아무것도 모른 채 합의 없이 무작정 '삽입'될 뿐이다.

자바 8에서는 핵심 컬렉션 인터페이스들에 다수의 디폴트 메서드가 추가되었다. 주로 람다(7장 참조)를 활용하기 위해서다. 자바 라이브러리의 디폴트 메서드는 코드 품질이 높고 범용적이라 대부분 상황에서 잘 작동한다. 하지만 **생각할 수 있는 모든 상황에서 불변식을 해치지 않는 디폴트 메서드를 작성하기란 어려운 법이다.**

자바 8의 Collection 인터페이스에 추가된 removeIf 메서드를 예로 생각해 보자. 이 메서드는 주어진 불리언 함수(predicate; 프레디키트)가 true를 반환하는 모든 원소를 제거한다. 디폴트 구현은 반복자를 이용해 순회하면서 각 원소를 인수로 넣어 프레디키트를 호출하고, 프레디키트가 true를 반환하면 반복자의 remove 메서드를 호출해 그 원소를 제거한다. 아마도 다음처럼 구현되어 있을 것이다.

코드 21-1 자바 8의 Collection 인터페이스에 추가된 디폴트 메서드

```
default boolean removeIf(Predicate<? super E> filter) {
    Objects.requireNonNull(filter);
    boolean result = false;
    for (Iterator<E> it = iterator(); it.hasNext(); ) {
        if (filter.test(it.next())) {
            it.remove();
            result = true;
        }
    }
    return result;
}
```

이 코드보다 더 범용적으로 구현하기도 어렵겠지만, 그렇다고 해서 현존하는 모든 Collection 구현체와 잘 어우러지는 것은 아니다. 대표적인 예가 org. apache.commons.collections4.collection.SynchronizedCollection이다. 아파치 커먼즈 라이브러리의 이 클래스는 java.util의 Collections.synchronized Collection 정적 팩터리 메서드가 반환하는 클래스와 비슷하다. 아파치 버전은 (컬렉션 대신) 클라이언트가 제공한 객체로 락을 거는 능력을 추가로 제공한다. 즉, 모든 메서드에서 주어진 락 객체로 동기화한 후 내부 컬렉션 객체에 기능을 위임하는 래퍼 클래스(아이템 18)다.

아파치의 SynchronizedCollection 클래스는 지금도 활발히 관리되고 있지만, 이 책을 쓰는 시점엔 removeIf 메서드를 재정의하지 않고 있다. 이 클래스를 자바 8과 함께 사용한다면(그래서 removeIf의 디폴트 구현을 물려받게 된다면), 자신이 한 약속을 더 이상 지키지 못하게 된다. 다시 말해 모든 메서드 호출을 알아서 동기화해주지 못한다. removeIf의 구현은 동기화에 관해 아무것도 모르므로 락 객체를 사용할 수 없다. 따라서 SynchronizedCollection 인스턴스를 여러 스레드가 공유하는 환경에서 한 스레드가 removeIf를 호출하면 ConcurrentModificationException이 발생하거나 다른 예기치 못한 결과로 이어질 수 있다.

자바 플랫폼 라이브러리에서도 이런 문제를 예방하기 위해 일련의 조치를 취했다. 예를 들어 구현한 인터페이스의 디폴트 메서드를 재정의하고, 다른 메서드에서는 디폴트 메서드를 호출하기 전에 필요한 작업을 수행하도록 했다. 예컨대 Collections.synchronizedCollection이 반환하는 package-private 클래스들은 removeIf를 재정의하고, 이를 호출하는 다른 메서드들은 디폴트 구현을 호출하기 전에 동기화를 하도록 했다. 하지만 자바 플랫폼에 속하지 않은 제3의 기존 컬렉션 구현체들은 이런 언어 차원의 인터페이스 변화에 발맞춰 수정될 기회가 없었으며, 그중 일부는 여전히 수정되지 않고 있다.

디폴트 메서드는 (컴파일에 성공하더라도) 기존 구현체에 런타임 오류를 일으킬 수 있다. 흔한 일은 아니지만, 나에게는 일어나지 않으리라는 보장도 없다. 자바 8은 컬렉션 인터페이스에 꽤 많은 디폴트 메서드를 추가했고, 그 결과 기존에 짜여진 많은 자바 코드가 영향을 받은 것으로 알려졌다.

기존 인터페이스에 디폴트 메서드로 새 메서드를 추가하는 일은 꼭 필요한 경우가 아니면 피해야 한다. 추가하려는 디폴트 메서드가 기존 구현체들과 충돌하지는 않을지 심사숙고해야 함도 당연하다. 반면, 새로운 인터페이스를 만드는 경우라면 표준적인 메서드 구현을 제공하는 데 아주 유용한 수단이며, 그 인터페이스를 더 쉽게 구현해 활용할 수 있게끔 해준다(아이템 20).

한편, 디폴트 메서드는 인터페이스로부터 메서드를 제거하거나 기존 메서드의 시그니처를 수정하는 용도가 아님을 명심해야 한다. 이런 형태로 인터페이스를 변경하면 반드시 기존 클라이언트를 망가뜨리게 된다.

핵심은 명백하다. 디폴트 메서드라는 도구가 생겼더라도 **인터페이스를 설계할 때는 여전히 세심한 주의를 기울여야 한다.** 디폴트 메서드로 기존 인터페이스에 새로운 메서드를 추가하면 커다란 위험도 딸려 온다. 인터페이스에 내재된 작은 결함도 사용자 입장에서는 짜증나는 일인데, 심각하게 잘못된 인터페이스라면 이를 포함한 API에 어떤 재앙을 몰고 올지 알 수 없다.

새로운 인터페이스라면 릴리스 전에 반드시 테스트를 거쳐야 한다. 수많은 개발자가 그 인터페이스를 나름의 방식으로 구현할 것이니, 여러분도 서로 다른 방식으로 최소한 세 가지는 구현해봐야 한다. 또한 각 인터페이스의 인스턴스를 다양한 작업에 활용하는 클라이언트도 여러 개 만들어봐야 한다. 새 인터페이스가 의도한 용도에 잘 부합하는지를 확인하는 길은 이처럼 험난하다. 이런 작업들을 거치면 여러분은 인터페이스를 릴리스하기 전에, 즉 바로잡을 기회가 아직 남았을 때 결함을 찾아낼 수 있다. **인터페이스를 릴리스한 후라도 결함을 수정하는 게 가능한 경우도 있겠지만, 절대 그 가능성에 기대서는 안 된다.**

아이템 22

인터페이스는 타입을 정의하는 용도로만 사용하라

인터페이스는 자신을 구현한 클래스의 인스턴스를 참조할 수 있는 타입 역할을 한다. 달리 말해, 클래스가 어떤 인터페이스를 구현한다는 것은 자신의 인스턴스로 무엇을 할 수 있는지를 클라이언트에 얘기해주는 것이다. 인터페이스는 오직 이 용도로만 사용해야 한다.

이 지침에 맞지 않는 예로 소위 상수 인터페이스라는 것이 있다. 상수 인터페이스란 메서드 없이, 상수를 뜻하는 static final 필드로만 가득 찬 인터페이스를 말한다. 그리고 이 상수들을 사용하려는 클래스에서는 정규화된 이름(qualified name)을 쓰는 걸 피하고자 그 인터페이스를 구현하곤 한다. 다음의 예를 보자.

코드 22-1 상수 인터페이스 안티패턴 - 사용금지!

```java
public interface PhysicalConstants {
    // 아보가드로 수 (1/몰)
    static final double AVOGADROS_NUMBER   = 6.022_140_857e23;

    // 볼츠만 상수 (J/K)
    static final double BOLTZMANN_CONSTANT = 1.380_648_52e-23;

    // 전자 질량 (kg)
    static final double ELECTRON_MASS      = 9.109_383_56e-31;
}
```

상수 인터페이스 안티패턴은 인터페이스를 잘못 사용한 예다. 클래스 내부에서 사용하는 상수는 외부 인터페이스가 아니라 내부 구현에 해당한다. 따라서 상수 인터페이스를 구현하는 것은 이 내부 구현을 클래스의 API로 노출하는 행위다. 클래스가 어떤 상수 인터페이스를 사용하든 사용자에게는 아무런 의미가 없다. 오히려 사용자에게 혼란을 주기도 하며, 더 심하게는 클라이언트 코드가 내부 구현에 해당하는 이 상수들에 종속되게 한다. 그래서 다음 릴리스에서 이 상수들을 더는 쓰지 않게 되더라도 바이너리 호환성을 위해 여전히 상수 인터페이스를 구현하고 있어야 한다. final이 아닌 클래스가 상수 인터페이스를 구현한다면 모든 하위 클래스의 이름공간이 그 인터페이스가 정의한 상수들로 오염되어 버린다.

java.io.ObjectStreamConstants 등, 자바 플랫폼 라이브러리에도 상수 인터페이스가 몇 개 있으나, 인터페이스를 잘못 활용한 예이니 따라 해서는 안 된다.

상수를 공개할 목적이라면 더 합당한 선택지가 몇 가지 있다. 특정 클래스나 인터페이스와 강하게 연관된 상수라면 그 클래스나 인터페이스 자체에 추가해야 한다. 모든 숫자 기본 타입의 박싱 클래스가 대표적으로, Integer와 Double에 선언된 MIN_VALUE와 MAX_VALUE 상수가 이런 예다. 열거 타입으로 나타내기 적합한 상수라면 열거 타입으로 만들어 공개하면 된다(아이템 34). 그것도 아니라면, 인스턴스화할 수 없는 유틸리티 클래스(아이템 4)에 담아 공개하자. 다음 코드는 앞서 보여준 PhysicalConstants의 유틸리티 클래스 버전이다.

코드 22-2 상수 유틸리티 클래스

```
package effectivejava.chapter4.item22.constantutilityclass;

public class PhysicalConstants {
    private PhysicalConstants() { } // 인스턴스화 방지

    // 아보가드로 수 (1/몰)
    public static final double AVOGADROS_NUMBER = 6.022_140_857e23;
    // 볼츠만 상수 (J/K)
    public static final double BOLTZMANN_CONST  = 1.380_648_52e-23;
    // 전자 질량 (kg)
    public static final double ELECTRON_MASS    = 9.109_383_56e-31;
}
```

> ✓ 숫자 리터럴에 사용한 밑줄(_)에 주목해보자. 자바 7부터 허용되는 이 밑줄은 숫자 리터럴의 값에는 아무런 영향을 주지 않으면서, 읽기는 훨씬 편하게 해준다. 고정소수점 수든 부동소수점 수든 5자리 이상이라면 밑줄을 사용하는 걸 고려해보자. 십진수 리터럴도 (정수든 부동소수점 수든) 밑줄을 사용해 세 자릿씩 묶어주는 것이 좋다.

유틸리티 클래스에 정의된 상수를 클라이언트에서 사용하려면 클래스 이름까

지 함께 명시해야 한다. `PhysicalConstants.AVOGADROS_NUMBER`처럼 말이다. 유틸리티 클래스의 상수를 빈번히 사용한다면 정적 임포트(static import)하여 클래스 이름은 생략할 수 있다.

코드 22-3 정적 임포트를 사용해 상수 이름만으로 사용하기

```
import static effectivejava.chapter4.item22.constantutilityclass.Physical
            Constants.*;

public class Test {
    double atoms(double mols) {
        return AVOGADROS_NUMBER * mols;
    }
    ...
    // PhysicalConstants를 빈번히 사용한다면 정적 임포트가 값어치를 한다.
}
```

> **핵심 정리**
>
> 인터페이스는 타입을 정의하는 용도로만 사용해야 한다. 상수 공개용 수단으로 사용하지 말자.

태그 달린 클래스보다는 클래스 계층구조를 활용하라

두 가지 이상의 의미를 표현할 수 있으며, 그중 현재 표현하는 의미를 태그 값으로 알려주는 클래스를 본 적이 있을 것이다. 다음 코드는 원과 사각형을 표현할 수 있는 클래스다.

코드 23-1 태그 달린 클래스 - 클래스 계층구조보다 훨씬 나쁘다!

```
class Figure {
    enum Shape { RECTANGLE, CIRCLE };

    // 태그 필드 - 현재 모양을 나타낸다.
    final Shape shape;

    // 다음 필드들은 모양이 사각형(RECTANGLE)일 때만 쓰인다.
    double length;
    double width;

    // 다음 필드는 모양이 원(CIRCLE)일 때만 쓰인다.
    double radius;

    // 원용 생성자
    Figure(double radius) {
        shape = Shape.CIRCLE;
        this.radius = radius;
    }

    // 사각형용 생성자
    Figure(double length, double width) {
        shape = Shape.RECTANGLE;
        this.length = length;
        this.width = width;
    }

    double area() {
        switch(shape) {
          case RECTANGLE:
            return length * width;
          case CIRCLE:
            return Math.PI * (radius * radius);
          default:
```

```
            throw new AssertionError(shape);
        }
    }
}
```

태그 달린 클래스에는 단점이 한가득이다. 우선 열거 타입 선언, 태그 필드, switch 문 등 쓸데없는 코드가 많다. 여러 구현이 한 클래스에 혼합돼 있어서 가독성도 나쁘다. 다른 의미를 위한 코드도 언제나 함께 하니 메모리도 많이 사용한다. 필드들을 final로 선언하려면 해당 의미에 쓰이지 않는 필드들까지 생성자에서 초기화해야 한다(쓰지 않는 필드를 초기화하는 불필요한 코드가 늘어난다). 생성자가 태그 필드를 설정하고 해당 의미에 쓰이는 데이터 필드들을 초기화하는 데 컴파일러가 도와줄 수 있는 건 별로 없다. 엉뚱한 필드를 초기화해도 런타임에야 문제가 드러날 뿐이다. 또 다른 의미를 추가하려면 코드를 수정해야 한다. 예를 들어 새로운 의미를 추가할 때마다 모든 switch 문을 찾아 새 의미를 처리하는 코드를 추가해야 하는데, 하나라도 빠뜨리면 역시 런타임에 문제가 불거져 나올 것이다. 마지막으로, 인스턴스의 타입만으로는 현재 나타내는 의미를 알 길이 전혀 없다. 한마디로, **태그 달린 클래스는 장황하고, 오류를 내기 쉽고, 비효율적이다.**

다행히 자바와 같은 객체 지향 언어는 타입 하나로 다양한 의미의 객체를 표현하는 훨씬 나은 수단을 제공한다. 바로 클래스 계층구조를 활용하는 서브타이핑(subtyping)이다. **태그 달린 클래스는 클래스 계층구조를 어설프게 흉내낸 아류일 뿐이다.**

그렇다면 태그 달린 클래스를 클래스 계층구조로 바꾸는 방법을 알아보자. 가장 먼저 계층구조의 루트(root)가 될 추상 클래스를 정의하고, 태그 값에 따라 동작이 달라지는 메서드들을 루트 클래스의 추상 메서드로 선언한다. 코드 23-1의 Figure 클래스에서는 area가 이러한 메서드에 해당한다. 그런 다음 태그 값에 상관없이 동작이 일정한 메서드들을 루트 클래스에 일반 메서드로 추가한다. 모든 하위 클래스에서 공통으로 사용하는 데이터 필드들도 전부 루트 클래스로 올린다. Figure 클래스에서는 태그 값에 상관없는 메서드가 하나도 없고, 모든 하위 클래스에서 사용하는 공통 데이터 필드도 없다. 그 결과 루트 클래스에는 추상 메서드인 area 하나만 남게 된다.

다음으로, 루트 클래스를 확장한 구체 클래스를 의미별로 하나씩 정의한다.
우리 예에서는 Figure를 확장한 원(Circle) 클래스와 사각형(Rectangle) 클래
스를 만들면 된다. 각 하위 클래스에는 각자의 의미에 해당하는 데이터 필드들
을 넣는다. 원에는 반지름(radius)을, 사각형에는 길이(length)와 너비(width)
를 넣으면 된다. 그런 다음 루트 클래스가 정의한 추상 메서드를 각자의 의미
에 맞게 구현한다. 다음은 Figure 클래스를 클래스 계층구조 방식으로 구현한
코드다.

코드 23-2 태그 달린 클래스를 클래스 계층구조로 변환

```java
abstract class Figure {
    abstract double area();
}

class Circle extends Figure {
    final double radius;

    Circle(double radius) { this.radius = radius; }

    @Override double area() { return Math.PI * (radius * radius); }
}

class Rectangle extends Figure {
    final double length;
    final double width;

    Rectangle(double length, double width) {
        this.length = length;
        this.width = width;
    }

    @Override double area() { return length * width; }
}
```

코드 23-2의 클래스 계층구조는 태그 달린 클래스의 단점을 모두 날려버린다.
간결하고 명확하며, 코드 23-1에 포함된 쓸데없는 코드도 모두 사라졌다. 각 의
미를 독립된 클래스에 담아 관련 없던 데이터 필드를 모두 제거했다. 살아 남
은 필드들은 모두 final이다. 각 클래스의 생성자가 모든 필드를 남김없이 초기
화하고 추상 메서드를 모두 구현했는지 컴파일러가 확인해준다. 실수로 빼먹
은 case 문 때문에 런타임 오류가 발생할 일도 없다. 루트 클래스의 코드를 건
드리지 않고도 다른 프로그래머들이 독립적으로 계층구조를 확장하고 함께 사

용할 수 있다. 타입이 의미별로 따로 존재하니 변수의 의미를 명시하거나 제한
할 수 있고, 또 특정 의미만 매개변수로 받을 수 있다.

또한, 타입 사이의 자연스러운 계층 관계를 반영할 수 있어서 유연성은 물론
컴파일타임 타입 검사 능력을 높여준다는 장점도 있다. 예컨대 코드 23-1의 태
그 달린 클래스를 정사각형도 지원하도록 수정하려면 어디어디를 고쳐야 할지
각자 한번 확인해보자. 클래스 계층구조에서라면 다음과 같이 정사각형이 사
각형의 특별한 형태임을 아주 간단하게 반영할 수 있다.

```
class Square extends Rectangle {
    Square(double side) {
        super(side, side);
    }
}
```

 이번 아이템의 예에서는 접근자 메서드 없이 필드를 직접 노출했다. 이는 단지 코드를 단
순하게 하려는 의도였고, 만약 공개할 클래스라면 이렇게 설계하는 것은 좋지 않다(아이
템 16).

핵심 정리

태그 달린 클래스를 써야 하는 상황은 거의 없다. 새로운 클래스를 작성하는 데 태그 필
드가 등장한다면 태그를 없애고 계층구조로 대체하는 방법을 생각해보자. 기존 클래스
가 태그 필드를 사용하고 있다면 계층구조로 리팩터링하는 걸 고민해보자.

멤버 클래스는 되도록 static으로 만들라

중첩 클래스(nested class)란 다른 클래스 안에 정의된 클래스를 말한다. 중첩 클래스는 자신을 감싼 바깥 클래스에서만 쓰여야 하며, 그 외의 쓰임새가 있다면 톱레벨 클래스로 만들어야 한다. 중첩 클래스의 종류는 정적 멤버 클래스, (비정적) 멤버 클래스, 익명 클래스, 지역 클래스, 이렇게 네 가지다. 이 중 첫 번째를 제외한 나머지는 내부 클래스(inner class)에 해당한다. 이번 아이템에서는 각각의 중첩 클래스를 언제 그리고 왜 사용해야 하는지 이야기한다.

먼저 가장 간단한 정적 멤버 클래스를 알아보자. 정적 멤버 클래스는 다른 클래스 안에 선언되고, 바깥 클래스의 private 멤버에도 접근할 수 있다는 점만 제외하고는 일반 클래스와 똑같다. 정적 멤버 클래스는 다른 정적 멤버와 똑같은 접근 규칙을 적용받는다. 예컨대 private으로 선언하면 바깥 클래스에서만 접근할 수 있는 식이다.

정적 멤버 클래스는 흔히 바깥 클래스와 함께 쓰일 때만 유용한 public 도우미 클래스로 쓰인다. 계산기가 지원하는 연산 종류를 정의하는 열거 타입을 예로 생각해보자(아이템 34). Operation 열거 타입은 Calculator 클래스의 public 정적 멤버 클래스가 되어야 한다. 그러면 Calculator의 클라이언트에서 Calculator.Operation.PLUS나 Calculator.Operation.MINUS 같은 형태로 원하는 연산을 참조할 수 있다.

정적 멤버 클래스와 비정적 멤버 클래스의 구문상 차이는 단지 static이 붙어 있고 없고 뿐이지만, 의미상 차이는 의외로 꽤 크다. 비정적 멤버 클래스의 인스턴스는 바깥 클래스의 인스턴스와 암묵적으로 연결된다. 그래서 비정적 멤버 클래스의 인스턴스 메서드에서 정규화된 this를 사용해 바깥 인스턴스의 메서드를 호출하거나 바깥 인스턴스의 참조를 가져올 수 있다. 정규화된 this란 **클래스명**.this 형태로 바깥 클래스의 이름을 명시하는 용법을 말한다.[JLS,

15.8.4] 따라서 개념상 중첩 클래스의 인스턴스가 바깥 인스턴스와 독립적으로 존재할 수 있다면 정적 멤버 클래스로 만들어야 한다. 비정적 멤버 클래스는 바깥 인스턴스 없이는 생성할 수 없기 때문이다.

비정적 멤버 클래스의 인스턴스와 바깥 인스턴스 사이의 관계는 멤버 클래스가 인스턴스화될 때 확립되며, 더 이상 변경할 수 없다. 이 관계는 바깥 클래스의 인스턴스 메서드에서 비정적 멤버 클래스의 생성자를 호출할 때 자동으로 만들어지는 게 보통이지만, 드물게는 직접 *바깥 인스턴스의 클래스*.new Member Class(args)를 호출해 수동으로 만들기도 한다. 예상할 수 있듯, 이 관계 정보는 비정적 멤버 클래스의 인스턴스 안에 만들어져 메모리 공간을 차지하며, 생성 시간도 더 걸린다.

비정적 멤버 클래스는 어댑터[Gamma95]를 정의할 때 자주 쓰인다. 즉, 어떤 클래스의 인스턴스를 감싸 마치 다른 클래스의 인스턴스처럼 보이게 하는 뷰로 사용하는 것이다. 예컨대 Map 인터페이스의 구현체들은 보통 (keySet, entrySet, values 메서드가 반환하는) 자신의 컬렉션 뷰를 구현할 때 비정적 멤버 클래스를 사용한다. 비슷하게, Set과 List 같은 다른 컬렉션 인터페이스 구현들도 자신의 반복자를 구현할 때 비정적 멤버 클래스를 주로 사용한다.

코드 24-1 비정적 멤버 클래스의 흔한 쓰임 - 자신의 반복자 구현

```java
public class MySet<E> extends AbstractSet<E> {
    ... // 생략

    @Override public Iterator<E> iterator() {
        return new MyIterator();
    }

    private class MyIterator implements Iterator<E> {
        ...
    }
}
```

멤버 클래스에서 바깥 인스턴스에 접근할 일이 없다면 무조건 static을 붙여서 정적 멤버 클래스로 만들자. static을 생략하면 바깥 인스턴스로의 숨은 외부 참조를 갖게 된다. 앞서도 얘기했듯 이 참조를 저장하려면 시간과 공간이 소비된다. 더 심각한 문제는 가비지 컬렉션이 바깥 클래스의 인스턴스를 수거하지 못하는 메모리 누수가 생길 수 있다는 점이다(아이템 7). 참조가 눈에 보이지 않으니 문제의 원인을 찾기 어려워 때때로 심각한 상황을 초래하기도 한다.

private 정적 멤버 클래스는 흔히 바깥 클래스가 표현하는 객체의 한 부분(구성요소)을 나타낼 때 쓴다. 키와 값을 매핑시키는 Map 인스턴스를 생각해보자. 많은 Map 구현체는 각각의 키-값 쌍을 표현하는 엔트리(Entry) 객체들을 가지고 있다. 모든 엔트리가 맵과 연관되어 있지만 엔트리의 메서드들(getKey, getValue, setValue)은 맵을 직접 사용하지는 않는다. 따라서 엔트리를 비정적 멤버 클래스로 표현하는 것은 낭비고, private 정적 멤버 클래스가 가장 알맞다. 엔트리를 선언할 때 실수로 static을 빠뜨려도 맵은 여전히 동작하겠지만, 모든 엔트리가 바깥 맵으로의 참조를 갖게 되어 공간과 시간을 낭비할 것이다.

멤버 클래스가 공개된 클래스의 public이나 protected 멤버라면 정적이냐 아니냐는 두 배로 중요해진다. 멤버 클래스 역시 공개 API가 되니, 혹시라도 향후 릴리스에서 static을 붙이면 하위 호환성이 깨진다.

익명 클래스에는 당연히 이름이 없다(익명이니까!). 또한 익명 클래스는 바깥 클래스의 멤버도 아니다. 멤버와 달리, 쓰이는 시점에 선언과 동시에 인스턴스가 만들어진다. 코드의 어디서든 만들 수 있다. 그리고 오직 비정적인 문맥에서 사용될 때만 바깥 클래스의 인스턴스를 참조할 수 있다. 정적 문맥에서라도 상수 변수 이외의 정적 멤버는 가질 수 없다. 즉, 상수 표현[JLS, 4.12.4]을 위해 초기화된 final 기본 타입과 문자열 필드만 가질 수 있다.

익명 클래스는 응용하는 데 제약이 많은 편이다. 선언한 지점에서만 인스턴스를 만들 수 있고, instanceof 검사나 클래스의 이름이 필요한 작업은 수행할 수 없다. 여러 인터페이스를 구현할 수 없고, 인터페이스를 구현하는 동시에 다른 클래스를 상속할 수도 없다. 익명 클래스를 사용하는 클라이언트는 그 익명 클래스가 상위 타입에서 상속한 멤버 외에는 호출할 수 없다. 익명 클래스는 표현식 중간에 등장하므로 (10줄 이하로) 짧지 않으면 가독성이 떨어진다.

자바가 람다(7장)를 지원하기 전에는 즉석에서 작은 함수 객체나 처리 객체(process object)를 만드는 데 익명 클래스를 주로 사용했다. 물론 이제는 람다에게 그 자리를 물려줬다(아이템 42). 익명 클래스의 또 다른 주 쓰임은 정적 팩터리 메서드를 구현할 때다(코드 20-1의 intArrayAsList 참조).

지역 클래스는 네 가지 중첩 클래스 중 가장 드물게 사용된다. 지역 클래스는 지역변수를 선언할 수 있는 곳이면 실질적으로 어디서든 선언할 수 있고, 유효 범위도 지역변수와 같다. 다른 세 중첩 클래스와의 공통점도 하나씩 가지고 있다. 멤버 클래스처럼 이름이 있고 반복해서 사용할 수 있다. 익명 클래스처럼 비정적 문맥에서 사용될 때만 바깥 인스턴스를 참조할 수 있으며, 정적 멤버는 가질 수 없으며, 가독성을 위해 짧게 작성해야 한다.

> **핵심 정리**
>
> 중첩 클래스에는 네 가지가 있으며, 각각의 쓰임이 다르다. 메서드 밖에서도 사용해야 하거나 메서드 안에 정의하기엔 너무 길다면 멤버 클래스로 만든다. 멤버 클래스의 인스턴스 각각이 바깥 인스턴스를 참조한다면 비정적으로, 그렇지 않으면 정적으로 만들자. 중첩 클래스가 한 메서드 안에서만 쓰이면서 그 인스턴스를 생성하는 지점이 단 한 곳이고 해당 타입으로 쓰기에 적합한 클래스나 인터페이스가 이미 있다면 익명 클래스로 만들고, 그렇지 않으면 지역 클래스로 만들자.

톱레벨 클래스는 한 파일에 하나만 담으라

소스 파일 하나에 톱레벨 클래스를 여러 개 선언하더라도 자바 컴파일러는 불평하지 않는다. 하지만 아무런 득이 없을 뿐더러 심각한 위험을 감수해야 하는 행위다. 이렇게 하면 한 클래스를 여러 가지로 정의할 수 있으며, 그중 어느 것을 사용할지는 어느 소스 파일을 먼저 컴파일하냐에 따라 달라지기 때문이다.

구체적인 예를 보자. 다음 소스 파일은 Main 클래스 하나를 담고 있고, Main 클래스는 다른 톱레벨 클래스 2개(Utensil과 Dessert)를 참조한다.

```java
public class Main {
    public static void main(String[] args) {
        System.out.println(Utensil.NAME + Dessert.NAME);
    }
}
```

집기(Utensil)와 디저트(Dessert) 클래스가 Utensil.java라는 한 파일에 정의되어 있다고 해보자.

코드 25-1 두 클래스가 한 파일(Utensil.java)에 정의되었다. - 따라 하지 말 것!

```java
class Utensil {
    static final String NAME = "pan";
}

class Dessert {
    static final String NAME = "cake";
}
```

물론 Main을 실행하면 pancake를 출력한다.

이제 우연히 똑같은 두 클래스를 담은 Dessert.java라는 파일을 만들었다고 해보자.

코드 25-2 두 클래스가 한 파일(Dessert.java)에 정의되었다. - 따라 하지 말 것!

```java
class Utensil {
    static final String NAME = "pot";
}

class Dessert {
    static final String NAME = "pie";
}
```

운 좋게 javac Main.java Dessert.java 명령으로 컴파일한다면 컴파일 오류가 나고 Utensil과 Dessert 클래스를 중복 정의했다고 알려줄 것이다. 컴파일러는 가장 먼저 Main.java를 컴파일하고, 그 안에서 (Dessert 참조보다 먼저 나오는) Utensil 참조를 만나면 Utensil.java 파일을 살펴 Utensil과 Dessert를 모두 찾아낼 것이다. 그런 다음 컴파일러가 두 번째 명령줄 인수로 넘어온 Dessert.java를 처리하려 할 때 같은 클래스의 정의가 이미 있음을 알게 된다.

한편, javac Main.java나 javac Main.java Utensil.java 명령으로 컴파일하면 Dessert.java 파일을 작성하기 전처럼 pancake를 출력한다. 그러나 javac Dessert.java Main.java 명령으로 컴파일하면 potpie를 출력한다. 이처럼 컴파일러에 어느 소스 파일을 먼저 건네느냐에 따라 동작이 달라지므로 반드시 바로 잡아야 할 문제다.

다행히 해결책은 아주 간단하다. 단순히 톱레벨 클래스들(Utensil과Dessert)을 서로 다른 소스 파일로 분리하면 그만이다. 굳이 여러 톱레벨 클래스를 한 파일에 담고 싶다면 정적 멤버 클래스(아이템 24)를 사용하는 방법을 고민해볼 수 있다. 다른 클래스에 딸린 부차적인 클래스라면 정적 멤버 클래스로 만드는 쪽이 일반적으로 더 나을 것이다. 읽기 좋고, private으로 선언하면(아이템 15) 접근 범위도 최소로 관리할 수 있기 때문이다. 다음 코드는 앞의 예를 정적 멤버 클래스로 바꿔본 예다.

코드 25-3 톱레벨 클래스들을 정적 멤버 클래스로 바꿔본 모습

```java
public class Test {
    public static void main(String[] args) {
        System.out.println(Utensil.NAME + Dessert.NAME);
    }

    private static class Utensil {
        static final String NAME = "pan";
```

```
    }

    private static class Dessert {
        static final String NAME = "cake";
    }
}
```

핵심 정리

교훈은 명확하다. **소스 파일 하나에는 반드시 톱레벨 클래스(혹은 톱레벨 인터페이스)를 하나만 담자.** 이 규칙만 따른다면 컴파일러가 한 클래스에 대한 정의를 여러 개 만들어내는 일은 사라진다. 소스 파일을 어떤 순서로 컴파일하든 바이너리 파일이나 프로그램의 동작이 달라지는 일은 결코 일어나지 않을 것이다.

5장

제네릭

제네릭(generic)은 자바 5부터 사용할 수 있다. 제네릭을 지원하기 전에는 컬렉션에서 객체를 꺼낼 때마다 형변환을 해야 했다. 그래서 누군가 실수로 엉뚱한 타입의 객체를 넣어두면 런타임에 형변환 오류가 나곤 했다. 반면, 제네릭을 사용하면 컬렉션이 담을 수 있는 타입을 컴파일러에 알려주게 된다. 그래서 컴파일러는 알아서 형변환 코드를 추가할 수 있게 되고, 엉뚱한 타입의 객체를 넣으려는 시도를 컴파일 과정에서 차단하여 더 안전하고 명확한 프로그램을 만들어 준다. 꼭 컬렉션이 아니더라도 이러한 이점을 누릴 수 있으나, 코드가 복잡해진다는 단점이 따라온다. 이번 장에서는 제네릭의 이점을 최대로 살리고 단점을 최소화하는 방법을 이야기한다.

로 타입은 사용하지 말라

용어부터 정리하고 가자. 클래스와 인터페이스 선언에 타입 매개변수(type parameter)가 쓰이면, 이를 **제네릭 클래스** 혹은 **제네릭 인터페이스**라 한다.[JLS, 8.1.2, 9.1.2] 예컨대 List 인터페이스는 원소의 타입을 나타내는 타입 매개변수 E를 받는다. 그래서 이 인터페이스의 완전한 이름은 List<E>지만[1], 짧게 그냥 List라고도 자주 쓴다. 제네릭 클래스와 제네릭 인터페이스를 통틀어 **제네릭 타입**(generic type)이라 한다.

각각의 제네릭 타입은 일련의 **매개변수화 타입**(parameterized type)을 정의한다.[JLS, 4.5] 먼저 클래스(혹은 인터페이스) 이름이 나오고, 이어서 꺾쇠괄호 안에 실제 타입 매개변수들을 나열한다. 예컨대 List<String>은 원소의 타입이 String인 리스트를 뜻하는 매개변수화 타입이다. 여기서 String이 정규(formal) 타입 매개변수 E에 해당하는 실제(actual) 타입 매개변수다.

마지막으로, 제네릭 타입을 하나 정의하면 그에 딸린 **로 타입**(raw type)도 함께 정의된다. 로 타입이란 제네릭 타입에서 타입 매개변수를 전혀 사용하지 않을 때를 말한다.[JLS, 4.8] 예컨대 List<E>의 로 타입은 List다. 로 타입은 타입 선언에서 제네릭 타입 정보가 전부 지워진 것처럼 동작하는데, 제네릭이 도래하기 전 코드와 호환되도록 하기 위한 궁여지책이라 할 수 있다.

제네릭을 지원하기 전에는 컬렉션을 다음과 같이 선언했다. 자바 9에서도 여전히 동작하지만 좋은 예라고 볼 순 없다.

코드 26-1 컬렉션의 로 타입 - 따라 하지 말 것!

```java
// Stamp 인스턴스만 취급한다.
private final Collection stamps = ...;
```

---

1 (옮긴이) 'E의 리스트'라고 읽는 게 우리말답지만, 글은 왼쪽에서 오른쪽으로 읽어야 자연스럽고 편하다. 그러니 'List E'로 읽거나, 원어민처럼 'List of E'라고 읽도록 하자. (말로 소통할 때는 'E의 리스트' 쪽이 원활할 것 같다.)

이 코드를 사용하면 실수로 도장(Stamp) 대신 동전(Coin)을 넣어도 아무 오류 없이 컴파일되고 실행된다(컴파일러가 모호한 경고 메시지를 보여주긴 할 것이다).

```
// 실수로 동전을 넣는다.
stamps.add(new Coin(...)); // "unchecked call" 경고를 내뱉는다.
```

컬렉션에서 이 동전을 다시 꺼내기 전에는 오류를 알아채지 못한다.

코드 26-2 반복자의 로 타입 - 따라 하지 말 것!
```
for (Iterator i = stamps.iterator(); i.hasNext(); ) {
    Stamp stamp = (Stamp) i.next(); // ClassCastException을 던진다.
    stamp.cancel();
}
```

이 책 전반에서 줄기차게 이야기하듯, 오류는 가능한 한 발생 즉시, 이상적으로는 컴파일할 때 발견하는 것이 좋다. 이 예에서는 오류가 발생하고 한참 뒤인 런타임에야 알아챌 수 있는데, 이렇게 되면 런타임에 문제를 겪는 코드와 원인을 제공한 코드가 물리적으로 상당히 떨어져 있을 가능성이 커진다. ClassCastException이 발생하면 stamps에 동전을 넣은 지점을 찾기 위해 코드 전체를 훑어봐야 할 수도 있다. 코드 26-1의 "// Stamp **인스턴스만 취급한다.**"는 주석은 컴파일러가 이해하지 못하니 별 도움이 되지 못한다.

제네릭을 활용하면 이 정보가 주석이 아닌 타입 선언 자체에 녹아든다.

코드 26-3 매개변수화된 컬렉션 타입 - 타입 안전성 확보!
```
private final Collection<Stamp> stamps = ...;
```

이렇게 선언하면 컴파일러는 stamps에는 Stamp의 인스턴스만 넣어야 함을 컴파일러가 인지하게 된다. 따라서 아무런 경고 없이 컴파일된다면 의도대로 동작할 것임을 보장한다. 물론 컴파일러 경고를 숨기지 않았어야 한다(아이템 27 참고). 이제 stamps에 엉뚱한 타입의 인스턴스를 넣으려 하면 컴파일 오류가 발생하며 무엇이 잘못됐는지를 정확히 알려준다.

```
Test.java:9: error: incompatible types: Coin cannot be converted
to Stamp
    stamps.add(new Coin());
              ^
```

컴파일러는 컬렉션에서 원소를 꺼내는 모든 곳에 보이지 않는 형변환을 추가하여 절대 실패하지 않음을 보장한다(이번에도 컴파일러 경고가 나지 않았고 경고를 숨기지도 않았다고 가정했다). Stamp용 컬렉션에 Coin을 넣는다는 예가 억지스러워 보이겠지만, 현업에서도 종종 일어나는 일이다. 예컨대 BigDecimal용 컬렉션에 BigInteger를 넣는 실수는 그리 억지 같지 않을 것이다.

앞에서도 얘기했듯, 로 타입(타입 매개변수가 없는 제네릭 타입)을 쓰는 걸 언어 차원에서 막아 놓지는 않았지만 절대로 써서는 안 된다. **로 타입을 쓰면 제네릭이 안겨주는 안전성과 표현력을 모두 잃게 된다.** 그렇다면 절대 써서는 안 되는 로 타입을 애초에 왜 만들어놓은 걸까? 바로 호환성 때문이다. 자바가 제네릭을 받아들이기까지 거의 10년이 걸린 탓에 제네릭 없이 짠 코드가 이미 세상을 뒤덮어 버렸다. 그래서 기존 코드를 모두 수용하면서 제네릭을 사용하는 새로운 코드와도 맞물려 돌아가게 해야만 했다. 로 타입을 사용하는 메서드에 매개변수화 타입의 인스턴스를 넘겨도 (물론 그 반대도) 동작해야만 했던 것이다. 이 마이그레이션 호환성을 위해 로 타입을 지원하고 제네릭 구현에는 소거(erasure; 아이템 28) 방식을 사용하기로 했다.

List 같은 로 타입은 사용해서는 안 되나, List<Object>처럼 임의 객체를 허용하는 매개변수화 타입은 괜찮다. 로 타입인 List와 매개변수화 타입인 List<Object>의 차이는 무엇일까? 간단히 이야기하자면, List는 제네릭 타입에서 완전히 발을 뺀 것이고, List<Object>는 모든 타입을 허용한다는 의사를 컴파일러에 명확히 전달한 것이다. 매개변수로 List를 받는 메서드에 List<String>을 넘길 수 있지만, List<Object>를 받는 메서드에는 넘길 수 없다. 이는 제네릭의 하위 타입 규칙 때문이다. 즉, List<String>은 로 타입인 List의 하위 타입이지만, List<Object>의 하위 타입은 아니다(아이템 28). 그 결과, **List<Object> 같은 매개변수화 타입을 사용할 때와 달리 List 같은 로 타입을 사용하면 타입 안전성을 잃게 된다.**

다음 프로그램에서 구체적인 예를 살펴보자.

코드 26-4 런타임에 실패한다. - unsafeAdd 메서드가 로 타입(List)을 사용

```
public static void main(String[] args) {
    List<String> strings = new ArrayList<>();
```

```
        unsafeAdd(strings, Integer.valueOf(42));
        String s = strings.get(0); // 컴파일러가 자동으로 형변환 코드를 넣어준다.
}

private static void unsafeAdd(List list, Object o) {
        list.add(o);
}
```

이 코드는 컴파일은 되지만 로 타입인 List를 사용하여 다음과 같은 경고가 발생한다.

```
Test.java:10: warning: [unchecked] unchecked call to add(E) as a
member of the raw type List
        list.add(o);
               ^
```

이 프로그램을 이대로 실행하면 strings.get(0)의 결과를 형변환하려 할 때 ClassCastException을 던진다. Integer를 String으로 변환하려 시도한 것이다. 이 형변환은 컴파일러가 자동으로 만들어준 것이라 보통은 실패하지 않는다. 하지만 이 경우엔 컴파일러의 경고를 무시하여 그 대가를 치른 것이다.

　이제 로 타입인 List를 매개변수화 타입인 List<Object>로 바꾼 다음 다시 컴파일해보자. 이번에는 다음 오류 메시지가 출력되며 컴파일조차 되지 않는다.

```
Test.java:5: error: incompatible types: List<String> cannot be
converted to List<Object>
        unsafeAdd(strings, Integer.valueOf(42));
                 ^
```

이쯤 되면 원소의 타입을 몰라도 되는 로 타입을 쓰고 싶어질 수 있다. 예컨대 2개의 집합(Set)을 받아 공통 원소를 반환하는 메서드를 작성한다고 해보자. 다음은 제네릭을 처음 접하는 사람이 작성할법한 코드다.

코드 26-5 잘못된 예 - 모르는 타입의 원소도 받는 로 타입을 사용했다.

```
static int numElementsInCommon(Set s1, Set s2) {
        int result = 0;
        for (Object o1 : s1)
                if (s2.contains(o1))
                        result++;
        return result;
}
```

이 메서드는 동작은 하지만 로 타입을 사용해 안전하지 않다. 따라서 비한정적 와일드카드 타입(unbounded wildcard type)을 대신 사용하는 게 좋다. 제네릭 타입을 쓰고 싶지만 실제 타입 매개변수가 무엇인지 신경 쓰고 싶지 않다면 물음표(?)를 사용하자. 예컨대 제네릭 타입인 Set<E>의 비한정적 와일드카드 타입은 Set<?>다. 이것이 어떤 타입이라도 담을 수 있는 가장 범용적인 매개변수화 Set 타입이다. 다음은 비한정적 와일드카드 타입을 사용해 numElementsInCommon을 다시 선언한 모습이다.

코드 26-6 비한정적 와일드카드 타입을 사용하라. - 타입 안전하며 유연하다.

```
static int numElementsInCommon(Set<?> s1, Set<?> s2) { ... }
```

비한정적 와일드카드 타입인 Set<?>와 로 타입인 Set의 차이는 무엇일까? 물음표가 무언가 멋진 일을 해주는 걸까? 특징을 간단히 말하자면 와일드카드 타입은 안전하고, 로 타입은 안전하지 않다. 로 타입 컬렉션에는 아무 원소나 넣을 수 있으니 타입 불변식을 훼손하기 쉽다(코드 26-4의 unsafeAdd 참조). 반면, **Collection<?>에는 (null 외에는) 어떤 원소도 넣을 수 없다.** 다른 원소를 넣으려 하면 컴파일할 때 다음의 오류 메시지를 보게 될 것이다.

```
WildCard.java:13: error: incompatible types: String cannot be
converted to CAP#1
    c.add("verboten");
         ^
  where CAP#1 is a fresh type-variable:
    CAP#1 extends Object from capture of ?
```

보충설명이 필요한 메시지이긴 하지만, 어쨌든 컴파일러는 제 역할을 한 것이다. 즉, 컬렉션의 타입 불변식을 훼손하지 못하게 막았다. 구체적으로는, (null 외의) 어떤 원소도 Collection<?>에 넣지 못하게 했으며 컬렉션에서 꺼낼 수 있는 객체의 타입도 전혀 알 수 없게 했다. 이러한 제약을 받아들일 수 없다면 제네릭 메서드(아이템 30)나 한정적 와일드카드 타입(아이템 31)을 사용하면 된다.

로 타입을 쓰지 말라는 규칙에도 소소한 예외가 몇 개 있다. **class 리터럴에는 로 타입을 써야 한다.** 자바 명세는 class 리터럴에 매개변수화 타입을 사용하지 못하게 했다(배열과 기본 타입은 허용한다).[JLS, 15.8.2] 예를 들어 List. class, String[].class, int.class는 허용하고 List<String>.class와 List<?>. class는 허용하지 않는다.

두 번째 예외는 instanceof 연산자와 관련이 있다. 런타임에는 제네릭 타입 정보가 지워지므로 instanceof 연산자는 비한정적 와일드카드 타입 이외의 매개변수화 타입에는 적용할 수 없다. 그리고 로 타입이든 비한정적 와일드카드 타입이든 instanceof는 완전히 똑같이 동작한다. 비한정적 와일드카드 타입의 꺾쇠괄호와 물음표는 아무런 역할 없이 코드만 지저분하게 만드므로, 차라리 로 타입을 쓰는 편이 깔끔하다. **다음은 제네릭 타입에 instanceof를 사용하는 올바른 예다.**

코드 26-7 로 타입을 써도 좋은 예 - instanceof 연산자

```java
if (o instanceof Set) {        // 로 타입
    Set<?> s = (Set<?>) o;     // 와일드카드 타입
    ...
}
```

 o의 타입이 Set임을 확인한 다음 와일드카드 타입인 Set<?>로 형변환해야 한다(로 타입인 Set이 아니다). 이는 검사 형변환(checked cast)이므로 컴파일러 경고가 뜨지 않는다.

> **핵심 정리**
>
> 로 타입을 사용하면 런타임에 예외가 일어날 수 있으니 사용하면 안 된다. 로 타입은 제네릭이 도입되기 이전 코드와의 호환성을 위해 제공될 뿐이다. 빠르게 훑어보자면, Set<Object>는 어떤 타입의 객체도 저장할 수 있는 매개변수화 타입이고, Set<?>는 모종의 타입 객체만 저장할 수 있는 와일드카드 타입이다. 그리고 이들의 로 타입인 Set은 제네릭 타입 시스템에 속하지 않는다. Set<Object>와 Set<?>는 안전하지만, 로 타입인 Set은 안전하지 않다.

다음 표에서는 이번 아이템에서 사용한 용어를 정리했다. 5장 전반에 사용할 용어도 미리 소개한다. 낯선 용어가 난무해 헷갈릴 때 참고하기 바란다.

한글 용어	영문 용어	예	아이템
매개변수화 타입	parameterized type	`List<String>`	아이템 26
실제 타입 매개변수	actual type parameter	`String`	아이템 26
제네릭 타입	generic type	`List<E>`	아이템 26, 29
정규 타입 매개변수	formal type parameter	`E`	아이템 26
비한정적 와일드카드 타입	unbounded wildcard typ	`List<?>`	아이템 26
로 타입	raw type	`List`	아이템 26
한정적 타입 매개변수	bounded type parameter	`<E extends Number>`	아이템 29
재귀적 타입 한정	recursive type bound	`<T extends Comparable<T>>`	아이템 30
한정적 와일드카드 타입	bounded wildcard type	`List<? extends Number>`	아이템 31
제네릭 메서드	generic method	`static <E> List<E> asList(E[] a)`	아이템 30
타입 토큰	type token	`String.class`	아이템 33

아이템 27

비검사 경고를 제거하라

제네릭을 사용하기 시작하면 수많은 컴파일러 경고를 보게 될 것이다. 비검사 형변환 경고, 비검사 메서드 호출 경고, 비검사 매개변수화 가변인수 타입 경고, 비검사 변환 경고 등이다. 제네릭에 익숙해질수록 마주치는 경고 수는 줄겠지만 새로 작성한 코드가 한번에 깨끗하게 컴파일되리라 기대하지는 말자.

　대부분의 비검사 경고는 쉽게 제거할 수 있다. 코드를 다음처럼 잘못 작성했다고 해보자.

```
Set<Lark> exaltation = new HashSet();
```

그러면 컴파일러는 무엇이 잘못됐는지 친절히 설명해줄 것이다(javac 명령줄 인수에 -Xlint:uncheck 옵션을 추가해야 한다).

```
Venery.java:4: warning: [unchecked] unchecked conversion
        Set<Lark> exaltation = new HashSet();
                               ^
  required: Set<Lark>
  found:    HashSet
```

컴파일러가 알려준 대로 수정하면 경고가 사라진다. 사실 컴파일러가 알려준 타입 매개변수를 명시하지 않고, 자바 7부터 지원하는 다이아몬드 연산자(<>)만으로 해결할 수 있다. 그러면 컴파일러가 올바른 실제 타입 매개변수(이 경우는 Lark)를 추론해준다.

```
Set<Lark> exaltation = new HashSet<>();
```

제거하기 훨씬 어려운 경고도 있다. 이번 장은 그러한 경고를 내는 예제들로 가득 채웠다. 곧바로 해결되지 않는 경고가 나타나도 포기하지 말자! **할 수 있는 한 모든 비검사 경고를 제거하라.** 모두 제거한다면 그 코드는 타입 안전성이 보장된다(매우 좋은 소식이지 않은가!). 즉, 런타임에 ClassCastException이 발생할 일이 없고, 여러분이 의도한 대로 잘 동작하리라 확신할 수 있다.

경고를 제거할 수는 없지만 타입 안전하다고 확신할 수 있다면 @Suppress Warnings("unchecked") 애너테이션을 달아 경고를 숨기자. 단, 타입 안전함을 검증하지 않은 채 경고를 숨기면 스스로에게 잘못된 보안 인식을 심어주는 꼴이다. 그 코드는 경고 없이 컴파일되겠지만, 런타임에는 여전히 ClassCastException을 던질 수 있다. 한편, 안전하다고 검증된 비검사 경고를 (숨기지 않고) 그대로 두면, 진짜 문제를 알리는 새로운 경고가 나와도 눈치채지 못할 수 있다. 제거하지 않은 수많은 거짓 경고 속에 새로운 경고가 파묻힐 것이기 때문이다.

@SuppressWarnings 애너테이션은 개별 지역변수 선언부터 클래스 전체까지 어떤 선언에도 달 수 있다. 하지만 **@SuppressWarnings 애너테이션은 항상 가능한 한 좁은 범위에 적용하자.** 보통은 변수 선언, 아주 짧은 메서드, 혹은 생성자가 될 것이다. 자칫 심각한 경고를 놓칠 수 있으니 절대로 클래스 전체에 적용해서는 안 된다.

한 줄이 넘는 메서드나 생성자에 달린 @SuppressWarnings 애너테이션을 발견하면 지역변수 선언 쪽으로 옮기자. 이를 위해 지역변수를 새로 선언하는 수고를 해야 할 수도 있지만, 그만한 값어치가 있을 것이다. ArrayList에서 가져온 다음의 toArray 메서드를 예로 생각해보자.

```java
public <T> T[] toArray(T[] a) {
    if (a.length < size)
        return (T[]) Arrays.copyOf(elements, size, a.getClass());
    System.arraycopy(elements, 0, a, 0, size);
    if (a.length > size)
        a[size] = null;
    return a;
}
```

ArrayList를 컴파일하면 이 메서드에서 다음 경고가 발생한다.

```
ArrayList.java:305: warning: [unchecked] unchecked cast
        return (T[]) Arrays.copyOf(elements, size, a.getClass());
                    ^
  required: T[]
  found:    Object[]
```

애너테이션은 선언에만 달 수 있기 때문에 return 문에는 @SuppressWarnings를 다는 게 불가능하다.[JLS, 9.7] 그렇다면 이제 메서드 전체에 달고 싶겠지만, 범위가 필요 이상으로 넓어지니 자제하자. 그 대신 반환값을 담을 지역변수를 하나 선언하고 그 변수에 애너테이션을 달아주자. 다음은 toArray를 이렇게 수정한 모습이다.

코드 27-1 지역변수를 추가해 @SuppressWarnings의 범위를 좁힌다.

```
public <T> T[] toArray(T[] a) {
    if (a.length < size) {
        // 생성한 배열과 매개변수로 받은 배열의 타입이 모두 T[]로 같으므로
        // 올바른 형변환이다.
        @SuppressWarnings("unchecked") T[] result =
            (T[]) Arrays.copyOf(elements, size, a.getClass());
        return result;
    }
    System.arraycopy(elements, 0, a, 0, size);
    if (a.length > size)
        a[size] = null;
    return a;
}
```

이 코드는 깔끔하게 컴파일되고 비검사 경고를 숨기는 범위도 최소로 좁혔다. **@SuppressWarnings("unchecked") 애너테이션을 사용할 때면 그 경고를 무시해도 안전한 이유를 항상 주석으로 남겨야 한다.** 다른 사람이 그 코드를 이해하는 데 도움이 되며, 더 중요하게는, 다른 사람이 그 코드를 잘못 수정하여 타입 안전성을 잃는 상황을 줄여준다. 코드가 안전한 근거가 쉽게 떠오르지 않더라도 끝까지 포기하지 말자. 근거를 찾는 중에 그 코드가 사실은 안전하지 않다는 걸 발견할 수도 있으니 말이다.

핵심 정리

비검사 경고는 중요하니 무시하지 말자. 모든 비검사 경고는 런타임에 ClassCastException을 일으킬 수 있는 잠재적 가능성을 뜻하니 최선을 다해 제거하라. 경고를 없앨 방법을 찾지 못하겠다면, 그 코드가 타입 안전함을 증명하고 가능한 한 범위를 좁혀 @SuppressWarnings("unchecked") 애너테이션으로 경고를 숨겨라. 그런 다음 경고를 숨기기로 한 근거를 주석으로 남겨라.

배열보다는 리스트를 사용하라

배열과 제네릭 타입에는 중요한 차이가 두 가지 있다. 첫 번째, 배열은 공변 (covariant; 共變)이다. 어려워 보이는 단어지만 뜻은 간단하다. Sub가 Super의 하위 타입이라면 배열 Sub[]는 배열 Super[]의 하위 타입이 된다(공변, 즉 함께 변한다는 뜻이다). 반면, 제네릭은 불공변(invariant; 不共變)이다. 즉, 서로 다른 타입 Type1과 Type2가 있을 때, List<Type1>은 List<Type2>의 하위 타입도 아니고 상위 타입도 아니다.[JLS, 4.10; Naftalin07, 2.5][2] 이것만 보면 제네릭에 문제가 있다고 생각할 수도 있지만, 사실 문제가 있는 건 배열 쪽이다. 다음은 문법상 허용되는 코드다.

코드 28-1 런타임에 실패한다.

```
Object[] objectArray = new Long[1];
objectArray[0] = "타입이 달라 넣을 수 없다."; // ArrayStoreException을 던진다.
```

하지만 다음 코드는 문법에 맞지 않는다.

코드 28-2 컴파일되지 않는다!

```
List<Object> ol = new ArrayList<Long>(); // 호환되지 않는 타입이다.
ol.add("타입이 달라 넣을 수 없다.");
```

어느 쪽이든 Long용 저장소에 String을 넣을 수는 없다. 다만 배열에서는 그 실수를 런타임에야 알게 되지만, 리스트를 사용하면 컴파일할 때 바로 알 수 있다. 여러분도 물론 컴파일 시에 알아채는 쪽을 선호할 것이다.

두 번째 주요 차이로, 배열은 실체화(reify)된다.[JLS, 4.7] 무슨 뜻인고 하니, 배열은 런타임에도 자신이 담기로 한 원소의 타입을 인지하고 확인한다. 그래

---

2   (옮긴이) 겉보기에 비슷한 C# 제네릭과의 큰 차이점이다. C#의 제네릭도 초기에는 불공변이었으나, 이미 4.0부터 공변을 지원하기 시작했다. C#에서 제네릭을 사용하다 자바로 넘어온 독자는 C#에서는 당연히 되던 것이 안 되어 당황하거나 문제의 원인을 엉뚱한 곳에서 찾느라 시간을 허비할 수 있으니 주의하기 바란다.

서 코드 28-1에서 보듯 Long 배열에 String을 넣으려 하면 ArrayStoreException
이 발생한다. 반면, 앞서 이야기했듯 제네릭은 타입 정보가 런타임에는 소거
(erasure)된다.[JLS, 4.6] 원소 타입을 컴파일타임에만 검사하며 런타임에는 알
수조차 없다는 뜻이다. 소거는 제네릭이 지원되기 전의 레거시 코드와 제네릭
타입을 함께 사용할 수 있게 해주는 메커니즘으로, 자바 5가 제네릭으로 순조
롭게 전환될 수 있도록 해줬다(아이템 26).

이상의 주요 차이로 인해 배열과 제네릭은 잘 어우러지지 못한다. 예컨대 배
열은 제네릭 타입, 매개변수화 타입, 타입 매개변수로 사용할 수 없다. 즉, 코드
를 new List<E>[], new List<String>[], new E[] 식으로 작성하면 컴파일할 때
제네릭 배열 생성 오류를 일으킨다.

제네릭 배열을 만들지 못하게 막은 이유는 무엇일까? 타입 안전하지 않기 때
문이다. 이를 허용한다면 컴파일러가 자동 생성한 형변환 코드에서 런타임에
ClassCastException이 발생할 수 있다. 런타임에 ClassCastException이 발생하
는 일을 막아주겠다는 제네릭 타입 시스템의 취지에 어긋나는 것이다.

다음 코드로 구체적인 상황을 살펴보자.

코드 28-3 제네릭 배열 생성을 허용하지 않는 이유 - 컴파일되지 않는다.

```
List<String>[] stringLists = new List<String>[1];   // (1)
List<Integer> intList = List.of(42);                 // (2)
Object[] objects = stringLists;                      // (3)
objects[0] = intList;                                // (4)
String s = stringLists[0].get(0);                    // (5)
```

제네릭 배열을 생성하는 (1)이 허용된다고 가정해보자. (2)는 원소가 하나
인 List<Integer>를 생성한다. (3)은 (1)에서 생성한 List<String>의 배열을
Object 배열에 할당한다. 배열은 공변이니 아무 문제없다. (4)는 (2)에서 생성
한 List<Integer>의 인스턴스를 Object 배열의 첫 원소로 저장한다. 제네릭은
소거 방식으로 구현되어서 이 역시 성공한다. 즉, 런타임에는 List<Integer>
인스턴스의 타입은 단순히 List가 되고, List<Integer>[] 인스턴스의 타입은
List[]가 된다. 따라서 (4)에서도 ArrayStoreException을 일으키지 않는다.

이제부터가 문제다. List<String> 인스턴스만 담겠다고 선언한 stringLists

배열에는 지금 List<Integer> 인스턴스가 저장돼 있다. 그리고 (5)는 이 배열의 처음 리스트에서 첫 원소를 꺼내려한다. 컴파일러는 꺼낸 원소를 자동으로 String으로 형변환하는데, 이 원소는 Integer이므로 런타임에 ClassCastException이 발생한다. 이런 일을 방지하려면 (제네릭 배열이 생성되지 않도록) (1)에서 컴파일 오류를 내야 한다.

E, List<E>, List<String> 같은 타입을 실체화 불가 타입(non-reifiable type)이라 한다.[JLS, 4.7] 쉽게 말해, 실체화되지 않아서 런타임에는 컴파일타임보다 타입 정보를 적게 가지는 타입이다. 소거 메커니즘 때문에 매개변수화 타입 가운데 실체화될 수 있는 타입은 List<?>와 Map<?,?> 같은 비한정적 와일드카드 타입뿐이다(아이템 26). 배열을 비한정적 와일드카드 타입으로 만들 수는 있지만, 유용하게 쓰일 일은 거의 없다.

배열을 제네릭으로 만들 수 없어 귀찮을 때도 있다. 예컨대 제네릭 컬렉션에서는 자신의 원소 타입을 담은 배열을 반환하는 게 보통은 불가능하다(완벽하지는 않지만 대부분의 상황에서 이 문제를 해결해주는 방법을 아이템 33에서 설명한다). 또한 제네릭 타입과 가변인수 메서드(varargs method, 아이템 53)를 함께 쓰면 해석하기 어려운 경고 메시지를 받게 된다. 가변인수 메서드를 호출할 때마다 가변인수 매개변수를 담을 배열이 하나 만들어지는데, 이때 그 배열의 원소가 실체화 불가 타입이라면 경고가 발생하는 것이다. 이 문제는 @SafeVarargs 애너테이션으로 대처할 수 있다(아이템 32).

배열로 형변환할 때 제네릭 배열 생성 오류나 비검사 형변환 경고가 뜨는 경우 대부분은 배열인 E[] 대신 컬렉션인 List<E>를 사용하면 해결된다. 코드가 조금 복잡해지고 성능이 살짝 나빠질 수도 있지만, 그 대신 타입 안전성과 상호운용성은 좋아진다.

생성자에서 컬렉션을 받는 Chooser 클래스를 예로 살펴보자. 이 클래스는 컬렉션 안의 원소 중 하나를 무작위로 선택해 반환하는 choose 메서드를 제공한다. 생성자에 어떤 컬렉션을 넘기느냐에 따라 이 클래스를 주사위판, 매직 8볼, 몬테카를로(Monte Carlo) 시뮬레이션용 데이터 소스 등으로 사용할 수 있다. 다음은 제네릭을 쓰지 않고 구현한 가장 간단한 버전이다.

코드 28-4 **Chooser - 제네릭을 시급히 적용해야 한다!**

```java
public class Chooser {
    private final Object[] choiceArray;

    public Chooser(Collection choices) {
        choiceArray = choices.toArray();
    }

    public Object choose() {
        Random rnd = ThreadLocalRandom.current();
        return choiceArray[rnd.nextInt(choiceArray.length)];
    }
}
```

이 클래스를 사용하려면 choose 메서드를 호출할 때마다 반환된 Object를 원하는 타입으로 형변환해야 한다. 혹시나 타입이 다른 원소가 들어 있었다면 런타임에 형변환 오류가 날 것이다. 뒤에 나올 아이템 29의 조언을 가슴에 새기고 이 클래스를 제네릭으로 만들어보자. 수정한 부분은 굵게 표시했다.

코드 28-5 **Chooser를 제네릭으로 만들기 위한 첫 시도 - 컴파일되지 않는다.**

```java
public class Chooser<T> {
    private final T[] choiceArray;

    public Chooser(Collection<T> choices) {
        choiceArray = choices.toArray();
    }

    // choose 메서드는 그대로다.
}
```

이 클래스를 컴파일하면 다음의 오류 메시지가 출력될 것이다.

```
Chooser.java:9: error: incompatible types: Object[] cannot be
converted to T[]
        choiceArray = choices.toArray();
                                      ^
  where T is a type-variable:
    T extends Object declared in class Chooser
```

걱정할 거 없다. Object 배열을 T 배열로 형변환하면 된다.

```java
        choiceArray = (T[]) choices.toArray();
```

그런데 이번엔 경고가 뜬다.

```
Chooser.java:9: warning: [unchecked] unchecked cast
        choiceArray = (T[]) choices.toArray();
                                           ^
  required: T[], found: Object[]
  where T is a type-variable:
T extends Object declared in class Chooser
```

T가 무슨 타입인지 알 수 없으니 컴파일러는 이 형변환이 런타임에도 안전한 지 보장할 수 없다는 메시지다. 제네릭에서는 원소의 타입 정보가 소거되어 런타임에는 무슨 타입인지 알 수 없음을 기억하자! 그렇다면 이 프로그램은 동작할까? 동작한다. 단지 컴파일러가 안전을 보장하지 못할 뿐이다. 코드를 작성하는 사람이 안전하다고 확신한다면 주석을 남기고 애너테이션을 달아 경고를 숨겨도 된다. 하지만 애초에 경고의 원인을 제거하는 편이 훨씬 낫다(아이템 27).

비검사 형변환 경고를 제거하려면 배열 대신 리스트를 쓰면 된다. 다음 Chooser는 오류나 경고 없이 컴파일된다.

코드 28-6 리스트 기반 Chooser - 타입 안전성 확보!
```java
public class Chooser<T> {
    private final List<T> choiceList;

    public Chooser(Collection<T> choices) {
        choiceList = new ArrayList<>(choices);
    }

    public T choose() {
        Random rnd = ThreadLocalRandom.current();
        return choiceList.get(rnd.nextInt(choiceList.size()));
    }
}
```

이번 버전은 코드양이 조금 늘었고 아마도 조금 더 느릴 테지만, 런타임에 ClassCastException을 만날 일은 없으니 그만한 가치가 있다.

핵심 정리

배열과 제네릭에는 매우 다른 타입 규칙이 적용된다. 배열은 공변이고 실체화되는 반면,

제네릭은 불공변이고 타입 정보가 소거된다. 그 결과 배열은 런타임에는 타입 안전하지만 컴파일타임에는 그렇지 않다. 제네릭은 반대다. 그래서 둘을 섞어 쓰기란 쉽지 않다. 둘을 섞어 쓰다가 컴파일 오류나 경고를 만나면, 가장 먼저 배열을 리스트로 대체하는 방법을 적용해보자.

아이템 29

이왕이면 제네릭 타입으로 만들라

JDK가 제공하는 제네릭 타입과 메서드를 사용하는 일은 일반적으로 쉬운 편이지만, 제네릭 타입을 새로 만드는 일은 조금 더 어렵다. 그래도 배워두면 그만한 값어치는 충분히 한다.

아이템 7에서 다룬 단순한 스택 코드를 다시 살펴보자.

코드 29-1 Object 기반 스택 - 제네릭이 절실한 강력 후보!
```java
public class Stack {
    private Object[] elements;
    private int size = 0;
    private static final int DEFAULT_INITIAL_CAPACITY = 16;

    public Stack() {
        elements = new Object[DEFAULT_INITIAL_CAPACITY];
    }

    public void push(Object e) {
        ensureCapacity();
        elements[size++] = e;
    }

    public Object pop() {
        if (size == 0)
            throw new EmptyStackException();
        Object result = elements[--size];
        elements[size] = null; // 다 쓴 참조 해제
        return result;
    }

    public boolean isEmpty() {
        return size == 0;
    }

    private void ensureCapacity() {
        if (elements.length == size)
            elements = Arrays.copyOf(elements, 2 * size + 1);
    }
}
```

이 클래스는 원래 제네릭 타입이어야 마땅하다. 그러니 제네릭으로 만들어보자. 이 클래스를 제네릭으로 바꾼다고 해도 현재 버전을 사용하는 클라이언트에는 아무런 해가 없다. 오히려 지금 상태에서의 클라이언트는 스택에서 꺼낸 객체를 형변환해야 하는데, 이때 런타임 오류가 날 위험이 있다.

일반 클래스를 제네릭 클래스로 만드는 첫 단계는 클래스 선언에 타입 매개변수를 추가하는 일이다. 코드 29-1의 예에서는 스택이 담을 원소의 타입 하나만 추가하면 된다. 이때 타입 이름으로는 보통 E를 사용한다(아이템 68).

그런 다음 코드에 쓰인 Object를 적절한 타입 매개변수로 바꾸고 컴파일해보자.

코드 29-2 제네릭 스택으로 가는 첫 단계 - 컴파일되지 않는다.

```
public class Stack<E> {
    private E[] elements;
    private int size = 0;
    private static final int DEFAULT_INITIAL_CAPACITY = 16;

    public Stack() {
        elements = new E[DEFAULT_INITIAL_CAPACITY];
    }

    public void push(E e) {
        ensureCapacity();
        elements[size++] = e;
    }

    public E pop() {
        if (size == 0)
            throw new EmptyStackException();
        E result = elements[--size];
        elements[size] = null; // 다 쓴 참조 해제
        return result;
    }
    ... // isEmpty와 ensureCapacity 메서드는 그대로다.
}
```

이 단계에서 대체로 하나 이상의 오류나 경고가 뜨는데, 이 클래스도 예외는 아니다. 여기서는 다행히 오류가 하나만 발생했다.

```
Stack.java:8: generic array creation
        elements = new E[DEFAULT_INITIAL_CAPACITY];
                   ^
```

아이템 28에서 설명한 것처럼, E와 같은 실체화 불가 타입으로는 배열을 만들 수 없다. 배열을 사용하는 코드를 제네릭으로 만들려 할 때는 이 문제가 항상 발목을 잡을 것이다. 적절한 해결책은 두 가지다. 첫 번째는 제네릭 배열 생성을 금지하는 제약을 대놓고 우회하는 방법이다. Object 배열을 생성한 다음 제네릭 배열로 형변환해보자. 이제 컴파일러는 오류 대신 경고를 내보낼 것이다. 이렇게도 할 수는 있지만 (일반적으로) 타입 안전하지 않다.

```
Stack.java:8: warning: [unchecked] unchecked cast
found: Object[], required: E[]
        elements = (E[]) new Object[DEFAULT_INITIAL_CAPACITY];
                   ^
```

컴파일러는 이 프로그램이 타입 안전한지 증명할 방법이 없지만 우리는 할 수 있다. 따라서 이 비검사 형변환이 프로그램의 타입 안전성을 해치지 않음을 우리 스스로 확인해야 한다. 문제의 배열 elements는 private 필드에 저장되고, 클라이언트로 반환되거나 다른 메서드에 전달되는 일이 전혀 없다. push 메서드를 통해 배열에 저장되는 원소의 타입은 항상 E다. 따라서 이 비검사 형변환은 확실히 안전하다.

비검사 형변환이 안전함을 직접 증명했다면 범위를 최소로 좁혀 @Suppress
Warnings 애너테이션으로 해당 경고를 숨긴다(아이템 27). 이 예에서는 생성자가 비검사 배열 생성 말고는 하는 일이 없으니 생성자 전체에서 경고를 숨겨도 좋다. 애너테이션을 달면 Stack은 깔끔히 컴파일되고, 명시적으로 형변환하지 않아도 ClassCastException 걱정 없이 사용할 수 있게 된다.

코드 29-3 배열을 사용한 코드를 제네릭으로 만드는 방법 1

```
// 배열 elements는 push(E)로 넘어온 E 인스턴스만 담는다.
// 따라서 타입 안전성을 보장하지만,
// 이 배열의 런타임 타입은 E[]가 아닌 Object[]다!
@SuppressWarnings("unchecked")
public Stack() {
    elements = (E[]) new Object[DEFAULT_INITIAL_CAPACITY];
}
```

제네릭 배열 생성 오류를 해결하는 두 번째 방법은 elements 필드의 타입을 E[]에서 Object[]로 바꾸는 것이다. 이렇게 하면 첫 번째와는 다른 오류가 발생한다.

```
Stack.java:19: incompatible types
found: Object, required: E
        E result = elements[--size];
                           ^
```

배열이 반환한 원소를 E로 형변환하면 오류 대신 경고가 뜬다.

```
Stack.java:19: warning: [unchecked] unchecked cast
found: Object, required: E
        E result = (E) elements[--size];
                       ^
```

E는 실체화 불가 타입이므로 컴파일러는 런타임에 이뤄지는 형변환이 안전한지 증명할 방법이 없다. 이번에도 마찬가지로 우리가 직접 증명하고 경고를 숨길 수 있다. pop 메서드 전체에서 경고를 숨기지 말고, 아이템 27의 조언을 따라 비검사 형변환을 수행하는 할당문에서만 숨겨보자.

코드 29-4 배열을 사용한 코드를 제네릭으로 만드는 방법 2

```java
// 비검사 경고를 적절히 숨긴다
public E pop() {
    if (size == 0)
        throw new EmptyStackException();

    // push에서 E 타입만 허용하므로 이 형변환은 안전하다.
    @SuppressWarnings("unchecked") E result = (E) elements[--size];

    elements[size] = null; // 다 쓴 참조 해제
    return result;
}
```

제네릭 배열 생성을 제거하는 두 방법 모두 나름의 지지를 얻고 있다. 첫 번째 방법은 가독성이 더 좋다. 배열의 타입을 E[]로 선언하여 오직 E 타입 인스턴스만 받음을 확실히 어필한다. 코드도 더 짧다. 보통의 제네릭 클래스라면 코드 이곳저곳에서 이 배열을 자주 사용할 것이다. 첫 번째 방식에서는 형변환을 배열 생성 시 단 한 번만 해주면 되지만, 두 번째 방식에서는 배열에서 원소를 읽을 때마다 해줘야 한다. 따라서 현업에서는 첫 번째 방식을 더 선호하며 자주 사용한다. 하지만 (E가 Object가 아닌 한) 배열의 런타임 타입이 컴파일타임 타입과 달라 힙 오염(heap pollution; 아이템 32)을 일으킨다. 힙 오염이 맘에 걸리는 프로그래머는 두 번째 방식을 고수하기도 한다(이번 아이템의 예에서는

힙 오염이 해가 되지 않았다).

다음은 명령줄 인수들을 역순으로 바꿔 대문자로 출력하는 프로그램으로, 방금 만든 제네릭 Stack 클래스를 사용하는 모습을 보여준다. Stack에서 꺼낸 원소에서 String의 toUpperCase 메서드를 호출할 때 명시적 형변환을 수행하지 않으며, (컴파일러에 의해 자동 생성된) 이 형변환이 항상 성공함을 보장한다.

코드 29-5 제네릭 Stack을 사용하는 맛보기 프로그램

```
public static void main(String[] args) {
    Stack<String> stack = new Stack<>();
    for (String arg : args)
        stack.push(arg);
    while (!stack.isEmpty())
        System.out.println(stack.pop().toUpperCase());
}
```

지금까지 설명한 Stack 예는 "배열보다는 리스트를 우선하라"는 아이템 28과 모순돼 보인다. 사실 제네릭 타입 안에서 리스트를 사용하는 게 항상 가능하지도, 꼭 더 좋은 것도 아니다. 자바가 리스트를 기본 타입으로 제공하지 않으므로 ArrayList 같은 제네릭 타입도 결국은 기본 타입인 배열을 사용해 구현해야 한다. 또한 HashMap 같은 제네릭 타입은 성능을 높일 목적으로 배열을 사용하기도 한다.

Stack 예처럼 대다수의 제네릭 타입은 타입 매개변수에 아무런 제약을 두지 않는다. Stack<Object>, Stack<int[]>, Stack<List<String>>, Stack 등 어떤 참조 타입으로도 Stack을 만들 수 있다. 단, 기본 타입은 사용할 수 없다. Stack<int>나 Stack<double>을 만들려고 하면 컴파일 오류가 난다. 이는 자바 제네릭 타입 시스템의 근본적인 문제이나, 박싱된 기본 타입(아이템 61)을 사용해 우회할 수 있다.

타입 매개변수에 제약을 두는 제네릭 타입도 있다. 예컨대 java.util.concurrent.DelayQueue는 다음처럼 선언되어 있다.

```
class DelayQueue<E extends Delayed> implements BlockingQueue<E>
```

타입 매개변수 목록인 <E extends Delayed>는 java.util.concurrent.Delayed의 하위 타입만 받는다는 뜻이다. 이렇게 하여 DelayQueue 자신과 DelayQueue

를 사용하는 클라이언트는 DelayQueue의 원소에서 (형변환 없이) 곧바로 Delayed 클래스의 메서드를 호출할 수 있다. ClassCastException 걱정은 할 필요가 없다. 이러한 타입 매개변수 E를 한정적 타입 매개변수(bounded type parameter)라 한다. 그리고 하나 더! 모든 타입은 자기 자신의 하위 타입이므로 [JLS, 4.10] DelayQueue<Delayed>로도 사용할 수 있음을 기억해두자.

핵심 정리

클라이언트에서 직접 형변환해야 하는 타입보다 제네릭 타입이 더 안전하고 쓰기 편하다. 그러니 새로운 타입을 설계할 때는 형변환 없이도 사용할 수 있도록 하라. 그렇게 하려면 제네릭 타입으로 만들어야 할 경우가 많다. 기존 타입 중 제네릭이었어야 하는 게 있다면 제네릭 타입으로 변경하자. 기존 클라이언트에는 아무 영향을 주지 않으면서, 새로운 사용자를 훨씬 편하게 해주는 길이다(아이템 26).

아이템 30

이왕이면 제네릭 메서드로 만들라

클래스와 마찬가지로, 메서드도 제네릭으로 만들 수 있다. 매개변수화 타입을 받는 정적 유틸리티 메서드는 보통 제네릭이다. 예컨대 Collections의 '알고리즘' 메서드(binarySearch, sort 등)는 모두 제네릭이다.

제네릭 메서드 작성법은 제네릭 타입 작성법과 비슷하다. 다음은 두 집합의 합집합을 반환하는, 문제가 있는 메서드다.

코드 30-1 로 타입 사용 - 수용 불가! (아이템 26)

```
public static Set union(Set s1, Set s2) {
    Set result = new HashSet(s1);
    result.addAll(s2);
    return result;
}
```

컴파일은 되지만 경고가 두 개 발생한다.

```
Union.java:5: warning: [unchecked] unchecked call to
HashSet(Collection<? extends E>) as a member of raw type HashSet
        Set result = new HashSet(s1);
                     ^
Union.java:6: warning: [unchecked] unchecked call to
addAll(Collection<? extends E>) as a member of raw type Set
        result.addAll(s2);
               ^
```

경고를 없애려면 이 메서드를 타입 안전하게 만들어야 한다. 메서드 선언에서의 세 집합(입력 2개, 반환 1개)의 원소 타입을 타입 매개변수로 명시하고, 메서드 안에서도 이 타입 매개변수만 사용하게 수정하면 된다. **(타입 매개변수들을 선언하는) 타입 매개변수 목록은 메서드의 제한자와 반환 타입 사이에 온다.** 다음 코드에서 타입 매개변수 목록은 <E>이고 반환 타입은 Set<E>이다. 타입 매개변수의 명명 규칙은 제네릭 메서드나 제네릭 타입이나 똑같다(아이템 29, 68).

코드 30-2 제네릭 메서드

```java
public static <E> Set<E> union(Set<E> s1, Set<E> s2) {
    Set<E> result = new HashSet<>(s1);
    result.addAll(s2);
    return result;
}
```

단순한 제네릭 메서드라면 이 정도면 충분하다. 이 메서드는 경고 없이 컴파일되며, 타입 안전하고, 쓰기도 쉽다. 다음은 이 메서드를 사용하는 간단한 프로그램이다. 직접 형변환하지 않아도 어떤 오류나 경고 없이 컴파일된다.

코드 30-3 제네릭 메서드를 활용하는 간단한 프로그램

```java
public static void main(String[] args) {
    Set<String> guys = Set.of("톰", "딕", "해리");
    Set<String> stooges = Set.of("래리", "모에", "컬리");
    Set<String> aflCio = union(guys, stooges);
    System.out.println(aflCio);
}
```

이 프로그램을 실행하면 "[모에, 톰, 해리, 래리, 컬리, 딕]"이 출력된다(원소 순서는 구현 방식에 따라 달라진다).

코드 30-2이 union 메서드는 집합 3개(입력 2개, 반환 1개)의 타입이 모두 같아야 한다. 이를 한정적 와일드카드 타입(아이템 31)을 사용하여 더 유연하게 개선할 수 있다.

때때로 불변 객체를 여러 타입으로 활용할 수 있게 만들어야 할 때가 있다. 제네릭은 런타임에 타입 정보가 소거(아이템 28)되므로 하나의 객체를 어떤 타입으로든 매개변수화할 수 있다. 하지만 이렇게 하려면 요청한 타입 매개변수에 맞게 매번 그 객체의 타입을 바꿔주는 정적 팩터리를 만들어야 한다. 이 패턴을 제네릭 싱글턴 팩터리라 하며, Collections.reverseOrder 같은 함수 객체(아이템 42)나 (이따금) Collections.emptySet 같은 컬렉션용으로 사용한다.

이번에는 항등함수(identity function)를 담은 클래스를 만들고 싶다고 해보자. 자바 라이브러리의 Function.identity를 사용하면 되지만(아이템 59), 공부를 위해서 직접 한번 작성해보자. 항등함수 객체는 상태가 없으니 요청할 때마다 새로 생성하는 것은 낭비다. 자바의 제네릭이 실체화된다면 항등함수를

타입별로 하나씩 만들어야 했겠지만, 소거 방식을 사용한 덕에 제네릭 싱글턴 하나면 충분하다. 예를 보자.

코드 30-4 제네릭 싱글턴 팩터리 패턴

```
private static UnaryOperator<Object> IDENTITY_FN = (t) -> t;

@SuppressWarnings("unchecked")
public static <T> UnaryOperator<T> identityFunction() {
    return (UnaryOperator<T>) IDENTITY_FN;
}
```

IDENTITY_FN을 UnaryOperator<T>로 형변환하면 비검사 형변환 경고가 발생한다. T가 어떤 타입이든 UnaryOperator<Object>는 UnaryOperator<T>가 아니기 때문이다. 하지만 항등함수란 입력 값을 수정 없이 그대로 반환하는 특별한 함수이므로, T가 어떤 타입이든 UnaryOperator<T>를 사용해도 타입 안전하다. 우리는 이 사실을 알고 있으니 이 메서드가 내보내는 비검사 형변환 경고는 숨겨도 안심할 수 있다. 이제 코드 30-4처럼 @SuppressWarnings 애너테이션을 추가하면 오류나 경고 없이 컴파일된다.

다음 코드는 코드 30-4의 제네릭 싱글턴을 UnaryOperator<String>과 Unary Operator<Number>로 사용하는 모습이다. 지금까지와 마찬가지로 형변환을 하지 않아도 컴파일 오류나 경고가 발생하지 않는다.

코드 30-5 제네릭 싱글턴을 사용하는 예

```
public static void main(String[] args) {
    String[] strings = { "삼베", "대마", "나일론" };
    UnaryOperator<String> sameString = identityFunction();
    for (String s : strings)
        System.out.println(sameString.apply(s));

    Number[] numbers = { 1, 2.0, 3L };
    UnaryOperator<Number> sameNumber = identityFunction();
    for (Number n : numbers)
        System.out.println(sameNumber.apply(n));
}
```

상대적으로 드물긴 하지만, 자기 자신이 들어간 표현식을 사용하여 타입 매개변수의 허용 범위를 한정할 수 있다. 바로 재귀적 타입 한정(recursive type bound)이라는 개념이다. 재귀적 타입 한정은 주로 타입의 자연적 순서를 정하는 Comparable 인터페이스(아이템 14)와 함께 쓰인다. 예를 살펴보자.

```
public interface Comparable<T> {
    int compareTo(T o);
}
```

여기서 타입 매개변수 T는 Comparable<T>를 구현한 타입이 비교할 수 있는 원소의 타입을 정의한다. 실제로 거의 모든 타입은 자신과 같은 타입의 원소와만 비교할 수 있다. 따라서 String은 Comparable<String>을 구현하고 Integer는 Comparable<Integer>를 구현하는 식이다.

Comparable을 구현한 원소의 컬렉션을 입력받는 메서드들은 주로 그 원소들을 정렬 혹은 검색하거나, 최솟값이나 최댓값을 구하는 식으로 사용된다. 이 기능을 수행하려면 컬렉션에 담긴 모든 원소가 상호 비교될 수 있어야 한다. 다음은 이 제약을 코드로 표현한 모습이다.

코드 30-6 재귀적 타입 한정을 이용해 상호 비교할 수 있음을 표현했다.

```
public static <E extends Comparable<E>> E max(Collection<E> c);
```

타입 한정인 <E extends Comparable<E>>는 "모든 타입 E는 자신과 비교할 수 있다"라고 읽을 수 있다. 상호 비교 가능하다는 뜻을 아주 정확하게 표현했다고 할 수 있다.

다음은 방금 선언한 메서드의 구현이다. 컬렉션에 담긴 원소의 자연적 순서를 기준으로 최댓값을 계산하며, 컴파일 오류나 경고는 발생하지 않는다.

코드 30-7 컬렉션에서 최댓값을 반환한다. - 재귀적 타입 한정 사용

```
public static <E extends Comparable<E>> E max(Collection<E> c) {
    if (c.isEmpty())
        throw new IllegalArgumentException("컬렉션이 비어 있습니다.");

    E result = null;
    for (E e : c)
        if (result == null || e.compareTo(result) > 0)
            result = Objects.requireNonNull(e);

    return result;
}
```

이 메서드에 빈 컬렉션을 건네면 IllegalArgumentException을 던지니, Optional<E> 를 반환하도록 고치는 편이 나을 것이다(아이템 55).

재귀적 타입 한정은 훨씬 복잡해질 가능성이 있긴 하지만, 다행히 그런 일은 잘 일어나지 않는다. 이번 아이템에서 설명한 관용구, 여기에 와일드카드를 사용한 변형(아이템 31), 그리고 시뮬레이트한 셀프 타입 관용구(아이템 2)를 이해하고 나면 실전에서 마주치는 대부분의 재귀적 타입 한정을 무리 없이 다룰 수 있을 것이다.

> **핵심 정리**
>
> 제네릭 타입과 마찬가지로, 클라이언트에서 입력 매개변수와 반환값을 명시적으로 형변환해야 하는 메서드보다 제네릭 메서드가 더 안전하며 사용하기도 쉽다. 타입과 마찬가지로, 메서드도 형변환 없이 사용할 수 있는 편이 좋으며, 많은 경우 그렇게 하려면 제네릭 메서드가 되어야 한다. 역시 타입과 마찬가지로, 형변환을 해줘야 하는 기존 메서드는 제네릭하게 만들자. 기존 클라이언트는 그대로 둔 채 새로운 사용자의 삶을 훨씬 편하게 만들어줄 것이다(아이템 26).

아이템 31

한정적 와일드카드를 사용해 API 유연성을 높이라

아이템 28에서 이야기했듯 매개변수화 타입은 불공변(invariant)이다. 즉, 서로 다른 타입 Type1과 Type2가 있을 때 List<Type1>은 List<Type2>의 하위 타입도 상위 타입도 아니다. 직관적이지 않겠지만 List<String>은 List<Object>의 하위 타입이 아니라는 뜻인데, 곰곰이 따져보면 사실 이쪽이 말이 된다. List<Object>에는 어떤 객체든 넣을 수 있지만 List<String>에는 문자열만 넣을 수 있다. 즉, List<String>은 List<Object>가 하는 일을 제대로 수행하지 못하니 하위 타입이 될 수 없다(리스코프 치환 원칙에 어긋난다. 아이템 10 참조).

하지만 때론 불공변 방식보다 유연한 무언가가 필요하다. 아이템 29의 Stack 클래스를 떠올려보자. 여기 Stack의 public API를 추려보았다.

```java
public class Stack<E> {
    public Stack();
    public void push(E e);
    public E pop();
    public boolean isEmpty();
}
```

여기에 일련의 원소를 스택에 넣는 메서드를 추가해야 한다고 해보자.

코드 31-1 와일드카드 타입을 사용하지 않은 pushAll 메서드 - 결함이 있다!
```java
public void pushAll(Iterable<E> src) {
    for (E e : src)
        push(e);
}
```

이 메서드는 깨끗이 컴파일되지만 완벽하진 않다. Iterable src의 원소 타입이 스택의 원소 타입과 일치하면 잘 작동한다. 하지만 Stack<Number>로 선언한 후 pushAll(intVal)을 호출하면 어떻게 될까? 여기서 intVal은 Integer 타입이다.

Integer는 Number의 하위 타입이니 잘 동작한다. 아니, 논리적으로는 잘 동작해야 할 것 같다.

```
Stack<Number> numberStack = new Stack<>();
Iterable<Integer> integers = ...;
numberStack.pushAll(integers);
```

하지만 실제로는 다음의 오류 메시지가 뜬다. 매개변수화 타입이 불공변이기 때문이다.

```
StackTest.java:7: error: incompatible types: Iterable<Integer>
cannot be converted to Iterable<Number>
        numberStack.pushAll(integers);
                    ^
```

다행히 해결책은 있다. 자바는 이런 상황에 대처할 수 있는 한정적 와일드카드 타입이라는 특별한 매개변수화 타입을 지원한다. pushAll의 입력 매개변수 타입은 'E의 Iterable'이 아니라 'E의 하위 타입의 Iterable'이어야 하며, 와일드카드 타입 Iterable<? extends E>가 정확히 이런 뜻이다(사실 extends라는 키워드는 이 상황에 딱 어울리지는 않는다. 하위 타입이란 자기 자신도 포함하지만, 그렇다고 자신을 확장(extends)한 것은 아니기 때문이다. 아이템 29 참조). 와일드카드 타입을 사용하도록 pushAll 메서드를 수정해보자.

코드 31-2 E 생산자(producer) 매개변수에 와일드카드 타입 적용[3]

```java
public void pushAll(Iterable<? extends E> src) {
    for (E e : src)
        push(e);
}
```

이번 수정으로 Stack은 물론 이를 사용하는 클라이언트 코드도 말끔히 컴파일된다. Stack과 클라이언트 모두 깔끔히 컴파일되었다는 건 모든 것이 타입 안전하다는 뜻이다.

이제 pushAll과 짝을 이루는 popAll 메서드를 작성할 차례다. popAll 메서드

---

3 (옮긴이) 여기서 입력 매개변수를 생산자(producer)라 한 것은 입력 매개변수로부터 이 컬렉션으로 원소를 옮겨 담는다는 뜻이다. 반대로 코드 31-4처럼 이 컬렉션 인스턴스의 원소를 입력 매개변수로 옮겨 담는다면 그 매개변수를 소비자(consumer)라 한다.

는 Stack 안의 모든 원소를 주어진 컬렉션으로 옮겨 담는다. 다음처럼 작성했다고 해보자.

코드 31-3 와일드카드 타입을 사용하지 않은 popAll 메서드 - 결함이 있다!

```java
public void popAll(Collection<E> dst) {
    while (!isEmpty())
        dst.add(pop());
}
```

이번에도 주어진 컬렉션의 원소 타입이 스택의 원소 타입과 일치한다면 말끔히 컴파일되고 문제없이 동작한다. 하지만 이번에도 역시나 완벽하진 않다. Stack<Number>의 원소를 Object용 컬렉션으로 옮기려 한다고 해보자. 컴파일과 동작 모두 문제없을 것 같다. 정말 그럴까?

```java
Stack<Number> numberStack = new Stack<>();
Collection<Object> objects = ...;
numberStack.popAll(objects);
```

이 클라이언트 코드를 앞의 popAll 코드와 함께 컴파일하면 "Collection<Object>는 Collection<Number>의 하위 타입이 아니다"라는, 코드 31-1의 pushAll을 사용했을 때와 비슷한 오류가 발생한다. 이번에도 와일드카드 타입으로 해결할 수 있다. 이번에는 popAll의 입력 매개변수의 타입이 'E의 Collection'이 아니라 'E의 상위 타입의 Collection'이어야 한다(모든 타입은 자기 자신의 상위 타입이다.[JLS, 4.10]). 와일드카드 타입을 사용한 Collection<? super E>가 정확히 이런 의미다. 이를 popAll에 적용해보자.

코드 31-4 E 소비자(consumer) 매개변수에 와일드카드 타입 적용

```java
public void popAll(Collection<? super E> dst) {
    while (!isEmpty())
        dst.add(pop());
}
```

이제 Stack과 클라이언트 코드 모두 말끔히 컴파일된다.

메시지는 분명하다. **유연성을 극대화하려면 원소의 생산자나 소비자용 입력 매개변수에 와일드카드 타입을 사용하라.** 한편, 입력 매개변수가 생산자와 소비자 역할을 동시에 한다면 와일드카드 타입을 써도 좋을 게 없다. 타입을 정확히 지정해야 하는 상황으로, 이때는 와일드카드 타입을 쓰지 말아야 한다.

다음 공식을 외워두면 어떤 와일드카드 타입을 써야 하는지 기억하는 데 도움이 될 것이다.

> **펙스(PECS)[4]: producer-extends, consumer-super**

즉, 매개변수화 타입 T가 생산자라면 <? extends T>를 사용하고, 소비자라면 <? super T>를 사용하라. Stack 예에서 pushAll의 src 매개변수는 Stack이 사용할 E 인스턴스를 생산하므로 src의 적절한 타입은 Iterable<? extends E>이다. 한편, popAll의 dst 매개변수는 Stack으로부터 E 인스턴스를 소비하므로 dst의 적절한 타입은 Collection<? super E>이다. PECS 공식은 와일드카드 타입을 사용하는 기본 원칙이다. 나프탈린(Naftalin)과 와들러(Wadler)는 이를 겟풋 원칙(Get and Put Principle)으로 부른다.[Naftalin07, 2.4]

이 공식을 기억해두고, 이번 장의 앞 아이템들에서 소개한 메서드와 생성자 선언을 다시 살펴보자. 아이템 28의 Chooser 생성자는 다음과 같이 선언했다.

```
public Chooser(Collection<T> choices)
```

이 생성자로 넘겨지는 choices 컬렉션은 T 타입의 값을 **생산**하기만 하니(그리고 나중을 위해 저장해둔다), T를 **확장**하는 와일드카드 타입을 사용해 선언해야 한다. 다음은 이 공식에 맞게 수정한 모습이다.

코드 31-5 T 생산자 매개변수에 와일드카드 타입 적용
```
public Chooser(Collection<? extends T> choices)
```

이렇게 수정하면 실질적인 차이가 생길까? 그렇다. Chooser<Number>의 생성자에 List<Integer>를 넘기고 싶다고 해보자. 수정 전 생성자로는 컴파일조차 되지 않겠지만, 한정적 와일드카드 타입으로 선언한 수정 후 생성자에서는 문제가 사라진다.

---

4 (옮긴이) pecs는 흉근(pectoral muscles), 즉 가슴 근육을 뜻하는 영어 단어다. 아마도 대부분 한국인에게 낯익은 단어는 아닐 텐데, 이참에 알아두면 PECS 원칙을 기억하는 데도 도움이 될 것이다.

이번엔 코드 30-2의 union 메서드 차례다.

```
public static <E> Set<E> union(Set<E> s1, Set<E> s2)
```

s1과 s2 모두 E의 생산자이니 PECS 공식에 따라 다음처럼 선언해야 한다.

```
public static <E> Set<E> union(Set<? extends E> s1, Set<? extends E> s2)
```

 반환 타입은 여전히 Set<E>임에 주목하자. **반환 타입에는 한정적 와일드카드 타입을 사용하면 안 된다.** 유연성을 높여주기는커녕 클라이언트 코드에서도 와일드카드 타입을 써야 하기 때문이다.

수정한 선언을 사용하면 다음 코드도 말끔히 컴파일된다.

```
Set<Integer> integers = Set.of(1, 3, 5);
Set<Double> doubles = Set.of(2.0, 4.0, 6.0);
Set<Number> numbers = union(integers, doubles);
```

제대로만 사용한다면 클래스 사용자는 와일드카드 타입이 쓰였다는 사실조차 의식하지 못할 것이다. 받아들여야 할 매개변수를 받고 거절해야 할 매개변수는 거절하는 작업이 알아서 이뤄진다. **클래스 사용자가 와일드카드 타입을 신경 써야 한다면 그 API에 무슨 문제가 있을 가능성이 크다.**

앞의 코드는 자바 8부터 제대로 컴파일된다. 자바 7까지는 타입 추론 능력이 충분히 강력하지 못해서 문맥에 맞는 반환 타입(혹은 목표 타입)을 명시해야 했다. 예컨대 앞 코드에서 union 호출의 목표 타입은 Set<Number>다. 자바 7까지는 (Set.of 팩터리를 다른 것으로 적절히 변경한 후) 이 코드를 컴파일하면 다음처럼 아주 길고 난해한 오류 메시지를 보게 될 것이다.

```
Union.java:14: error: incompatible types
        Set<Number> numbers = union(integers, doubles);
                                    ^
  required: Set<Number>
  found: Set<INT#1>
  where INT#1,INT#2 are intersection types:
    INT#1 extends Number,Comparable<? extends INT#2>
    INT#2 extends Number,Comparable<?>
```

다행히 해결할 수 있는 오류다. 컴파일러가 올바른 타입을 추론하지 못할 때면 언제든 명시적 타입 인수(explicit type argument)[JLS, 15.12]를 사용해서 타입을 알려주면 된다. 목표 타이핑(target typing)[5]은 자바 8부터 지원하기 시작했는데, 그 전 버전에서도 이런 문제가 흔하진 않았다. 명시적 타입 인수는 코드를 지저분하게 하니, 이런 문제가 빈번하지 않은 건 그나마 다행이었다. 어쨌든 다음처럼 명시적 타입 인수를 추가하면 자바 7 이하에서도 깨끗이 컴파일된다.

코드 31-6 자바 7까지는 명시적 타입 인수를 사용해야 한다.

```
Set<Number> numbers = Union.<Number>union(integers, doubles);
```

 (옮긴이) 매개변수(parameter)와 인수(argument)의 차이를 알아보자. 매개변수는 메서드 선언에 정의한 변수이고, 인수는 메서드 호출 시 넘기는 '실젯값'이다. 예를 살펴보자.

```
void add(int value) { ... }
add(10)
```

이 코드에서 value는 매개변수이고 10은 인수다. 이 정의를 제네릭까지 확장하면 다음과 같다.

```
class Set<T> { ... }
Set<Integer> = ...;
```

여기서 T는 타입 매개변수가 되고, Integer는 타입 인수가 된다. 보통은 이 둘을 명확히 구분하지 않으니 크게 신경 쓸 필요 없지만, 자바 언어 명세에서는 구분하고 있어서 설명을 덧붙였다.

이번에는 코드 30-7의 max 메서드에 주목해보자. 원래 버전의 선언은 다음과 같다(뒤의 설명을 매끄럽게 하기 위해 입력 매개변수의 타입을 Collection에서 List로 변경했다).

```
public static <E extends Comparable<E>> E max(List<E> list)
```

5 (옮긴이) 목표 타입과 목표 타입 추론에 관한 자세한 내용은 자바 명세(*http://bit.ly/2vo9fjX*)와 자바 튜토리얼(*http://bit.ly/2Mmc6R8*)을 참고하기 바란다.

다음은 와일드카드 타입을 사용해 다듬은 모습이다.

```
public static <E extends Comparable<? super E>> E max(
        List<? extends E> list)
```

이번에는 PECS 공식을 두 번 적용했다. 둘 중 더 쉬운 입력 매개변수 목록부터 살펴보자. 입력 매개변수에서는 E 인스턴스를 생산하므로 원래의 List<E>를 List<? extends E>로 수정했다.

　다음은 더 난해한 쪽인 타입 매개변수 E로, 이 책에서 타입 매개변수에 와일드카드를 적용한 첫 번째 예이기도 하다. 원래 선언에서는 E가 Comparable <E>를 확장한다고 정의했는데, 이때 Comparable<E>는 E 인스턴스를 소비한다(그리고 선후 관계를 뜻하는 정수를 생산한다). 그래서 매개변수화 타입 Comparable<E>를 한정적 와일드카드 타입인 Comparable<? super E>로 대체했다. Comparable은 언제나 소비자이므로, 일반적으로 **Comparable<E>보다는 Comparable<? super E>를 사용하는 편이 낫다.** Comparator도 마찬가지다. 일반적으로 **Comparator<E>보다는 Comparator<? super E>를 사용하는 편이 낫다.**

　수정된 버전의 max는 이 책에서 가장 복잡한 메서드 선언일 것이다. 이렇게까지 복잡하게 만들만한 가치가 있을까? 이번에도 답은 '그렇다'이다. 그 근거로, 다음 리스트는 오직 수정된 max로만 처리할 수 있다.

```
List<ScheduledFuture<?>> scheduledFutures = ...;
```

수정 전 max가 이 리스트를 처리할 수 없는 이유는 (java.util.concurrent 패키지의) ScheduledFuture가 Comparable<ScheduledFuture>를 구현하지 않았기 때문이다. ScheduledFuture는 Delayed의 하위 인터페이스이고, Delayed는 Comparable<Delayed>를 확장했다. 다시 말해, ScheduledFuture의 인스턴스는 다른 ScheduledFuture 인스턴스뿐 아니라 Delayed 인스턴스와도 비교할 수 있어서 수정 전 max가 이 리스트를 거부하는 것이다. 더 일반화해서 말하면, Comparable(혹은 Comparator)을 직접 구현하지 않고, 직접 구현한 다른 타입을 확장한 타입을 지원하기 위해 와일드카드가 필요하다.

(옮긴이) 앞 문단의 내용이 글로만 설명되어 있어 복잡하니 그림으로 살펴보자. Comparable<E>와 Delayed와 ScheduledFuture<V>의 관계는 다음 그림과 같다.

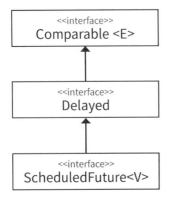

코드로는 다음처럼 선언되어 있다.

```
public interface Comparable<E>
public interface Delayed extends Comparable<Delayed>
public interface ScheduledFuture<V> extends Delayed, Future<V>
```

앞의 설명이 단번에 이해되지 않는다면 이 관계를 머리에 그려 넣고 다시 읽어보자. 훨씬 쉽게 이해할 수 있을 것이다.

와일드카드와 관련해 논의해야 할 주제가 하나 더 남았다. 타입 매개변수와 와일드카드에는 공통되는 부분이 있어서, 메서드를 정의할 때 둘 중 어느 것을 사용해도 괜찮을 때가 많다. 예를 들어 주어진 리스트에서 명시한 두 인덱스의 아이템들을 교환(swap)하는 정적 메서드를 두 방식 모두로 정의해보자. 다음 코드에서 첫 번째는 비한정적 타입 매개변수(아이템 30)를 사용했고 두 번째는 비한정적 와일드카드를 사용했다.

코드 31-7 swap 메서드의 두 가지 선언
```
public static <E> void swap(List<E> list, int i, int j);
public static void swap(List<?> list, int i, int j);
```

어떤 선언이 나을까? 더 나은 이유는 무엇일까? public API라면 간단한 두 번째가 낫다. 어떤 리스트든 이 메서드에 넘기면 명시한 인덱스의 원소들을 교환해줄 것이다. 신경 써야 할 타입 매개변수도 없다.

기본 규칙은 이렇다. **메서드 선언에 타입 매개변수가 한 번만 나오면 와일드 카드로 대체하라.** 이때 비한정적 타입 매개변수라면 비한정적 와일드카드로 바꾸고, 한정적 타입 매개변수라면 한정적 와일드카드로 바꾸면 된다.

하지만 두 번째 swap 선언에는 문제가 하나 있는데, 다음과 같이 아주 직관적 으로 구현한 코드가 컴파일되지 않는다는 것이다.

```
public static void swap(List<?> list, int i, int j) {
    list.set(i, list.set(j, list.get(i)));
}
```

이 코드를 컴파일하면 그다지 도움이 되지 않는 오류 메시지가 나온다.

```
Swap.java:5: error: incompatible types: Object cannot be
converted to CAP#1
        list.set(i, list.set(j, list.get(i)));
                                        ^
  where CAP#1 is a fresh type-variable:
    CAP#1 extends Object from capture of ?
```

방금 꺼낸 원소를 리스트에 다시 넣을 수 없다니, 이게 대체 무슨 일인가? 원인 은 리스트의 타입이 List<?>인데, List<?>에는 null 외에는 어떤 값도 넣을 수 없다는 데 있다. 다행히 (런타임 오류를 낼 가능성이 있는) 형변환이나 리스트 의 로 타입을 사용하지 않고도 해결할 길이 있다. 바로 와일드카드 타입의 실 제 타입을 알려주는 메서드를 private 도우미 메서드로 따로 작성하여 활용하 는 방법이다. 실제 타입을 알아내려면 이 도우미 메서드는 제네릭 메서드여야 한다. 다음 코드를 보자.

```
public static void swap(List<?> list, int i, int j) {
    swapHelper(list, i, j);
}

// 와일드카드 타입을 실제 타입으로 바꿔주는 private 도우미 메서드
private static <E> void swapHelper(List<E> list, int i, int j) {
    list.set(i, list.set(j, list.get(i)));
}
```

swapHelper 메서드는 리스트가 List<E>임을 알고 있다. 즉, 이 리스트에서 꺼

낸 값의 타입은 항상 E이고, E 타입의 값이라면 이 리스트에 넣어도 안전함을 알고 있다. 다소 복잡하게 구현했지만 이제 깔끔히 컴파일된다. 이상으로 swap 메서드 내부에서는 더 복잡한 제네릭 메서드를 이용했지만, 덕분에 외부에서는 와일드카드 기반의 멋진 선언을 유지할 수 있었다. 즉, swap 메서드를 호출하는 클라이언트는 복잡한 swapHelper의 존재를 모른 채 그 혜택을 누리는 것이다.

 도우미 메서드의 시그니처는 앞에서 "public API로 쓰기에는 너무 복잡하다"는 이유로 버렸던 첫 번째 swap 메서드의 시그니처와 완전히 똑같다.

> **핵심 정리**
>
> 조금 복잡하더라도 와일드카드 타입을 적용하면 API가 훨씬 유연해진다. 그러니 널리 쓰일 라이브러리를 작성한다면 반드시 와일드카드 타입을 적절히 사용해줘야 한다. PECS 공식을 기억하자. 즉, 생산자(producer)는 extends를 소비자(consumer)는 super를 사용한다. Comparable과 Comparator는 모두 소비자라는 사실도 잊지 말자.

아이템 32

제네릭과 가변인수를 함께 쓸 때는 신중하라

가변인수(varargs) 메서드(아이템 53)와 제네릭은 자바 5 때 함께 추가되었으니 서로 잘 어우러지리라 기대하겠지만, 슬프게도 그렇지 않다. 가변인수는 메서드에 넘기는 인수의 개수를 클라이언트가 조절할 수 있게 해주는데, 구현 방식에 허점이 있다. 가변인수 메서드를 호출하면 가변인수를 담기 위한 배열이 자동으로 하나 만들어진다. 그런데 내부로 감춰야 했을 이 배열을 그만 클라이언트에 노출하는 문제가 생겼다. 그 결과 varargs 매개변수에 제네릭이나 매개변수화 타입이 포함되면 알기 어려운 컴파일 경고가 발생한다.

아이템 28에서 실체화 불가 타입은 런타임에는 컴파일타임보다 타입 관련 정보를 적게 담고 있음을 배웠다. 그리고 거의 모든 제네릭과 매개변수화 타입은 실체화되지 않는다. 메서드를 선언할 때 실체화 불가 타입으로 varargs 매개변수를 선언하면 컴파일러가 경고를 보낸다. 가변인수 메서드를 호출할 때도 varargs 매개변수가 실체화 불가 타입으로 추론되면, 그 호출에 대해서도 경고를 낸다. 경고 형태는 대략 다음과 같다.

```
warning: [unchecked] Possible heap pollution from
    parameterized vararg type List<String>
```

매개변수화 타입의 변수가 타입이 다른 객체를 참조하면 힙 오염이 발생한다.[JLS, 4.12.2] 이렇게 다른 타입 객체를 참조하는 상황에서는 컴파일러가 자동 생성한 형변환이 실패할 수 있으니, 제네릭 타입 시스템이 약속한 타입 안전성의 근간이 흔들려버린다.

다음 메서드를 예로 생각해보자. 코드 28-3을 살짝 변형한 코드다.

코드 32-1 제네릭과 varargs를 혼용하면 타입 안전성이 깨진다!

```java
static void dangerous(List<String>... stringLists) {
    List<Integer> intList = List.of(42);
```

```
    Object[] objects = stringLists;
    objects[0] = intList;          // 힙 오염 발생
    String s = stringLists[0].get(0); // ClassCastException
}
```

이 메서드에서는 형변환하는 곳이 보이지 않는데도 인수를 건네 호출하면 ClassCastException을 던진다. 마지막 줄에 컴파일러가 생성한 (보이지 않는) 형변환이 숨어 있기 때문이다. 이처럼 타입 안전성이 깨지니 **제네릭 varargs 배열 매개변수에 값을 저장하는 것은 안전하지 않다.**

이 예를 보고 재미난 질문을 떠올려보자. 제네릭 배열을 프로그래머가 직접 생성하는 건 허용하지 않으면서 제네릭 varargs 매개변수를 받는 메서드를 선언할 수 있게 한 이유는 무엇일까? 달리 말하면, 코드 28-3은 오류를 내면서 코드 32-1은 경고로 끝내는 이유는 뭘까? 그 답은 제네릭이나 매개변수화 타입의 varargs 매개변수를 받는 메서드가 실무에서 매우 유용하기 때문이다. 그래서 언어 설계자는 이 모순을 수용하기로 했다. 사실 자바 라이브러리도 이런 메서드를 여럿 제공하는데, `Arrays.asList(T... a)`, `Collections.addAll(Collection<? super T> c, T... elements)`, `EnumSet.of(E first, E... rest)`가 대표적이다. 다행인 점은 앞서 보여준 위험한 메서드와는 달리 이들은 타입 안전하다.

자바 7 전에는 제네릭 가변인수 메서드의 작성자가 호출자 쪽에서 발생하는 경고에 대해서 해줄 수 있는 일이 없었다. 따라서 이런 메서드는 사용하기에 좀 꺼림칙했다. 사용자는 이 경고들을 그냥 두거나 (더 흔하게는) 호출하는 곳마다 `@SuppressWarnings("unchecked")` 애너테이션을 달아 경고를 숨겨야 했다 (아이템 27). 지루한 작업이고, 가독성을 떨어뜨리고, 때로는 진짜 문제를 알려주는 경고마저 숨기는 안 좋은 결과로 이어졌다.

자바 7에서는 `@SafeVarargs` 애너테이션이 추가되어 제네릭 가변인수 메서드 작성자가 클라이언트 측에서 발생하는 경고를 숨길 수 있게 되었다. **`@SafeVarargs` 애너테이션은 메서드 작성자가 그 메서드가 타입 안전함을 보장하는 장치다.** 컴파일러는 이 약속을 믿고 그 메서드가 안전하지 않을 수 있다는 경고를 더 이상 하지 않는다.

메서드가 안전한 게 확실하지 않다면 절대 `@SafeVarargs` 애너테이션을 달아

서는 안 된다. 그렇다면 메서드가 안전한지는 어떻게 확신할 수 있을까? 가변 인수 메서드를 호출할 때 varargs 매개변수를 담는 제네릭 배열이 만들어진다는 사실을 기억하자. 메서드가 이 배열에 아무것도 저장하지 않고(그 매개변수들을 덮어쓰지 않고) 그 배열의 참조가 밖으로 노출되지 않는다면(신뢰할 수 없는 코드가 배열에 접근할 수 없다면) 타입 안전하다. 달리 말하면, 이 varargs 매개변수 배열이 호출자로부터 그 메서드로 순수하게 인수들을 전달하는 일만 한다면(varargs의 목적대로만 쓰인다면) 그 메서드는 안전하다.

이때, varargs 매개변수 배열에 아무것도 저장하지 않고도 타입 안전성을 깰 수도 있으니 주의해야 한다. 다음 코드 32-2는 가변인수로 넘어온 매개변수들을 배열에 담아 반환하는 제네릭 메서드다. 얼핏 보면 편리한 유틸리티로 보이지만, 보기와 달리 위험하다!

코드 32-2 자신의 제네릭 매개변수 배열의 참조를 노출한다. - 안전하지 않다!

```
static <T> T[] toArray(T... args) {
    return args;
}
```

이 메서드가 반환하는 배열의 타입은 이 메서드에 인수를 넘기는 컴파일타임에 결정되는데, 그 시점에는 컴파일러에게 충분한 정보가 주어지지 않아 타입을 잘못 판단할 수 있다. 따라서 자신의 varargs 매개변수 배열을 그대로 반환하면 힙 오염을 이 메서드를 호출한 쪽의 콜스택으로까지 전이하는 결과를 낳을 수 있다.

구체적인 예를 보자. 다음 메서드는 T 타입 인수 3개를 받아 그중 2개를 무작위로 골라 담은 배열을 반환한다.

```
static <T> T[] pickTwo(T a, T b, T c) {
    switch(ThreadLocalRandom.current().nextInt(3)) {
        case 0: return toArray(a, b);
        case 1: return toArray(a, c);
        case 2: return toArray(b, c);
    }
    throw new AssertionError(); // 도달할 수 없다.
}
```

이 메서드는 제네릭 가변인수를 받는 toArray 메서드를 호출한다는 점만 빼면 위험하지 않고 경고도 내지 않을 것이다.

이 메서드를 본 컴파일러는 toArray에 넘길 T 인스턴스 2개를 담을 varargs 매개변수 배열을 만드는 코드를 생성한다. 이 코드가 만드는 배열의 타입은 Object[]인데, pickTwo에 어떤 타입의 객체를 넘기더라도 담을 수 있는 가장 구체적인 타입이기 때문이다. 그리고 toArray 메서드가 돌려준 이 배열이 그대로 pickTwo를 호출한 클라이언트까지 전달된다. 즉, pickTwo는 항상 Object[] 타입 배열을 반환한다.

이제 pickTwo를 사용하는 main 메서드를 볼 차례다.

```java
public static void main(String[] args) {
    String[] attributes = pickTwo("좋은", "빠른", "저렴한");
}
```

아무런 문제가 없는 메서드이니 별다른 경고 없이 컴파일된다. 하지만 실행하려 들면 ClassCastException을 던진다. 형변환하는 곳이 보이지 않는데도 말이다. 무엇을 놓친 것일까? 바로 pickTwo의 반환값을 attributes에 저장하기 위해 String[]로 형변환하는 코드를 컴파일러가 자동 생성한다는 점을 놓쳤다. Object[]는 String[]의 하위 타입이 아니므로 이 형변환은 실패한다. 이 실패가 다소 황당하게 느껴질 수 있을 것이다. 힙 오염을 발생시킨 진짜 원인인 toArray로부터 두 단계나 떨어져 있고, varargs 매개변수 배열은 실제 매개변수가 저장된 후 변경된 적도 없으니 말이다.

이 예는 **제네릭 varargs 매개변수 배열에 다른 메서드가 접근하도록 허용하면 안전하지 않다**는 점을 다시 한번 상기시킨다. 단, 예외가 두 가지 있다. 첫 번째, @SafeVarargs로 제대로 애노테이트된 또 다른 varargs 메서드에 넘기는 것은 안전하다. 두 번째, 그저 이 배열 내용의 일부 함수를 호출만 하는 (varargs를 받지 않는) 일반 메서드에 넘기는 것도 안전하다.

코드 32-3은 제네릭 varargs 매개변수를 안전하게 사용하는 전형적인 예다. 다음의 flatten 메서드는 임의 개수의 리스트를 인수로 받아, 받은 순서대로 그 안의 모든 원소를 하나의 리스트로 옮겨 담아 반환한다. 이 메서드에는 @SafeVarargs 애너테이션이 달려 있으니 선언하는 쪽과 사용하는 쪽 모두에서 경고를 내지 않는다.

코드 32-3 제네릭 varargs 매개변수를 안전하게 사용하는 메서드

```
@SafeVarargs
static <T> List<T> flatten(List<? extends T>... lists) {
    List<T> result = new ArrayList<>();
    for (List<? extends T> list : lists)
        result.addAll(list);
    return result;
}
```

@SafeVarargs 애너테이션을 사용해야 할 때를 정하는 규칙은 간단하다. **제네릭이나 매개변수화 타입의 varargs 매개변수를 받는 모든 메서드에 @SafeVarargs를 달라.** 그래야 사용자를 헷갈리게 하는 컴파일러 경고를 없앨 수 있다. 이 말은 안전하지 않은 varargs 메서드는 절대 작성해서는 안 된다는 뜻이기도 하다. 여러분이 통제할 수 있는 메서드 중 제네릭 varargs 매개변수를 사용하며 힙 오염 경고가 뜨는 메서드가 있다면, 그 메서드가 진짜 안전한지 점검하라. 정리하자면, 다음 두 조건을 모두 만족하는 제네릭 varargs 메서드는 안전하다. 둘 중 하나라도 어겼다면 수정하라!

- varargs 매개변수 배열에 아무것도 저장하지 않는다.
- 그 배열(혹은 복제본)을 신뢰할 수 없는 코드에 노출하지 않는다.

 @SafeVarargs 애너테이션은 재정의할 수 없는 메서드에만 달아야 한다. 재정의한 메서드도 안전할지는 보장할 수 없기 때문이다. 자바 8에서 이 애너테이션은 오직 정적 메서드와 final 인스턴스 메서드에만 붙일 수 있고, 자바 9부터는 private 인스턴스 메서드에도 허용된다.

@SafeVarargs 애너테이션이 유일한 정답은 아니다. 아이템 28의 조언을 따라 (실체는 배열인) varargs 매개변수를 List 매개변수로 바꿀 수도 있다. 이 방식을 앞서의 flatten 메서드에 적용하면 다음처럼 된다. 매개변수 선언만 수정했음에 주목하자.

코드 32-4 제네릭 varargs 매개변수를 List로 대체한 예 - 타입 안전하다.

```
static <T> List<T> flatten(List<List<? extends T>> lists) {
    List<T> result = new ArrayList<>();
    for (List<? extends T> list : lists)
```

```
        result.addAll(list);
    return result;
}
```

정적 팩터리 메서드인 List.of를 활용하면 다음 코드와 같이 이 메서드에 임의 개수의 인수를 넘길 수 있다. 이렇게 사용하는 게 가능한 이유는 List.of에도 @SafeVarargs 애너테이션이 달려 있기 때문이다.

```
audience = flatten(List.of(friends, romans, countrymen));
```

이 방식의 장점은 컴파일러가 이 메서드의 타입 안전성을 검증할 수 있다는 데 있다. @SafeVarargs 애너테이션을 우리가 직접 달지 않아도 되며, 실수로 안전하다고 판단할 걱정도 없다. 단점이라면 클라이언트 코드가 살짝 지저분해지고 속도가 조금 느려질 수 있다는 정도다.

또한, 이 방식은 코드 32-2의 toArray처럼 varargs 메서드를 안전하게 작성하는 게 불가능한 상황에서도 쓸 수 있다. 이 toArray의 List 버전이 바로 List.of로, 자바 라이브러리 차원에서 제공하니 우리가 직접 작성할 필요도 없다. 이 방식을 pickTwo에 적용하면 다음처럼 된다.

```
static <T> List<T> pickTwo(T a, T b, T c) {
    switch(ThreadLocalRandom.current().nextInt(3)) {
      case 0: return List.of(a, b);
      case 1: return List.of(a, c);
      case 2: return List.of(b, c);
    }
    throw new AssertionError();
}
```

그리고 main 메서드는 다음처럼 변한다.

```
public static void main(String[] args) {
    List<String> attributes = pickTwo("좋은", "빠른", "저렴한");
}
```

결과 코드는 배열 없이 제네릭만 사용하므로 타입 안전하다.

핵심 정리

가변인수와 제네릭은 궁합이 좋지 않다. 가변인수 기능은 배열을 노출하여 추상화가 완벽하지 못하고, 배열과 제네릭의 타입 규칙이 서로 다르기 때문이다. 제네릭 varargs 매개변수는 타입 안전하지는 않지만, 허용된다. 메서드에 제네릭 (혹은 매개변수화된) varargs 매개변수를 사용하고자 한다면, 먼저 그 메서드가 타입 안전한지 확인한 다음 @SafeVarargs 애너테이션을 달아 사용하는 데 불편함이 없게끔 하자.

타입 안전 이종 컨테이너를 고려하라

제네릭은 Set<E>, Map<K,V> 등의 컬렉션과 ThreadLocal<T>, AtomicReference<T> 등의 단일원소 컨테이너에도 흔히 쓰인다. 이런 모든 쓰임에서 매개변수화되는 대상은 (원소가 아닌) 컨테이너 자신이다. 따라서 하나의 컨테이너에서 매개변수화할 수 있는 타입의 수가 제한된다. 컨테이너의 일반적인 용도에 맞게 설계된 것이니 문제될 건 없다. 예컨대 Set에는 원소의 타입을 뜻하는 단 하나의 타입 매개변수만 있으면 되며, Map에는 키와 값의 타입을 뜻하는 2개만 필요한 식이다.

하지만 더 유연한 수단이 필요할 때도 종종 있다. 예컨대 데이터베이스의 행(row)은 임의 개수의 열(column)을 가질 수 있는데, 모두 열을 타입 안전하게 이용할 수 있다면 멋질 것이다. 다행히 쉬운 해법이 있다. 컨테이너 대신 키를 매개변수화한 다음, 컨테이너에 값을 넣거나 뺄 때 매개변수화한 키를 함께 제공하면 된다. 이렇게 하면 제네릭 타입 시스템이 값의 타입이 키와 같음을 보장해줄 것이다. 이러한 설계 방식을 타입 안전 이종 컨테이너 패턴(type safe heterogeneous container pattern)이라 한다.

간단한 예로 타입별로 즐겨 찾는 인스턴스를 저장하고 검색할 수 있는 Favorites 클래스를 생각해보자. 각 타입의 Class 객체를 매개변수화한 키 역할로 사용하면 되는데, 이 방식이 동작하는 이유는 class의 클래스가 제네릭이기 때문이다. class 리터럴의 타입은 Class가 아닌 Class<T>다. 예컨대 String.class의 타입은 Class<String>이고 Integer.class의 타입은 Class<Integer>인 식이다. 한편, 컴파일타임 타입 정보와 런타임 타입 정보를 알아내기 위해 메서드들이 주고받는 class 리터럴을 타입 토큰(type token)이라 한다.[Bracha04]

코드 33-1은 Favorites 클래스의 API로, 보다시피 아주 단순하다. 키가 매개변수화되었다는 점만 빼면 일반 맵처럼 보일 정도다. 클라이언트는 즐겨찾기를 저장하거나 얻어올 때 Class 객체를 알려주면 된다.

코드 33-1 타입 안전 이종 컨테이너 패턴 - API

```java
public class Favorites {
    public <T> void putFavorite(Class<T> type, T instance);
    public <T> T getFavorite(Class<T> type);
}
```

그리고 다음은 앞의 Favorites 클래스를 사용하는 예시다. 즐겨 찾는 String, Integer, Class 인스턴스를 저장, 검색, 출력하고 있다.

코드 33-2 타입 안전 이종 컨테이너 패턴 - 클라이언트

```java
public static void main(String[] args) {
    Favorites f = new Favorites();

    f.putFavorite(String.class, "Java");
    f.putFavorite(Integer.class, 0xcafebabe);
    f.putFavorite(Class.class, Favorites.class);

    String favoriteString = f.getFavorite(String.class);
    int favoriteInteger = f.getFavorite(Integer.class);
    Class<?> favoriteClass = f.getFavorite(Class.class);

    System.out.printf("%s %x %s%n", favoriteString,
        favoriteInteger, favoriteClass.getName());
}
```

기대한 대로 이 프로그램은 Java cafebabe Favorites를 출력한다.

 자바의 printf가 C의 printf와 다른 점이 하나 있다. 이 코드에서는 만약 C였다면 \n을 썼을 곳에 %n을 썼는데, 이 %n은 플랫폼에 맞는 줄바꿈 문자로 자동으로 대체된다(대부분 플랫폼에서 \n이 되겠지만, 모든 플랫폼이 그렇지는 않다).

Favorites 인스턴스는 타입 안전하다. String을 요청했는데 Integer를 반환하는 일은 절대 없다. 또한 모든 키의 타입이 제각각이라, 일반적인 맵과 달리 여러 가지 타입의 원소를 담을 수 있다. 따라서 Favorites는 타입 안전 이종(heterogeneous) 컨테이너라 할 만하다.

Favorites의 구현은 놀랍도록 간단한데, 다음 코드가 전부다.

코드 33-3 타입 안전 이종 컨테이너 패턴 - 구현

```java
public class Favorites {
    private Map<Class<?>, Object> favorites = new HashMap<>();

    public <T> void putFavorite(Class<T> type, T instance) {
        favorites.put(Objects.requireNonNull(type), instance);
    }

    public <T> T getFavorite(Class<T> type) {
        return type.cast(favorites.get(type));
    }
}
```

이 코드에서는 미묘한 일들이 일어나고 있다. Favorites가 사용하는 private 맵 변수인 favorites의 타입은 Map<Class<?>, Object>이다. 비한정적 와일드카드 타입이라 이 맵 안에 아무것도 넣을 수 없다고 생각할 수 있지만, 사실은 그 반대다. 와일드카드 타입이 중첩(nested)되었다는 점을 깨달아야 한다. 맵이 아니라 키가 와일드카드 타입인 것이다. 이는 모든 키가 서로 다른 매개변수화 타입일 수 있다는 뜻으로, 첫 번째는 Class<String>, 두 번째는 Class<Integer> 식으로 될 수 있다. 다양한 타입을 지원하는 힘이 여기서 나온다.

그다음으로 알아둘 점은 favorites 맵의 값 타입은 단순히 Object라는 것이다. 무슨 뜻인고 하니, 이 맵은 키와 값 사이의 타입 관계를 보증하지 않는다는 말이다. 즉, 모든 값이 키로 명시한 타입임을 보증하지 않는다. 사실 자바의 타입 시스템에서는 이 관계를 명시할 방법이 없다. 하지만 우리는 이 관계가 성립함을 알고 있고, 즐겨찾기를 검색할 때 그 이점을 누리게 된다.

putFavorite 구현은 아주 쉽다. 주어진 Class 객체와 즐겨찾기 인스턴스를 favorites에 추가해 관계를 지으면 끝이다. 말했듯이, 키와 값 사이의 '타입 링크(type linkage)' 정보는 버려진다. 즉, 그 값이 그 키 타입의 인스턴스라는 정보가 사라진다. 하지만 getFavorite 메서드에서 이 관계를 되살릴 수 있으니 상관없다.

getFavorite 코드는 putFavorite보다 강조해두었다. 먼저, 주어진 Class 객체에 해당하는 값을 favorites 맵에서 꺼낸다. 이 객체가 바로 반환해야 할 객체가 맞지만, 잘못된 컴파일타임 타입을 가지고 있다. 이 객체의 타입은 (favorites 맵의 값 타입인) Object이나, 우리는 이를 T로 바꿔 반환해야 한다.

따라서 getFavorite 구현은 Class의 cast 메서드를 사용해 이 객체 참조를 Class 객체가 가리키는 타입으로 동적 형변환한다.

cast 메서드는 형변환 연산자의 동적 버전이다. 이 메서드는 단순히 주어진 인수가 Class 객체가 알려주는 타입의 인스턴스인지를 검사한 다음, 맞다면 그 인수를 그대로 반환하고, 아니면 ClassCastException을 던진다. 클라이언트 코드가 깔끔히 컴파일된다면 getFavorite이 호출하는 cast는 ClassCastException을 던지지 않을 것임을 우리는 알고 있다. 다시 말해 favorites 맵 안의 값은 해당 키의 타입과 항상 일치함을 알고 있다.

그런데 cast 메서드가 단지 인수를 그대로 반환하기만 한다면 굳이 왜 사용하는 것일까? 그 이유는 cast 메서드의 시그니처가 Class 클래스가 제네릭이라는 이점을 완벽히 활용하기 때문이다. 다음 코드에서 보듯 cast의 반환 타입은 Class 객체의 타입 매개변수와 같다.

```
public class Class<T> {
    T cast(Object obj);
}
```

이것이 정확히 getFavorite 메서드에 필요한 기능으로, T로 비검사 형변환하는 손실 없이도 Favorites를 타입 안전하게 만드는 비결이다.

지금의 Favorites 클래스에는 알아두어야 할 제약이 두 가지 있다.

첫 번째, 악의적인 클라이언트가 Class 객체를 (제네릭이 아닌) 로 타입(아이템 26)으로 넘기면 Favorites 인스턴스의 타입 안전성이 쉽게 깨진다.[6] 하지만 이렇게 짜여진 클라이언트 코드에서는 컴파일할 때 비검사 경고가 뜰 것이다. HashSet과 HashMap 등의 일반 컬렉션 구현체에도 똑같은 문제가 있다. 예컨대 HashSet의 로 타입을 사용하면 HashSet<Integer>에 String을 넣는 건 아주 쉬운 일이다.[7] 그렇기는 하지만, 이 정도의 문제를 감수하겠다면 런타임 타입 안

---

6 (옮긴이) 예컨대 클라이언트를 아래 코드처럼 짜면, putFavorite을 호출할 때는 아무 불평이 없다가 getFavorite을 호출할 때 ClassCastException을 던진다.

```
f.putFavorite((Class)Integer.class, "Integer의 인스턴스가 아닙니다.");
int favoriteInteger = f.getFavorite(Integer.class);
```

7 (옮긴이) 다음 코드가 컴파일도 되고 동작도 한다.

```
HashSet<Integer> set = new HashSet<>();
((HashSet)set).add("문자열입니다.");
```

전성을 얻을 수 있다. Favorites가 타입 불변식을 어기는 일이 없도록 보장하려면 putFavorite 메서드에서 인수로 주어진 instance의 타입이 type으로 명시한 타입과 같은지 확인하면 된다. 그 방법은 이미 알고 있듯, 다음 코드와 같이 그냥 동적 형변환을 쓰면 된다.

코드 33-4 동적 형변환으로 런타임 타입 안전성 확보[8]

```java
public <T> void putFavorite(Class<T> type, T instance) {
    favorites.put(Objects.requireNonNull(type), type.cast(instance));
}
```

java.util.Collections에는 checkedSet, checkedList, checkedMap 같은 메서드가 있는데, 바로 이 방식을 적용한 컬렉션 래퍼들이다. 이 정적 팩터리들은 컬렉션(혹은 맵)과 함께 1개(혹은 2개)의 Class 객체를 받는다. 이 메서드들은 모두 제네릭이라 Class 객체와 컬렉션의 컴파일타임 타입이 같음을 보장한다. 또한 이 래퍼들은 내부 컬렉션들을 실체화한다. 예컨대 런타임에 Coin을 Collection<Stamp>에 넣으려 하면 ClassCastException을 던진다. 이 래퍼들은 제네릭과 로 타입을 섞어 사용하는 애플리케이션에서 클라이언트 코드가 컬렉션에 잘못된 타입의 원소를 넣지 못하게 추적하는 데 도움을 준다.

Favorites 클래스의 두 번째 제약은 실체화 불가 타입(아이템 28)에는 사용할 수 없다는 것이다. 다시 말해, 즐겨 찾는 String이나 String[]은 저장할 수 있어도 즐겨 찾는 List<String>은 저장할 수 없다. List<String>을 저장하려는 코드는 컴파일되지 않을 것이다. List<String>용 Class 객체를 얻을 수 없기 때문이다. List<String>.class라고 쓰면 문법 오류가 난다. List<String>과 List<Integer>는 List.class라는 같은 Class 객체를 공유하므로, 만약 List<String>.class와 List<Integer>.class를 허용해서 둘 다 똑같은 타입의 객체 참조를 반환한다면 Favorites 객체의 내부는 아수라장이 될 것이다. 이 두 번째 제약에 대한 완벽히 만족스러운 우회로는 없다.

---

8 (옮긴이) 이 코드를 적용해 런타임 타입 안전성을 확보한 후에는 다음처럼 호출하려 하면 곧바로 ClassCase Exception을 던진다.

f.putFavorite((Class)Integer.class, "Integer 타입이 아닙니다.");

(옮긴이) 이 두 번째 제약을 슈퍼 타입 토큰(super type token)으로 해결하려는 시도도 있다. 슈퍼 타입 토큰은 자바 업계의 거장인 닐 개프터(Neal Gafter)가 고안한 방식으로, 실제로 아주 유용하여 스프링 프레임워크에서는 아예 ParameterizedTypeReference라는 클래스로 미리 구현해놓았다.

본문 예제의 Favorites에 슈퍼 타입 토큰을 적용하면 다음 코드처럼 제네릭 타입도 문제없이 저장할 수 있다.

```
Favorites f = new Favorites();

List<String> pets = Arrays.asList("개", "고양이", "앵무");

f.putFavorite(new TypeRef<List<String>>(){}, pets);
List<String> listofStrings = f.getFavorite(new
TypeRef<List<String>>(){});
```

이 방식의 원리는 몇 문장으로 요약하기 어려워 생략하니, 궁금한 분은 닐 개프터의 글(http://bit.ly/2NGQi2S)을 읽어보거나 인터넷에서 '슈퍼 타입 토큰'으로 검색해보기 바란다. 한글로 잘 정리한 글도 여러 개를 찾을 수 있다.

단, 슈퍼 타입 토큰도 완벽하지는 않으니 주의해서 사용해야 한다. 이 방식의 한계에 대해서도 닐 개프터의 글(http://bit.ly/2OfIrdG)을 참고하기 바란다. 닐 개프터와 잘 아는 사이인 조슈아 블로크(이 책의 저자)가 슈퍼 타입 토큰을 굳이 언급하지 않고 "완벽히 만족스러운 우회로는 없다"라고 한 이유도 바로 이 한계 때문일 것이다.

Favorites가 사용하는 타입 토큰은 비한정적이다. 즉, getFavorite과 put Favorite은 어떤 Class 객체든 받아들인다. 때로는 이 메서드들이 허용하는 타입을 제한하고 싶을 수 있는데, 한정적 타입 토큰을 활용하면 가능하다. 한정적 타입 토큰이란 단순히 한정적 타입 매개변수(아이템 29)나 한정적 와일드카드(아이템 31)를 사용하여 표현 가능한 타입을 제한하는 타입 토큰이다.

애너테이션 API(아이템 39)는 한정적 타입 토큰을 적극적으로 사용한다. 예를 들어 다음은 AnnotatedElement 인터페이스에 선언된 메서드로, 대상 요소에 달려 있는 애너테이션을 런타임에 읽어 오는 기능을 한다. 이 메서드는 리플렉션의 대상이 되는 타입들, 즉 클래스(java.lang.Class<T>), 메서드(java.lang.reflect.Method), 필드(java.lang.reflect.Field) 같이 프로그램 요소를 표현하는 타입들에서 구현한다.

```
public <T extends Annotation>
    T getAnnotation(Class<T> annotationType);
```

여기서 annotationType 인수[9]는 애너테이션 타입을 뜻하는 한정적 타입 토큰이다. 이 메서드는 토큰으로 명시한 타입의 애너테이션이 대상 요소에 달려 있다면 그 애너테이션을 반환하고, 없다면 null을 반환한다. 즉, 애너테이션된 요소는 그 키가 애너테이션 타입인, 타입 안전 이종 컨테이너인 것이다.

Class<?> 타입의 객체가 있고, 이를 (getAnnotation처럼) 한정적 타입 토큰을 받는 메서드에 넘기려면 어떻게 해야 할까? 객체를 Class<? extends Annotation>으로 형변환할 수도 있지만, 이 형변환은 비검사이므로 컴파일하면 경고가 뜰 것이다(아이템 27). 운 좋게도 Class 클래스가 이런 형변환을 안전하게 (그리고 동적으로) 수행해주는 인스턴스 메서드를 제공한다. 바로 asSubclass 메서드로, 호출된 인스턴스 자신의 Class 객체를 인수가 명시한 클래스로 형변환한다(형변환된다는 것은 이 클래스가 인수로 명시한 클래스의 하위 클래스라는 뜻이다). 형변환에 성공하면 인수로 받은 클래스 객체를 반환하고, 실패하면 ClassCastException을 던진다.

다음은 컴파일 시점에는 타입을 알 수 없는 애너테이션을 asSubclass 메서드를 사용해 런타임에 읽어내는 예다. 이 메서드는 오류나 경고 없이 컴파일된다.

코드 33-5 asSubclass를 사용해 한정적 타입 토큰을 안전하게 형변환한다.

```
static Annotation getAnnotation(AnnotatedElement element,
                                String annotationTypeName) {
    Class<?> annotationType = null; // 비한정적 타입 토큰
    try {
        annotationType = Class.forName(annotationTypeName);
    } catch (Exception ex) {
        throw new IllegalArgumentException(ex);
    }
    return element.getAnnotation(
        annotationType.asSubclass(Annotation.class));
}
```

---

9   (옮긴이) 공식 API 문서에는 '애너테이션 타입에 해당하는 클래스 객체'라는 뜻에서 annotationClass로 되어 있다.

핵심 정리

컬렉션 API로 대표되는 일반적인 제네릭 형태에서는 한 컨테이너가 다룰 수 있는 타입 매개변수의 수가 고정되어 있다. 하지만 컨테이너 자체가 아닌 키를 타입 매개변수로 바꾸면 이런 제약이 없는 타입 안전 이종 컨테이너를 만들 수 있다. 타입 안전 이종 컨테이너는 Class를 키로 쓰며, 이런 식으로 쓰이는 Class 객체를 타입 토큰이라 한다. 또한, 직접 구현한 키 타입도 쓸 수 있다. 예컨대 데이터베이스의 행(컨테이너)을 표현한 DatabaseRow 타입에는 제네릭 타입인 Column<T>를 키로 사용할 수 있다.

6장

열거 타입과 애너테이션

자바에는 특수한 목적의 참조 타입이 두 가지가 있다. 하나는 클래스의 일종인 열거 타입(enum; 열거형)이고, 다른 하나는 인터페이스의 일종인 애너테이션 (annotation)이다. 이번 장에서는 이 타입들을 올바르게 사용하는 방법을 알아 본다.

아이템 34

int 상수 대신 열거 타입을 사용하라

열거 타입은 일정 개수의 상수 값을 정의한 다음, 그 외의 값은 허용하지 않는 타입이다. 사계절, 태양계의 행성, 카드게임의 카드 종류 등이 좋은 예다. 자바에서 열거 타입을 지원하기 전에는 다음 코드처럼 정수 상수를 한 묶음 선언해서 사용하곤 했다.

코드 34-1 정수 열거 패턴 - 상당히 취약하다!

```
public static final int APPLE_FUJI         = 0;
public static final int APPLE_PIPPIN       = 1;
public static final int APPLE_GRANNY_SMITH = 2;

public static final int ORANGE_NAVEL  = 0;
public static final int ORANGE_TEMPLE = 1;
public static final int ORANGE_BLOOD  = 2;
```

정수 열거 패턴(int enum pattern) 기법에는 단점이 많다. 타입 안전을 보장할 방법이 없으며 표현력도 좋지 않다. 오렌지를 건네야 할 메서드에 사과를 보내고 동등 연산자(==)로 비교하더라도 컴파일러는 아무런 경고 메시지를 출력하지 않는다.

```
// 향긋한 오렌지 향의 사과 소스!
int i = (APPLE_FUJI - ORANGE_TEMPLE) / APPLE_PIPPIN;
```

사과용 상수의 이름은 모두 APPLE_로 시작하고, 오렌지용 상수는 ORANGE_로 시작한다. 자바가 정수 열거 패턴을 위한 별도 이름공간(namespace)을 지원하지 않기 때문에 어쩔 수 없이 접두어를 써서 이름 충돌을 방지하는 것이다. 예를 들면 영어로는 둘 다 mercury인 수은(원소)과 수성(행성)의 이름을 각각 ELEMENT_MERCURY와 PLANET_MERCURY로 지어 구분하는 것이다.

정수 열거 패턴을 사용한 프로그램은 깨지기 쉽다. 평범한 상수를 나열한 것뿐이라[JLS, 4.12.4] 컴파일하면 그 값이 클라이언트 파일에 그대로 새겨진다.[JLS, 13.1] 따라서 상수의 값이 바뀌면 클라이언트도 반드시 다시 컴파일해야 한다. 다시 컴파일하지 않은 클라이언트는 실행이 되더라도 엉뚱하게 동작할 것이다.

정수 상수는 문자열로 출력하기가 다소 까다롭다. 그 값을 출력하거나 디버거로 살펴보면 (의미가 아닌) 단지 숫자로만 보여서 썩 도움이 되지 않는다. 같은 정수 열거 그룹에 속한 모든 상수를 한 바퀴 순회하는 방법도 마땅치 않다. 심지어 그 안에 상수가 몇 개인지도 알 수 없다.

정수 대신 문자열 상수를 사용하는 변형 패턴도 있다. 문자열 열거 패턴(string enum pattern)이라 하는 이 변형은 더 나쁘다. 상수의 의미를 출력할 수 있다는 점은 좋지만, 경험이 부족한 프로그래머가 문자열 상수의 이름 대신 문자열 값을 그대로 하드코딩하게 만들기 때문이다. 이렇게 하드코딩한 문자열에 오타가 있어도 컴파일러는 확인할 길이 없으니 자연스럽게 런타임 버그가 생긴다. 문자열 비교에 따른 성능 저하 역시 당연한 결과다.

다행히 자바는 열거 패턴의 단점을 말끔히 씻어주는 동시에 여러 장점을 안겨주는 대안을 제시했다. 바로 열거 타입(enum type)이다.[JLS, 8.9] 다음은 열거 타입의 가장 단순한 형태다.

코드 34-2 가장 단순한 열거 타입

```
public enum Apple  { FUJI, PIPPIN, GRANNY_SMITH }
public enum Orange { NAVEL, TEMPLE, BLOOD }
```

겉보기에는 C, C++, C# 같은 다른 언어의 열거 타입과 비슷하지만, 보이는 것이 다가 아니다. 자바의 열거 타입은 완전한 형태의 클래스라서 (단순한 정숫값일 뿐인) 다른 언어의 열거 타입보다 훨씬 강력하다.

자바 열거 타입을 뒷받침하는 아이디어는 단순하다. 열거 타입 자체는 클래스이며, 상수 하나당 자신의 인스턴스를 하나씩 만들어 public static final 필드로 공개한다. 열거 타입은 밖에서 접근할 수 있는 생성자를 제공하지 않으므로 사실상 final이다. 따라서 클라이언트가 인스턴스를 직접 생성하거나 확장할 수 없으니 열거 타입 선언으로 만들어진 인스턴스들은 딱 하나씩만 존재함이 보장된다. 다시 말해 열거 타입은 인스턴스 통제된다(9쪽). 싱글턴(아이템 3)은 원소가 하나뿐인 열거 타입이라 할 수 있고, 거꾸로 열거 타입은 싱글턴을 일반화한 형태라고 볼 수 있다.

열거 타입은 컴파일타임 타입 안전성을 제공한다. 코드 34-2의 Apple 열거 타입을 매개변수로 받는 메서드를 선언했다면, 건네받은 참조는 (null이 아니라면) Apple의 세 가지 값 중 하나임이 확실하다. 다른 타입의 값을 넘기려 하면 컴파일 오류가 난다. 타입이 다른 열거 타입 변수에 할당하려 하거나 다른 열거 타입의 값끼리 == 연산자로 비교하려는 꼴이기 때문이다.

열거 타입에는 각자의 이름공간이 있어서 이름이 같은 상수도 평화롭게 공존한다. 열거 타입에 새로운 상수를 추가하거나 순서를 바꿔도 다시 컴파일하지 않아도 된다. 공개되는 것이 오직 필드의 이름뿐이라, 정수 열거 패턴과 달리 상수 값이 클라이언트로 컴파일되어 각인되지 않기 때문이다. 마지막으로 열거 타입의 toString 메서드는 출력하기에 적합한 문자열을 내어준다.

이처럼 열거 타입은 정수 열거 패턴의 단점들을 해소해준다. 여기서 끝이 아니다. 열거 타입에는 임의의 메서드나 필드를 추가할 수 있고 임의의 인터페이스를 구현하게 할 수도 있다. Object 메서드들(3장)을 높은 품질로 구현해놨고, Comparable(아이템 14)과 Serializable(12장)을 구현했으며, 그 직렬화 형태도 웬만큼 변형을 가해도 문제없이 동작하게끔 구현해놨다.

그런데 열거 타입에 메서드나 필드를 추가한다니, 어떨 때 필요한 기능일까? 가볍게 시작해보자. 각 상수와 연관된 데이터를 해당 상수 자체에 내재시키고 싶다고 해보자. Apple과 Orange를 예로 들면, 과일의 색을 알려주거나 과일 이미지를 반환하는 메서드를 추가하고 싶을 수 있다. 열거 타입에는 어떤 메서드도 추가할 수 있다. 가장 단순하게는 그저 상수 모음일 뿐인 열거 타입이지만, (실제로는 클래스이므로) 고차원의 추상 개념 하나를 완벽히 표현해낼 수도 있는 것이다.

태양계의 여덟 행성은 거대한 열거 타입을 설명하기에 좋은 예다. 각 행성에는 질량과 반지름이 있고, 이 두 속성을 이용해 표면중력을 계산할 수 있다. 따라서 어떤 객체의 질량이 주어지면 그 객체가 행성 표면에 있을 때의 무게도 계산할 수 있다. 이 열거 타입의 모습은 다음과 같다. 각 열거 타입 상수 오른

쪽 괄호 안 숫자는 생성자에 넘겨지는 매개변수로, 이 예에서는 행성의 질량과
반지름을 뜻한다.

코드 34-3 데이터와 메서드를 갖는 열거 타입

```java
public enum Planet {
    MERCURY(3.302e+23, 2.439e6),
    VENUS  (4.869e+24, 6.052e6),
    EARTH  (5.975e+24, 6.378e6),
    MARS   (6.419e+23, 3.393e6),
    JUPITER(1.899e+27, 7.149e7),
    SATURN (5.685e+26, 6.027e7),
    URANUS (8.683e+25, 2.556e7),
    NEPTUNE(1.024e+26, 2.477e7);

    private final double mass;          // 질량(단위: 킬로그램)
    private final double radius;        // 반지름(단위: 미터)
    private final double surfaceGravity; // 표면중력(단위: m / s^2)

    // 중력상수(단위: m^3 / kg s^2)
    private static final double G = 6.67300E-11;

    // 생성자
    Planet(double mass, double radius) {
        this.mass = mass;
        this.radius = radius;
        surfaceGravity = G * mass / (radius * radius);
    }

    public double mass()             { return mass; }
    public double radius()           { return radius; }
    public double surfaceGravity() { return surfaceGravity; }

    public double surfaceWeight(double mass) {
        return mass * surfaceGravity;  // F = ma
    }
}
```

보다시피 거대한 열거 타입을 만드는 일도 그리 어렵지 않다. **열거 타입 상수
각각을 특정 데이터와 연결지으려면 생성자에서 데이터를 받아 인스턴스 필드
에 저장하면 된다.** 열거 타입은 근본적으로 불변이라 모든 필드는 final이어야
한다(아이템 17). 필드를 public으로 선언해도 되지만, private으로 두고 별도
의 public 접근자 메서드를 두는 게 낫다(아이템 16).

한편, Planet의 생성자에서 표면중력을 계산해 저장한 이유는 단순히 최적
화를 위해서다. 사실 질량과 반지름이 있으니 표면중력은 언제든 계산할 수 있

다. surfaceWeight 메서드는 대상 객체의 질량을 입력받아, 그 객체가 행성 표면에 있을 때의 무게를 반환한다.

Planet 열거 타입은 단순하지만 놀랍도록 강력하다. 어떤 객체의 지구에서의 무게를 입력받아 여덟 행성에서의 무게를 출력하는 일을 다음처럼 짧은 코드로 작성할 수 있다.

```java
public class WeightTable {
    public static void main(String[] args) {
        double earthWeight = Double.parseDouble(args[0]);
        double mass = earthWeight / Planet.EARTH.surfaceGravity();
        for (Planet p : Planet.values())
            System.out.printf("%s에서의 무게는 %f이다.%n",
                              p, p.surfaceWeight(mass));
    }
}
```

열거 타입은 자신 안에 정의된 상수들의 값을 배열에 담아 반환하는 정적 메서드인 values를 제공한다. 값들은 선언된 순서로 저장된다. 각 열거 타입 값의 toString 메서드는 상수 이름을 문자열로 반환하므로 println과 printf로 출력하기에 안성맞춤이다. 기본 toString이 제공하는 이름이 내키지 않으면 원하는 대로 재정의하면 된다. 다음은 (toString을 재정의하지 않고) 앞서의 WeightTable을 실행한 결과다. 명령줄 인수로는 185를 주었다.

```
MERCURY에서의 무게는 69.912739이다.
VENUS에서의 무게는 167.434436이다.
EARTH에서의 무게는 185.000000이다.
MARS에서의 무게는 70.226739이다.
JUPITER에서의 무게는 467.990696이다.
SATURN에서의 무게는 197.120111이다.
URANUS에서의 무게는 167.398264이다.
NEPTUNE에서의 무게는 210.208751이다.
```

자바가 열거 타입을 지원하기 시작한 후로 2년이 지난 2006년까지는 명왕성(Pluto)도 행성 대접을 받았다. 그렇다면 궁금한 게 하나 생길 것이다. "열거 타입에서 상수를 하나 제거하면 어떻게 되지?" 그 대답은 "제거한 상수를 참조하지 않는 클라이언트에는 아무 영향이 없다"이다. WeightTable 프로그램에서라면 단지 출력하는 줄 수가 하나 줄어들 뿐이다. 그렇다면 제거된 상수를 참조하는 클라이언트는 어떻게 될까? 클라이언트 프로그램을 다시 컴파일하면 제거된 상수를 참조하는 줄에서 디버깅에 유용한 메시지를 담은 컴파일 오류가 발생할 것이다. 클라이언트를 다시 컴파일하지 않으면 런타임에, 역시 같은 줄에서 유용한 예외가 발생할 것이다. 정수 열거 패턴에서는 기대할 수 없는 가장 바람직한 대응이라 볼 수 있다.

열거 타입을 선언한 클래스 혹은 그 패키지에서만 유용한 기능은 private이나 package-private 메서드로 구현한다. 이렇게 구현된 열거 타입 상수는 자신을 선언한 클래스 혹은 패키지에서만 사용할 수 있는 기능을 담게 된다. 일반 클래스와 마찬가지로, 그 기능을 클라이언트에 노출해야 할 합당한 이유가 없다면 private으로, 혹은 (필요하다면) package-private으로 선언하라(아이템 15).

널리 쓰이는 열거 타입은 톱레벨 클래스로 만들고, 특정 톱레벨 클래스에서만 쓰인다면 해당 클래스의 멤버 클래스(아이템 24)로 만든다. 예를 들어 소수 자릿수의 반올림 모드를 뜻하는 열거 타입인 java.math.RoundingMode는 BigDecimal이 사용한다. 그런데 반올림 모드는 BigDecimal과 관련 없는 영역에서도 유용한 개념이라 자바 라이브러리 설계자는 RoundingMode를 톱레벨로 올렸다. 이 개념을 많은 곳에서 사용하여 다양한 API가 더 일관된 모습을 갖출 수 있도록 장려한 것이다.

Planet 예에서 보여준 특성만으로 열거 타입을 사용하는 상황 대다수를 훌륭히 설명할 수 있다. 하지만 상수가 더 다양한 기능을 제공해줬으면 할 때도 있다. 코드 34-3의 Planet 상수들은 서로 다른 데이터와 연결되는 데 그쳤지만, 한 걸음 더 나아가 상수마다 동작이 달라져야 하는 상황도 있을 것이다. 예컨대 사칙연산 계산기의 연산 종류를 열거 타입으로 선언하고, 실제 연산까지 열거 타입 상수가 직접 수행했으면 한다고 해보자. 먼저 switch 문을 이용해 상수의 값에 따라 분기하는 방법을 시도해보자.

코드 34-4 값에 따라 분기하는 열거 타입 - 이대로 만족하는가?

```java
public enum Operation {
    PLUS, MINUS, TIMES, DIVIDE;

    // 상수가 뜻하는 연산을 수행한다.
    public double apply(double x, double y) {
        switch(this) {
```

```
            case PLUS:   return x + y;
            case MINUS:  return x - y;
            case TIMES:  return x * y;
            case DIVIDE: return x / y;
        }
        throw new AssertionError("알 수 없는 연산: " + this);
    }
}
```

동작은 하지만 그리 예쁘지는 않다. 마지막의 throw 문은 실제로는 도달할 일 이 없지만 기술적으로는 도달할 수 있기 때문에[JLS, 14.21] 생략하면 컴파일조 차 되지 않는다. 더 나쁜 점은 깨지기 쉬운 코드라는 사실이다. 예컨대 새로운 상수를 추가하면 해당 case 문도 추가해야 한다. 혹시라도 깜빡한다면, 컴파일 은 되지만 새로 추가한 연산을 수행하려 할 때 "**알 수 없는 연산**"이라는 런타임 오류를 내며 프로그램이 종료된다.

다행히 열거 타입은 상수별로 다르게 동작하는 코드를 구현하는 더 나은 수 단을 제공한다. 열거 타입에 apply라는 추상 메서드를 선언하고 각 상수별 클 래스 몸체(constant-specific class body), 즉 각 상수에서 자신에 맞게 재정의하 는 방법이다. 이를 상수별 메서드 구현(constant-specific method implementa- tion)이라 한다.

코드 34-5 상수별 메서드 구현을 활용한 열거 타입

```java
public enum Operation {
  PLUS  {public double apply(double x, double y){return x + y;}},
  MINUS {public double apply(double x, double y){return x - y;}},
  TIMES {public double apply(double x, double y){return x * y;}},
  DIVIDE{public double apply(double x, double y){return x / y;}};

  public abstract double apply(double x, double y);
}
```

보다시피 apply 메서드가 상수 선언 바로 옆에 붙어 있으니 새로운 상수를 추가 할 때 apply도 재정의해야 한다는 사실을 깜빡하기는 어려울 것이다. 그뿐만 아 니라 apply가 추상 메서드이므로 재정의하지 않았다면 컴파일 오류로 알려준다.

상수별 메서드 구현을 상수별 데이터와 결합할 수도 있다. 예컨대 다음은 Operation의 toString을 재정의해 해당 연산을 뜻하는 기호를 반환하도록 한 예다.

코드 34-6 상수별 클래스 몸체(class body)와 데이터를 사용한 열거 타입

```java
public enum Operation {
    PLUS("+") {
        public double apply(double x, double y) { return x + y; }
    },
    MINUS("-") {
        public double apply(double x, double y) { return x - y; }
    },
    TIMES("*") {
        public double apply(double x, double y) { return x * y; }
    },
    DIVIDE("/") {
        public double apply(double x, double y) { return x / y; }
    };

    private final String symbol;

    Operation(String symbol) { this.symbol = symbol; }

    @Override public String toString() { return symbol; }
    public abstract double apply(double x, double y);
}
```

다음은 이 toString이 계산식 출력을 얼마나 편하게 해주는지를 보여준다.

```java
public static void main(String[] args) {
    double x = Double.parseDouble(args[0]);
    double y = Double.parseDouble(args[1]);
    for (Operation op : Operation.values())
        System.out.printf("%f %s %f = %f%n",
                          x, op, y, op.apply(x, y));
}
```

이제 명령줄 인수에 2와 4를 주어 이 프로그램을 실행하면 다음 결과를 볼 수 있다.

```
2.000000 + 4.000000 = 6.000000
2.000000 - 4.000000 = -2.000000
2.000000 * 4.000000 = 8.000000
2.000000 / 4.000000 = 0.500000
```

열거 타입에는 상수 이름을 입력받아 그 이름에 해당하는 상수를 반환해주는 valueOf(String) 메서드가 자동 생성된다. 한편, 열거 타입의 toString 메서드를 재정의하려거든, toString이 반환하는 문자열을 해당 열거 타입 상수로 변환해주는 fromString 메서드도 함께 제공하는 걸 고려해보자. 다음 코드는 모든 열거 타입에서 사용할 수 있도록 구현한 fromString이다(단, 타입 이름을 적절히 바꿔야 하고 모든 상수의 문자열 표현이 고유해야 한다).

코드 34-7 열거 타입용 fromString 메서드 구현하기

```
private static final Map<String, Operation> stringToEnum =
        Stream.of(values()).collect(
            toMap(Object::toString, e -> e));

// 지정한 문자열에 해당하는 Operation을 (존재한다면) 반환한다.
public static Optional<Operation> fromString(String symbol) {
    return Optional.ofNullable(stringToEnum.get(symbol));
}
```

Operation 상수가 stringToEnum 맵에 추가되는 시점은 열거 타입 상수 생성 후정적 필드가 초기화될 때다. 앞의 코드는 values 메서드가 반환하는 배열 대신스트림(7장 참조)을 사용했다. 자바 8 이전에는 빈 해시맵을 만든 다음 values가 반환한 배열을 순회하며 {문자열, 열거 타입 상수} 쌍을 맵에 추가했을 것이다. 물론 지금도 이렇게 구현해도 된다. 하지만 열거 타입 상수는 생성자에서자신의 인스턴스를 맵에 추가할 수 없다. 이렇게 하려면 컴파일 오류가 나는데, 만약 이 방식이 허용되었다면 런타임에 NullPointerException이 발생했을것이다. 열거 타입의 정적 필드 중 열거 타입의 생성자에서 접근할 수 있는 것은 상수 변수뿐이다(아이템 24). 열거 타입 생성자가 실행되는 시점에는 정적필드들이 아직 초기화되기 전이라, 자기 자신을 추가하지 못하게 하는 제약이꼭 필요하다. 이 제약의 특수한 예로, 열거 타입 생성자에서 같은 열거 타입의다른 상수에도 접근할 수 없다.[1]

  fromString이 Optional<Operation>을 반환하는 점도 주의하자. 이는 주어진문자열이 가리키는 연산이 존재하지 않을 수 있음을 클라이언트에 알리고, 그상황을 클라이언트에서 대처하도록 한 것이다.

  한편, 상수별 메서드 구현에는 열거 타입 상수끼리 코드를 공유하기 어렵다는 단점이 있다. 급여명세서에서 쓸 요일을 표현하는 열거 타입을 예로 생각해보자. 이 열거 타입은 직원의 (시간당) 기본 임금과 그날 일한 시간(분 단위)이

---

[1] (옮긴이) 열거 타입의 각 상수는 해당 열거 타입의 인스턴스를 public static final 필드로 선언한 것임을 떠올리자. 즉, 다른 형제 상수도 static이므로 열거 타입 생성자에서 정적 필드에 접근할 수 없다는 제약이 적용된다.

주어지면 일당을 계산해주는 메서드를 갖고 있다. 주중에 오버타임이 발생하면 잔업수당이 주어지고, 주말에는 무조건 잔업수당이 주어진다. switch 문을 이용하면 case 문을 날짜별로 두어 이 계산을 쉽게 수행할 수 있다.

코드 34-8 값에 따라 분기하여 코드를 공유하는 열거 타입 - 좋은 방법인가?

```java
enum PayrollDay {
    MONDAY, TUESDAY, WEDNESDAY, THURSDAY, FRIDAY,
    SATURDAY, SUNDAY;

    private static final int MINS_PER_SHIFT = 8 * 60;

    int pay(int minutesWorked, int payRate) {
        int basePay = minutesWorked * payRate;

        int overtimePay;
        switch(this) {
          case SATURDAY: case SUNDAY: // 주말
            overtimePay = basePay / 2;
            break;
          default: // 주중
            overtimePay = minutesWorked <= MINS_PER_SHIFT ?
                0 : (minutesWorked - MINS_PER_SHIFT) * payRate / 2;
        }

        return basePay + overtimePay;
    }
}
```

분명 간결하지만, 관리 관점에서는 위험한 코드다. 휴가와 같은 새로운 값을 열거 타입에 추가하려면 그 값을 처리하는 case 문을 잊지 말고 쌍으로 넣어줘야 하는 것이다. 자칫 깜빡하는 날에는 (프로그램은 말끔히 컴파일되고 잘 돌아가기까지 하지만) 휴가 기간에 열심히 일해도 평일과 똑같은 임금을 받게 된다.

상수별 메서드 구현으로 급여를 정확히 계산하는 방법은 두 가지다. 첫째, 잔업수당을 계산하는 코드를 모든 상수에 중복해서 넣으면 된다. 둘째, 계산 코드를 평일용과 주말용으로 나눠 각각을 도우미 메서드로 작성한 다음 각 상수가 자신에게 필요한 메서드를 적절히 호출하면 된다. 두 방식 모두 코드가 장황해져 가독성이 크게 떨어지고 오류 발생 가능성이 높아진다.

PayrollDay에 평일 잔업수당 계산용 메서드인 overtimePay를 구현해놓고,

주말 상수에서만 재정의해 쓰면 장황한 부분은 줄일 수 있다. 하지만 switch 문을 썼을 때와 똑같은 단점이 나타난다. 즉, 새로운 상수를 추가하면서 overtimePay 메서드를 재정의하지 않으면 평일용 코드를 그대로 물려받게 되는 것이다.

가장 깔끔한 방법은 새로운 상수를 추가할 때 잔업수당 '전략'을 선택하도록 하는 것이다. 다행히 멋진 방법이 있다. 잔업수당 계산을 private 중첩 열거 타입(다음 코드의 PayType)으로 옮기고 PayrollDay 열거 타입의 생성자에서 이 중 적당한 것을 선택한다. 그러면 PayrollDay 열거 타입은 잔업수당 계산을 그 전략 열거 타입에 위임하여, switch 문이나 상수별 메서드 구현이 필요 없게 된다. 이 패턴은 switch 문보다 복잡하지만 더 안전하고 유연하다.

코드 34-9 전략 열거 타입 패턴

```
enum PayrollDay {
    MONDAY(WEEKDAY), TUESDAY(WEEKDAY), WEDNESDAY(WEEKDAY),
    THURSDAY(WEEKDAY), FRIDAY(WEEKDAY),
    SATURDAY(WEEKEND), SUNDAY(WEEKEND);

    private final PayType payType;

    PayrollDay(PayType payType) { this.payType = payType; }

    int pay(int minutesWorked, int payRate) {
        return payType.pay(minutesWorked, payRate);
    }

    // 전략 열거 타입
    enum PayType {
        WEEKDAY {
            int overtimePay(int minsWorked, int payRate) {
                return minsWorked <= MINS_PER_SHIFT ? 0 :
                  (minsWorked - MINS_PER_SHIFT) * payRate / 2;
            }
        },
        WEEKEND {
            int overtimePay(int minsWorked, int payRate) {
                return minsWorked * payRate / 2;
            }
        };

        abstract int overtimePay(int mins, int payRate);
        private static final int MINS_PER_SHIFT = 8 * 60;

        int pay(int minsWorked, int payRate) {
```

```
            int basePay = minsWorked * payRate;
            return basePay + overtimePay(minsWorked, payRate);
        }
    }
}
```

보다시피 switch 문은 열거 타입의 상수별 동작을 구현하는 데 적합하지 않다. **하지만 기존 열거 타입에 상수별 동작을 혼합해 넣을 때는 switch 문이 좋은 선택이 될 수 있다.** 예컨대 서드파티에서 가져온 Operation 열거 타입이 있는데, 각 연산의 반대 연산을 반환하는 메서드가 필요하다고 해보자. 다음은 이러한 효과를 내주는 정적 메서드다.

코드 34-10 switch 문을 이용해 원래 열거 타입에 없는 기능을 수행한다.

```
public static Operation inverse(Operation op) {
    switch(op) {
        case PLUS:   return Operation.MINUS;
        case MINUS:  return Operation.PLUS;
        case TIMES:  return Operation.DIVIDE;
        case DIVIDE: return Operation.TIMES;

        default: throw new AssertionError("알 수 없는 연산: " + op);
    }
}
```

추가하려는 메서드가 의미상 열거 타입에 속하지 않는다면 직접 만든 열거 타입이라도 이 방식을 적용하는 게 좋다. 종종 쓰이지만 열거 타입 안에 포함할 만큼 유용하지는 않은 경우도 마찬가지다.

대부분의 경우 열거 타입의 성능은 정수 상수와 별반 다르지 않다. 열거 타입을 메모리에 올리는 공간과 초기화하는 시간이 들긴 하지만 체감될 정도는 아니다.

그래서 열거 타입을 과연 언제 쓰란 말인가? **필요한 원소를 컴파일타임에 다 알 수 있는 상수 집합이라면 항상 열거 타입을 사용하자.** 태양계 행성, 한 주의 요일, 체스 말처럼 본질적으로 열거 타입인 타입은 당연히 포함된다. 그리고 메뉴 아이템, 연산 코드, 명령줄 플래그 등 허용하는 값 모두를 컴파일타임에 이미 알고 있을 때도 쓸 수 있다. **열거 타입에 정의된 상수 개수가 영원히 고정 불변일 필요는 없다.** 열거 타입은 나중에 상수가 추가돼도 바이너리 수준에서 호환되도록 설계되었다.

> **핵심 정리**
>
> 열거 타입은 확실히 정수 상수보다 뛰어나다. 더 읽기 쉽고 안전하고 강력하다. 대다수 열거 타입이 명시적 생성자나 메서드 없이 쓰이지만, 각 상수를 특정 데이터와 연결짓거나 상수마다 다르게 동작하게 할 때는 필요하다. 드물게는 하나의 메서드가 상수별로 다르게 동작해야 할 때도 있다. 이런 열거 타입에서는 switch 문 대신 상수별 메서드 구현을 사용하자. 열거 타입 상수 일부가 같은 동작을 공유한다면 전략 열거 타입 패턴을 사용하자.

ordinal 메서드 대신 인스턴스 필드를 사용하라

대부분의 열거 타입 상수는 자연스럽게 하나의 정숫값에 대응된다. 그리고 모든 열거 타입은 해당 상수가 그 열거 타입에서 몇 번째 위치인지를 반환하는 ordinal이라는 메서드를 제공한다. 이런 이유로 열거 타입 상수와 연결된 정숫값이 필요하면 ordinal 메서드를 이용하고 싶은 유혹에 빠진다. 다음 코드는 합주단의 종류를 연주자가 1명인 솔로(solo)부터 10명인 디텍트(dectet)까지 정의한 열거 타입이다.

코드 35-1 ordinal을 잘못 사용한 예 - 따라 하지 말 것!

```java
public enum Ensemble {
    SOLO, DUET, TRIO, QUARTET, QUINTET,
    SEXTET, SEPTET, OCTET, NONET, DECTET;

    public int numberOfMusicians() { return ordinal() + 1; }
}
```

동작은 하지만 유지보수하기가 끔찍한 코드다. 상수 선언 순서를 바꾸는 순간 numberOfMusicians가 오동작하며, 이미 사용 중인 정수와 값이 같은 상수는 추가할 방법이 없다. 예컨대 8중주(octet) 상수가 이미 있으니 똑같이 8명이 연주하는 복4중주(double quartet)는 추가할 수 없다.

또한, 값을 중간에 비워둘 수도 없다. 예컨대 12명이 연주하는 3중 4중주 (triple quartet)를 추가한다고 해보자. 그러려면 중간에 11명짜리 상수도 채워야 하는데, 11명으로 구성된 연주를 일컫는 이름이 없는 게 아닌가? 그래서 3중 4중주를 추가하려면 쓰이지 않는 더미(dummy) 상수를 같이 추가해야만 한다. 코드가 깔끔하지 못할 뿐 아니라, 쓰이는 않는 값이 많아질수록 실용성이 떨어진다.

해결책은 간단하다. **열거 타입 상수에 연결된 값은 ordinal 메서드로 얻지**

말고, 인스턴스 필드에 저장하자.

```java
public enum Ensemble {
    SOLO(1), DUET(2), TRIO(3), QUARTET(4), QUINTET(5),
    SEXTET(6), SEPTET(7), OCTET(8), DOUBLE_QUARTET(8),
    NONET(9), DECTET(10), TRIPLE_QUARTET(12);

    private final int numberOfMusicians;
    Ensemble(int size) { this.numberOfMusicians = size; }
    public int numberOfMusicians() { return numberOfMusicians; }
}
```

Enum의 API 문서를 보면 ordinal에 대해 이렇게 쓰여 있다. "대부분 프로그래머는 이 메서드를 쓸 일이 없다. 이 메서드는 EnumSet과 EnumMap 같이 열거 타입 기반의 범용 자료구조에 쓸 목적으로 설계되었다." 따라서 이런 용도가 아니라면 ordinal 메서드는 절대 사용하지 말자.

아이템 36

비트 필드 대신 EnumSet을 사용하라

열거한 값들이 주로 (단독이 아닌) 집합으로 사용될 경우, 예전에는 각 상수에 서로 다른 2의 거듭제곱 값을 할당한 정수 열거 패턴(아이템 34)을 사용해왔다.

코드 36-1 비트 필드 열거 상수 - 구닥다리 기법!

```
public class Text {
    public static final int STYLE_BOLD          = 1 << 0;  // 1
    public static final int STYLE_ITALIC        = 1 << 1;  // 2
    public static final int STYLE_UNDERLINE     = 1 << 2;  // 4
    public static final int STYLE_STRIKETHROUGH = 1 << 3;  // 8

    // 매개변수 styles는 0개 이상의 STYLE_ 상수를 비트별 OR한 값이다.
    public void applyStyles(int styles) { ... }
}
```

다음과 같은 식으로 비트별 OR를 사용해 여러 상수를 하나의 집합으로 모을 수 있으며, 이렇게 만들어진 집합을 비트 필드(bit field)라 한다.

```
text.applyStyles(STYLE_BOLD | STYLE_ITALIC);
```

비트 필드를 사용하면 비트별 연산을 사용해 합집합과 교집합 같은 집합 연산을 효율적으로 수행할 수 있다. 하지만 비트 필드는 정수 열거 상수의 단점을 그대로 지니며, 추가로 다음과 같은 문제까지 안고 있다.

비트 필드 값이 그대로 출력되면 단순한 정수 열거 상수를 출력할 때보다 해석하기가 훨씬 어렵다. 비트 필드 하나에 녹아 있는 모든 원소를 순회하기도 까다롭다. 마지막으로, 최대 몇 비트가 필요한지를 API 작성 시 미리 예측하여 적절한 타입(보통은 int나 long)을 선택해야 한다. API를 수정하지 않고는 비트 수(32비트 or 64비트)를 더 늘릴 수 없기 때문이다.

정수 상수보다 열거 타입을 선호하는 프로그래머 중에도 상수 집합을 주고

받아야 할 때는 여전히 비트 필드를 사용하기도 한다. 하지만 이제 더 나은 대안이 있다. java.util 패키지의 EnumSet 클래스는 열거 타입 상수의 값으로 구성된 집합을 효과적으로 표현해준다. Set 인터페이스를 완벽히 구현하며, 타입 안전하고, 다른 어떤 Set 구현체와도 함께 사용할 수 있다. 하지만 EnumSet의 내부는 비트 벡터로 구현되었다. 원소가 총 64개 이하라면, 즉 대부분의 경우에 EnumSet 전체를 long 변수 하나로 표현하여 비트 필드에 비견되는 성능을 보여준다. removeAll과 retainAll 같은 대량 작업은 (비트 필드를 사용할 때 쓰는 것과 같은) 비트를 효율적으로 처리할 수 있는 산술 연산을 써서 구현했다. 그러면서도 비트를 직접 다룰 때 흔히 겪는 오류들에서 해방된다. 난해한 작업을 EnumSet이 다 처리해주기 때문이다.

앞의 예를 열거 타입과 EnumSet을 사용해 수정해보았다. 보다시피 짧고 깔끔하고 안전하다.

코드 36-2 EnumSet - 비트 필드를 대체하는 현대적 기법

```java
public class Text {
    public enum Style { BOLD, ITALIC, UNDERLINE, STRIKETHROUGH }

    // 어떤 Set을 넘겨도 되나, EnumSet이 가장 좋다.
    public void applyStyles(Set<Style> styles) { ... }
}
```

다음은 코드 36-2의 applyStyles 메서드에 EnumSet 인스턴스를 건네는 클라이언트 코드다. EnumSet은 집합 생성 등 다양한 기능의 정적 팩터리를 제공하는데, 다음 코드에서는 그중 of 메서드를 사용했다.

```java
text.applyStyles(EnumSet.of(Style.BOLD, Style.ITALIC));
```

applyStyles 메서드가 EnumSet<Style>이 아닌 Set<Style>을 받은 이유를 생각해보자. 모든 클라이언트가 EnumSet을 건네리라 짐작되는 상황이라도 이왕이면 인터페이스로 받는 게 일반적으로 좋은 습관이다(아이템 64). 이렇게 하면 좀 특이한 클라이언트가 다른 Set 구현체를 넘기더라도 처리할 수 있으니 말이다.

> **핵심 정리**
>
> **열거할 수 있는 타입을 한데 모아 집합 형태로 사용한다고 해도 비트 필드를 사용할 이유는 없다.** EnumSet 클래스가 비트 필드 수준의 명료함과 성능을 제공하고 아이템 34에서 설명한 열거 타입의 장점까지 선사하기 때문이다. EnumSet의 유일한 단점이라면 (자바 9까지는 아직) 불변 EnumSet을 만들 수 없다는 것이다. 그래도 향후 릴리스에서는 수정되리라 본다.[2] 그때까지는 (명확성과 성능이 조금 희생되지만) Collections. unmodifiableSet으로 EnumSet을 감싸 사용할 수 있다.

---

2 (옮긴이) 이 책의 2판에도 언급되었지만, 자바 11까지도 이 수정은 이뤄지지 않았다. 조슈아 블로크의 바람과 달리 자바 개발팀은 불변 EnumSet이 그리 필요하지 않다고 보는 것 같다. 구글의 구아바(Guava) 라이브러리를 사용하면 불변 EnumSet을 만들 수 있긴 하지만(*https://bit.ly/2NlxW6O* 참고), 이 역시 내부에서는 EnumSet을 사용해 구현했으므로 성능 면에서는 손해다.

ordinal 인덱싱 대신 EnumMap을 사용하라

이따금 배열이나 리스트에서 원소를 꺼낼 때 ordinal 메서드(아이템 35)로 인덱스를 얻는 코드가 있다. 식물을 간단히 나타낸 다음 클래스를 예로 살펴보자.

```java
class Plant {
    enum LifeCycle { ANNUAL, PERENNIAL, BIENNIAL }

    final String name;
    final LifeCycle lifeCycle;

    Plant(String name, LifeCycle lifeCycle) {
        this.name = name;
        this.lifeCycle = lifeCycle;
    }

    @Override public String toString() {
        return name;
    }
}
```

이제 정원에 심은 식물들을 배열 하나로 관리하고, 이들을 생애주기(한해살이, 여러해살이, 두해살이)별로 묶어보자. 생애주기별로 총 3개의 집합을 만들고 정원을 한 바퀴 돌며 각 식물을 해당 집합에 넣는다. 이때 어떤 프로그래머는 집합들을 배열 하나에 넣고 생애주기의 ordinal 값을 그 배열의 인덱스로 사용하려 할 것이다.

코드 37-1 ordinal()을 배열 인덱스로 사용 - 따라 하지 말 것!

```java
Set<Plant>[] plantsByLifeCycle =
    (Set<Plant>[]) new Set[Plant.LifeCycle.values().length];
for (int i = 0; i < plantsByLifeCycle.length; i++)
    plantsByLifeCycle[i] = new HashSet<>();

for (Plant p : garden)
```

```
    plantsByLifeCycle[p.lifeCycle.ordinal()].add(p);

// 결과 출력
for (int i = 0; i < plantsByLifeCycle.length; i++) {
    System.out.printf("%s: %s%n",
        Plant.LifeCycle.values()[i], plantsByLifeCycle[i]);
}
```

동작은 하지만 문제가 한가득이다. 배열은 제네릭과 호환되지 않으니(아이템 28) 비검사 형변환을 수행해야 하고 깔끔히 컴파일되지 않을 것이다. 배열은 각 인덱스의 의미를 모르니 출력 결과에 직접 레이블을 달아야 한다. 가장 심각한 문제는 정확한 정숫값을 사용한다는 것을 여러분이 직접 보증해야 한다는 점이다. 정수는 열거 타입과 달리 타입 안전하지 않기 때문이다. 잘못된 값을 사용하면 잘못된 동작을 묵묵히 수행하거나 (운이 좋다면) ArrayIndexOutOf BoundsException을 던질 것이다.

훨씬 멋진 해결책이 있으니 걱정마시라. 여기서 배열은 실질적으로 열거 타입 상수를 값으로 매핑하는 일을 한다. 그러니 Map을 사용할 수도 있을 것이다. 사실 열거 타입을 키로 사용하도록 설계한 아주 빠른 Map 구현체가 존재하는데, 바로 EnumMap이 그 주인공이다. 다음은 코드 37-1을 수정하여 EnumMap을 사용하도록 한 코드다.

코드 37-2 EnumMap을 사용해 데이터와 열거 타입을 매핑한다.
```
Map<Plant.LifeCycle, Set<Plant>> plantsByLifeCycle =
    new EnumMap<>(Plant.LifeCycle.class);
for (Plant.LifeCycle lc : Plant.LifeCycle.values())
    plantsByLifeCycle.put(lc, new HashSet<>());
for (Plant p : garden)
    plantsByLifeCycle.get(p.lifeCycle).add(p);
System.out.println(plantsByLifeCycle);
```

더 짧고 명료하고 안전하고 성능도 원래 버전과 비등하다. 안전하지 않은 형변환은 쓰지 않고, 맵의 키인 열거 타입이 그 자체로 출력용 문자열을 제공하니 출력 결과에 직접 레이블을 달 일도 없다. 나아가 배열 인덱스를 계산하는 과정에서 오류가 날 가능성도 원천봉쇄된다. EnumMap의 성능이 ordinal을 쓴 배열에 비견되는 이유는 그 내부에서 배열을 사용하기 때문이다. 내부 구현 방식을 안으로 숨겨서 Map의 타입 안전성과 배열의 성능을 모두 얻어낸 것이다. 여기서 EnumMap의 생성자가 받는 키 타입의 Class 객체는 한정적 타입 토큰으로, 런타임 제네릭 타입 정보를 제공한다(아이템 33).

스트림(아이템 45)을 사용해 맵을 관리하면 코드를 더 줄일 수 있다. 다음은 앞 예의 동작을 거의 그대로 모방한 가장 단순한 형태의 스트림 기반 코드다.

코드 37-3 스트림을 사용한 코드 1 - EnumMap을 사용하지 않는다!
```
System.out.println(Arrays.stream(garden)
        .collect(groupingBy(p -> p.lifeCycle)));
```

이 코드는 EnumMap이 아닌 고유한 맵 구현체를 사용했기 때문에 EnumMap을 써서 얻은 공간과 성능 이점이 사라진다는 문제가 있다. 이 문제를 좀 더 구체적으로 살펴보자. 매개변수 3개짜리 Collectors.groupingBy 메서드는 mapFactory 매개변수에 원하는 맵 구현체를 명시해 호출할 수 있다.

코드 37-4 스트림을 사용한 코드 2 - EnumMap을 이용해 데이터와 열거 타입을 매핑했다.
```
System.out.println(Arrays.stream(garden)
        .collect(groupingBy(p -> p.lifeCycle,
            () -> new EnumMap<>(LifeCycle.class), toSet()))));
```

이 예처럼 단순한 프로그램에서는 최적화가 굳이 필요 없지만, 맵을 빈번히 사용하는 프로그램에서는 꼭 필요할 것이다.

스트림을 사용하면 EnumMap만 사용했을 때와는 살짝 다르게 동작한다. EnumMap 버전은 언제나 식물의 생애주기당 하나씩의 중첩 맵을 만들지만, 스트림 버전에서는 해당 생애주기에 속하는 식물이 있을 때만 만든다. 예컨대 정원에 한해살이와 여러해살이 식물만 살고 두해살이는 없다면, EnumMap 버전에서는 맵을 3개 만들고 스트림 버전에서는 2개만 만든다.

두 열거 타입 값들을 매핑하느라 ordinal을 (두 번이나) 쓴 배열들의 배열을 본 적이 있을 것이다. 다음은 이 방식을 적용해 두 가지 상태(Phase)를 전이(Transition)와 매핑하도록 구현한 프로그램이다. 예컨대 액체(LIQUID)에서 고체(SOLID)로의 전이는 응고(FREEZE)가 되고, 액체에서 기체(GAS)로의 전이는 기화(BOIL)가 된다.

코드 37-5 배열들의 배열의 인덱스에 ordinal()을 사용 - 따라 하지 말 것!
```
public enum Phase {
```

```
    SOLID, LIQUID, GAS;

    public enum Transition {
        MELT, FREEZE, BOIL, CONDENSE, SUBLIME, DEPOSIT;

        // 행은 from의 ordinal을, 열은 to의 ordinal을 인덱스로 쓴다.
        private static final Transition[][] TRANSITIONS = {
            { null, MELT, SUBLIME },
            { FREEZE, null, BOIL },
            { DEPOSIT, CONDENSE, null }
        };

        // 한 상태에서 다른 상태로의 전이를 반환한다.
        public static Transition from(Phase from, Phase to) {
            return TRANSITIONS[from.ordinal()][to.ordinal()];
        }
    }
}
```

멋져 보이지만 겉모습에 속으면 안 된다. 앞서 보여준 간단한 정원 예제와 마
찬가지로 컴파일러는 ordinal과 배열 인덱스의 관계를 알 도리가 없다. 즉,
Phase나 Phase.Transition 열거 타입을 수정하면서 상전이 표 TRANSITIONS를
함께 수정하지 않거나 실수로 잘못 수정하면 런타임 오류가 날 것이다. Array
IndexOutOfBoundsException이나 NullPointerException을 던질 수도 있고, (운
이 나쁘면) 예외도 던지지 않고 이상하게 동작할 수도 있다. 그리고 상전이 표
의 크기는 상태의 가짓수가 늘어나면 제곱해서 커지며 null로 채워지는 칸도
늘어날 것이다.

다시 이야기하지만 EnumMap을 사용하는 편이 훨씬 낫다. 전이 하나를 얻으려
면 이전 상태(from)와 이후 상태(to)가 필요하니, 맵 2개를 중첩하면 쉽게 해결
할 수 있다. 안쪽 맵은 이전 상태와 전이를 연결하고 바깥 맵은 이후 상태와 안
쪽 맵을 연결한다. 전이 전후의 두 상태를 전이 열거 타입 Transition의 입력으
로 받아, 이 Transition 상수들로 중첩된 EnumMap을 초기화하면 된다.

코드 37-6 중첩 EnumMap으로 데이터와 열거 타입 쌍을 연결했다.

```
public enum Phase {
    SOLID, LIQUID, GAS;

    public enum Transition {
        MELT(SOLID, LIQUID), FREEZE(LIQUID, SOLID),
        BOIL(LIQUID, GAS), CONDENSE(GAS, LIQUID),
```

```
        SUBLIME(SOLID, GAS), DEPOSIT(GAS, SOLID);

        private final Phase from;
        private final Phase to;

        Transition(Phase from, Phase to) {
            this.from = from;
            this.to = to;
        }

        // 상전이 맵을 초기화한다.
        private static final Map<Phase, Map<Phase, Transition>>
          m = Stream.of(values()).collect(groupingBy(t -> t.from,
            () -> new EnumMap<>(Phase.class),
            toMap(t -> t.to, t -> t,
                (x, y) -> y, () -> new EnumMap<>(Phase.class))));

        public static Transition from(Phase from, Phase to) {
            return m.get(from).get(to);
        }
    }
}
```

상전이 맵을 초기화하는 코드는 제법 복잡하다. 이 맵의 타입인 Map<Phase, Map<Phase, Transition>>은 "이전 상태에서 '이후 상태에서 전이로의 맵'에 대응시키는 맵"이라는 뜻이다. 이러한 맵의 맵을 초기화하기 위해 수집기(java. util.stream.Collector) 2개를 차례로 사용했다. 첫 번째 수집기인 groupingBy 에서는 전이를 이전 상태를 기준으로 묶고, 두 번째 수집기인 toMap에서는 이후 상태를 전이에 대응시키는 EnumMap을 생성한다. 두 번째 수집기의 병합 함수인 (x, y) -> y는 선언만 하고 실제로는 쓰이지 않는데, 이는 단지 EnumMap을 얻으려면 맵 팩터리가 필요하고 수집기들은 점층적 팩터리(telescoping factory)를 제공하기 때문이다. 이 책의 2판에서는 상전이 맵을 만들 때 명시적인 반복문을 사용했다. 2판의 코드가 더 장황하긴 하나 아마도 이해하기는 더쉬울 것이다.

이제 여기에 새로운 상태인 플라스마(PLASMA)를 추가해보자. 이 상태와 연결된 전이는 2개다. 첫 번째는 기체에서 플라스마로 변하는 이온화(IONIZE)이고, 둘째는 플라스마에서 기체로 변하는 탈이온화(DEIONIZE)다. 배열로 만든 코드 37-5를 수정하려면 새로운 상수를 Phase에 1개, Phase.Transition에 2개를 추가하고, 원소 9개짜리인 배열들의 배열을 원소 16개짜리로 교체해야 한다. 원소 수를 너무 적거나 많이 기입하거나, 잘못된 순서로 나열하면 이 프로그램은 (컴파일은 통과하더라도) 런타임에 문제를 일으킬 것이다. 반면, EnumMap 버전에서는 상태 목록에 PLASMA를 추가하고, 전이 목록에 IONIZE(GAS, PLASMA)와 DEIONIZE(PLASMA, GAS)만 추가하면 끝이다.

코드 37-7 EnumMap 버전에 새로운 상태 추가하기

```java
public enum Phase {
    SOLID, LIQUID, GAS, PLASMA;

    public enum Transition {
        MELT(SOLID, LIQUID), FREEZE(LIQUID, SOLID),
        BOIL(LIQUID, GAS), CONDENSE(GAS, LIQUID),
        SUBLIME(SOLID, GAS), DEPOSIT(GAS, SOLID),
        IONIZE(GAS, PLASMA), DEIONIZE(PLASMA, GAS);

        ... // 나머지 코드는 그대로다.
    }
}
```

나머지는 기존 로직에서 잘 처리해주어 잘못 수정할 가능성이 극히 작다. 실제 내부에서는 맵들의 맵이 배열들의 배열로 구현되니 낭비되는 공간과 시간도 거의 없이 명확하고 안전하고 유지보수하기 좋다.

 코드를 간략히 하기 위해 앞의 코드에서는 해당 전이가 없을 때 null을 사용했다. 이는 런타임에 NullPointerException을 일으키는 안 좋은 습관이지만, 이 문제를 깔끔히 해결하려면 코드가 아주 길어져서 이번 아이템에서 설명하려는 핵심이 잘 드러나지 않게 된다. 그래서 어쩔 수 없이 예외 처리 코드를 생략했으니 양해를 부탁드린다.

> **핵심 정리**
>
> 배열의 인덱스를 얻기 위해 **ordinal**을 쓰는 것은 일반적으로 좋지 않으니, 대신 **EnumMap을 사용하라.** 다차원 관계는 EnumMap<..., EnumMap<...>>으로 표현하라. "애플리케이션 프로그래머는 Enum.ordinal을 (웬만해서는) 사용하지 말아야 한다(아이템 35)"는 일반 원칙의 특수한 사례다.

확장할 수 있는 열거 타입이 필요하면 인터페이스를 사용하라

열거 타입은 거의 모든 상황에서 이 책 초판에서 소개한 타입 안전 열거 패턴 (typesafe enum pattern)보다 우수하다. 단, 예외가 하나 있으니, 타입 안전 열거 패턴은 확장할 수 있으나 열거 타입은 그럴 수 없다는 점이다. 달리 말하면, 타입 안전 열거 패턴은 열거한 값들을 그대로 가져온 다음 값을 더 추가하여 다른 목적으로 쓸 수 있는 반면, 열거 타입은 그렇게 할 수 없다는 뜻이다. 실수로 이렇게 설계한 것은 아니다. 사실 대부분 상황에서 열거 타입을 확장하는 건 좋지 않은 생각이다. 확장한 타입의 원소는 기반 타입의 원소로 취급하지만 그 반대는 성립하지 않는다면 이상하지 않은가! 기반 타입과 확장된 타입들의 원소 모두를 순회할 방법도 마땅치 않다. 마지막으로, 확장성을 높이려면 고려할 요소가 늘어나 설계와 구현이 더 복잡해진다.

그런데 확장할 수 있는 열거 타입이 어울리는 쓰임이 최소한 하나는 있다. 바로 연산 코드(operation code 혹은 opcode)다. 연산 코드의 각 원소는 특정 기계가 수행하는 연산을 뜻한다(아이템 34의 Operation 타입도 그중 하나로, 간단한 계산기의 연산 기능을 의미했다). 이따금 API가 제공하는 기본 연산 외에 사용자 확장 연산을 추가할 수 있도록 열어줘야 할 때가 있다.

다행히 열거 타입으로 이 효과를 내는 멋진 방법이 있다. 기본 아이디어는 열거 타입이 임의의 인터페이스를 구현할 수 있다는 사실을 이용하는 것이다. 연산 코드용 인터페이스를 정의하고 열거 타입이 이 인터페이스를 구현하게 하면 된다. 이때 열거 타입이 그 인터페이스의 표준 구현체 역할을 한다. 다음은 아이템 34의 Operation 타입을 확장할 수 있게 만든 코드다.

코드 38-1 인터페이스를 이용해 확장 가능 열거 타입을 흉내 냈다.

```
public interface Operation {
    double apply(double x, double y);
}
```

```
public enum BasicOperation implements Operation {
    PLUS("+") {
        public double apply(double x, double y) { return x + y; }
    },
    MINUS("-") {
        public double apply(double x, double y) { return x - y; }
    },
    TIMES("*") {
        public double apply(double x, double y) { return x * y; }
    },
    DIVIDE("/") {
        public double apply(double x, double y) { return x / y; }
    };

    private final String symbol;

    BasicOperation(String symbol) {
        this.symbol = symbol;
    }

    @Override public String toString() {
        return symbol;
    }
}
```

열거 타입인 BasicOperation은 확장할 수 없지만 인터페이스인 Operation은 확장할 수 있고, 이 인터페이스를 연산의 타입으로 사용하면 된다. 이렇게 하면 Operation을 구현한 또 다른 열거 타입을 정의해 기본 타입인 BasicOperation을 대체할 수 있다. 예를 들어 앞의 연산 타입을 확장해 지수 연산(EXP)과 나머지 연산(REMAINDER)을 추가해보자. 이를 위해 우리가 할 일은 Operation 인터페이스를 구현한 열거 타입을 작성하는 것뿐이다.

코드 38-2 확장 가능 열거 타입

```
public enum ExtendedOperation implements Operation {
    EXP("^") {
        public double apply(double x, double y) {
            return Math.pow(x, y);
        }
    },
    REMAINDER("%") {
        public double apply(double x, double y) {
            return x % y;
        }
    };

    private final String symbol;
```

```
        ExtendedOperation(String symbol) {
            this.symbol = symbol;
        }

        @Override public String toString() {
            return symbol;
        }
    }
```

새로 작성한 연산은 기존 연산을 쓰던 곳이면 어디든 쓸 수 있다. (Basic Operation이 아닌) Operation 인터페이스를 사용하도록 작성되어 있기만 하면 된다. apply가 인터페이스(Operation)에 선언되어 있으니 열거 타입에 따로 추상 메서드로 선언하지 않아도 된다. 코드 34-5의 상수별 메서드 구현과 다른 점이다.

개별 인스턴스 수준에서뿐 아니라 타입 수준에서도, 기본 열거 타입 대신 확장된 열거 타입을 넘겨 확장된 열거 타입의 원소 모두를 사용하게 할 수도 있다. 예컨대 다음 코드는 215쪽의 테스트 프로그램을 가져와 ExtendedOperation의 모든 원소를 테스트하도록 수정한 모습이다.

```
public static void main(String[] args) {
    double x = Double.parseDouble(args[0]);
    double y = Double.parseDouble(args[1]);
    test(ExtendedOperation.class, x, y);
}

private static <T extends Enum<T> & Operation> void test(
        Class<T> opEnumType, double x, double y) {
    for (Operation op : opEnumType.getEnumConstants())
        System.out.printf("%f %s %f = %f%n",
                            x, op, y, op.apply(x, y));
}
```

main 메서드는 test 메서드에 ExtendedOperation의 class 리터럴을 넘겨 확장된 연산들이 무엇인지 알려준다. 여기서 class 리터럴은 한정적 타입 토큰(아이템 33) 역할을 한다. opEnumType 매개변수의 선언(<T extends Enum<T> & Operation> Class<T>)은 솔직히 복잡한데, Class 객체가 열거 타입인 동시에 Operation의 하위 타입이어야 한다는 뜻이다. 열거 타입이어야 원소를 순회할 수 있고, Operation이어야 원소가 뜻하는 연산을 수행할 수 있기 때문이다.

두 번째 대안은 Class 객체 대신 한정적 와일드카드 타입(아이템 31)인 Collection<? extends Operation>을 넘기는 방법이다.

```
public static void main(String[] args) {
    double x = Double.parseDouble(args[0]);
    double y = Double.parseDouble(args[1]);
    test(Arrays.asList(ExtendedOperation.values()), x, y);
}

private static void test(Collection<? extends Operation> opSet,
        double x, double y) {
    for (Operation op : opSet)
        System.out.printf("%f %s %f = %f%n",
                            x, op, y, op.apply(x, y));
}
```

이 코드는 그나마 덜 복잡하고 test 메서드가 살짝 더 유연해졌다. 다시 말해 여러 구현 타입의 연산을 조합해 호출할 수 있게 되었다. 반면, 특정 연산에서는 EnumSet(아이템 36)과 EnumMap(아이템 37)을 사용하지 못한다.

두 대안 프로그램 모두 명령줄 인수로 4와 2를 넣어 실행하면 다음 결과를 출력한다.

```
4.000000 ^ 2.000000 = 16.000000
4.000000 % 2.000000 = 0.000000
```

인터페이스를 이용해 확장 가능한 열거 타입을 흉내 내는 방식에도 한 가지 사소한 문제가 있다. 바로 열거 타입끼리 구현을 상속할 수 없다는 점이다. 아무 상태에도 의존하지 않는 경우에는 디폴트 구현(아이템 20)을 이용해 인터페이스에 추가하는 방법이 있다. 반면 Operation 예는 연산 기호를 저장하고 찾는 로직이 BasicOperation과 ExtendedOperation 모두에 들어가야만 한다. 이 경우에는 중복량이 적으니 문제되진 않지만, 공유하는 기능이 많다면 그 부분을 별도의 도우미 클래스나 정적 도우미 메서드로 분리하는 방식으로 코드 중복을 없앨 수 있을 것이다.

자바 라이브러리도 이번 아이템에서 소개한 패턴을 사용한다. 그 예로 java.nio.file.LinkOption 열거 타입은 CopyOption과 OpenOption 인터페이스를 구현했다.

핵심 정리

열거 타입 자체는 확장할 수 없지만, **인터페이스와 그 인터페이스를 구현하는 기본 열거 타입을 함께 사용해 같은 효과를 낼 수 있다.** 이렇게 하면 클라이언트는 이 인터페이스를 구현해 자신만의 열거 타입(혹은 다른 타입)을 만들 수 있다. 그리고 API가 (기본 열거 타입을 직접 명시하지 않고) 인터페이스 기반으로 작성되었다면 기본 열거 타입의 인스턴스가 쓰이는 모든 곳을 새로 확장한 열거 타입의 인스턴스로 대체해 사용할 수 있다.

명명 패턴보다 애너테이션을 사용하라

전통적으로 도구나 프레임워크가 특별히 다뤄야 할 프로그램 요소에는 딱 구분되는 명명 패턴을 적용해왔다. 예컨대 테스트 프레임워크인 JUnit은 버전 3까지 테스트 메서드 이름을 test로 시작하게끔 했다.[Beck04] 효과적인 방법이지만 단점도 크다. 첫 번째, 오타가 나면 안 된다. 실수로 이름을 tsetSafetyOverride로 지으면 JUnit 3은 이 메서드를 무시하고 지나치기 때문에 개발자는 이 테스트가 (실패하지 않았으니) 통과했다고 오해할 수 있다.

명명 패턴의 단점 두 번째는 올바른 프로그램 요소에서만 사용되리라 보증할 방법이 없다는 것이다. 예컨대 (메서드가 아닌) 클래스 이름을 TestSafetyMechanisms로 지어 JUnit에 던져줬다고 해보자. 개발자는 이 클래스에 정의된 테스트 메서드들을 수행해주길 기대하겠지만 JUnit은 클래스 이름에는 관심이 없다. 이번에도 JUnit은 경고 메시지조차 출력하지 않지만 개발자가 의도한 테스트는 전혀 수행되지 않는다.

세 번째 단점은 프로그램 요소를 매개변수로 전달할 마땅한 방법이 없다는 것이다. 특정 예외를 던져야만 성공하는 테스트가 있다고 해보자. 기대하는 예외 타입을 테스트에 매개변수로 전달해야 하는 상황이다. 예외의 이름을 테스트 메서드 이름에 덧붙이는 방법도 있지만, 보기도 나쁘고 깨지기도 쉽다(아이템 62). 컴파일러는 메서드 이름에 덧붙인 문자열이 예외를 가리키는지 알 도리가 없다. 테스트를 실행하기 전에는 그런 이름의 클래스가 존재하는지 혹은 예외가 맞는지조차 알 수 없다.

애너테이션[JLS, 9.7]은 이 모든 문제를 해결해주는 멋진 개념으로, JUnit도 버전 4부터 전면 도입하였다. 이번 아이템에서는 애너테이션의 동작 방식을 보여주고자 직접 제작한 작은 테스트 프레임워크를 사용할 것이다. Test라는 이름의 애너테이션을 정의한다고 해보자. 자동으로 수행되는 간단한 테스트용 애너테이션으로, 예외가 발생하면 해당 테스트를 실패로 처리한다.

코드 39-1 마커(marker) 애너테이션 타입 선언

```
import java.lang.annotation.*;

/**
 * 테스트 메서드임을 선언하는 애너테이션이다.
 * 매개변수 없는 정적 메서드 전용이다.
 */
@Retention(RetentionPolicy.RUNTIME)
@Target(ElementType.METHOD)
public @interface Test {
}
```

보다시피 @Test 애너테이션 타입 선언 자체에도 두 가지의 다른 애너테이션
이 달려 있다. 바로 @Retention과 @Target이다. 이처럼 애너테이션 선언에 다
는 애너테이션을 메타애너테이션(meta-annotation)이라 한다. @Retention
(RetentionPolicy.RUNTIME) 메타애너테이션은 @Test가 런타임에도 유지되어
야 한다는 표시다. 만약 이 메타애너테이션을 생략하면 테스트 도구는 @Test를
인식할 수 없다. 한편, @Target(ElementType.METHOD) 메타애너테이션은 @Test
가 반드시 메서드 선언에서만 사용돼야 한다고 알려준다. 따라서 클래스 선언,
필드 선언 등 다른 프로그램 요소에는 달 수 없다.

앞 코드의 메서드 주석에는 "매개변수 없는 정적 메서드 전용이다"라고 쓰여
있다. 이 제약을 컴파일러가 강제할 수 있으면 좋겠지만, 그렇게 하려면 적절
한 애너테이션 처리기를 직접 구현해야 한다. 관련 방법은 javax.annotation.
processing API 문서를 참고하기 바란다. 적절한 애너테이션 처리기 없이 인스
턴스 메서드나 매개변수가 있는 메서드에 달면 어떻게 될까? 컴파일은 잘 되겠
지만, 테스트 도구를 실행할 때 문제가 된다.

다음 코드는 @Test 애너테이션을 실제 적용한 모습이다. 이와 같은 애너테이
션을 "아무 매개변수 없이 단순히 대상에 마킹(marking)한다"는 뜻에서 마커
(marker) 애너테이션이라 한다. 이 애너테이션을 사용하면 프로그래머가 Test
이름에 오타를 내거나 메서드 선언 외의 프로그램 요소에 달면 컴파일 오류를
내준다.

코드 39-2 마커 애너테이션을 사용한 프로그램 예

```java
public class Sample {
    @Test public static void m1() { } // 성공해야 한다.
    public static void m2() { }
    @Test public static void m3() {    // 실패해야 한다.
        throw new RuntimeException("실패");
    }
    public static void m4() { }
    @Test public void m5() { } // 잘못 사용한 예: 정적 메서드가 아니다.
    public static void m6() { }
    @Test public static void m7() {    // 실패해야 한다.
        throw new RuntimeException("실패");
    }
    public static void m8() { }
}
```

Sample 클래스에는 정적 메서드가 7개고, 그중 4개에 @Test를 달았다. m3와 m7 메서드는 예외를 던지고 m1과 m5는 그렇지 않다. 그리고 m5는 인스턴스 메서드 이므로 @Test를 잘못 사용한 경우다. 요약하면 총 4개의 테스트 메서드 중 1개 는 성공, 2개는 실패, 1개는 잘못 사용했다. 그리고 @Test를 붙이지 않은 나머 지 4개의 메서드는 테스트 도구가 무시할 것이다.

@Test 애너테이션이 Sample 클래스의 의미에 직접적인 영향을 주지는 않는 다. 그저 이 애너테이션에 관심 있는 프로그램에게 추가 정보를 제공할 뿐이 다. 더 넓게 이야기하면, 대상 코드의 의미는 그대로 둔 채 그 애너테이션에 관 심 있는 도구에서 특별한 처리를 할 기회를 준다. 다음의 RunTests가 바로 그런 도구의 예다.

코드 39-3 마커 애너테이션을 처리하는 프로그램

```java
import java.lang.reflect.*;

public class RunTests {
    public static void main(String[] args) throws Exception {
        int tests = 0;
        int passed = 0;
        Class<?> testClass = Class.forName(args[0]);
        for (Method m : testClass.getDeclaredMethods()) {
            if (m.isAnnotationPresent(Test.class)) {
                tests++;
                try {
                    m.invoke(null);
                    passed++;
                } catch (InvocationTargetException wrappedExc) {
```

```
                        Throwable exc = wrappedExc.getCause();
                        System.out.println(m + " 실패: " + exc);
                } catch (Exception exc) {
                        System.out.println("잘못 사용한 @Test: " + m);
                }
            }
        }
        System.out.printf("성공: %d, 실패: %d%n",
                              passed, tests - passed);
    }
}
```

이 테스트 러너는 명령줄로부터 완전 정규화된 클래스 이름을 받아, 그 클래스에서 @Test 애너테이션이 달린 메서드를 차례로 호출한다. isAnnotation Present가 실행할 메서드를 찾아주는 메서드다. 테스트 메서드가 예외를 던지면 리플렉션 메커니즘이 InvocationTargetException으로 감싸서 다시 던진다. 그래서 이 프로그램은 InvocationTargetException을 잡아 원래 예외에 담긴 실패 정보를 추출해(getCause) 출력한다.

　InvocationTargetException 외의 예외가 발생한다면 @Test 애너테이션을 잘못 사용했다는 뜻이다. 아마도 인스턴스 메서드, 매개변수가 있는 메서드, 호출할 수 없는 메서드 등에 달았을 것이다. 앞 코드에서 두 번째 catch 블록은 이처럼 잘못 사용해서 발생한 예외를 붙잡아 적절한 오류 메시지를 출력한다. 다음은 이 RunTests로 Sample을 실행했을 때의 출력 메시지다.

```
public static void Sample.m3() failed: RuntimeException: Boom
Invalid @Test: public void Sample.m5()
public static void Sample.m7() failed: RuntimeException: Crash
성공: 1, 실패: 3
```

이제 특정 예외를 던져야만 성공하는 테스트를 지원하도록 해보자. 그러려면 새로운 애너테이션 타입이 필요하다.

코드 39-4 매개변수 하나를 받는 애너테이션 타입

```
import java.lang.annotation.*;

/**
 * 명시한 예외를 던져야만 성공하는 테스트 메서드용 애너테이션
 */
@Retention(RetentionPolicy.RUNTIME)
@Target(ElementType.METHOD)
```

```
public @interface ExceptionTest {
    Class<? extends Throwable> value();
}
```

이 애너테이션의 매개변수 타입은 Class<? extends Throwable>이다. 여기서의 와일드카드 타입은 많은 의미를 담고 있다. "Throwable을 확장한 클래스의 Class 객체"라는 뜻이며, 따라서 모든 예외(와 오류) 타입을 다 수용한다. 이는 한정적 타입 토큰(아이템 33)의 또 하나의 활용 사례다. 그리고 다음은 이 애너테이션을 실제 활용하는 모습이다. class 리터럴은 애너테이션 매개변수의 값으로 사용됐다.

코드 39-5 매개변수 하나짜리 애너테이션을 사용한 프로그램

```
public class Sample2 {
    @ExceptionTest(ArithmeticException.class)
    public static void m1() {  // 성공해야 한다.
        int i = 0;
        i = i / i;
    }
    @ExceptionTest(ArithmeticException.class)
    public static void m2() {  // 실패해야 한다. (다른 예외 발생)
        int[] a = new int[0];
        int i = a[1];
    }
    @ExceptionTest(ArithmeticException.class)
    public static void m3() { }  // 실패해야 한다. (예외가 발생하지 않음)
}
```

이제 이 애너테이션을 다룰 수 있도록 테스트 도구를 수정해보자. 코드 39-3의 main 메서드를 다음처럼 수정하면 된다.

```
if (m.isAnnotationPresent(ExceptionTest.class)) {
    tests++;
    try {
        m.invoke(null);
        System.out.printf("테스트 %s 실패: 예외를 던지지 않음%n", m);
    } catch (InvocationTargetException wrappedEx) {
        Throwable exc = wrappedEx.getCause();
        Class<? extends Throwable> excType =
            m.getAnnotation(ExceptionTest.class).value();
        if (excType.isInstance(exc)) {
            passed++;
        } else {
            System.out.printf(
                "테스트 %s 실패: 기대한 예외 %s, 발생한 예외 %s%n",
```

```
            m, excType.getName(), exc);
        }
    } catch (Exception exc) {
        System.out.println("잘못 사용한 @ExceptionTest: " + m);
    }
}
```

@Test 애너테이션용 코드와 비슷해 보인다. 한 가지 차이라면, 이 코드는 애너
테이션 매개변수의 값을 추출하여 테스트 메서드가 올바른 예외를 던지는지
확인하는 데 사용한다. 형변환 코드가 없으니 ClassCastException 걱정은 없
다. 따라서 테스트 프로그램이 문제없이 컴파일되면 애너테이션 매개변수가
가리키는 예외가 올바른 타입이라는 뜻이다. 단, 해당 예외의 클래스 파일이
컴파일타임에는 존재했으나 런타임에는 존재하지 않을 수는 있다. 이런 경우
라면 테스트 러너가 TypeNotPresentException을 던질 것이다.

이 예외 테스트 예에서 한 걸음 더 들어가, 예외를 여러 개 명시하고 그중 하
나가 발생하면 성공하게 만들 수도 있다. 애너테이션 메커니즘에는 이런 쓰임
에 아주 유용한 기능이 기본으로 들어 있다. @ExceptionTest 애너테이션의 매
개변수 타입을 Class 객체의 배열로 수정해보자.

코드 39-6 배열 매개변수를 받는 애너테이션 타입

```
@Retention(RetentionPolicy.RUNTIME)
@Target(ElementType.METHOD)
public @interface ExceptionTest {
    Class<? extends Throwable>[] value();
}
```

배열 매개변수를 받는 애너테이션용 문법은 아주 유연하다. 단일 원소 배열에
최적화했지만, 앞서의 @ExceptionTest들도 모두 수정 없이 수용한다. 원소가
여럿인 배열을 지정할 때는 다음과 같이 원소들을 중괄호로 감싸고 쉼표로 구
분해주기만 하면 된다.

코드 39-7 배열 매개변수를 받는 애너테이션을 사용하는 코드

```
@ExceptionTest({ IndexOutOfBoundsException.class,
                NullPointerException.class })
public static void doublyBad() {  // 성공해야 한다.
    List<String> list = new ArrayList<>();

    // 자바 API 명세에 따르면 다음 메서드는 IndexOutOfBoundsException이나
```

```
    // NullPointerException을 던질 수 있다.
    list.addAll(5, null);
}
```

다음은 이 새로운 @ExceptionTest를 지원하도록 테스트 러너를 수정한 모습이
다. 꽤 직관적이다.

```
if (m.isAnnotationPresent(ExceptionTest.class)) {
    tests++;
    try {
        m.invoke(null);
        System.out.printf("테스트 %s 실패: 예외를 던지지 않음%n", m);
    } catch (Throwable wrappedExc) {
        Throwable exc = wrappedExc.getCause();
        int oldPassed = passed;
        Class<? extends Throwable>[] excTypes =
            m.getAnnotation(ExceptionTest.class).value();
        for (Class<? extends Throwable> excType : excTypes) {
            if (excType.isInstance(exc)) {
                passed++;
                break;
            }
        }
        if (passed == oldPassed)
            System.out.printf("테스트 %s 실패: %s %n", m, exc);
    }
}
```

자바 8에서는 여러 개의 값을 받는 애너테이션을 다른 방식으로도 만들 수 있
다. 배열 매개변수를 사용하는 대신 애너테이션에 @Repeatable 메타애너테이
션을 다는 방식이다. @Repeatable을 단 애너테이션은 하나의 프로그램 요소에
여러 번 달 수 있다. 단, 주의할 점이 있다. 첫 번째, @Repeatable을 단 애너테
이션을 반환하는 '컨테이너 애너테이션'을 하나 더 정의하고, @Repeatable에 이
컨테이너 애너테이션의 class 객체를 매개변수로 전달해야 한다. 두 번째, 컨
테이너 애너테이션은 내부 애너테이션 타입의 배열을 반환하는 value 메서드
를 정의해야 한다.[JLS, 9.6.3] 마지막으로 컨테이너 애너테이션 타입에는 적절
한 보존 정책(@Retention)과 적용 대상(@Target)을 명시해야 한다. 그렇지 않
으면 컴파일되지 않을 것이다.

코드 39-8 반복 가능한 애너테이션 타입

// 반복 가능한 애너테이션

```
@Retention(RetentionPolicy.RUNTIME)
@Target(ElementType.METHOD)
@Repeatable(ExceptionTestContainer.class)
public @interface ExceptionTest {
    Class<? extends Throwable> value();
}

// 컨테이너 애너테이션
@Retention(RetentionPolicy.RUNTIME)
@Target(ElementType.METHOD)
public @interface ExceptionTestContainer {
    ExceptionTest[] value();
}
```

이제 앞서의 배열 방식(코드 39-7) 대신 반복 가능 애너테이션을 적용해보자.

코드 39-9 반복 가능 애너테이션을 두 번 단 코드

```
@ExceptionTest(IndexOutOfBoundsException.class)
@ExceptionTest(NullPointerException.class)
public static void doublyBad() { ... }
```

반복 가능 애너테이션은 처리할 때도 주의를 요한다. 반복 가능 애너테이션을 여러 개 달면 하나만 달았을 때와 구분하기 위해 해당 '컨테이너' 애너테이션 타입이 적용된다. getAnnotationsByType 메서드는 이 둘을 구분하지 않아서 반복 가능 애너테이션과 그 컨테이너 애너테이션을 모두 가져오지만, isAnnotationPresent 메서드는 둘을 명확히 구분한다. 따라서 반복 가능 애너테이션을 여러 번 단 다음 isAnnotationPresent로 반복 가능 애너테이션이 달렸는지 검사한다면 "그렇지 않다"라고 알려준다(컨테이너가 달렸기 때문이다). 그 결과 애너테이션을 여러 번 단 메서드들을 모두 무시하고 지나친다. 같은 이유로, isAnnotationPresent로 컨테이너 애너테이션이 달렸는지 검사한다면 반복 가능 애너테이션을 한 번만 단 메서드를 무시하고 지나친다. 그래서 달려 있는 수와 상관없이 모두 검사하려면 둘을 따로따로 확인해야 한다. 다음은 RunTests 프로그램이 ExceptionTest의 반복 가능 버전을 사용하도록 수정한 모습이다.

코드 39-10 반복 가능 애너테이션 다루기

```
if (m.isAnnotationPresent(ExceptionTest.class)
    || m.isAnnotationPresent(ExceptionTestContainer.class)) {
    tests++;
```

```
    try {
        m.invoke(null);
        System.out.printf("테스트 %s 실패: 예외를 던지지 않음%n", m);
    } catch (Throwable wrappedExc) {
        Throwable exc = wrappedExc.getCause();
        int oldPassed = passed;
        ExceptionTest[] excTests =
                m.getAnnotationsByType(ExceptionTest.class);
        for (ExceptionTest excTest : excTests) {
            if (excTest.value().isInstance(exc)) {
                passed++;
                break;
            }
        }
        if (passed == oldPassed)
            System.out.printf("테스트 %s 실패: %s %n", m, exc);
    }
}
```

반복 가능 애너테이션을 사용해 하나의 프로그램 요소에 같은 애너테이션을 여러 번 달 때의 코드 가독성을 높여보았다. 이 방식으로 여러분 코드의 가독성을 개선할 수 있다면 이 방식을 사용하도록 하자. 하지만 애너테이션을 선언하고 이를 처리하는 부분에서는 코드 양이 늘어나며, 특히 처리 코드가 복잡해져 오류가 날 가능성이 커짐을 명심하자.

이번 아이템의 테스트 프레임워크는 아주 간단하지만 애너테이션이 명명 패턴보다 낫다는 점은 확실히 보여준다. 테스트는 애너테이션으로 할 수 있는 일 중 극히 일부일 뿐이다. 여러분이 다른 프로그래머가 소스코드에 추가 정보를 제공할 수 있는 도구를 만드는 일을 한다면 적당한 애너테이션 타입도 함께 정의해 제공하자. **애너테이션으로 할 수 있는 일을 명명 패턴으로 처리할 이유는 없다.**

도구 제작자를 제외하고는, 일반 프로그래머가 애너테이션 타입을 직접 정의할 일은 거의 없다. 하지만 **자바 프로그래머라면 예외 없이 자바가 제공하는 애너테이션 타입들은 사용해야 한다**(아이템 40, 27). IDE나 정적 분석 도구가 제공하는 애너테이션을 사용하면 해당 도구가 제공하는 진단 정보의 품질을 높여줄 것이다. 단, 그 애너테이션들은 표준이 아니니 도구를 바꾸거나 표준이 만들어지면 수정 작업을 조금 거쳐야 할 것이다.

@Override 애너테이션을 일관되게 사용하라

자바가 기본으로 제공하는 애너테이션 중 보통의 프로그래머에게 가장 중요한 것은 @Override일 것이다. @Override는 메서드 선언에만 달 수 있으며, 이 애너테이션이 달렸다는 것은 상위 타입의 메서드를 재정의했음을 뜻한다. 이 애너테이션을 일관되게 사용하면 여러 가지 악명 높은 버그들을 예방해준다. 다음의 Bigram 프로그램을 살펴보자. 이 클래스는 바이그램, 즉 여기서는 영어 알파벳 2개로 구성된 문자열을 표현한다.

코드 40-1 영어 알파벳 2개로 구성된 문자열을 표현하는 클래스 - 버그를 찾아보자.

```java
public class Bigram {
    private final char first;
    private final char second;

    public Bigram(char first, char second) {
        this.first = first;
        this.second = second;
    }
    public boolean equals(Bigram b) {
        return b.first == first && b.second == second;
    }
    public int hashCode() {
        return 31 * first + second;
    }

    public static void main(String[] args) {
        Set<Bigram> s = new HashSet<>();
        for (int i = 0; i < 10; i++)
            for (char ch = 'a'; ch <= 'z'; ch++)
                s.add(new Bigram(ch, ch));
        System.out.println(s.size());
    }
}
```

main 메서드를 보면 똑같은 소문자 2개로 구성된 바이그램 26개를 10번 반복해 집합에 추가한 다음, 그 집합의 크기를 출력한다. Set은 중복을 허용하지 않으니 26이 출력될 거 같지만, 실제로는 260이 출력된다. 무언가 잘못됐다!

확실히 Bigram 작성자는 equals 메서드를 재정의하려 한 것으로 보이고 (아이템 10) hashCode도 함께 재정의해야 한다는 사실을 잊지 않았다(아이템 11). 그런데 안타깝게도 equals를 '재정의(overriding)'한 게 아니라 '다중정의 (overloading, 아이템 52)'해버렸다. Object의 equals를 재정의하려면 매개변수 타입을 Object로 해야만 하는데, 그렇게 하지 않은 것이다. 그래서 Object에서 상속한 equals와는 별개인 equals를 새로 정의한 꼴이 되었다. Object의 equals 는 == 연산자와 똑같이 객체 식별성(identity)만을 확인한다. 따라서 같은 소문 자를 소유한 바이그램 10개 각각이 서로 다른 객체로 인식되고, 결국 260을 출력한 것이다.

다행히 이 오류는 컴파일러가 찾아낼 수 있지만, 그러려면 Object.equals를 재정의한다는 의도를 명시해야 한다. 다음 코드처럼 말이다.

```java
@Override public boolean equals(Bigram b) {
    return b.first == first && b.second == second;
}
```

이처럼 @Override 애너테이션을 달고 다시 컴파일하면 다음의 컴파일 오류가 발생한다.

```
Bigram.java:10: method does not override or implement a method
from a supertype
    @Override public boolean equals(Bigram b) {
    ^
```

잘못한 부분을 명확히 알려주므로 곧장 올바르게 수정할 수 있다.

```java
@Override public boolean equals(Object o) {
    if (!(o instanceof Bigram))
        return false;
    Bigram b = (Bigram) o;
    return b.first == first && b.second == second;
}
```

그러니 **상위 클래스의 메서드를 재정의하려는 모든 메서드에 @Override 애너테이션을 달자.** 예외는 한 가지뿐이다. 구체 클래스에서 상위 클래스의 추상 메서드를 재정의할 때는 군이 @Override를 달지 않아도 된다. 구체 클래스인데 아직 구현하지 않은 추상 메서드가 남아 있다면 컴파일러가 그 사실을 바로 알려주기 때문이다. 물론 재정의 메서드 모두에 @Override를 일괄로 붙여두는 게 좋아 보인다면 그래도 상관없다. 또한 대부분의 IDE는 재정의할 메서드를 선택하면 @Override를 자동으로 붙여주니 참고하자.

한편, IDE는 @Override를 일관되게 사용하도록 부추기기도 한다. IDE에서 관련 설정을 활성화해놓으면 @Override가 달려있지 않은 메서드가 실제로는 재정의를 했다면 경고를 준다. @Override를 일관되게 사용한다면 이처럼 실수로 재정의했을 때 경고해줄 것이다. 재정의할 의도였으나 실수로 새로운 메서드를 추가했을 때 알려주는 컴파일 오류의 보완재 역할로 보면 되겠다. IDE와 컴파일러 덕분에 우리는 의도한 재정의만 정확하게 해낼 수 있는 것이다.

@Override는 클래스뿐 아니라 인터페이스의 메서드를 재정의할 때도 사용할 수 있다. 디폴트 메서드를 지원하기 시작하면서, 인터페이스 메서드를 구현한 메서드에도 @Override를 다는 습관을 들이면 시그니처가 올바른지 재차 확신할 수 있다. 구현하려는 인터페이스에 디폴트 메서드가 없음을 안다면 이를 구현한 메서드에서는 @Override를 생략해 코드를 조금 더 깔끔히 유지해도 좋다.

하지만 추상 클래스나 인터페이스에서는 상위 클래스나 상위 인터페이스의 메서드를 재정의하는 모든 메서드에 @Override를 다는 것이 좋다. 상위 클래스가 구체 클래스든 추상 클래스든 마찬가지다. 예컨대 Set 인터페이스는 Collection 인터페이스를 확장했지만 새로 추가한 메서드는 없다. 따라서 모든 메서드 선언에 @Override를 달아 실수로 추가한 메서드가 없음을 보장했다.

> **핵심 정리**
>
> 재정의한 모든 메서드에 @Override 애너테이션을 의식적으로 달면 여러분이 실수했을 때 컴파일러가 바로 알려줄 것이다. 예외는 한 가지뿐이다. 구체 클래스에서 상위 클래스의 추상 메서드를 재정의한 경우엔 이 애너테이션을 달지 않아도 된다(단다고 해서 해로울 것도 없다).

정의하려는 것이 타입이라면 마커 인터페이스를 사용하라

아무 메서드도 담고 있지 않고, 단지 자신을 구현하는 클래스가 특정 속성을 가짐을 표시해주는 인터페이스를 마커 인터페이스(marker interface)라 한다. Serializable 인터페이스(12장)가 좋은 예다. Serializable은 자신을 구현한 클래스의 인스턴스는 ObjectOutputStream을 통해 쓸(write) 수 있다고, 즉 직렬화(serialization)할 수 있다고 알려준다.

마커 애너테이션(아이템 39)이 등장하면서 마커 인터페이스는 구식이 되었다는 이야기를 들어보았을 것이다. 하지만 사실이 아니다. 마커 인터페이스는 두 가지 면에서 마커 애너테이션보다 낫다. 첫 번째, **마커 인터페이스는 이를 구현한 클래스의 인스턴스들을 구분하는 타입으로 쓸 수 있으나, 마커 애너테이션은 그렇지 않다.** 마커 인터페이스는 어엿한 타입이기 때문에, 마커 애너테이션을 사용했다면 런타임에야 발견될 오류를 컴파일타임에 잡을 수 있다.

자바의 직렬화(12장)는 Serializable 마커 인터페이스를 보고 그 대상이 직렬화할 수 있는 타입인지를 확인한다. 예를 들어 ObjectOutputStream.writeObject 메서드는 당연히 인수로 받은 객체가 Serializable을 구현했을 거라고 가정한다. 그런데 이 메서드는 Serializable이 아닌 Object 객체를 받도록 설계되었다. 즉, 직렬화할 수 없는 객체를 넘겨도 런타임에야 문제를 확인할 수 있다. 마커 인터페이스를 사용하는 주요 이유가 컴파일타임 오류 검출인데, 그 이점을 살리지 못한 것이다.

마커 인터페이스가 나은 점 두 번째는 적용 대상을 더 정밀하게 지정할 수 있다는 것이다. 적용 대상(@Target)을 ElementType.TYPE으로 선언한 애너테이션은 모든 타입(클래스, 인터페이스, 열거 타입, 애너테이션)에 달 수 있다. 부착할 수 있는 타입을 더 세밀하게 제한하지는 못한다는 뜻이다. 그런데 특정 인터페이스를 구현한 클래스에만 적용하고 싶은 마커가 있다고 해보자. 이 마커를 인터페이스로 정의했다면 그냥 마킹하고 싶은 클래스에서만 그 인터페이스를 구현(인터페이스라면 확장)하면 된다. 그러면 마킹된 타입은 자동으로 그 인터페이스의 하위 타입임이 보장되는 것이다.

동의하지 않는 사람도 있겠지만, Set 인터페이스도 일종의 (제약이 있는) 마커 인터페이스로 볼 수 있다. Set은 Collection의 하위 타입에만 적용할 수 있으며, Collection이 정의한 메서드 외에는 새로 추가한 것이 없다. 보통은 Set을 마커 인터페이스로 생각하지 않는데, add, equals, hashCode 등 Collection의 메서드 몇 개의 규약을 살짝 수정했기 때문이다. 하지만 특정 인터페이스의 하위 타입에만 적용할 수 있으며, 아무 규약에도 손대지 않은 마커 인터페이스는 충분히 있음직하다. 이런 마커 인터페이스는 객체의 특정 부분을 불변식(invariant)으로 규정하거나, 그 타입의 인스턴스는 다른 클래스의 특정 메서드가 처리할 수 있다는 사실을 명시하는 용도로 사용할 수 있을 것이다 (Serializable 인터페이스가 ObjectOutputStream이 처리할 수 있는 인스턴스임을 명시하듯이).

반대로 마커 애너테이션이 마커 인터페이스보다 나은 점으로는 거대한 애너테이션 시스템의 지원을 받는다는 점을 들 수 있다. 따라서 애너테이션을 적극 활용하는 프레임워크에서는 마커 애너테이션을 쓰는 쪽이 일관성을 지키는 데 유리할 것이다.

그렇다면 어떤 때에 마커 애너테이션을, 또 어떤 때에 마커 인터페이스를 써야 하는가? 확실한 것은, 클래스와 인터페이스 외의 프로그램 요소(모듈, 패키지, 필드, 지역변수 등)에 마킹해야 할 때 애너테이션을 쓸 수밖에 없다. 클래스와 인터페이스만이 인터페이스를 구현하거나 확장할 수 있기 때문이다. 마커를 클래스나 인터페이스에 적용해야 한다면 "이 마킹이 된 객체를 매개변수로 받는 메서드를 작성할 일이 있을까?"라고 자문해보자. 답이 "그렇다"이면 마커 인터페이스를 써야 한다. 이렇게 하면 그 마커 인터페이스를 해당 메서드의 매개변수 타입으로 사용하여 컴파일타임에 오류를 잡아낼 수 있다. 이런 메서드를 작성할 일은 절대 없다고 확신한다면 아마도 마커 애너테이션이 나은 선택일 것이다. 추가로, 애너테이션을 활발히 활용하는 프레임워크에서 사용하려는 마커라면 마커 애너테이션을 사용하는 편이 좋을 것이다.

> **핵심 정리**
>
> 마커 인터페이스와 마커 애너테이션은 각자의 쓰임이 있다. 새로 추가하는 메서드 없
> 이 단지 타입 정의가 목적이라면 마커 인터페이스를 선택하자. 클래스나 인터페이스 외
> 의 프로그램 요소에 마킹해야 하거나, 애너테이션을 적극 활용하는 프레임워크의 일부
> 로 그 마커를 편입시키고자 한다면 마커 애너테이션이 올바른 선택이다. **적용 대상이**
> **ElementType.TYPE인 마커 애너테이션을 작성하고 있다면, 잠시 여유를 갖고 정말 애**
> **너테이션으로 구현하는 게 옳은지, 혹은 마커 인터페이스가 낫지는 않을지 곰곰이 생각**
> **해보자.**

이번 아이템은 "타입을 정의할 거라면 인터페이스를 쓰라"고 해석할 수도 있
으니, 어떤 의미에서는 "타입을 정의할 게 아니라면 인터페이스를 사용하지 말
라"고 한 아이템 22를 뒤집은 것으로 볼 수 있다.

7장

람다와 스트림

자바 8에서 함수형 인터페이스, 람다, 메서드 참조라는 개념이 추가되면서 함
수 객체를 더 쉽게 만들 수 있게 되었다. 이와 함께 스트림 API까지 추가되어
데이터 원소의 시퀀스 처리를 라이브러리 차원에서 지원하기 시작했다. 이번
장에서는 이 기능들을 효과적으로 사용하는 방법을 알아보겠다.

익명 클래스보다는 람다를 사용하라

예전에는 자바에서 함수 타입을 표현할 때 추상 메서드를 하나만 담은 인터페이스(드물게는 추상 클래스)를 사용했다. 이런 인터페이스의 인스턴스를 함수객체(function object)라고 하여, 특정 함수나 동작을 나타내는 데 썼다. 1997년 JDK 1.1이 등장하면서 함수 객체를 만드는 주요 수단은 익명 클래스(아이템 24)가 되었다. 다음 코드를 예로 살펴보자. 문자열을 길이순으로 정렬하는데, 정렬을 위한 비교 함수로 익명 클래스를 사용한다.

코드 42-1 익명 클래스의 인스턴스를 함수 객체로 사용 - 낡은 기법이다!

```
Collections.sort(words, new Comparator<String>() {
    public int compare(String s1, String s2) {
        return Integer.compare(s1.length(), s2.length());
    }
});
```

전략 패턴[Gamma95]처럼, 함수 객체를 사용하는 과거 객체 지향 디자인 패턴에는 익명 클래스면 충분했다. 이 코드에서 Comparator 인터페이스가 정렬을 담당하는 추상 전략을 뜻하며, 문자열을 정렬하는 구체적인 전략을 익명 클래스로 구현했다. 하지만 익명 클래스 방식은 코드가 너무 길기 때문에 자바는 함수형 프로그래밍에 적합하지 않았다.

자바 8에 와서 추상 메서드 하나짜리 인터페이스는 특별한 의미를 인정받아 특별한 대우를 받게 되었다. 지금은 함수형 인터페이스라 부르는 이 인터페이스들의 인스턴스를 람다식(lambda expression, 혹은 짧게 람다)을 사용해 만들 수 있게 된 것이다. 람다는 함수나 익명 클래스와 개념은 비슷하지만 코드는 훨씬 간결하다. 다음은 익명 클래스를 사용한 앞의 코드를 람다 방식으로 바꾼 모습이다. 자질구레한 코드들이 사라지고 어떤 동작을 하는지가 명확하게 드러난다.

코드 42-2 람다식을 함수 객체로 사용 - 익명 클래스 대체

```
Collections.sort(words,
        (s1, s2) -> Integer.compare(s1.length(), s2.length()));
```

여기서 람다, 매개변수(s1, s2), 반환값의 타입은 각각 (Comparator<String>), String, int지만 코드에서는 언급이 없다. 우리 대신 컴파일러가 문맥을 살펴 타입을 추론해준 것이다. 상황에 따라 컴파일러가 타입을 결정하지 못할 수도 있는데, 그럴 때는 프로그래머가 직접 명시해야 한다. 타입 추론 규칙은 자바 언어 명세의 장(chapter) 하나를 통째로 차지할 만큼 복잡하다.[JLS, 18] 너무 복잡해서 이 규칙을 다 이해하는 프로그래머는 거의 없고, 잘 알지 못한다 해도 상관없다. **타입을 명시해야 코드가 더 명확할 때만 제외하고는, 람다의 모든 매개변수 타입은 생략하자.** 그런 다음 컴파일러가 "타입을 알 수 없다"는 오류를 낼 때만 해당 타입을 명시하면 된다. 반환값이나 람다식 전체를 형변환해야 할 때도 있겠지만, 아주 드물 것이다.

 타입 추론에 관해 한마디 덧붙일 게 있다. 아이템 26에서는 제네릭의 로 타입을 쓰지 말라 했고, 아이템 29에서는 제네릭을 쓰라 했고, 아이템 30에서는 제네릭 메서드를 쓰라고 했다. 이 조언들은 람다와 함께 쓸 때는 두 배로 중요해진다. 컴파일러가 타입을 추론하는 데 필요한 타입 정보 대부분을 제네릭에서 얻기 때문이다. 우리가 이 정보를 제공하지 않으면 컴파일러는 람다의 타입을 추론할 수 없게 되어, 결국 우리가 일일이 명시해야 한다(코드가 너저분해질 것이다). 좋은 예로, 코드 42-2에서 인수 words가 매개변수화 타입인 List<String>이 아니라 로 타입인 List였다면 컴파일 오류가 났을 것이다.

람다 자리에 비교자 생성 메서드를 사용하면 이 코드를 더 간결하게 만들 수 있다(아이템 14, 43).

```
Collections.sort(words, comparingInt(String::length));
```

더 나아가 자바 8 때 List 인터페이스에 추가된 sort 메서드를 이용하면 더욱 짧아진다.

```
words.sort(comparingInt(String::length));
```

람다를 언어 차원에서 지원하면서 기존에는 적합하지 않았던 곳에서도 함수

객체를 실용적으로 사용할 수 있게 되었다. 아이템 34의 Operation 열거 타입을 예로 들어보자. apply 메서드의 동작이 상수마다 달라야 해서 상수별 클래스 몸체를 사용해 각 상수에서 apply 메서드를 재정의한 것이 생각나는가? 다음 코드를 보면 기억날 것이다.

코드 42-3 상수별 클래스 몸체와 데이터를 사용한 열거 타입(코드 34-6)

```java
public enum Operation {
    PLUS("+") {
        public double apply(double x, double y) { return x + y; }
    },
    MINUS("-") {
        public double apply(double x, double y) { return x - y; }
    },
    TIMES("*") {
        public double apply(double x, double y) { return x * y; }
    },
    DIVIDE("/") {
        public double apply(double x, double y) { return x / y; }
    };

    private final String symbol;

    Operation(String symbol) { this.symbol = symbol; }

    @Override public String toString() { return symbol; }
    public abstract double apply(double x, double y);
}
```

아이템 34에서는 상수별 클래스 몸체를 구현하는 방식보다는 열거 타입에 인스턴스 필드를 두는 편이 낫다고 했다. 람다를 이용하면 후자의 방식, 즉 열거 타입의 인스턴스 필드를 이용하는 방식으로 상수별로 다르게 동작하는 코드를 쉽게 구현할 수 있다. 단순히 각 열거 타입 상수의 동작을 람다로 구현해 생성자에 넘기고, 생성자는 이 람다를 인스턴스 필드로 저장해둔다. 그런 다음 apply 메서드에서 필드에 저장된 람다를 호출하기만 하면 된다. 이렇게 구현하면 원래 버전보다 간결하고 깔끔해진다.

코드 42-4 함수 객체(람다)를 인스턴스 필드에 저장해 상수별 동작을 구현한 열거 타입

```java
public enum Operation {
    PLUS ("+", (x, y) -> x + y),
    MINUS ("-", (x, y) -> x - y),
    TIMES ("*", (x, y) -> x * y),
```

```
DIVIDE("/", (x, y) -> x / y);

private final String symbol;
private final DoubleBinaryOperator op;

Operation(String symbol, DoubleBinaryOperator op) {
    this.symbol = symbol;
    this.op = op;
}

@Override public String toString() { return symbol; }

public double apply(double x, double y) {
    return op.applyAsDouble(x, y);
}
}
```

 이 코드에서 열거 타입 상수의 동작을 표현한 람다를 DoubleBinaryOperator 인터페이스 변수에 할당했다. DoubleBinaryOperator는 java.util.function 패키지가 제공하는 다양한 함수 인터페이스(아이템 44) 중 하나로, double 타입 인수 2개를 받아 double 타입 결과를 돌려준다.

람다 기반 Operation 열거 타입을 보면 상수별 클래스 몸체는 더 이상 사용할 이유가 없다고 느낄지 모르지만, 꼭 그렇지는 않다. 메서드나 클래스와 달리, **람다는 이름이 없고 문서화도 못 한다. 따라서 코드 자체로 동작이 명확히 설명되지 않거나 코드 줄 수가 많아지면 람다를 쓰지 말아야 한다.** 람다는 한 줄일 때 가장 좋고 길어야 세 줄 안에 끝내는 게 좋다. 세 줄을 넘어가면 가독성이 심하게 나빠진다. 람다가 길거나 읽기 어렵다면 더 간단히 줄여보거나 람다를 쓰지 않는 쪽으로 리팩터링하길 바란다. 열거 타입 생성자에 넘겨지는 인수들의 타입도 컴파일타임에 추론된다. 따라서 열거 타입 생성자 안의 람다는 열거 타입의 인스턴스 멤버에 접근할 수 없다(인스턴스는 런타임에 만들어지기 때문이다). 따라서 상수별 동작을 단 몇 줄로 구현하기 어렵거나, 인스턴스 필드나 메서드를 사용해야만 하는 상황이라면 상수별 클래스 몸체를 사용해야 한다.

이처럼 람다의 시대가 열리면서 익명 클래스는 설 자리가 크게 좁아진 게 사실이다. 하지만 람다로 대체할 수 없는 곳이 있다. 람다는 함수형 인터페이스에서만 쓰인다. 예컨대 추상 클래스의 인스턴스를 만들 때 람다를 쓸 수 없으니, 익명 클래스를 써야 한다. 비슷하게 추상 메서드가 여러 개인 인터페이스의 인스턴스를 만들 때도 익명 클래스를 쓸 수 있다. 마지막으로, 람다는 자신을 참조할 수 없다. 람다에서의 this 키워드는 바깥 인스턴스를 가리킨다. 반면 익명 클래스에서의 this는 익명 클래스의 인스턴스 자신을 가리킨다. 그래서 함수 객체가 자신을 참조해야 한다면 반드시 익명 클래스를 써야 한다.

람다도 익명 클래스처럼 직렬화 형태가 구현별로(가령 가상머신별로) 다를 수 있다. 따라서 **람다를 직렬화하는 일은 극히 삼가야 한다**(익명 클래스의 인스턴스도 마찬가지다). 직렬화해야만 하는 함수 객체가 있다면(가령 Comparator처럼) private 정적 중첩 클래스(아이템 24)의 인스턴스를 사용하자.

> **핵심 정리**
>
> 자바가 8로 판올림되면서 작은 함수 객체를 구현하는 데 적합한 람다가 도입되었다. **익명 클래스는 (함수형 인터페이스가 아닌) 타입의 인스턴스를 만들 때만 사용하라.** 람다는 작은 함수 객체를 아주 쉽게 표현할 수 있어 (이전 자바에서는 실용적이지 않던) 함수형 프로그래밍의 지평을 열었다.

아이템 43

람다보다는 메서드 참조를 사용하라

람다가 익명 클래스보다 나은 점 중에서 가장 큰 특징은 간결함이다. 그런데 자바에는 함수 객체를 심지어 람다보다도 더 간결하게 만드는 방법이 있으니, 바로 메서드 참조(method reference)다. 다음 코드는 임의의 키와 Integer 값의 매핑을 관리하는 프로그램의 일부다. 이때 값이 키의 인스턴스 개수로 해석된다면, 이 프로그램은 멀티셋(multiset)을 구현한 게 된다. 이 코드는 키가 맵 안에 없다면 키와 숫자 1을 매핑하고, 이미 있다면 기존 매핑 값을 증가시킨다.

```
map.merge(key, 1, (count, incr) -> count + incr);
```

이 코드는 자바 8 때 Map에 추가된 merge 메서드를 사용했다. merge 메서드는 키, 값, 함수를 인수로 받으며, 주어진 키가 맵 안에 아직 없다면 주어진 {키, 값} 쌍을 그대로 저장한다. 반대로 키가 이미 있다면 (세 번째 인수로 받은) 함수를 현재 값과 주어진 값에 적용한 다음, 그 결과로 현재 값을 덮어쓴다. 즉, 맵에 {키, 함수의 결과} 쌍을 저장한다. 이 코드는 merge 메서드의 전형적인 쓰임을 잘 보여주고 있다.

깔끔해 보이는 코드지만 아직도 거추장스러운 부분이 남아 있다. 매개변수인 count와 incr은 크게 하는 일 없이 공간을 꽤 차지한다. 사실 이 람다는 두 인수의 합을 단순히 반환할 뿐이다. 자바 8이 되면서 Integer 클래스(와 모든 기본 타입의 박싱 타입)는 이 람다와 기능이 같은 정적 메서드 sum을 제공하기 시작했다. 따라서 람다 대신 이 메서드의 참조를 전달하면 똑같은 결과를 더 보기 좋게 얻을 수 있다.

```
map.merge(key, 1, Integer::sum);
```

매개변수 수가 늘어날수록 메서드 참조로 제거할 수 있는 코드양도 늘어난다.

하지만 어떤 람다에서는 매개변수의 이름 자체가 프로그래머에게 좋은 가이드가 되기도 한다. 이런 람다는 길이는 더 길지만 메서드 참조보다 읽기 쉽고 유지보수도 쉬울 수 있다.

람다로 할 수 없는 일이라면 메서드 참조로도 할 수 없다(애매한 예외가 하나 있는데, 궁금하면 아이템 마지막의 보충설명을 참고하기 바란다). 그렇더라도 메서드 참조를 사용하는 편이 보통은 더 짧고 간결하므로, 람다로 구현했을 때 너무 길거나 복잡하다면 메서드 참조가 좋은 대안이 되어준다. 즉, 람다로 작성할 코드를 새로운 메서드에 담은 다음, 람다 대신 그 메서드 참조를 사용하는 식이다. 메서드 참조에는 기능을 잘 드러내는 이름을 지어줄 수 있고 친절한 설명을 문서로 남길 수도 있다.

IDE들은 람다를 메서드 참조로 대체하라고 권할 것이다. IDE의 권고를 따르는 게 보통은 이득이지만, 항상 그런 것은 아니다. 때론 람다가 메서드 참조보다 간결할 때가 있다. 주로 메서드와 람다가 같은 클래스에 있을 때 그렇다. 예를 들어 다음 코드가 GoshThisClassNameIsHumongous 클래스 안에 있다고 해보자.

```
service.execute(GoshThisClassNameIsHumongous::action);
```

이를 람다로 대체하면 다음처럼 된다.

```
service.execute(() -> action());
```

메서드 참조 쪽은 더 짧지도, 더 명확하지도 않다. 따라서 람다 쪽이 낫다. 같은 선상에서 java.util.function 패키지가 제공하는 제네릭 정적 팩터리 메서드인 Function.identity()를 사용하기보다는 똑같은 기능의 람다(x -> x)를 직접 사용하는 편이 코드도 짧고 명확하다.

메서드 참조의 유형은 다섯 가지로, 가장 흔한 유형은 앞의 예에서 본 것처럼 정적 메서드를 가리키는 메서드 참조다. 이제 나머지 유형 네 가지를 살펴보자.

먼저 인스턴스 메서드를 참조하는 유형이 두 가지 있다. 그중 하나는 수신 객체(receiving object; 참조 대상 인스턴스)를 특정하는 한정적(bound) 인스턴스 메서드 참조이고, 다른 하나는 수신 객체를 특정하지 않는 비한정적 (unbound) 인스턴스 메서드 참조다. 한정적 참조는 근본적으로 정적 참조와 비슷하다. 즉, 함수 객체가 받는 인수와 참조되는 메서드가 받는 인수가 똑같다. 비한정적 참조에서는 함수 객체를 적용하는 시점에 수신 객체를 알려준다. 이를 위해 수신 객체 전달용 매개변수가 매개변수 목록의 첫 번째로 추가되며, 그 뒤로는 참조되는 메서드 선언에 정의된 매개변수들이 뒤따른다. 비한정적 참조는 주로 스트림 파이프라인에서의 매핑과 필터 함수에 쓰인다(아이템 45).

마지막으로, 클래스 생성자를 가리키는 메서드 참조와 배열 생성자를 가리키는 메서드 참조가 있다. 생성자 참조는 팩터리 객체로 사용된다.

다음은 이상의 다섯 가지 메서드 참조를 정리한 표다.

메서드 참조 유형	예	같은 기능을 하는 람다
정적	Integer::parseInt	str -> Integer.parseInt(str)
한정적 (인스턴스)	Instant.now()::isAfter	Instant then = Instant.now(); t -> then.isAfter(t)
비한정적 (인스턴스)	String::toLowerCase	str -> str.toLowerCase()
클래스 생성자	TreeMap<K,V>::new	() > new TreeMap<K,V>()
배열 생성자	int[]::new	len -> new int[len]

핵심 정리

메서드 참조는 람다의 간단명료한 대안이 될 수 있다. **메서드 참조 쪽이 짧고 명확하다면 메서드 참조를 쓰고, 그렇지 않을 때만 람다를 사용하라.**

 (옮긴이) 람다로는 불가능하나 메서드 참조로는 가능한 유일한 예는 바로 제네릭 함수 타입(generic function type) 구현이다. 다음은 자바 명세의 예제 9.9-2(*http://bit. ly/2uYQnbh*)를 번역한 글이다.

함수형 인터페이스의 추상 메서드가 제네릭일 수 있듯이 함수 타입도 제네릭일 수 있다. 다음의 인터페이스 계층구조를 생각해보자.

```
interface G1 {
```

```
    <E extends Exception> Object m() throws E;
}
interface G2 {
    <F extends Exception> String m() throws Exception;
}
interface G extends G1, G2 {}
```

이때 함수형 인터페이스 G를 함수 타입으로 표현하면 다음과 같다.

```
<F extends Exception> ()->String throws F
```

이처럼 함수형 인터페이스를 위한 제네릭 함수 타입은 메서드 참조 표현식으로는 구현할 수 있지만, 람다식으로는 불가능하다. 제네릭 람다식이라는 문법이 존재하지 않기 때문이다.

표준 함수형 인터페이스를 사용하라

자바가 람다를 지원하면서 API를 작성하는 모범 사례도 크게 바뀌었다. 예컨대 상위 클래스의 기본 메서드를 재정의해 원하는 동작을 구현하는 템플릿 메서드 패턴[Gamma95]의 매력이 크게 줄었다. 이를 대체하는 현대적인 해법은 같은 효과의 함수 객체를 받는 정적 팩터리나 생성자를 제공하는 것이다. 이 내용을 일반화해서 말하면 함수 객체를 매개변수로 받는 생성자와 메서드를 더 많이 만들어야 한다. 이때 함수형 매개변수 타입을 올바르게 선택해야 한다.

LinkedHashMap을 생각해보자. 이 클래스의 protected 메서드인 removeEldestEntry를 재정의하면 캐시로 사용할 수 있다. 맵에 새로운 키를 추가하는 put 메서드는 이 메서드를 호출하여 true가 반환되면 맵에서 가장 오래된 원소를 제거한다. 예컨대 removeEldestEntry를 다음처럼 새정의하면 맵에 원소가 100개가 될 때까지 커지다가, 그 이상이 되면 새로운 키가 더해질 때마다 가장 오래된 원소를 하나씩 제거한다. 즉, 가장 최근 원소 100개를 유지한다.

```java
protected boolean removeEldestEntry(Map.Entry<K,V> eldest) {
    return size() > 100;
}
```

잘 동작하지만 람다를 사용하면 훨씬 잘 해낼 수 있다. LinkedHashMap을 오늘날 다시 구현한다면 함수 객체를 받는 정적 팩터리나 생성자를 제공했을 것이다. removeEldestEntry 선언을 보면 이 함수 객체는 Map.Entry<K,V>를 받아 boolean을 반환해야 할 것 같지만, 꼭 그렇지는 않다. removeEldestEntry는 size()를 호출해 맵 안의 원소 수를 알아내는데, removeEldestEntry가 인스턴스 메서드라서 가능한 방식이다. 하지만 생성자에 넘기는 함수 객체는 이 맵의 인스턴스 메서드가 아니다. 팩터리나 생성자를 호출할 때는 맵의 인스턴스가 존재하지 않기 때문이다. 따라서 맵은 자기 자신도 함수 객체에 건네줘야 한다. 이를 반영한 함수형 인터페이스는 다음처럼 선언할 수 있다.

코드 44-1 불필요한 함수형 인터페이스 - 대신 표준 함수형 인터페이스를 사용하라.

```
@FunctionalInterface interface EldestEntryRemovalFunction<K,V>{
    boolean remove(Map<K,V> map, Map.Entry<K,V> eldest);
}
```

이 인터페이스도 잘 동작하기는 하지만, 군이 사용할 이유는 없다. 자바 표준 라이브러리에 이미 같은 모양의 인터페이스가 준비되어 있기 때문이다. java. util.function 패키지를 보면 다양한 용도의 표준 함수형 인터페이스가 담겨 있다. **필요한 용도에 맞는 게 있다면, 직접 구현하지 말고 표준 함수형 인터페이스를 활용하라.** 그러면 API가 다루는 개념의 수가 줄어들어 익히기 더 쉬워진다. 또한 표준 함수형 인터페이스들은 유용한 디폴트 메서드를 많이 제공하므로 다른 코드와의 상호운용성도 크게 좋아질 것이다. 예컨대 Predicate 인터페이스는 프레디키트(predicate)들을 조합하는 메서드를 제공한다. 앞의 LinkedHashMap 에서는 직접 만든 EldestEntryRemovalFunction 대신 표준 인터페이스인 BiPredicate<Map<K,V>, Map.Entry<K,V>>를 사용할 수 있다.

java.util.function 패키지에는 총 43개의 인터페이스가 담겨 있다. 전부 기억하긴 어렵겠지만, 기본 인터페이스 6개만 기억하면 나머지를 충분히 유추해 낼 수 있다. 이 기본 인터페이스들은 모두 참조 타입용이다. 하나씩 살펴보자.

Operator 인터페이스는 인수가 1개인 UnaryOperator와 2개인 Binary Operator로 나뉘며, 반환값과 인수의 타입이 같은 함수를 뜻한다. Predicate 인터페이스는 인수 하나를 받아 boolean을 반환하는 함수를 뜻하며, Function 인터페이스는 인수와 반환 타입이 다른 함수를 뜻한다. Supplier 인터페이스는 인수를 받지 않고 값을 반환(혹은 제공)하는 함수를, Consumer 인터페이스는 인수를 하나 받고 반환값은 없는(특히 인수를 소비하는) 함수를 뜻한다. 다음은 이 기본 함수형 인터페이스들을 정리한 표다.

인터페이스	함수 시그니처	예
UnaryOperator<T>	T apply(T t)	String::toLowerCase
BinaryOperator<T>	T apply(T t1, T t2)	BigInteger::add

Predicate<T>	boolean test(T t)	Collection::isEmpty
Function<T,R>	R apply(T t)	Arrays::asList
Supplier<T>	T get()	Instant::now
Consumer<T>	void accept(T t)	System.out::println

기본 인터페이스는 기본 타입인 int, long, double용으로 각 3개씩 변형이 생겨 난다. 그 이름도 기본 인터페이스의 이름 앞에 해당 기본 타입 이름을 붙여 지 었다. 예컨대 int를 받는 Predicate는 IntPredicate가 되고 long을 받아 long을 반환하는 BinaryOperator는 LongBinaryOperator가 되는 식이다. 이 변형들 중 유일하게 Function의 변형만 매개변수화됐다. 정확히는 반환 타입만 매개변 수화됐는데, 예를 들어 LongFunction<int[]>은 long 인수를 받아 int[]을 반환 한다.

Function 인터페이스에는 기본 타입을 반환하는 변형이 총 9개가 더 있다. 인수와 같은 타입을 반환하는 함수는 UnaryOperator이므로, Function 인터페이 스의 변형은 입력과 결과의 타입이 항상 다르다. 입력과 결과 타입이 모두 기 본 타입이면 접두어로 *SrcToResult*를 사용한다. 예컨내 long을 받아 int를 반 환하면 LongToIntFunction이 되는 식이다(총 6개). 나머지는 입력이 객체 참조 이고 결과가 int, long, double인 변형들로, 앞서와 달리 입력을 매개변수화하 고 접두어로 *ToResult*를 사용한다. 즉, ToLongFunction<int[]>은 int[] 인수를 받아 long을 반환한다(총 3개).

기본 함수형 인터페이스 중 3개에는 인수를 2개씩 받는 변형이 있다. 그 주 인공은 BiPredicate<T,U>, BiFunction<T,U,R>, BiConsumer<T,U>다. BiFunc tion에는 다시 기본 타입을 반환하는 세 변형 ToIntBiFunction<T,U>, ToLongBi Function<T,U>, ToDoubleBiFunction<T,U>가 존재한다. Consumer에도 객체 참조 와 기본 타입 하나, 즉 인수를 2개 받는 변형인 ObjDoubleConsumer<T>, ObjInt Consumer<T>, ObjLongConsumer<T>가 존재한다. 이렇게 해서 기본 인터페이스의 인수 2개짜리 변형은 총 9개다.

마지막으로, BooleanSupplier 인터페이스는 boolean을 반환하도록 한 Supplier의 변형이다. 이것이 표준 함수형 인터페이스 중 boolean을 이름에 명시한 유일한 인터페이스지만, Predicate와 그 변형 4개도 boolean 값을 반환할 수 있다. 앞서 소개한 42개의 인터페이스에 이 BooleanSupplier까지 더해서 표준 함수형 인터페이스는 총 43개다. 솔직히 다 외우기엔 수도 많고 규칙성도 부족하다. 하지만 실무에서 자주 쓰이는 함수형 인터페이스 중 상당수를 제공하며, 필요할 때 찾아 쓸 수 있을 만큼은 범용적인 이름을 사용했다.

표준 함수형 인터페이스 대부분은 기본 타입만 지원한다. 그렇다고 **기본 함수형 인터페이스에 박싱된 기본 타입을 넣어 사용하지는 말자.** 동작은 하지만 "박싱된 기본 타입 대신 기본 타입을 사용하라"라는 아이템 61의 조언을 위배한다. 특히 계산량이 많을 때는 성능이 처참히 느려질 수 있다.

이제 대부분 상황에서는 직접 작성하는 것보다 표준 함수형 인터페이스를 사용하는 편이 나음을 알았을 것이다. 그렇다면 코드를 직접 작성해야 할 때는 언제인가? 물론 표준 인터페이스 중 필요한 용도에 맞는 게 없다면 직접 작성해야 한다. 예를 들어 매개변수 3개를 받는 Predicate라든가 검사 예외를 던지는 경우가 있을 수 있다. 그런데 구조적으로 똑같은 표준 함수형 인터페이스가 있더라도 직접 작성해야만 할 때가 있다.

자주 보아온 Comparator<T> 인터페이스를 떠올려보자. 구조적으로는 ToInt BiFunction<T,U>와 동일하다. 심지어 자바 라이브러리에 Comparator<T>를 추가할 당시 ToIntBiFunction<T,U>가 이미 존재했더라도 ToIntBiFunction<T,U>를 사용하면 안 됐다. Comparator가 독자적인 인터페이스로 살아남아야 하는 이유가 몇 개 있다. 첫 번째, API에서 굉장히 자주 사용되는데, 지금의 이름이 그 용도를 아주 훌륭히 설명해준다. 두 번째, 구현하는 쪽에서 반드시 지켜야 할 규약을 담고 있다. 세 번째, 비교자들을 변환하고 조합해주는 유용한 디폴트 메서드들을 듬뿍 담고 있다.

이상의 Comparator 특성을 정리하면 다음의 세 가지인데, 이 중 하나 이상을 만족한다면 전용 함수형 인터페이스를 구현해야 하는 건 아닌지 진중히 고민해야 한다.

• 자주 쓰이며, 이름 자체가 용도를 명확히 설명해준다.
• 반드시 따라야 하는 규약이 있다.
• 유용한 디폴트 메서드를 제공할 수 있다.

전용 함수형 인터페이스를 작성하기로 했다면, 자신이 작성하는 게 다른 것도 아닌 '인터페이스'임을 명심해야 한다. 아주 주의해서 설계해야 한다는 뜻이다 (아이템 21).

코드 44-1의 `EldestEntryRemovalFunction` 인터페이스에 `@Functional Interface` 애너테이션이 달려 있음에 주목하자. 이 애너테이션을 사용하는 이유는 `@Override`를 사용하는 이유와 비슷하다. 프로그래머의 의도를 명시하는 것으로, 크게 세 가지 목적이 있다. 첫 번째, 해당 클래스의 코드나 설명 문서를 읽을 이에게 그 인터페이스가 람다용으로 설계된 것임을 알려준다. 두 번째, 해당 인터페이스가 추상 메서드를 오직 하나만 가지고 있어야 컴파일되게 해준다. 세 번째, 그 결과 유지보수 과정에서 누군가 실수로 메서드를 추가하지 못하게 막아준다. 그러니 **직접 만든 함수형 인터페이스에는 항상 `@FunctionalInterface` 애너테이션을 사용하라.**

마지막으로, 함수형 인터페이스를 API에서 사용할 때의 주의점을 일러두겠다. 서로 다른 함수형 인터페이스를 같은 위치의 인수로 받는 메서드들을 다중정의해서는 안 된다. 클라이언트에게 불필요한 모호함만 안겨줄 뿐이며, 이 모호함으로 인해 실제로 문제가 일어나기도 한다. `ExecutorService`의 submit 메서드는 `Callable<T>`를 받는 것과 `Runnable`을 받는 것을 다중정의했다. 그래서 올바른 메서드를 알려주기 위해 형변환해야 할 때가 왕왕 생긴다(아이템 52). 이런 문제를 피하는 가장 쉬운 방법은 서로 다른 함수형 인터페이스를 같은 위치의 인수로 사용하는 다중정의를 피하는 것이다. 이는 "다중정의는 주의해서 사용하라"는 아이템 52 조언의 특수한 예라 할 수 있다.

핵심 정리

이제 자바도 람다를 지원한다. 여러분도 지금부터는 API를 설계할 때 람다도 염두에 두어야 한다는 뜻이다. 입력값과 반환값에 함수형 인터페이스 타입을 활용하라. 보통은 `java.util.function` 패키지의 표준 함수형 인터페이스를 사용하는 것이 가장 좋은 선택이다. 단, 흔치는 않지만 직접 새로운 함수형 인터페이스를 만들어 쓰는 편이 나을 수도 있음을 잊지 말자.

스트림은 주의해서 사용하라

스트림 API는 다량의 데이터 처리 작업(순차적이든 병렬적이든)을 돕고자 자바 8에 추가되었다. 이 API가 제공하는 추상 개념 중 핵심은 두 가지다. 그 첫번째인 스트림(stream)은 데이터 원소의 유한 혹은 무한 시퀀스(sequence)를 뜻한다. 두 번째인 스트림 파이프라인(stream pipeline)은 이 원소들로 수행하는 연산 단계를 표현하는 개념이다. 스트림의 원소들은 어디로부터든 올 수 있다. 대표적으로는 컬렉션, 배열, 파일, 정규표현식 패턴 매처(matcher), 난수 생성기, 혹은 다른 스트림이 있다. 스트림 안의 데이터 원소들은 객체 참조나 기본 타입 값이다. 기본 타입 값으로는 int, long, double 이렇게 세 가지를 지원한다.

스트림 파이프라인은 소스 스트림에서 시작해 종단 연산(terminal operation)으로 끝나며, 그 사이에 하나 이상의 중간 연산(intermediate operation)이 있을 수 있다. 각 중간 연산은 스트림을 어떠한 방식으로 변환(transform)한다. 예컨대 각 원소에 함수를 적용하거나 특정 조건을 만족 못하는 원소를 걸러낼 수 있다. 중간 연산들은 모두 한 스트림을 다른 스트림으로 변환하는데, 변환된 스트림의 원소 타입은 변환 전 스트림의 원소 타입과 같을 수도 있고 다를 수도 있다. 종단 연산은 마지막 중간 연산이 내놓은 스트림에 최후의 연산을 가한다. 원소를 정렬해 컬렉션에 담거나, 특정 원소 하나를 선택하거나, 모든 원소를 출력하는 식이다.

스트림 파이프라인은 지연 평가(lazy evaluation)된다. 평가는 종단 연산이 호출될 때 이뤄지며, 종단 연산에 쓰이지 않는 데이터 원소는 계산에 쓰이지 않는다. 이러한 지연 평가가 무한 스트림을 다룰 수 있게 해주는 열쇠다. 종단 연산이 없는 스트림 파이프라인은 아무 일도 하지 않는 명령어인 no-op과 같으니, 종단 연산을 빼먹는 일이 절대 없도록 하자.

스트림 API는 메서드 연쇄를 지원하는 플루언트 API(fluent API)다. 즉, 파이프라인 하나를 구성하는 모든 호출을 연결하여 단 하나의 표현식으로 완성할 수 있다. 파이프라인 여러 개를 연결해 표현식 하나로 만들 수도 있다.

기본적으로 스트림 파이프라인은 순차적으로 수행된다. 파이프라인을 병렬로 실행하려면 파이프라인을 구성하는 스트림 중 하나에서 parallel 메서드를 호출해주기만 하면 되나, 효과를 볼 수 있는 상황은 많지 않다(아이템 48).

스트림 API는 다재다능하여 사실상 어떠한 계산이라도 해낼 수 있다. 하지만 할 수 있다는 뜻이지, 해야 한다는 뜻은 아니다. 스트림을 제대로 사용하면 프로그램이 짧고 깔끔해지지만, 잘못 사용하면 읽기 어렵고 유지보수도 힘들어진다. 스트림을 언제 써야 하는지를 규정하는 확고부동한 규칙은 없지만, 참고할 만한 노하우는 있다.

다음 코드를 보자. 이 프로그램은 사전 파일에서 단어를 읽어 사용자가 지정한 문턱값보다 원소 수가 많은 아나그램(anagram) 그룹을 출력한다. 아나그램이란 철자를 구성하는 알파벳이 같고 순서만 다른 단어를 말한다. 이 프로그램은 사용자가 명시한 사전 파일에서 각 단어를 읽어 맵에 저장한다. 맵의 키는 그 단어를 구성히는 철자들을 알파벳순으로 정렬한 값이다. 즉, "staple"의 기는 "aelpst"가 되고 "petals"의 키도 "aelpst"가 된다. 따라서 이 두 단어는 아나그램이고, 아나그램끼리는 같은 키를 공유한다. 맵의 값은 같은 키를 공유한 단어들을 담은 집합이다. 사전 하나를 모두 처리하고 나면 각 집합은 사전에 등재된 아나그램들을 모두 담은 상태가 된다. 마지막으로 이 프로그램은 맵의 values() 메서드로 아나그램 집합들을 얻어 원소 수가 문턱값보다 많은 집합들을 출력한다.

코드 45-1 사전 하나를 훑어 원소 수가 많은 아나그램 그룹들을 출력한다.

```java
public class Anagrams {
    public static void main(String[] args) throws IOException {
        File dictionary = new File(args[0]);
        int minGroupSize = Integer.parseInt(args[1]);

        Map<String, Set<String>> groups = new HashMap<>();
        try (Scanner s = new Scanner(dictionary)) {
            while (s.hasNext()) {
                String word = s.next();
```

```
            groups.computeIfAbsent(alphabetize(word),
                (unused) -> new TreeSet<>()).add(word);
        }
    }

    for (Set<String> group : groups.values())
        if (group.size() >= minGroupSize)
            System.out.println(group.size() + ": " + group);
}

private static String alphabetize(String s) {
    char[] a = s.toCharArray();
    Arrays.sort(a);
    return new String(a);
}
}
```

이 프로그램의 첫 번째 단계에 주목하자. 코드에서 굵게 표기한 부분이다. 맵에 각 단어를 삽입할 때 자바 8에서 추가된 computeIfAbsent 메서드를 사용했다. 이 메서드는 맵 안에 키가 있는지 찾은 다음, 있으면 단순히 그 키에 매핑된 값을 반환한다. 키가 없으면 건네진 함수 객체를 키에 적용하여 값을 계산해낸 다음 그 키와 값을 매핑해놓고, 계산된 값을 반환한다. 이처럼 compute IfAbsent를 사용하면 각 키에 다수의 값을 매핑하는 맵을 쉽게 구현할 수 있다.

이제 다음 프로그램을 살펴보자. 앞의 코드와 같은 일을 하지만 스트림을 과하게 활용한다. 사전 파일을 여는 부분만 제외하면 프로그램 전체가 단 하나의 표현식으로 처리된다. 사전을 여는 작업을 분리한 이유는 그저 try-with-resources 문을 사용해 사전 파일을 제대로 닫기 위해서다.

코드 45-2 스트림을 과하게 사용했다. - 따라 하지 말 것!

```
public class Anagrams {
    public static void main(String[] args) throws IOException {
        Path dictionary = Paths.get(args[0]);
        int minGroupSize = Integer.parseInt(args[1]);

        try (Stream<String> words = Files.lines(dictionary)) {
            words.collect(
                groupingBy(word -> word.chars().sorted()
                        .collect(StringBuilder::new,
                            (sb, c) -> sb.append((char) c),
                            StringBuilder::append).toString()))
                .values().stream()
                .filter(group -> group.size() >= minGroupSize)
```

```
            .map(group -> group.size() + ": " + group)
            .forEach(System.out::println);
        }
    }
}
```

코드를 이해하기 어려운가? 걱정 말자. 다른 사람도 마찬가지다. 이 코드는 확실히 짧지만 읽기는 어렵다. 특히 스트림에 익숙하지 않은 프로그래머라면 더욱 그럴 것이다. 이처럼 **스트림을 과용하면 프로그램이 읽거나 유지보수하기 어려워진다.**

다행히 절충 지점이 있다. 다음 프로그램도 앞서의 두 프로그램과 기능은 같지만 스트림을 적당히 사용했다. 그 결과 원래 코드보다 짧을 뿐 아니라 명확하기까지 하다.

코드 45-3 스트림을 적절히 활용하면 깔끔하고 명료해진다.

```
public class Anagrams {
    public static void main(String[] args) throws IOException {
        Path dictionary = Paths.get(args[0]);
        int minGroupSize = Integer.parseInt(args[1]);

        try (Stream<String> words = Files.lines(dictionary)) {
            words.collect(groupingBy(word -> alphabetize(word)))
                .values().stream()
                .filter(group -> group.size() >= minGroupSize)
                .forEach(g -> System.out.println(g.size() + ": " + g));
        }
    }

    // alphabetize 메서드는 코드 45-1과 같다.
}
```

스트림을 전에 본 적 없더라도 이 코드는 이해하기 쉬울 것이다. try-with-resources 블록에서 사전 파일을 열고, 파일의 모든 라인으로 구성된 스트림을 얻는다. 스트림 변수의 이름을 words로 지어 스트림 안의 각 원소가 단어(word)임을 명확히 했다. 이 스트림의 파이프라인에는 중간 연산은 없으며, 종단 연산에서는 모든 단어를 수집해 맵으로 모은다. 이 맵은 단어들을 아나그램끼리 묶어놓은 것으로(아이템 46), 앞선 두 프로그램이 생성한 맵과 실질적으로 같다. 그다음으로 이 맵의 values()가 반환한 값으로부터 새로운

Stream<List<String>> 스트림을 연다. 이 스트림의 원소는 물론 아나그램 리스트다. 그 리스트들 중 원소가 minGroupSize보다 적은 것은 필터링돼 무시된다. 마지막으로, 종단 연산인 forEach는 살아남은 리스트를 출력한다.

 람다 매개변수의 이름은 주의해서 정해야 한다. 앞 코드에서 매개변수 g는 사실 group이라고 하는 게 나으나, 종이책의 지면 폭이 부족해 짧게 줄였다. **람다에서는 타입 이름을 자주 생략하므로 매개변수 이름을 잘 지어야 스트림 파이프라인의 가독성이 유지된다.**

한편, 단어의 철자를 알파벳순으로 정렬하는 일은 별도 메서드인 alphabetize에서 수행했다. 연산에 적절한 이름을 지어주고 세부 구현을 주 프로그램 로직 밖으로 빼내 전체적인 가독성을 높인 것이다. **도우미 메서드를 적절히 활용하는 일의 중요성은 일반 반복 코드에서보다는 스트림 파이프라인에서 훨씬 크다.** 파이프라인에서는 타입 정보가 명시되지 않거나 임시 변수를 자주 사용하기 때문이다.

alphabetize 메서드도 스트림을 사용해 다르게 구현할 수 있다. 하지만 그렇게 하면 명확성이 떨어지고 잘못 구현할 가능성이 커진다. 심지어 느려질 수도 있다. 자바가 기본 타입인 char용 스트림을 지원하지 않기 때문이다(그렇다고 자바가 char 스트림을 지원했어야 한다는 뜻은 아니다. 그렇게 하는 건 불가능했다). 문제를 직접 보여주는 게 나을 것 같아 char 값들을 스트림으로 처리하는 코드를 준비해보았다.

```
"Hello world!".chars().forEach(System.out::print);
```

Hello world!를 출력하리라 기대했겠지만, 72101108108111321191111141081 0033을 출력한다. "Hello world!".chars()가 반환하는 스트림의 원소는 char가 아닌 int 값이기 때문이다. 따라서 정숫값을 출력하는 print 메서드가 호출된 것이다. 이처럼 이름이 chars인데 int 스트림을 반환하면 헷갈릴 수 있다. 올바른 print 메서드를 호출하게 하려면 다음처럼 형변환을 명시적으로 해줘야 한다.

```
"Hello world!".chars().forEach(x -> System.out.print((char) x));
```

하지만 **char 값들을 처리할 때는 스트림을 삼가는 편이 낫다.**

스트림을 처음 쓰기 시작하면 모든 반복문을 스트림으로 바꾸고 싶은 유혹이 일겠지만, 서두르지 않는 게 좋다. 스트림으로 바꾸는 게 가능할지라도 코드 가독성과 유지보수 측면에서는 손해를 볼 수 있기 때문이다. 중간 정도 복잡한 작업에도 (앞서의 아나그램 프로그램처럼) 스트림과 반복문을 적절히 조합하는 게 최선이다. 그러니 **기존 코드는 스트림을 사용하도록 리팩터링하되, 새 코드가 더 나아 보일 때만 반영하자.**

이번 아이템에서 보여준 프로그램에서처럼 스트림 파이프라인은 되풀이되는 계산을 함수 객체(주로 람다나 메서드 참조)로 표현한다. 반면 반복 코드에서는 코드 블록을 사용해 표현한다. 그런데 함수 객체로는 할 수 없지만 코드 블록으로는 할 수 있는 일들이 있으니, 다음이 그 예다.

- 코드 블록에서는 범위 안의 지역변수를 읽고 수정할 수 있다. 하지만 람다에서는 final이거나 사실상 final인 변수[JLS 4.12.4]만 읽을 수 있고, 지역변수를 수정하는 건 불가능하다.
- 코드 블록에서는 return 문을 사용해 메서드에서 빠져나가거나, break나 continue 문으로 블록 바깥의 반복문을 종료하거나 반복을 한 번 건너뛸 수 있다. 또한 메서드 선언에 명시된 검사 예외를 던질 수 있다. 하지만 람다로는 이 중 어떤 것도 할 수 없다.

계산 로직에서 이상의 일들을 수행해야 한다면 스트림과는 맞지 않는 것이다. 반대로 다음 일들에는 스트림이 아주 안성맞춤이다.

- 원소들의 시퀀스를 일관되게 변환한다.
- 원소들의 시퀀스를 필터링한다.
- 원소들의 시퀀스를 하나의 연산을 사용해 결합한다(더하기, 연결하기, 최솟값 구하기 등).
- 원소들의 시퀀스를 컬렉션에 모은다(아마도 공통된 속성을 기준으로 묶어가며).
- 원소들의 시퀀스에서 특정 조건을 만족하는 원소를 찾는다.

이러한 일 중 하나를 수행하는 로직이라면 스트림을 적용하기에 좋은 후보다.

한편, 스트림으로 처리하기 어려운 일도 있다. 대표적인 예로, 한 데이터가 파이프라인의 여러 단계(stage)를 통과할 때 이 데이터의 각 단계에서의 값들에 동시에 접근하기는 어려운 경우다. 스트림 파이프라인은 일단 한 값을 다른 값에 매핑하고 나면 원래의 값은 잃는 구조이기 때문이다. 원래 값과 새로운 값의 쌍을 저장하는 객체를 사용해 매핑하는 우회 방법도 있지만, 그리 만족스러운 해법은 아닐 것이다. 매핑 객체가 필요한 단계가 여러 곳이라면 특히 더 그렇다. 이런 방식은 코드 양도 많고 지저분하여 스트림을 쓰는 주목적에서 완전히 벗어난다. 가능한 경우라면, 앞 단계의 값이 필요할 때 매핑을 거꾸로 수행하는 방법이 나을 것이다.

예를 들어 처음 20개의 메르센 소수(Mersenne prime)를 출력하는 프로그램을 작성해보자. 메르센 수는 $2^p - 1$ 형태의 수다. 여기서 p가 소수이면 해당 메르센 수도 소수일 수 있는데, 이때의 수를 메르센 소수라 한다. 이 파이프라인의 첫 스트림으로는 모든 소수를 사용할 것이다. 다음 코드는 (무한) 스트림을 반환하는 메서드다. BigInteger의 정적 멤버들은 정적 임포트하여 사용한다고 가정한다.

```
static Stream<BigInteger> primes() {
    return Stream.iterate(TWO, BigInteger::nextProbablePrime);
}
```

메서드 이름 primes는 스트림의 원소가 소수임을 말해준다. 스트림을 반환하는 메서드 이름은 이처럼 원소의 정체를 알려주는 복수 명사로 쓰기를 강력히 추천한다. 스트림 파이프라인의 가독성이 크게 좋아질 것이다. 이 메서드가 이용하는 Stream.iterate라는 정적 팩터리는 매개변수를 2개 받는다. 첫 번째 매개변수는 스트림의 첫 번째 원소이고, 두 번째 매개변수는 스트림에서 다음 원소를 생성해주는 함수다. 이제 처음 20개의 메르센 소수를 출력하는 프로그램을 만나보자.

```
public static void main(String[] args) {
    primes().map(p -> TWO.pow(p.intValueExact()).subtract(ONE))
        .filter(mersenne -> mersenne.isProbablePrime(50))
        .limit(20)
        .forEach(System.out::println);
}
```

이 코드는 앞서의 설명을 정직하게 구현했다. 소수들을 사용해 메르센 수를 계산하고, 결괏값이 소수인 경우만 남긴 다음(매직넘버 50은 소수성 검사가 true를 반환할 확률을 제어한다), 결과 스트림의 원소 수를 20개로 제한해놓고, 작업이 끝나면 결과를 출력한다.

이제 우리가 각 메르센 소수의 앞에 지수(p)를 출력하길 원한다고 해보자. 이 값은 초기 스트림에만 나타나므로 결과를 출력하는 종단 연산에서는 접근할 수 없다. 하지만 다행히 첫 번째 중간 연산에서 수행한 매핑을 거꾸로 수행해 메르센 수의 지수를 쉽게 계산해낼 수 있다. 지수는 단순히 숫자를 이진수로 표현한 다음 몇 비트인지를 세면 나오므로, 종단 연산을 다음처럼 작성하면 원하는 결과를 얻을 수 있다.

```
.forEach(mp -> System.out.println(mp.bitLength() + ": " + mp));
```

스트림과 반복 중 어느 쪽을 써야 할지 바로 알기 어려운 작업도 많다. 카드 덱을 초기화하는 작업을 생각해보자. 카드는 숫자(rank)와 무늬(suit)를 묶은 불변 값 클래스이고, 숫자와 무늬는 모두 열거 타입이라 하자. 이 작업은 두 집합의 원소들로 만들 수 있는 가능한 모든 소합을 계산하는 문세다. 수학자들은 이를 두 집합의 데카르트 곱이라고 부른다. 다음은 for-each 반복문을 중첩해서 구현한 코드로, 스트림에 익숙하지 않은 사람에게 친숙한 방식일 것이다.

코드 45-4 데카르트 곱 계산을 반복 방식으로 구현

```
private static List<Card> newDeck() {
    List<Card> result = new ArrayList<>();
    for (Suit suit : Suit.values())
        for (Rank rank : Rank.values())
            result.add(new Card(suit, rank));
    return result;
}
```

다음은 스트림으로 구현한 코드다. 중간 연산으로 사용한 flatMap은 스트림의 원소 각각을 하나의 스트림으로 매핑한 다음 그 스트림들을 다시 하나의 스트림으로 합친다. 이를 평탄화(flattening)라고도 한다. 이 구현에서는 중첩된 람다를 사용했음에 주의하자(굵은 글씨).

코드 45-5 데카르트 곱 계산을 스트림 방식으로 구현

```
private static List<Card> newDeck() {
    return Stream.of(Suit.values())
        .flatMap(suit ->
            Stream.of(Rank.values())
                .map(rank -> new Card(suit, rank)))
        .collect(toList());
}
```

어느 newDeck이 좋아 보이는가? 결국은 개인 취향과 프로그래밍 환경의 문제다. 처음 방식은 더 단순하고 아마 더 자연스러워 보일 것이다. 이해하고 유지보수하기에 처음 코드가 더 편한 프로그래머가 많겠지만, 두 번째인 스트림 방식을 편하게 생각하는 프로그래머도 있다. 스트림과 함수형 프로그래밍에 익숙한 프로그래머라면 스트림 방식이 조금 더 명확하고 그리 어렵지도 않을 것이다. 확신이 서지 않는 독자는 첫 번째 방식을 쓰는 게 더 안전할 것이다. 스트림 방식이 나아 보이고 동료들도 스트림 코드를 이해할 수 있고 선호한다면 스트림 방식을 사용하자.

> **핵심 정리**
>
> 스트림을 사용해야 멋지게 처리할 수 있는 일이 있고, 반복 방식이 더 알맞은 일도 있다. 그리고 수많은 작업이 이 둘을 조합했을 때 가장 멋지게 해결된다. 어느 쪽을 선택하는 확고부동한 규칙은 없지만 참고할 만한 지침 정도는 있다. 어느 쪽이 나은지가 확연히 드러나는 경우가 많겠지만, 아니더라도 방법은 있다. **스트림과 반복 중 어느 쪽이 나은지 확신하기 어렵다면 둘 다 해보고 더 나은 쪽을 택하라.**

아이템 46

스트림에서는 부작용 없는 함수를 사용하라

스트림은 처음 봐서는 이해하기 어려울 수 있다. 원하는 작업을 스트림 파이프 라인으로 표현하는 것조차 어려울지 모른다. 성공하여 프로그램이 동작하더 라도 장점이 무엇인지 쉽게 와 닿지 않을 수도 있다. 스트림은 그저 또 하나의 API가 아닌, 함수형 프로그래밍에 기초한 패러다임이기 때문이다. 스트림이 제공하는 표현력, 속도, (상황에 따라서는) 병렬성을 얻으려면 API는 말할 것 도 없고 이 패러다임까지 함께 받아들여야 한다.

스트림 패러다임의 핵심은 계산을 일련의 변환(transformation)으로 재구성 하는 부분이다. 이때 각 변환 단계는 가능한 한 이전 단계의 결과를 받아 처리 하는 순수 함수여야 한다. 순수 함수란 오직 입력만이 결과에 영향을 주는 함 수를 말한다. 다른 가변 상태를 참조하지 않고, 함수 스스로도 다른 상태를 변 경하지 않는다. 이렇게 하려면 (중간 단계든 종단 단계든) 스트림 연산에 건네 는 함수 객체는 모두 부작용(side effect)이 없어야 한다.

다음은 주위에서 종종 볼 수 있는 스트림 코드로, 텍스트 파일에서 단어별 수 를 세어 빈도표로 만드는 일을 한다.

코드 46-1 스트림 패러다임을 이해하지 못한 채 API만 사용했다 - 따라 하지 말 것!
```java
Map<String, Long> freq = new HashMap<>();
try (Stream<String> words = new Scanner(file).tokens()) {
    words.forEach(word -> {
        freq.merge(word.toLowerCase(), 1L, Long::sum);
    });
}
```

무엇이 문제인지 보이는가? 스트림, 람다, 메서드 참조를 사용했고, 결과도 올 바르다. 하지만 절대 스트림 코드라 할 수 없다. 스트림 코드를 가장한 반복적 코드다. 스트림 API의 이점을 살리지 못하여 같은 기능의 반복적 코드보다 (조 금 더) 길고, 읽기 어렵고, 유지보수에도 좋지 않다. 이 코드의 모든 작업이 종단 연산인 forEach에서 일어나는데, 이때 외부 상태(빈도표)를 수정하는 람다를 실행하면서 문제가 생긴다. forEach가 그저 스트림이 수행한 연산 결과를 보여주는 일 이상을 하는 것(이 예에서는 람다가 상태를 수정함)을 보니 나쁜 코드일 것 같은 냄새가 난다. 이제 올바르게 작성한 모습을 살펴보자.

코드 46-2 스트림을 제대로 활용해 빈도표를 초기화한다.

```
Map<String, Long> freq;
try (Stream<String> words = new Scanner(file).tokens()) {
    freq = words
        .collect(groupingBy(String::toLowerCase, counting()));
}
```

앞서와 같은 일을 하지만, 이번엔 스트림 API를 제대로 사용했다. 그뿐만 아니라 짧고 명확하다. 그런데 코드 46-1처럼 짜는 사람도 분명 있을 것이다. 익숙하기 때문이다. 자바 프로그래머라면 for-each 반복문을 사용할 줄 알 텐데, for-each 반복문은 forEach 종단 연산과 비슷하게 생겼다. 하지만 forEach 연산은 종단 연산 중 기능이 가장 적고 가장 '덜' 스트림답다. 대놓고 반복적이라서 병렬화할 수도 없다. **forEach 연산은 스트림 계산 결과를 보고할 때만 사용하고, 계산하는 데는 쓰지 말자.** 물론 가끔은 스트림 계산 결과를 기존 컬렉션에 추가하는 등의 다른 용도로도 쓸 수 있다.

이 코드는 수집기(collector)를 사용하는데, 스트림을 사용하려면 꼭 배워야 하는 새로운 개념이다. java.util.stream.Collectors 클래스는 메서드를 무려 39개나 가지고 있고[1], 그중에는 타입 매개변수가 5개나 되는 것도 있다. 다행히 복잡한 세부 내용을 잘 몰라도 이 API의 장점을 대부분 활용할 수 있다. 익숙해지기 전까지는 Collector 인터페이스를 잠시 잊고, 그저 축소(reduction) 전략을 캡슐화한 블랙박스 객체라고 생각하기 바란다. 여기서 축소는 스트림의 원소들을 객체 하나에 취합한다는 뜻이다. 수집기가 생성하는 객체는 일반적으로 컬렉션이며, 그래서 "collector"라는 이름을 쓴다.

수집기를 사용하면 스트림의 원소를 손쉽게 컬렉션으로 모을 수 있다. 수집기는 총 세 가지로, toList(), toSet(), toCollection(collectionFactory)가 그

---

1 (옮긴이) 자바 10에서는 4개가 더 늘어 총 43개가 되었다(자바 11에서 추가된 메서드는 없다). 새로운 메서드는 toUnmodifiableMap()이 2개, toUnmodifiableList()와 toUnmodifiableSet()이 각 1개씩이다. 이름에서 알 수 있듯 각각 toMap(), toList(), toSet()의 변형이다.

주인공이다. 이들은 차례로 리스트, 집합, 프로그래머가 지정한 컬렉션 타입을 반환한다. 지금까지 배운 지식을 활용해 빈도표에서 가장 흔한 단어 10개를 뽑아내는 스트림 파이프라인을 작성해보자.

코드 46-3 빈도표에서 가장 흔한 단어 10개를 뽑아내는 파이프라인

```
List<String> topTen = freq.keySet().stream()
    .sorted(comparing(freq::get).reversed())
    .limit(10)
    .collect(toList());
```

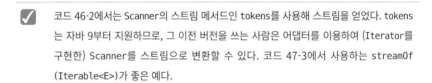

마지막 toList는 Collectors의 메서드다. 이처럼 **Collectors의 멤버를 정적 임포트하여 쓰면 스트림 파이프라인 가독성이 좋아져, 흔히들 이렇게 사용한다.**

이 코드에서 어려운 부분은 sorted에 넘긴 비교자, 즉 comparing(freq::get). reversed()뿐이다. comparing 메서드는 키 추출 함수를 받는 비교자 생성 메서드(아이템 14)다. 그리고 한정적 메서드 참조이자, 여기서 키 추출 함수로 쓰인 freq::get은 입력받은 단어(키)를 빈도표에서 찾아(추출) 그 빈도를 반환한다. 그런 다음 가장 흔한 단어가 위로 오도록 비교자(comparing)를 역순(reversed)으로 정렬한다(sorted). 여기까지 왔으면 스트림에서 단어 10개를 뽑아 리스트에 담는 일은 식은 죽 먹기다.

✅ 코드 46-2에서는 Scanner의 스트림 메서드인 tokens를 사용해 스트림을 얻었다. tokens 는 자바 9부터 지원하므로, 그 이전 버전을 쓰는 사람은 어댑터를 이용하여 (Iterator를 구현한) Scanner를 스트림으로 변환할 수 있다. 코드 47-3에서 사용하는 streamOf (Iterable<E>)가 좋은 예다.

Collectors의 나머지 36개 메서드들도 알아보자. 이 중 대부분은 스트림을 맵으로 취합하는 기능으로, 진짜 컬렉션에 취합하는 것보다 훨씬 복잡하다. 스트림의 각 원소는 키 하나와 값 하나에 연관되어 있다. 그리고 다수의 스트림 원소가 같은 키에 연관될 수 있다.

✅ (옮긴이) 이제부터 수십 개의 메서드를 요약해 설명할 것이다. 따라서 본문의 글만으로는 내용이 헷갈리고 머리에 잘 남지 않을 수 있다. 흐름을 좇기 어렵다면 java.util.

stream.Collectors의 API 문서(*http://bit.ly/2MvTOAR*)를 펼쳐놓고 하나씩 짚어 가며 읽어보길 추천한다.

가장 간단한 맵 수집기는 toMap(keyMapper, valueMapper)로, 보다시피 스트림 원소를 키에 매핑하는 함수와 값에 매핑하는 함수를 인수로 받는다. 이 수집기 는 코드 34-7에서 열거 타입 상수의 문자열 표현을 열거 타입 자체에 매핑하는 fromString을 구현하는 데 사용했다.

코드 46-4 toMap 수집기를 사용하여 문자열을 열거 타입 상수에 매핑한다.

```
private static final Map<String, Operation> stringToEnum =
    Stream.of(values()).collect(
        toMap(Object::toString, e -> e));
```

이 간단한 toMap 형태는 스트림의 각 원소가 고유한 키에 매핑되어 있을 때 적합하다. 스트림 원소 다수가 같은 키를 사용한다면 파이프라인이 Illegal StateException을 던지며 종료될 것이다.

더 복잡한 형태의 toMap이나 groupingBy는 이런 충돌을 다루는 다양한 전략 을 제공한다. 예컨대 toMap에 키 매퍼와 값 매퍼는 물론 병합(merge) 함수까지 제공할 수 있다. 병합 함수의 형태는 BinaryOperator<U>이며, 여기서 U는 해당 맵의 값 타입이다. 같은 키를 공유하는 값들은 이 병합 함수를 사용해 기존 값 에 합쳐진다. 예컨대 병합 함수가 곱셈이라면 키가 같은 모든 값(키/값 매퍼가 정한다)을 곱한 결과를 얻는다.

인수 3개를 받는 toMap은 어떤 키와 그 키에 연관된 원소들 중 하나를 골라 연관 짓는 맵을 만들 때 유용하다. 예컨대 다양한 음악가의 앨범들을 담은 스 트림을 가지고, 음악가와 그 음악가의 베스트 앨범을 연관 짓고 싶다고 해보 자. 다음은 이 일을 수행하는 수집기다.

코드 46-5 각 키와 해당 키의 특정 원소를 연관 짓는 맵을 생성하는 수집기

```
Map<Artist, Album> topHits = albums.collect(
    toMap(Album::artist, a->a, maxBy(comparing(Album::sales))));
```

여기서 비교자로는 BinaryOperator에서 정적 임포트한 maxBy라는 정적 팩터리 메서드를 사용했다. maxBy는 Comparator<T>를 입력받아 BinaryOperator<T>를 돌려준다. 이 경우 비교자 생성 메서드인 comparing이 maxBy에 넘겨줄 비교자를 반환하는데, 자신의 키 추출 함수로는 Album::sales를 받았다. 복잡해 보일 수 있지만 매끄럽게 읽히는 코드다. 말로 풀어보자면 "앨범 스트림을 맵으로 바꾸는데, 이 맵은 각 음악가와 그 음악가의 베스트 앨범을 짝지은 것이다"는 이야기다. 놀랍게도 우리가 풀려고 한 문제를 그대로 기술한 코드가 되었다.

인수가 3개인 toMap은 충돌이 나면 마지막 값을 취하는(last-write-wins) 수집기를 만들 때도 유용하다. 많은 스트림의 결과가 비결정적이다. 하지만 매핑 함수가 키 하나에 연결해준 값들이 모두 같을 때, 혹은 값이 다르더라도 모두 허용되는 값일 때 이렇게 동작하는 수집기가 필요하다.

코드 46-7 마지막에 쓴 값을 취하는 수집기

```
toMap(keyMapper, valueMapper, (oldVal, newVal) -> newVal)
```

세 번째이자 마지막 toMap은 네 번째 인수로 맵 팩터리를 받는다. 이 인수로는 EnumMap이나 TreeMap처럼 원하는 특정 맵 구현체를 직접 지정할 수 있다.

이상의 세 가지 toMap에는 변종이 있다. 그중 toConcurrentMap은 병렬 실행된 후 결과로 ConcurrentHashMap 인스턴스를 생성한다.

이번에는 Collectors가 제공하는 또 다른 메서드인 groupingBy를 알아보자. 이 메서드는 입력으로 분류 함수(classifier)를 받고 출력으로는 원소들을 카테고리별로 모아 놓은 맵을 담은 수집기를 반환한다. 분류 함수는 입력받은 원소가 속하는 카테고리를 반환한다. 그리고 이 카테고리가 해당 원소의 맵 키로 쓰인다. 다중정의된 groupingBy 중 형태가 가장 간단한 것은 분류 함수 하나를 인수로 받아 맵을 반환한다. 반환된 맵에 담긴 각각의 값은 해당 카테고리에 속하는 원소들을 모두 담은 리스트다. 이는 아이템 45의 아나그램 프로그램에서 사용한 바로 그 수집기로, 알파벳화한 단어를 알파벳화 결과가 같은 단어들의 리스트로 매핑하는 맵을 생성했다.

```
words.collect(groupingBy(word -> alphabetize(word)))
```

groupingBy가 반환하는 수집기가 리스트 외의 값을 갖는 맵을 생성하게 하려면, 분류 함수와 함께 다운스트림(downstream) 수집기도 명시해야 한다. 다운

스트림 수집기의 역할은 해당 카테고리의 모든 원소를 담은 스트림으로부터 값을 생성하는 일이다. 이 매개변수를 사용하는 가장 간단한 방법은 toSet()을 넘기는 것이다. 그러면 groupingBy는 원소들의 리스트가 아닌 집합(Set)을 값으로 갖는 맵을 만들어낸다.

toSet() 대신 toCollection(collectionFactory)를 건네는 방법도 있다. 예상할 수 있듯이 이렇게 하면 리스트나 집합 대신 컬렉션을 값으로 갖는 맵을 생성한다. 원하는 컬렉션 타입을 선택할 수 있다는 유연성은 덤이다. 다운스트림 수집기로 counting()을 건네는 방법도 있다. 이렇게 하면 각 카테고리(키)를 (원소를 담은 컬렉션이 아닌) 해당 카테고리에 속하는 원소의 개수(값)와 매핑한 맵을 얻는다.

```
Map<String, Long> freq = words
        .collect(groupingBy(String::toLowerCase, counting()));
```

groupingBy의 세 번째 버전은 다운스트림 수집기에 더해 맵 팩터리도 지정할 수 있게 해준다. 참고로 이 메서드는 점층적 인수 목록 패턴(telescoping argument list pattern)에 어긋난다. 즉, mapFactory 매개변수가 downStream 매개변수보다 앞에 놓인다. 이 버전의 groupingBy를 사용하면 맵과 그 안에 담긴 컬렉션의 타입을 모두 지정할 수 있다. 예컨대 값이 TreeSet인 TreeMap을 반환하는 수집기를 만들 수 있다.

이상의 총 세 가지 groupingBy 각각에 대응하는 groupingByConcurrent 메서드들도 볼 수 있다. 이름에서 알 수 있듯 대응하는 메서드의 동시 수행 버전으로, ConcurrentHashMap 인스턴스를 만들어준다.

많이 쓰이진 않지만 groupingBy의 사촌격인 partitioningBy도 있다. 분류 함수 자리에 프레디키트(predicate)를 받고 키가 Boolean인 맵을 반환한다. 프레디키트에 더해 다운스트림 수집기까지 입력받는 버전도 다중정의되어 있다.

counting 메서드가 반환하는 수집기는 다운스트림 수집기 전용이다. Stream의 count 메서드를 직접 사용하여 같은 기능을 수행할 수 있으니 **collect (counting()) 형태로 사용할 일은 전혀 없다.** Collections에는 이런 속성의 메서드가 16개나 더 있다. 그중 9개는 이름이 summing, averaging, summarizing

으로 시작하며, 각각 int, long, double 스트림용으로 하나씩 존재한다. 그리고 다중정의된 reducing 메서드들, filtering, mapping, flatMapping, collecting AndThen 메서드가 있는데, 대부분 프로그래머는 이들의 존재를 모르고 있어도 상관없다. 설계 관점에서 보면, 이 수집기들은 스트림 기능의 일부를 복제하여 다운스트림 수집기를 작은 스트림처럼 동작하게 한 것이다.

이제 3개만 더 살펴보면 Collectors의 메서드를 모두 훑게 된다. 남은 이 세 메서드들은 특이하게도 Collectors에 정의되어 있지만 '수집'과는 관련이 없다. 그중 minBy와 maxBy는 인수로 받은 비교자를 이용해 스트림에서 값이 가장 작은 혹은 가장 큰 원소를 찾아 반환한다. Stream 인터페이스의 min과 max 메서드를 살짝 일반화한 것이자, java.util.function.BinaryOperator의 minBy와 maxBy 메서드가 반환하는 이진 연산자의 수집기 버전이다.

Collectors의 마지막 메서드는 joining이다. 이 메서드는 (문자열 등의) CharSequence 인스턴스의 스트림에만 적용할 수 있다. 이 중 매개변수가 없는 joining은 단순히 원소들을 연결(concatenate)하는 수집기를 반환한다. 한편 인수 하나짜리 joining은 CharSequence 타입의 구분문자(delimiter)를 매개변수로 받는다. 연결 부위에 이 구분문자를 삽입하는데, 예컨대 구분문자로 쉼표(,)를 입력하면 CSV 형태의 문자열을 만들어준다(단, 스트림에 쉼표를 이미 포함한 원소가 있다면 구분문자와 구별되지 않으니 유념하자). 인수 3개짜리 joining은 구분문자에 더해 접두문자(prefix)와 접미문자(suffix)도 받는다. 예컨대 접두, 구분, 접미문자를 각각 '[', ',', ']'로 지정하여 얻은 수집기는 [came, saw, conquered]처럼 마치 컬렉션을 출력한 듯한 문자열을 생성한다.

핵심 정리

스트림 파이프라인 프로그래밍의 핵심은 부작용 없는 함수 객체에 있다. 스트림뿐 아니라 스트림 관련 객체에 건네지는 모든 함수 객체가 부작용이 없어야 한다. 종단 연산 중 forEach는 스트림이 수행한 계산 결과를 보고할 때만 이용해야 한다. 계산 자체에는 이용하지 말자. 스트림을 올바로 사용하려면 수집기를 잘 알아둬야 한다. 가장 중요한 수집기 팩터리는 toList, toSet, toMap, groupingBy, joining이다.

아이템 47

반환 타입으로는 스트림보다 컬렉션이 낫다

원소 시퀀스, 즉 일련의 원소를 반환하는 메서드는 수없이 많다. 자바 7까지는 이런 메서드의 반환 타입으로 Collection, Set, List 같은 컬렉션 인터페이스, 혹은 Iterable이나 배열을 썼다. 이 중 가장 적합한 타입을 선택하기란 그다지 어렵지 않았다. 기본은 컬렉션 인터페이스다. for-each 문에서만 쓰이거나 반환된 원소 시퀀스가 (주로 contains(Object) 같은) 일부 Collection 메서드를 구현할 수 없을 때는 Iterable 인터페이스를 썼다. 반환 원소들이 기본 타입이거나 성능에 민감한 상황이라면 배열을 썼다. 그런데 자바 8이 스트림이라는 개념을 들고 오면서 이 선택이 아주 복잡한 일이 되어버렸다.

원소 시퀀스를 반환할 때는 당연히 스트림을 사용해야 한다는 이야기를 들어봤을지 모르겠지만, 아이템 45에서 이야기했듯이 스트림은 반복(iteration)을 지원하지 않는다. 따라서 스트림과 반복을 알맞게 조합해야 좋은 코드가 나온다. API를 스트림만 반환하도록 짜놓으면 반환된 스트림을 for-each로 반복하길 원하는 사용자는 당연히 불만을 토로할 것이다. 여기서 재미난 사실 하나! 사실 Stream 인터페이스는 Iterable 인터페이스가 정의한 추상 메서드를 전부 포함할 뿐만 아니라, Iterable 인터페이스가 정의한 방식대로 동작한다. 그럼에도 for-each로 스트림을 반복할 수 없는 까닭은 바로 Stream이 Iterable을 확장(extend)하지 않아서다.

안타깝게도 이 문제를 해결해줄 멋진 우회로는 없다. 얼핏 보면 Stream의 iterator 메서드에 메서드 참조를 건네면 해결될 것 같다. 코드가 좀 지저분하고 직관성이 떨어지지만 못 쓸 정도는 아니다.

코드 47-1 자바 타입 추론의 한계로 컴파일되지 않는다.

```
for (ProcessHandle ph : ProcessHandle.allProcesses()::iterator) {
    // 프로세스를 처리한다.
}
```

아쉽게도 이 코드는 다음의 컴파일 오류를 낸다.

```
Test.java:6: error: method reference not expected here
for (ProcessHandle ph : ProcessHandle.allProcesses()::iterator) {
                                          ^
```

이 오류를 바로잡으려면 메서드 참조를 매개변수화된 Iterable로 적절히 형변환해줘야 한다.

코드 47-2 스트림을 반복하기 위한 '끔찍한' 우회 방법

```
for (ProcessHandle ph : (Iterable<ProcessHandle>)
                            ProcessHandle.allProcesses()::iterator){
    // 프로세스를 처리한다.
}
```

작동은 하지만 실전에 쓰기에는 너무 난잡하고 직관성이 떨어진다. 다행히 어댑터 메서드를 사용하면 상황이 나아진다. 자바는 이런 메서드를 제공하지 않지만 다음 코드와 같이 쉽게 만들어낼 수 있다. 이 경우에는 자바의 타입 추론이 문맥을 잘 파악하여 어댑터 메서드 안에서 따로 형변환하지 않아도 된다.

코드 47-3 Stream<E>를 Iterable<E>로 중개해주는 어댑터

```
public static <E> Iterable<E> iterableOf(Stream<E> stream) {
    return stream::iterator;
}
```

어댑터를 사용하면 어떤 스트림도 for-each 문으로 반복할 수 있다.

```
for (ProcessHandle p : iterableOf(ProcessHandle.allProcesses())) {
    // 프로세스를 처리한다.
}
```

아이템 45의 아나그램 프로그램에서 스트림 버전은 사전을 읽을 때 Files. lines 메서드를 이용했고, 반복 버전은 스캐너를 이용했다. 둘 중 파일을 읽는 동안 발생하는 모든 예외를 알아서 처리해준다는 점에서 Files.lines 쪽이 더 우수하다. 그래서 이상적으로는 반복 버전에서도 Files.lines를 써야 했다. 이는 스트림만 반환하는 API가 반환한 값을 for-each로 반복하길 원하는 프로그래머가 감수해야 할 부분이다.

반대로, API가 Iterable만 반환하면 이를 스트림 파이프라인에서 처리하려는 프로그래머가 성을 낼 것이다. 자바는 이를 위한 어댑터도 제공하지 않지만, 역시 손쉽게 구현할 수 있다.

코드 47-4 Iterable<E>를 Stream<E>로 중개해주는 어댑터

```
public static <E> Stream<E> streamOf(Iterable<E> iterable) {
    return StreamSupport.stream(iterable.spliterator(), false);
}
```

객체 시퀀스를 반환하는 메서드를 작성하는데, 이 메서드가 오직 스트림 파이프라인에서만 쓰일 걸 안다면 마음 놓고 스트림을 반환하게 해주자. 반대로 반환된 객체들이 반복문에서만 쓰일 걸 안다면 Iterable을 반환하자. 하지만 공개 API를 작성할 때는 스트림 파이프라인을 사용하는 사람과 반복문에서 쓰려는 사람 모두를 배려해야 한다. 사용자 대부분이 한 방식만 사용할 거라는 그럴싸한 근거가 없다면 말이다.

Collection 인터페이스는 Iterable의 하위 타입이고 stream 메서드도 제공하니 반복과 스트림을 동시에 지원한다. 따라서 **원소 시퀀스를 반환하는 공개 API의 반환 타입에는 Collection이나 그 하위 타입을 쓰는 게 일반적으로 최선이다.** Arrays 역시 Arrays.asList와 Stream.of 메서드로 손쉽게 반복과 스트림을 지원할 수 있다. 반환하는 시퀀스의 크기가 메모리에 올려도 안전할 만큼 작다면 ArrayList나 HashSet 같은 표준 컬렉션 구현체를 반환하는 게 최선일 수 있다. 하지만 **단지 컬렉션을 반환한다는 이유로 덩치 큰 시퀀스를 메모리에 올려서는 안 된다.**

반환할 시퀀스가 크지만 표현을 간결하게 할 수 있다면 전용 컬렉션을 구현하는 방안을 검토해보자. 예컨대 주어진 집합의 멱집합(한 집합의 모든 부분집합을 원소로 하는 집합)을 반환하는 상황이다. {a, b, c}의 멱집합은 {{}, {a}, {b}, {c}, {a, b}, {a, c}, {b, c}, {a, b, c}}다. 원소 개수가 n개면 멱집합의 원소 개수는 2^n개가 된다. 그러니 멱집합을 표준 컬렉션 구현체에 저장하려는 생각은 위험하다. 하지만 AbstractList를 이용하면 훌륭한 전용 컬렉션을 손쉽게 구현할 수 있다.

비결은 멱집합을 구성하는 각 원소의 인덱스를 비트 벡터로 사용하는 것이다. 인덱스의 n번째 비트 값은 멱집합의 해당 원소가 원래 집합의 n번째 원소를 포함하는지 여부를 알려준다. 따라서 0부터 $2^n - 1$까지의 이진수와 원소 n개인 집합의 멱집합과 자연스럽게 매핑된다.[2] 다음 코드를 보자.

코드 47-5 입력 집합의 멱집합을 전용 컬렉션에 담아 반환한다.

```java
public class PowerSet {
    public static final <E> Collection<Set<E>> of(Set<E> s) {
        List<E> src = new ArrayList<>(s);
        if (src.size() > 30)
            throw new IllegalArgumentException(
                "집합에 원소가 너무 많습니다(최대 30개).: " + s);

        return new AbstractList<Set<E>>() {
            @Override public int size() {
                // 멱집합의 크기는 2를 원래 집합의 원소 수만큼 거듭제곱 것과 같다.
                return 1 << src.size();
            }

            @Override public boolean contains(Object o) {
                return o instanceof Set && src.containsAll((Set)o);
            }

            @Override public Set<E> get(int index) {
                Set<E> result = new HashSet<>();
                for (int i = 0; index != 0; i++, index >>= 1)
                    if ((index & 1) == 1)
                        result.add(src.get(i));
                return result;
            }
        };
    }
}
```

 입력 집합의 원소 수가 30을 넘으면 PowerSet.of가 예외를 던진다. 이는 Stream이나 Iterable이 아닌 Collection을 반환 타입으로 쓸 때의 단점을 잘 보여준다. 다시 말해, Collection의 size 메서드가 int 값을 반환하므로 PowerSet.of가 반환되는 시퀀스의 최대 길이는 Integer.MAX_VALUE 혹은 $2^{31} - 1$로 제한된다. Collection 명세에 따르면 컬렉션이 더 크거나 심지어 무한대일 때 size가 $2^{31} - 1$을 반환해도 되지만 완전히 만족스러운 해법은 아니다.

---

2 (옮긴이) 예를 들어 {a, b, c}의 멱집합은 원소가 8개이므로 유효한 인덱스는 0~7이며, 이진수로는 000~111이다. 이때 인덱스를 이진수로 나타내면, 각 n번째 자리의 값이 각각 원소 a, b, c를 포함하는지 여부를 알려준다. 즉, 멱집합의 000번째 원소는 {}, 001번째는 {a}, 101번째는 {c, a}, 111번째 원소는 {c, b, a}가 되는 식이다.

AbstractCollection을 활용해서 Collection 구현체를 작성할 때는 Iterable용 메서드 외에 2개만 더 구현하면 된다. 바로 contains와 size다. 이 메서드들은 손쉽게 효율적으로 구현할 수 있다. (반복이 시작되기 전에는 시퀀스의 내용을 확정할 수 없는 등의 사유로) contains와 size를 구현하는 게 불가능할 때는 컬렉션보다는 스트림이나 Iterable을 반환하는 편이 낫다. 원한다면 별도의 메서드를 두어 두 방식을 모두 제공해도 된다.

때로는 단순히 구현하기 쉬운 쪽을 선택하기도 한다. 예컨대 입력 리스트의 (연속적인) 부분리스트를 모두 반환하는 메서드를 작성한다고 해보자. 필요한 부분리스트를 만들어 표준 컬렉션에 담는 코드는 단 3줄이면 충분하다. 하지만 이 컬렉션은 입력 리스트 크기의 거듭제곱만큼 메모리를 차지한다. 기하급수적으로 늘어나는 멱집합보다는 낫지만, 역시나 좋은 방식이 아님은 명백하다. 멱집합 때처럼 전용 컬렉션을 구현하기란 지루한 일이다. 특히 자바는 이럴 때 쓸만한 골격 Iterator를 제공하지 않으니 지루함이 더 심해진다.

하지만 입력 리스트의 모든 부분리스트를 스트림으로 구현하기는 어렵지 않다. 약간의 통찰만 있으면 된다. 첫 번째 원소를 포함하는 부분리스트를 그 리스트의 프리픽스(prefix)라 해보자. 예를 들어 (a, b, c)의 프리픽스는 (a), (a, b), (a, b, c)가 된다. 같은 식으로 마지막 원소를 포함하는 부분리스트를 그 리스트의 서픽스(suffix)라 하자. 따라서 (a, b, c)의 서픽스는 (a, b, c), (b, c), (c)가 된다. 자! 어떤 리스트의 부분리스트는 단순히 그 리스트의 프리픽스의 서픽스(혹은 서픽스의 프리픽스)에 빈 리스트 하나만 추가하면 된다. 이 과정은 직관적으로 구현할 수 있다.

코드 47-6 입력 리스트의 모든 부분리스트를 스트림으로 반환한다.

```java
public class SubLists {
    public static <E> Stream<List<E>> of(List<E> list) {
        return Stream.concat(Stream.of(Collections.emptyList()),
            prefixes(list).flatMap(SubLists::suffixes));
    }

    private static <E> Stream<List<E>> prefixes(List<E> list) {
        return IntStream.rangeClosed(1, list.size())
            .mapToObj(end -> list.subList(0, end));
    }
```

```
    private static <E> Stream<List<E>> suffixes(List<E> list) {
        return IntStream.range(0, list.size())
            .mapToObj(start -> list.subList(start, list.size())));
    }
}
```

Stream.concat 메서드는 반환되는 스트림에 빈 리스트를 추가하며, flatMap 메서드(아이템 45)는 모든 프리픽스의 모든 서픽스로 구성된 하나의 스트림을 만든다. 마지막으로 프리픽스들과 서픽스들의 스트림은 IntStream.range 와 IntStream.rangeClosed가 반환하는 연속된 정숫값들을 매핑해 만들었다. 쉽게 말해 이 관용구는 정수 인덱스를 사용한 표준 for 반복문의 스트림 버전이라 할 수 있다. 따라서 이 구현은 for 반복문을 중첩해 만든 것과 취지가 비슷하다.

```
for (int start = 0; start < src.size(); start++)
    for (int end = start + 1; end <= src.size(); end++)
        System.out.println(src.subList(start, end));
```

이 반복문은 그대로 스트림으로 변환할 수 있다. 그렇게 하면 앞서의 구현보다 긴걸헤지지만, 아마도 읽기에는 더 안 좋을 것이다. 이 방식의 취지는 아이템 45에서 본 데카르트 곱용 코드와 비슷하다.

코드 47-7 입력 리스트의 모든 부분리스트를 스트림으로 반환한다.

```
public static <E> Stream<List<E>> of(List<E> list) {
    return IntStream.range(0, list.size())
        .mapToObj(start ->
            IntStream.rangeClosed(start + 1, list.size())
                .mapToObj(end -> list.subList(start, end)))
        .flatMap(x -> x);
}
```

바로 앞의 for 반복문처럼 이 코드도 빈 리스트는 반환하지 않는다. 이 부분을 고치려면 앞에서처럼 concat를 사용하거나 rangeClosed 호출 코드의 1을 (int) Math.signum(start)로 고쳐주면 된다.

이상으로 스트림을 반환하는 두 가지 구현을 알아봤는데, 모두 쓸만은 하다. 하지만 반복을 사용하는 게 더 자연스러운 상황에서도 사용자는 그냥 스트림을 쓰거나 Stream을 Iterable로 변환해주는 어댑터를 이용해야 한다. 하지만

이러한 어댑터는 클라이언트 코드를 어수선하게 만들고 (내 컴퓨터에서는) 2.3
배가 더 느리다. (책에 싣지 않은) 직접 구현한 전용 Collection을 사용하니 코
드는 훨씬 지저분해졌지만, 스트림을 활용한 구현보다 (내 컴퓨터에서) 1.4배
빨랐다.

핵심 정리

원소 시퀀스를 반환하는 메서드를 작성할 때는, 이를 스트림으로 처리하기를 원하는 사
용자와 반복으로 처리하길 원하는 사용자가 모두 있을 수 있음을 떠올리고, 양쪽을 다
만족시키려 노력하자. 컬렉션을 반환할 수 있다면 그렇게 하라. 반환 전부터 이미 원소
들을 컬렉션에 담아 관리하고 있거나 컬렉션을 하나 더 만들어도 될 정도로 원소 개수
가 적다면 ArrayList 같은 표준 컬렉션에 담아 반환하라. 그렇지 않으면 앞서의 멱집
합 예처럼 전용 컬렉션을 구현할지 고민하라. 컬렉션을 반환하는 게 불가능하면 스트
림과 Iterable 중 더 자연스러운 것을 반환하라. 만약 나중에 Stream 인터페이스가
Iterable을 지원하도록 자바가 수정된다면, 그때는 안심하고 스트림을 반환하면 될 것
이다(스트림 처리와 반복 모두에 사용할 수 있으니).

스트림 병렬화는 주의해서 적용하라

주류 언어 중, 동시성 프로그래밍 측면에서 자바는 항상 앞서갔다. 처음 릴리스된 1996년부터 스레드, 동기화, wait/notify를 지원했다. 자바 5부터는 동시성 컬렉션인 java.util.concurrent 라이브러리와 실행자(Executor) 프레임워크를 지원했다. 자바 7부터는 고성능 병렬 분해(parallel decom-position) 프레임워크인 포크-조인(fork-join) 패키지를 추가했다. 그리고 자바 8부터는 parallel 메서드만 한 번 호출하면 파이프라인을 병렬 실행할 수 있는 스트림을 지원했다. 이처럼 자바로 동시성 프로그램을 작성하기가 점점 쉬워지고는 있지만, 이를 올바르고 빠르게 작성하는 일은 여전히 어려운 작업이다. 동시성 프로그래밍을 할 때는 안전성(safety)과 응답 가능(liveness) 상태를 유지하기 위해 애써야 하는데, 병렬 스트림 파이프라인 프로그래밍에서도 다를 바 없다.

아이템 45에서 다루었던 메르센 소수를 생성하는 프로그램을 다시 살펴보자.

코드 48-1 스트림을 사용해 처음 20개의 메르센 소수를 생성하는 프로그램

```
public static void main(String[] args) {
    primes().map(p -> TWO.pow(p.intValueExact()).subtract(ONE))
        .filter(mersenne -> mersenne.isProbablePrime(50))
        .limit(20)
        .forEach(System.out::println);
}

static Stream<BigInteger> primes() {
    return Stream.iterate(TWO, BigInteger::nextProbablePrime);
}
```

이 프로그램을 내 컴퓨터에서 실행하면 즉각 소수를 찍기 시작해서 12.5초 만에 완료된다. 속도를 높이고 싶어 스트림 파이프라인의 parallel()을 호출하겠다는 순진한 생각을 했다고 치자. 이렇게 하면 성능은 어떻게 변할까? 몇 퍼센트나 빨라질까, 혹은 느려질까? 안타깝게도 이 프로그램은 아무것도 출력하지 못하면서 CPU는 90%나 잡아먹는 상태가 무한히 계속된다(응답 불가; liveness failure). 종국에는 완료될지도 모르겠으나, 1시간 반이 지나 강제 종료할 때까지 아무 결과도 출력하지 않았다.

무슨 일이 벌어진 걸까? 프로그램이 이렇게 느려진 원인은 사실 어이없게도, 스트림 라이브러리가 이 파이프라인을 병렬화하는 방법을 찾아내지 못했기 때문이다. 환경이 아무리 좋더라도 **데이터 소스가 `Stream.iterate`거나 중간 연산으로 `limit`를 쓰면 파이프라인 병렬화로는 성능 개선을 기대할 수 없다.** 그런데 코드 48-1은 두 문제를 모두 지니고 있다. 그뿐만이 아니다. 파이프라인 병렬화는 `limit`를 다룰 때 CPU 코어가 남는다면 원소를 몇 개 더 처리한 후 제한된 개수 이후의 결과를 버려도 아무런 해가 없다고 가정한다. 그런데 이 코드의 경우 새롭게 메르센 소수를 찾을 때마다 그 전 소수를 찾을 때보다 두 배정도 더 오래 걸린다. 무슨 말인고 하니, 원소 하나를 계산하는 비용이 대략 그 이전까지의 원소 전부를 계산한 비용을 합친 것만큼 든다는 뜻이다. 그래서 이 순진무결해 보이는 파이프라인은 자동 병렬화 알고리즘이 제 기능을 못하게 마비시킨다.[3] 이 이야기의 교훈은 간단하다. 스트림 파이프라인을 마구잡이로 병렬화하면 안 된다. 성능이 오히려 끔찍하게 나빠질 수도 있다.

대체로 **스트림의 소스가 `ArrayList`, `HashMap`, `HashSet`, `ConcurrentHashMap`의 인스턴스거나 배열, `int` 범위, `long` 범위일 때 병렬화의 효과가 가장 좋다.** 이 자료구조들은 모두 데이터를 원하는 크기로 정확하고 손쉽게 나눌 수 있어서 일을 다수의 스레드에 분배하기에 좋다는 특징이 있다. 나누는 작업은 `Spliterator`가 담당하며, `Spliterator` 객체는 `Stream`이나 `Iterable`의 `spliterator` 메서드로 얻어올 수 있다.

이 자료구조들의 또 다른 중요한 공통점은 원소들을 순차적으로 실행할 때의 참조 지역성(locality of reference)이 뛰어나다는 것이다. 이웃한 원소의 참

---

3 (옮긴이) 단순하게 생각해서, 파이프라인 병렬화가 작업을 CPU 코어 수만큼 병렬로 수행한다고 해보자. 이제 코드 48-1을 쿼드 코어 시스템에서 수행하면 19번째 계산까지 마치고 마지막 20번째 계산이 수행하는 시점에는 CPU 코어 3개가 한가할 것이다. 따라서 21, 22, 23번째 메르센 소수를 찾는 작업이 병렬로 시작되는데, 20번째 계산이 끝나더라도 이 계산들은 끝나지 않는다. 각각 20번째 계산보다 2배, 4배, 8배의 시간이 더 필요하기 때문이다.

조들이 메모리에 연속해서 저장되어 있다는 뜻이다. 하지만 참조들이 가리키는 실제 객체가 메모리에서 서로 떨어져 있을 수 있는데, 그러면 참조 지역성이 나빠진다. 참조 지역성이 낮으면 스레드는 데이터가 주 메모리에서 캐시 메모리로 전송되어 오기를 기다리며 대부분 시간을 멍하니 보내게 된다. 따라서 참조 지역성은 다량의 데이터를 처리하는 벌크 연산을 병렬화할 때 아주 중요한 요소로 작용한다. 참조 지역성이 가장 뛰어난 자료구조는 기본 타입의 배열이다. 기본 타입 배열에서는 (참조가 아닌) 데이터 자체가 메모리에 연속해서 저장되기 때문이다.

스트림 파이프라인의 종단 연산의 동작 방식 역시 병렬 수행 효율에 영향을 준다. 종단 연산에서 수행하는 작업량이 파이프라인 전체 작업에서 상당 비중을 차지하면서 순차적인 연산이라면 파이프라인 병렬 수행의 효과는 제한될 수밖에 없다. 종단 연산 중 병렬화에 가장 적합한 것은 축소(reduction)다. 축소는 파이프라인에서 만들어진 모든 원소를 하나로 합치는 작업으로, Stream의 reduce 메서드 중 하나, 혹은 min, max, count, sum 같이 완성된 형태로 제공되는 메서드 중 하나를 선택해 수행한다. anyMatch, allMatch, noneMatch처럼 조건에 맞으면 바로 반환되는 메서드도 병렬화에 적합하다. 반면, 가변 축소(mutable reduction)를 수행하는 Stream의 collect 메서드는 병렬화에 적합하지 않다. 컬렉션들을 합치는 부담이 크기 때문이다.

직접 구현한 Stream, Iterable, Collection이 병렬화의 이점을 제대로 누리게 하고 싶다면 spliterator 메서드를 반드시 재정의하고 결과 스트림의 병렬화 성능을 강도 높게 테스트하라. 고효율 spliterator를 작성하기란 상당한 난이도의 일이고, 아쉽지만 이 책에서는 다루지 않는다.

스트림을 잘못 병렬화하면 (응답 불가를 포함해) 성능이 나빠질 뿐만 아니라 결과 자체가 잘못되거나 예상 못한 동작이 발생할 수 있다. 결과가 잘못되거나 오동작하는 것은 안전 실패(safety failure)라 한다. 안전 실패는 병렬화한 파이프라인이 사용하는 mappers, filters, 혹은 프로그래머가 제공한 다른 함수 객체가 명세대로 동작하지 않을 때 벌어질 수 있다. Stream 명세는 이때 사용되는 함수 객체에 관한 엄중한 규약을 정의해놨다. 예컨대 Stream의 reduce 연산에 건네지는 accumulator(누적기)와 combiner(결합기) 함수는 반드시 결합법칙을 만족하고(associative)[4], 간섭받지 않고(non-interfering)[5], 상태를 갖지 않아야 (stateless) 한다. 이상의 요구사항(일부는 아이템 46에서 다뤘다)을 지키지 못하는 상태라도 파이프라인을 순차적으로만 수행한다면야 올바른 결과를 얻을 수도 있다. 하지만 병렬로 수행하면 참혹한 실패로 이어지기 십상이다.

따라서 앞서의 병렬화한 메르센 소수 프로그램은 설혹 완료되더라도 출력된 소수의 순서가 올바르지 않을 수 있다. 출력 순서를 순차 버전처럼 정렬하고 싶다면 종단 연산 forEach를 forEachOrdered로 바꿔주면 된다. 이 연산은 병렬 스트림들을 순회하며 소수를 발견한 순서대로 출력되도록 보장해줄 것이다.

심지어 데이터 소스 스트림이 효율적으로 나눠지고, 병렬화하거나 빨리 끝나는 종단 연산을 사용하고, 함수 객체들도 간섭하지 않더라도, 파이프라인이 수행하는 진짜 작업이 병렬화에 드는 추가 비용을 상쇄하지 못한다면 성능 향상은 미미할 수 있다. 실제로 성능이 향상될지를 추정해보는 간단한 방법이 있다. 스트림 안의 원소 수와 원소당 수행되는 코드 줄 수를 곱해보자. 이 값이 최소 수십만은 되어야 성능 향상을 맛볼 수 있다.[Lea14]

스트림 병렬화는 오직 성능 최적화 수단임을 기억해야 한다. 다른 최적화와 마찬가지로 변경 전후로 반드시 성능을 테스트하여 병렬화를 사용할 가치가 있는지 확인해야 한다(아이템 67). 이상적으로는 운영 시스템과 흡사한 환경에서 테스트하는 것이 좋다. 보통은 병렬 스트림 파이프라인도 공통의 포크-조인 풀에서 수행되므로(즉, 같은 스레드 풀을 사용하므로), 잘못된 파이프라인 하나가 시스템의 다른 부분의 성능에까지 악영향을 줄 수 있음을 유념하자.

앞으로 여러분이 스트림 파이프라인을 병렬화할 일이 적어질 것처럼 느껴졌다면, 그건 진짜 그렇기 때문이다. 스트림을 많이 사용하는 수백만 줄짜리 코드를 여러 개 관리하는 프로그래머는 그중 스트림 병렬화가 효과를 보는 경우가 많지 않음을 알게 된다. 그렇다고 스트림을 병렬화하지 말라는 뜻은 아니다. **조건이 잘 갖춰지면 parallel 메서드 호출 하나로 거의 프로세서 코어 수에 비례하는 성능 향상을 만끽할 수 있다.** 머신러닝과 데이터 처리 같은 특정

---

4 (옮긴이) 연산자 혹은 함수 op가 다음 관계를 성립할 때 결합법칙을 만족한다고 한다.
(a op b) op c == a op (b op c)
5 (옮긴이) 파이프라인이 수행되는 동안 데이터 소스가 변경되지 않아야 한다.

분야에서는 이 성능 개선의 유혹을 뿌리치기 어려울 것이다.

스트림 파이프라인 병렬화가 효과를 제대로 발휘하는 간단한 예를 보자. 다음은 π(n), 즉 n보다 작거나 같은 소수의 개수를 계산하는 함수다.

코드 48-2 소수 계산 스트림 파이프라인 - 병렬화에 적합하다.

```java
static long pi(long n) {
    return LongStream.rangeClosed(2, n)
        .mapToObj(BigInteger::valueOf)
        .filter(i -> i.isProbablePrime(50))
        .count();
}
```

코드 48-2로 π(10^8)을 계산하는 데 내 컴퓨터에서는 31초가 걸렸다. 코드 48-3은 여기에 parallel() 호출을 하나 추가한 것인데, 시간이 9.2초로 단축됐다.

코드 48-3 소수 계산 스트림 파이프라인 - 병렬화 버전

```java
static long pi(long n) {
    return LongStream.rangeClosed(2, n)
        .parallel()
        .mapToObj(BigInteger::valueOf)
        .filter(i -> i.isProbablePrime(50))
        .count();
}
```

즉, 쿼드코어를 장착한 내 컴퓨터에서 이 연산은 병렬화 덕분에 3.37배나 빨라졌다. 하지만 n이 크다면 π(n)을 이 방식으로 계산하는 건 좋지 않다. 레머의 공식(Lehmer's Formula)이라는 훨씬 효율적인 알고리즘이 있기 때문이다.

무작위 수들로 이뤄진 스트림을 병렬화하려거든 ThreadLocalRandom(혹은 구식인 Random)보다는 SplittableRandom 인스턴스를 이용하자. Splittable Random은 정확히 이럴 때 쓰고자 설계된 것이라 병렬화하면 성능이 선형으로 증가한다. 한편 ThreadLocalRandom은 단일 스레드에서 쓰고자 만들어졌다. 병렬 스트림용 데이터 소스로도 사용할 수는 있지만 SplittableRandom만큼 빠르지는 않을 것이다. 마지막으로 그냥 Random은 모든 연산을 동기화하기 때문에 병렬 처리하면 최악의 성능을 보일 것이다.

핵심 정리

계산도 올바로 수행하고 성능도 빨라질 거라는 확신 없이는 스트림 파이프라인 병렬화는 시도조차 하지 말라. 스트림을 잘못 병렬화하면 프로그램을 오동작하게 하거나 성능을 급격히 떨어뜨린다. 병렬화하는 편이 낫다고 믿더라도, 수정 후의 코드가 여전히 정확한지 확인하고 운영 환경과 유사한 조건에서 수행해보며 성능지표를 유심히 관찰하라. 그래서 계산도 정확하고 성능도 좋아졌음이 확실해졌을 때, 오직 그럴 때만 병렬화 버전 코드를 운영 코드에 반영하라.

8장

메서드

이번 장에서는 메서드를 설계할 때 주의할 점들을 살펴본다. 구체적으로는 매개변수와 반환값을 어떻게 처리해야 하는지, 메서드 시그니처는 어떻게 설계해야 하는지, 문서화는 어떻게 해야 하는지를 다룬다. 이번 장의 내용 중 상당 부분은 메서드뿐 아니라 생성자에도 적용된다. 그리고 '4장 클래스와 인터페이스'와 마찬가지로 이번 장도 사용성, 견고성, 유연성에 집중할 것이다.

매개변수가 유효한지 검사하라

메서드와 생성자 대부분은 입력 매개변수의 값이 특정 조건을 만족하기를 바란다. 예컨대 인덱스 값은 음수이면 안 되며, 객체 참조는 null이 아니어야 하는 식이다. 이런 제약은 반드시 문서화해야 하며 메서드 몸체가 시작되기 전에 검사해야 한다. 이는 "오류는 가능한 한 빨리 (발생한 곳에서) 잡아야 한다"는 일반 원칙의 한 사례이기도 하다. 오류를 발생한 즉시 잡지 못하면 해당 오류를 감지하기 어려워지고, 감지하더라도 오류의 발생 지점을 찾기 어려워진다.

메서드 몸체가 실행되기 전에 매개변수를 확인한다면 잘못된 값이 넘어왔을 때 즉각적이고 깔끔한 방식으로 예외를 던질 수 있다. 매개변수 검사를 제대로 하지 못하면 몇 가지 문제가 생길 수 있다. 첫 번째, 메서드가 수행되는 중간에 모호한 예외를 던지며 실패할 수 있다. 더 나쁜 상황은 메서드가 잘 수행되지만 잘못된 결과를 반환할 때다. 한층 더 나쁜 상황은 메서드는 문제없이 수행됐지만, 어떤 객체를 이상한 상태로 만들어놓아서 미래의 알 수 없는 시점에 이 메서드와는 관련 없는 오류를 낼 때다. 다시 말해 매개변수 검사에 실패하면 실패 원자성(failure atomicity, 아이템 76)을 어기는 결과를 낳을 수 있다.

public과 protected 메서드는 매개변수 값이 잘못됐을 때 던지는 예외를 문서화해야 한다(@throws 자바독 태그를 사용하면 된다. 아이템 74). 보통은 `IllegalArgumentException`, `IndexOutOfBoundsException`, `NullPointer Exception` 중 하나가 될 것이다(아이템 72). 매개변수의 제약을 문서화한다면 그 제약을 어겼을 때 발생하는 예외도 함께 기술해야 한다. 이런 간단한 방법으로 API 사용자가 제약을 지킬 가능성을 크게 높일 수 있다. 다음은 전형적인 예다.

```
/**
 * (현재 값 mod m) 값을 반환한다. 이 메서드는
```

```
 * 항상 음이 아닌 BigInteger를 반환한다는 점에서 remainder 메서드와 다르다.
 *
 * @param m 계수(양수여야 한다.)
 * @return 현재 값 mod m
 * @throws ArithmeticException m이 0보다 작거나 같으면 발생한다.
 */
public BigInteger mod(BigInteger m) {
    if (m.signum() <= 0)
        throw new ArithmeticException("계수(m)는 양수여야 합니다. " + m);
    ... // 계산 수행
}
```

이 메서드는 m이 null이면 m.signum() 호출 때 NullPointerException을 던진다. 그런데 "m이 null일 때 NullPointerException을 던진다"라는 말은 메서드 설명 어디에도 없다. 그 이유는 이 설명을 (개별 메서드가 아닌) BigInteger 클래스 수준에서 기술했기 때문이다. 클래스 수준 주석은 그 클래스의 모든 public 메서드에 적용되므로 각 메서드에 일일이 기술하는 것보다 훨씬 깔끔한 방법이다. @Nullable이나 이와 비슷한 애너테이션을 사용해 특정 매개변수는 null이 될 수 있다고 알려줄 수도 있지만, 표준적인 방법은 아니다. 그리고 같은 목적으로 사용할 수 있는 애너테이션도 여러 가지다.

자바 7에 추가된 java.util.Objects.requireNonNull 메서드는 유연하고 사용하기도 편하니, 더 이상 null 검사를 수동으로 하지 않아도 된다. 원하는 예외 메시지도 지정할 수 있다. 또한 입력을 그대로 반환하므로 값을 사용하는 동시에 null 검사를 수행할 수 있다.

코드 49-1 자바의 null 검사 기능 사용하기
```
this.strategy = Objects.requireNonNull(strategy, "전략");
```

반환값은 그냥 무시하고 필요한 곳 어디서든 순수한 null 검사 목적으로 사용해도 된다.

자바 9에서는 Objects에 범위 검사 기능도 더해졌다. checkFromIndexSize, checkFromToIndex, checkIndex라는 메서드들인데, null 검사 메서드만큼 유연하지는 않다. 예외 메시지를 지정할 수 없고, 리스트와 배열 전용으로 설계됐다. 또한 닫힌 범위(closed range; 양 끝단 값을 포함하는)는 다루지 못한다. 그래도 이런 제약이 걸림돌이 되지 않는 상황에서는 아주 유용하고 편하다.

공개되지 않은 메서드라면 패키지 제작자인 여러분이 메서드가 호출되는 상황을 통제할 수 있다. 따라서 오직 유효한 값만이 메서드에 넘겨지리라는 것을 여러분이 보증할 수 있고, 그렇게 해야 한다. 다시 말해 public이 아닌 메서드라면 단언문(assert)을 사용해 매개변수 유효성을 검증할 수 있다. 예를 살펴보자.

코드 49-2 재귀 정렬용 private 도우미 함수

```
private static void sort(long a[], int offset, int length) {
    assert a != null;
    assert offset >= 0 && offset <= a.length;
    assert length >= 0 && length <= a.length - offset;
    ... // 계산 수행
}
```

여기서의 핵심은 이 단언문들은 자신이 단언한 조건이 무조건 참이라고 선언한다는 것이다. 이 메서드가 포함된 패키지를 클라이언트가 어떤 식으로 지지고복든 상관없다. 단언문은 몇 가지 면에서 일반적인 유효성 검사와 다르다. 첫 번째, 실패하면 AssertionError를 던진다. 두 번째, 런타임에 아무런 효과도, 아무런 성능 저하도 없다(단, java를 실행할 때 명령줄에서 -ea 혹은 --enableassertions 플래그 설정하면 런타임에 영향을 준다). 자세한 정보는 별도 튜토리얼을 참조하기 바란다.[Asserts]

메서드가 직접 사용하지는 않으나 나중에 쓰기 위해 저장하는 매개변수는 특히 더 신경 써서 검사해야 한다. 코드 20-1의 정적 팩터리 메서드를 생각해보라. 입력받은 int 배열의 List 뷰(view)를 반환하는 메서드였다. 이 메서드는 Objects.requireNonNull을 이용해 null 검사를 수행하므로 클라이언트가 null을 건네면 NullPointerException을 던진다. 만약 이 검사를 생략했다면 새로 생성한 List 인스턴스를 반환하는데, 클라이언트가 돌려받은 List를 사용하려 할 때 비로소 NullPointerException이 발생한다. 이때가 되면 이 List를 어디서 가져왔는지 추적하기 어려워 디버깅이 상당히 괴로워질 수 있다.

생성자는 "나중에 쓰려고 저장하는 매개변수의 유효성을 검사하라"는 원칙의 특수한 사례다. 생성자 매개변수의 유효성 검사는 클래스 불변식을 어기는 객체가 만들어지지 않게 하는 데 꼭 필요하다.

메서드 몸체 실행 전에 매개변수 유효성을 검사해야 한다는 규칙에도 예외는 있다. 유효성 검사 비용이 지나치게 높거나 실용적이지 않을 때, 혹은 계산 과정에서 암묵적으로 검사가 수행될 때다. 예를 들어 Collections.sort(List) 처럼 객체 리스트를 정렬하는 메서드를 생각해보자. 리스트 안의 객체들은 모두 상호 비교될 수 있어야 하며, 정렬 과정에서 이 비교가 이뤄진다. 만약 상호 비교될 수 없는 타입의 객체가 들어 있다면 그 객체와 비교할 때 ClassCast Exception을 던질 것이다. 따라서 비교하기 앞서 리스트 안의 모든 객체가 상호 비교될 수 있는지 검사해봐야 별다른 실익이 없다. 하지만 암묵적 유효성 검사에 너무 의존했다가는 실패 원자성(아이템 76)을 해칠 수 있으니 주의하자.

때로는 계산 과정에서 필요한 유효성 검사가 이뤄지지만 실패했을 때 잘못된 예외를 던지기도 한다. 달리 말하면, 계산 중 잘못된 매개변수 값을 사용해 발생한 예외와 API 문서에서 던지기로 한 예외가 다를 수 있다는 뜻이다. 이런 경우에는 아이템 73에서 설명하는 예외 번역(exception translate) 관용구를 사용하여 API 문서에 기재된 예외로 번역해줘야 한다.

이번 아이템을 "매개변수에 제약을 두는 게 좋다"고 해석해서는 안 된다. 사실은 그 반대다. 메서드는 최대한 범용적으로 설계해야 한다. 메서드가 건네받은 값으로 무언가 제대로 된 일을 할 수 있다면 매개변수 제약은 적을수록 좋다. 하지만 구현하려는 개념 자체가 특정한 제약을 내재한 경우도 드물지 않다.

> **핵심 정리**
>
> 메서드나 생성자를 작성할 때면 그 매개변수들에 어떤 제약이 있을지 생각해야 한다. 그 제약들을 문서화하고 메서드 코드 시작 부분에서 명시적으로 검사해야 한다. 이런 습관을 반드시 기르도록 하자. 그 노력은 유효성 검사가 실제 오류를 처음 걸러낼 때 충분히 보상받을 것이다.

아이템 50

적시에 방어적 복사본을 만들라

자바는 안전한 언어다. 이것이 자바를 쓰는 즐거움 중 하나다. 네이티브 메서드를 사용하지 않으니 C, C++ 같이 안전하지 않은 언어에서 흔히 보는 버퍼 오버런, 배열 오버런, 와일드 포인터 같은 메모리 충돌 오류에서 안전하다. 자바로 작성한 클래스는 시스템의 다른 부분에서 무슨 짓을 하든 그 불변식이 지켜진다. 메모리 전체를 하나의 거대한 배열로 다루는 언어에서는 누릴 수 없는 강점이다.

하지만 아무리 자바라 해도 다른 클래스로부터의 침범을 아무런 노력 없이 다 막을 수 있는 건 아니다. 그러니 **클라이언트가 여러분의 불변식을 깨뜨리려 혈안이 되어 있다고 가정하고 방어적으로 프로그래밍해야 한다.** 실제로도 악의적인 의도를 가진 사람들이 시스템의 보안을 뚫으려는 시도가 늘고 있다. 평범한 프로그래머도 순전히 실수로 여러분의 클래스를 오작동하게 만들 수 있다. 물론 후자의 상황이 더 흔하다. 어떤 경우든 적절치 않은 클라이언트로부터 클래스를 보호하는 데 충분한 시간을 투자하는 게 좋다.

어떤 객체든 그 객체의 허락 없이는 외부에서 내부를 수정하는 일은 불가능하다. 하지만 주의를 기울이지 않으면 자기도 모르게 내부를 수정하도록 허락하는 경우가 생긴다. 흔히 발생하는 문제다. 예컨대 기간(period)을 표현하는 다음 클래스는 한번 값이 정해지면 변하지 않도록 할 생각이었다.

코드 50-1 기간을 표현하는 클래스 - 불변식을 지키지 못했다.

```java
public final class Period {
    private final Date start;
    private final Date end;

    /**
     * @param start 시작 시각
     * @param end 종료 시각; 시작 시각보다 뒤여야 한다.
     * @throws IllegalArgumentException 시작 시각이 종료 시각보다 늦을 때 발생한다.
```

```
 * @throws NullPointerException start나 end가 null이면 발생한다.
 */
public Period(Date start, Date end) {
    if (start.compareTo(end) > 0)
        throw new IllegalArgumentException(
            start + "가 " + end + "보다 늦다.");
    this.start = start;
    this.end = end;
}

public Date start() {
    return start;
}

public Date end() {
    return end;
}

... // 나머지 코드 생략
}
```

얼핏 이 클래스는 불변처럼 보이고, 시작 시각이 종료 시각보다 늦을 수 없다
는 불변식이 무리 없이 지켜질 것 같다. 하지만 Date가 가변이라는 사실을 이
용하면 어렵지 않게 그 불변식을 깨뜨릴 수 있다.

코드 50-2 Period 인스턴스의 내부를 공격해보자.

```
Date start = new Date();
Date end = new Date();
Period p = new Period(start, end);
end.setYear(78); // p의 내부를 수정했다!
```

다행히 자바 8 이후로는 쉽게 해결할 수 있다. Date 대신 불변(아이템 17)인
Instant를 사용하면 된다(혹은 LocalDateTime이나 ZonedDateTime을 사용해도
된다). **Date는 낡은 API이니 새로운 코드를 작성할 때는 더 이상 사용하면 안
된다.** 하지만 앞으로 쓰지 않는다고 이 문제에서 해방되는 건 아니다. Date처
럼 가변인 낡은 값 타입을 사용하던 시절이 워낙 길었던 탓에 여전히 많은 API
와 내부 구현에 그 잔재가 남아 있다. 이번 아이템은 예전에 작성된 낡은 코드
들을 대처하기 위한 것이다.

외부 공격으로부터 Period 인스턴스의 내부를 보호하려면 **생성자에서 받은
가변 매개변수 각각을 방어적으로 복사(defensive copy)해야 한다.** 그런 다음

Period 인스턴스 안에서는 원본이 아닌 복사본을 사용한다.

코드 50-3 수정한 생성자 - 매개변수의 방어적 복사본을 만든다.

```
public Period(Date start, Date end) {
    this.start = new Date(start.getTime());
    this.end = new Date(end.getTime());

    if (this.start.compareTo(this.end) > 0)
        throw new IllegalArgumentException(
            this.start + "가 " + this.end + "보다 늦다.");
}
```

새로 작성한 생성자를 사용하면 앞서의 공격은 더 이상 Period에 위협이 되지 않는다. **매개변수의 유효성을 검사(아이템 49)하기 전에 방어적 복사본을 만들고, 이 복사본으로 유효성을 검사한 점에 주목하자.** 순서가 부자연스러워 보이겠지만 반드시 이렇게 작성해야 한다. 멀티스레딩 환경이라면 원본 객체의 유효성을 검사한 후 복사본을 만드는 그 찰나의 취약한 순간에 다른 스레드가 원본 객체를 수정할 위험이 있기 때문이다. 방어적 복사를 매개변수 유효성 검사 전에 수행하면 이런 위험에서 해방될 수 있다. 컴퓨터 보안 커뮤니티에서는 이를 검사시점/사용시점(time-of-check/time-of-use) 공격 혹은 영어 표기를 줄여서 TOCTOU 공격이라 한다.[Viega01]

방어적 복사에 Date의 clone 메서드를 사용하지 않은 점에도 주목하자. Date는 final이 아니므로 clone이 Date가 정의한 게 아닐 수 있다. 즉, clone이 악의를 가진 하위 클래스의 인스턴스를 반환할 수도 있다. 예컨대 이 하위 클래스는 start와 end 필드의 참조를 private 정적 리스트에 담아뒀다가 공격자에게 이 리스트에 접근하는 길을 열어줄 수도 있다. 결국 공격자에게 Period 인스턴스 자체를 송두리째 맡기는 꼴이 된다. 이런 공격을 막기 위해서는 **매개변수가 제3자에 의해 확장될 수 있는 타입이라면 방어적 복사본을 만들 때 clone을 사용해서는 안 된다.**

생성자를 수정하면 앞서의 공격은 막아낼 수 있지만, Period 인스턴스는 아직도 변경 가능하다. 접근자 메서드가 내부의 가변 정보를 직접 드러내기 때문이다.

코드 50-4 **Period 인스턴스를 향한 두 번째 공격**

```
Date start = new Date();
Date end = new Date();
Period p = new Period(start, end);
p.end().setYear(78); // p의 내부를 변경했다!
```

두 번째 공격을 막아내려면 단순히 접근자가 **가변 필드의 방어적 복사본을 반환하면 된다.**

코드 50-5 **수정한 접근자 - 필드의 방어적 복사본을 반환한다.**

```
public Date start() {
    return new Date(start.getTime());
}

public Date end() {
    return new Date(end.getTime());
}
```

새로운 접근자까지 갖추면 Period는 완벽한 불변으로 거듭난다. 아무리 악의적인 혹은 부주의한 프로그래머라도 시작 시각이 종료 시각보다 나중일 수 없다는 불변식을 위배할 방법은 없다(네이티브 메서드나 리플렉션 같이 언어 외적인 수단을 동원하지 않고는). Period 자신 말고는 가변 필드에 접근할 방법이 없으니 확실하다. 모든 필드가 객체 안에 완벽하게 캡슐화되었다.

생성자와 달리 접근자 메서드에서는 방어적 복사에 clone을 사용해도 된다. Period가 가지고 있는 Date 객체는 java.util.Date임이 확실하기 때문이다(신뢰할 수 없는 하위 클래스가 아니다). 그렇더라도 아이템 13에서 설명한 이유 때문에 인스턴스를 복사하는 데는 일반적으로 생성자나 정적 팩터리를 쓰는 게 좋다.

매개변수를 방어적으로 복사하는 목적이 불변 객체를 만들기 위해서만은 아니다. 메서드든 생성자든 클라이언트가 제공한 객체의 참조를 내부의 자료구조에 보관해야 할 때면 항시 그 객체가 잠재적으로 변경될 수 있는지를 생각해야 한다. 변경될 수 있는 객체라면 그 객체가 클래스에 넘겨진 뒤 임의로 변경되어도 그 클래스가 문제없이 동작할지를 따져보라. 확신할 수 없다면 복사본을 만들어 저장해야 한다. 예컨대 클라이언트가 건네준 객체를 내부의 Set 인스턴스에 저장하거나 Map 인스턴스의 키로 사용한다면, 추후 그 객체가 변경될 경우 객체를 담고 있는 Set 혹은 Map의 불변식이 깨질 것이다.

내부 객체를 클라이언트에 건네주기 전에 방어적 복사본을 만드는 이유도 마찬가지다. 여러분의 클래스가 불변이든 가변이든, 가변인 내부 객체를 클라이언트에 반환할 때는 반드시 심사숙고해야 한다. 안심할 수 없다면 (원본을 노출하지 말고) 방어적 복사본을 반환해야 한다. 길이가 1 이상인 배열은 무조건 가변임을 잊지 말자. 그러니 내부에서 사용하는 배열을 클라이언트에 반환할 때는 항상 방어적 복사를 수행해야 한다. 혹은 배열의 불변 뷰를 반환하는 대안도 있다. 두 방법 모두 아이템 15에서 보여줬다.

이상의 모든 작업에서 우리는 "되도록 불변 객체들을 조합해 객체를 구성해야 방어적 복사를 할 일이 줄어든다"는 교훈을 얻을 수 있다(아이템 17). Period 예제의 경우, 자바 8 이상으로 개발해도 된다면 Instant(혹은 LocalDateTime이나 ZonedDateTime)를 사용하라. 이전 버전의 자바를 사용한다면 Date 참조 대신 Date.getTime()이 반환하는 long 정수를 사용하는 방법을 써도 된다.

방어적 복사에는 성능 저하가 따르고, 또 항상 쓸 수 있는 것도 아니다. (같은 패키지에 속하는 등의 이유로) 호출자가 컴포넌트 내부를 수정하지 않으리라 확신하면 방어적 복사를 생략할 수 있다. 이러한 상황이라도 호출자에서 해당 매개변수나 반환값을 수정하지 말아야 함을 명확히 문서화하는 게 좋다.

다른 패키지에서 사용한다고 해서 넘겨받은 가변 매개변수를 항상 방어적으로 복사해 저장해야 하는 것은 아니다. 때로는 메서드나 생성자의 매개변수로 넘기는 행위가 그 객체의 통제권을 명백히 이전함을 뜻하기도 한다. 이처럼 통제권을 이전하는 메서드를 호출하는 클라이언트는 해당 객체를 더 이상 직접 수정하는 일이 없다고 약속해야 한다. 클라이언트가 건네주는 가변 객체의 통제권을 넘겨받는다고 기대하는 메서드나 생성자에서도 그 사실을 확실히 문서에 기재해야 한다.

통제권을 넘겨받기로 한 메서드나 생성자를 가진 클래스들은 악의적인 클라이언트의 공격에 취약하다. 따라서 방어적 복사를 생략해도 되는 상황은 해당 클래스와 그 클라이언트가 상호 신뢰할 수 있을 때, 혹은 불변식이 깨지더라도 그 영향이 오직 호출한 클라이언트로 국한될 때로 한정해야 한다. 후자의 예로는 래퍼 클래스 패턴(아이템 18)을 들 수 있다. 래퍼 클래스의 특성상 클라이언

트는 래퍼에 넘긴 객체에 여전히 직접 접근할 수 있다. 따라서 래퍼의 불변식
을 쉽게 파괴할 수 있지만 그 영향을 오직 클라이언트 자신만 받게 된다.

> **핵심 정리**
>
> 클래스가 클라이언트로부터 받는 혹은 클라이언트로 반환하는 구성요소가 가변이라면
> 그 요소는 반드시 방어적으로 복사해야 한다. 복사 비용이 너무 크거나 클라이언트가 그
> 요소를 잘못 수정할 일이 없음을 신뢰한다면 방어적 복사를 수행하는 대신 해당 구성요
> 소를 수정했을 때의 책임이 클라이언트에 있음을 문서에 명시하도록 하자.

아이템 51

메서드 시그니처를 신중히 설계하라

이번 아이템에는 개별 아이템으로 두기 애매한 API 설계 요령들을 모아 놓았다. 이 요령들을 잘 활용하면 배우기 쉽고, 쓰기 쉬우며, 오류 가능성이 적은 API를 만들 수 있을 것이다.

메서드 이름을 신중히 짓자. 항상 표준 명명 규칙(아이템 68)을 따라야 한다. 이해할 수 있고, 같은 패키지에 속한 다른 이름들과 일관되게 짓는 게 최우선 목표다. 그다음 목표는 개발자 커뮤니티에서 널리 받아들여지는 이름을 사용하는 것이다. 긴 이름은 피하자. 애매하면 자바 라이브러리의 API 가이드를 참조하라. 자바 라이브러리가 워낙 방대하다 보니 일관되지 않은 이름도 제법 많지만 대부분은 납득할 만한 수준이다.

편의 메서드를 너무 많이 만들지 말자. 모든 메서드는 각각 자신의 소임을 다해야 한다. 메서드가 너무 많은 클래스는 익히고, 사용하고, 문서화하고, 테스트하고, 유지보수하기 어렵다. 인터페이스도 마찬가지다. 메서드가 너무 많으면 이를 구현하는 사람과 사용하는 사람 모두를 고통스럽게 한다. 클래스나 인터페이스는 자신의 각 기능을 완벽히 수행하는 메서드로 제공해야 한다. 아주 자주 쓰일 경우에만 별도의 약칭 메서드를 두기 바란다. **확신이 서지 않으면 만들지 말자.**

매개변수 목록은 짧게 유지하자. 4개 이하가 좋다. 일단 4개가 넘어가면 매개변수를 전부 기억하기가 쉽지 않다. 여러분이 만든 API에 이 제한을 넘는 메서드가 많다면 프로그래머들은 API 문서를 옆에 끼고 개발해야 할 것이다. IDE를 사용하면 수고를 많이 덜 수 있지만, 여전히 매개변수 수는 적은 쪽이 훨씬 낫다. **같은 타입의 매개변수 여러 개가 연달아 나오는 경우가 특히 해롭다.** 사용자가 매개변수 순서를 기억하기 어려울뿐더러, 실수로 순서를 바꿔 입력해도 그대로 컴파일되고 실행된다. 단지 의도와 다르게 동작할 뿐이다.

과하게 긴 매개변수 목록을 짧게 줄여주는 기술 세 가지를 소개하겠다. 첫 번째, 여러 메서드로 쪼갠다. 쪼개진 메서드 각각은 원래 매개변수 목록의 부분집합을 받는다. 잘못하면 메서드가 너무 많아질 수 있지만, 직교성 (orthogonality)을 높여 오히려 메서드 수를 줄여주는 효과도 있다. java.util. List 인터페이스가 좋은 예다. 리스트에서 주어진 원소의 인덱스를 찾아야 하는데, 전체 리스트가 아니라 지정된 범위의 부분리스트에서의 인덱스를 찾는다고 해보자. 이 기능을 하나의 메서드로 구현하려면 '부분리스트의 시작', '부분리스트의 끝', '찾을 원소'까지 총 3개의 매개변수가 필요하다. 그런데 List는 그 대신 부분리스트를 반환하는 subList 메서드와 주어진 원소의 인덱스를 알려주는 indexOf 메서드를 별개로 제공한다. subList가 반환한 부분리스트 역시 완벽한 List이므로 두 메서드를 조합하면 원하는 목적을 이룰 수 있다. 결과적으로 강함과 유연함이 절묘하게 균형을 이룬 API가 만들어진 것이다.

 (옮긴이) 직교(orthogonal, 直交)란 수학에서 온 용어로, 서로 직각(90°)을 이루며 교차한다는 뜻이다. 수학의 관점에서 직교하는 요소들은 서로 독립적이다. 예를 들어 직교하는 두 벡터의 내적은 0인데, 달리 말하면 두 벡터에는 서로 영향을 주는 성분이 전혀 없다는 뜻이나.

이 개념을 소프트웨어 설계 영역으로 가져와, "직교성이 높다"라고 하면 "공통점이 없는 기능들이 잘 분리되어 있다" 혹은 "기능을 원자적으로 쪼개 제공한다" 정도로 해석할 수 있다. 예를 들어 본문의 List 설명에서 '부분리스트 얻기'와 '주어진 원소의 인덱스 구하기'는 서로 관련이 없다. 따라서 두 기능을 개별 메서드로 제공해야 직교성이 높다고 할 수 있다.

그렇다면 "직교성을 높여 오히려 메서드 수를 줄여주는 효과도 있다"는 말은 무슨 뜻일까? 메서드가 쪼개졌는데 오히려 수가 줄어든다니? 한번 생각해보자. 세상 만물은 결국 100개가 조금 넘는 원소가 결합되어 만들어진다. 마찬가지로 API도 기본 기능만 잘 갖춰놓으면 아무리 복잡한 기능도 조합해낼 수 있다. 예컨대 기본 기능 3개로 조합할 수 있는 기능은 총 일곱 가지나 된다. 그래서 편의성을 높인다는 생각에 고수준의 복잡한 기능을 하나씩 추가하다 보면 부지불식간에 눈덩이처럼 커진 API가 만들어질 수도 있다.

기능을 원자적으로 쪼개다 보면, 자연스럽게 중복이 줄고 결합성이 낮아져 코드를 수정하기 수월해진다. 테스트하기 쉬워짐은 물론이다. 일반적으로 직교성이 높은 설계는 가볍고 구현하기 쉽고 유연하고 강력하다.

그렇다고 무한정 작게 나누는 게 능사는 아니다. API 사용자의 눈높이에 맞게, 즉 API

가 다루는 개념의 추상화 수준에 맞게 조절해야 한다. 또한 특정 조합의 패턴이 상당히 자주 사용되거나 최적화하여 성능을 크게 개선할 수 있다면 직교성이 낮아지더라도 편의 기능으로 제공하는 편이 나을 수도 있다. 이처럼 직교성은 절대적인 가치라기보다는, 철학과 원칙을 가지고 일관되게 적용해야 하는 설계 특성이다.

이와 같은 직교성 개념은 소프트웨어 설계 전 분야로 확대할 수 있다. 저수준에서는 CPU 명령어 설계 철학의 두 기둥인 RISC와 CISC가 좋은 예다. RISC는 직교성이 높고, CISC는 직교성이 낮다. 고수준으로 올라오면 클래스, 패키지, 모듈 설계에도 똑같이 적용된다. 더 위로 올라와 마이크로서비스(microservice) 아키텍처는 직교성이 높고, 이와 대비되는 모놀리식(monolithic) 아키텍처는 직교성이 낮다고 할 수 있다. 이들을 직교성 하나만으로 해석하긴 무리가 있지만, 대체적인 경향이 그렇다는 뜻이다.

매개변수 수를 줄여주는 기술 두 번째는 매개변수 여러 개를 묶어주는 도우미 클래스를 만드는 것이다. 일반적으로 이런 도우미 클래스는 정적 멤버 클래스 (아이템 24)로 둔다. 특히 잇따른 매개변수 몇 개를 독립된 하나의 개념으로 볼 수 있을 때 추천하는 기법이다. 예를 들어 카드게임을 클래스로 만든다고 해보자. 그러면 메서드를 호출할 때 카드의 숫자(rank)와 무늬(suit)를 뜻하는 두 매개변수를 항상 같은 순서로 전달할 것이다. 따라서 이 둘을 묶는 도우미 클래스를 만들어 하나의 매개변수로 주고받으면 API는 물론 클래스 내부 구현도 깔끔해질 것이다.

세 번째는 앞서의 두 기법을 혼합한 것으로, 객체 생성에 사용한 빌더 패턴 (아이템 2)을 메서드 호출에 응용한다고 보면 된다. 이 기법은 매개변수가 많을 때, 특히 그중 일부는 생략해도 괜찮을 때 도움이 된다. 먼저 모든 매개변수를 하나로 추상화한 객체를 정의하고, 클라이언트에서 이 객체의 세터(setter) 메서드를 호출해 필요한 값을 설정하게 하는 것이다. 이때 각 세터 메서드는 매개변수 하나 혹은 서로 연관된 몇 개만 설정하게 한다. 클라이언트는 먼저 필요한 매개변수를 다 설정한 다음, execute 메서드를 호출해 앞서 설정한 매개변수들의 유효성을 검사한다. 마지막으로, 설정이 완료된 객체를 넘겨 원하는 계산을 수행한다.

매개변수의 타입으로는 클래스보다는 인터페이스가 더 낫다(아이템 64). 매개변수로 적합한 인터페이스가 있다면 (이를 구현한 클래스가 아닌) 그 인터페이스를 직접 사용하자. 예를 들어 메서드에 HashMap을 넘길 일은 전혀 없다. 대신 Map을 사용하자. 그러면 HashMap뿐 아니라 TreeMap, ConcurrentHashMap, TreeMap의 부분맵 등 어떤 Map 구현체도 인수로 건넬 수 있다. 심지어 아직 존재하지 않는 Map도 가능하다. 인터페이스 대신 클래스를 사용하면 클라이언트에게 특정 구현체만 사용하도록 제한하는 꼴이며, 혹시라도 입력 데이터가 다른 형태로 존재한다면 명시한 특정 구현체의 객체로 옮겨 담느라 비싼 복사 비용을 치러야 한다.

또한 **boolean보다는 원소 2개짜리 열거 타입이 낫다**(메서드 이름상 boolean을 받아야 의미가 더 명확할 때는 예외다). 열거 타입을 사용하면 코드를 읽고 쓰기가 더 쉬워진다. 나중에 선택지를 추가하기도 쉽다. 예를 들어 다음은 화씨온도(Fahrenheit)와 섭씨온도(Celsius)를 원소로 정의한 열거 타입이다.

```
public enum TemperatureScale { FAHRENHEIT, CELSIUS }
```

온도계 클래스의 정적 팩터리 메서드가 이 열거 타입을 입력받아 적합한 온도계 인스턴스를 생성해준다고 해보자. 확실히 Thermometer.newInstance(true)보다는 Thermometer.newInstance(TemperatureScale.CELSIUS)가 하는 일을 훨씬 명확히 알려준다. 나중에 캘빈온도도 지원해야 한다면, Thermometer에 또다른 정적 메서드를 추가할 필요 없이 TemperatureScale 열거 타입에 캘빈온도(KELVIN)를 추가하면 된다. 또한, 온도 단위에 대한 의존성을 개별 열거 타입상수의 메서드 안으로 리팩터링해 넣을 수도 있다(아이템 34). 예컨대 double 값을 받아 섭씨온도로 변환해주는 메서드를 열거 타입 상수 각각에 정의해둘수도 있다.

다중정의는 신중히 사용하라

다음은 컬렉션을 집합, 리스트, 그 외로 구분하고자 만든 프로그램이다.

코드 52-1 컬렉션 분류기 - 오류! 이 프로그램은 무엇을 출력할까?

```
public class CollectionClassifier {
    public static String classify(Set<?> s) {
        return "집합";
    }

    public static String classify(List<?> lst) {
        return "리스트";
    }

    public static String classify(Collection<?> c) {
        return "그 외";
    }

    public static void main(String[] args) {
        Collection<?>[] collections = {
            new HashSet<String>(),
            new ArrayList<BigInteger>(),
            new HashMap<String, String>().values()
        };

        for (Collection<?> c : collections)
            System.out.println(classify(c));
    }
}
```

"집합", "리스트", "그 외"를 차례로 출력할 것 같지만, 실제로 수행해보면 "그 외"만 세 번 연달아 출력한다. 이유가 뭘까? 다중정의(overloading, 오버로딩)된 세 classify 중 **어느 메서드를 호출할지가 컴파일타임에 정해지기 때문이다.** 컴파일타임에는 for 문 안의 c는 항상 Collection<?> 타입이다. 런타임에는 타입이 매번 달라지지만, 호출할 메서드를 선택하는 데는 영향을 주지 못한다. 따라서 컴파일타임의 매개변수 타입을 기준으로 항상 세 번째 메서드인

classify(Collection<?>)만 호출하는 것이다.

이처럼 직관과 어긋나는 이유는 **재정의한 메서드는 동적으로 선택되고, 다중정의한 메서드는 정적으로 선택되기 때문이다.** 메서드를 재정의했다면 해당 객체의 런타임 타입이 어떤 메서드를 호출할지의 기준이 된다. 모두 알다시피, 메서드 재정의란 상위 클래스가 정의한 것과 똑같은 시그니처의 메서드를 하위 클래스에서 다시 정의한 것을 말한다. 메서드를 재정의한 다음 '하위 클래스의 인스턴스'에서 그 메서드를 호출하면 재정의한 메서드가 실행된다. 컴파일타임에 그 인스턴스의 타입이 무엇이었냐는 상관없다. 다음 코드는 이러한 상황을 구체적으로 보여준다.

코드 52-2 재정의된 메서드 호출 메커니즘 - 이 프로그램은 무엇을 출력할까?

```java
class Wine {
    String name() { return "포도주"; }
}

class SparklingWine extends Wine {
    @Override String name() { return "발포성 포도주"; }
}

class Champagne extends SparklingWine {
    @Override String name() { return "샴페인"; }
}

public class Overriding {
    public static void main(String[] args) {
        List<Wine> wineList = List.of(
            new Wine(), new SparklingWine(), new Champagne());

        for (Wine wine : wineList)
            System.out.println(wine.name());
    }
}
```

Wine 클래스에 정의된 name 메서드는 하위 클래스인 SparklingWine과 Champagne에서 재정의된다. 예상한 것처럼 이 프로그램은 "**포도주**", "**발포성 포도주**", "**샴페인**"을 차례로 출력한다. for 문에서의 컴파일타임 타입이 모두 Wine인 것에 무관하게 항상 '가장 하위에서 정의한' 재정의 메서드가 실행되는 것이다.

한편, 다중정의된 메서드 사이에서는 객체의 런타임 타입은 전혀 중요치 않다. 선택은 컴파일타임에, 오직 매개변수의 컴파일타임 타입에 의해 이뤄진다.

코드 52-1의 CollectionClassifier 예에서 프로그램의 원래 의도는 매개변수의 런타임 타입에 기초해 적절한 다중정의 메서드로 자동 분배하는 것이었다. 코드 52-2의 Wine 예에서의 name 메서드와 똑같이 말이다. 하지만 다중정의는 이렇게 동작하지 않는다. 이 문제는 (정적 메서드를 사용해도 좋다면) CollectionClassifier의 모든 classify 메서드를 하나로 합친 후 instanceof로 명시적으로 검사하면 말끔히 해결된다.

```
public static String classify(Collection<?> c) {
    return c instanceof Set  ? "집합" :
           c instanceof List ? "리스트" : "그 외";
}
```

프로그래머에게는 재정의가 정상적인 동작 방식이고, 다중정의가 예외적인 동작으로 보일 것이다. 즉, 재정의한 메서드는 프로그래머가 기대한 대로 동작하지만, CollectionClassifier 예에서처럼 다중정의한 메서드는 이러한 기대를 가볍게 무시한다. 헷갈릴 수 있는 코드는 작성하지 않는 게 좋다. 특히나 공개 API라면 더욱 신경 써야 한다. API 사용자가 매개변수를 넘기면서 어떤 다중정의 메서드가 호출될지를 모른다면 프로그램이 오동작하기 쉽다. 런타임에 이상하게 행동할 것이며 API 사용자들은 문제를 진단하느라 긴 시간을 허비할 것이다. 그러니 **다중정의가 혼동을 일으키는 상황을 피해야 한다.**

정확히 어떻게 사용했을 때 다중정의가 혼란을 주느냐에 대해서는 논란의 여지가 있다. **안전하고 보수적으로 가려면 매개변수 수가 같은 다중정의는 만들지 말자.** 가변인수(varargs)를 사용하는 메서드라면 다중정의를 아예 하지 말아야 한다(아이템 53에 예외를 기술하였다). 이 규칙만 잘 따르면 어떤 다중정의 메서드가 호출될지 헷갈릴 일은 없을 것이다. 특별히 따르기 어려운 규칙은 아닐 것으로 믿는다. **다중정의하는 대신 메서드 이름을 다르게 지어주는 길도 항상 열려 있으니 말이다.**

이번에는 ObjectOutputStream 클래스를 살펴보자. 이 클래스의 write 메서드는 모든 기본 타입과 일부 참조 타입용 변형을 가지고 있다. 그런데 다중정의가 아닌, 모든 메서드에 다른 이름을 지어주는 길을 택했다. writeBoolean(boolean), writeInt(int), writeLong(long) 같은 식이다. 이 방식이 다중정의보다 나은 또 다른 점은 read 메서드의 이름과 짝을 맞추기 좋다는 것이다. 예를 들어 readBoolean(), readInt(), readLong() 같은 식이다. 실제로도 ObjectInputStream 클래스의 read 메서드는 이렇게 되어 있다.

한편, 생성자는 이름을 다르게 지을 수 없으니 두 번째 생성자부터는 무조건 다중정의가 된다. 하지만 정적 팩터리라는 대안을 활용할 수 있는 경우가 많다(아이템 1). 또한 생성자는 재정의할 수 없으니 다중정의와 재정의가 혼용될 걱정은 넣어둬도 된다. 그래도 여러 생성자가 같은 수의 매개변수를 받아야 하는 경우를 완전히 피해갈 수는 없을 테니, 그럴 때를 대비해 안전 대책을 배워두면 도움이 될 것이다. 함께 살펴보자.

매개변수 수가 같은 다중정의 메서드가 많더라도, 그중 어느 것이 주어진 매개변수 집합을 처리할지가 명확히 구분된다면 헷갈릴 일은 없을 것이다. 즉, 매개변수 중 하나 이상이 "근본적으로 다르다(radically different)"면 헷갈릴 일이 없다. 근본적으로 다르다는 건 두 타입의 (null이 아닌) 값을 서로 어느 쪽으로든 형변환할 수 없다는 뜻이다. 이 조건만 충족하면 어느 다중정의 메서드를 호출할지가 매개변수들의 런타임 타입만으로 결정된다. 따라서 컴파일타임 타입에는 영향을 받지 않게 되고, 혼란을 주는 주된 원인이 사라진다. 예컨대 ArrayList에는 int를 받는 생성자와 Collection을 받는 생성자가 있는데, 어떤 상황에서든 두 생성자 중 어느 것이 호출될지 헷갈릴 일은 없을 것이다.

자바 4까지는 모든 기본 타입이 모든 참조 타입과 근본적으로 달랐지만, 자바 5에서 오토박싱이 도입되면서 평화롭던 시대가 막을 내렸다. 다음 프로그램을 살펴보자.

```
public class SetList {
    public static void main(String[] args) {
        Set<Integer> set = new TreeSet<>();
        List<Integer> list = new ArrayList<>();

        for (int i = -3; i < 3; i++) {
            set.add(i);
            list.add(i);
        }

        for (int i = 0; i < 3; i++) {
            set.remove(i);
            list.remove(i);
```

```
        }
        System.out.println(set + " " + list);
    }
}
```

이 프로그램은 -3부터 2까지의 정수를 정렬된 집합과 리스트에 각각 추가한 다음, 양쪽에 똑같이 remove 메서드를 세 번 호출한다. 그러면 이 프로그램은 음이 아닌 값, 즉 0, 1, 2를 제거한 후 "[-3, -2, -1] [-3, -2, -1]"을 출력하리라 예상할 것이다. 하지만 실제로는 집합에서는 음이 아닌 값을 제거하고, 리스트에서는 홀수를 제거한 후 "[-3, -2, -1] [-2, 0, 2]"를 출력한다. 이 결과에 여러분은 혼란에 빠졌을 것이다!

무슨 일인지 파헤쳐보자. set.remove(i)의 시그니처는 remove(Object)다. 다중정의된 다른 메서드가 없으니 기대한 대로 동작하여 집합에서 0 이상의 수들을 제거한다.

한편, list.remove(i)는 다중정의된 remove(int index)를 선택한다. 그런데 이 remove는 '지정한 위치'의 원소를 제거하는 기능을 수행한다. 리스트의 처음 원소가 [-3, -2, -1, 0, 1, 2]이고, 차례로 0번째, 1번째, 2번째 원소를 제거하면 [-2, 0, 2]가 남는다. 의문은 풀렸다!

이 문제는 list.remove의 인수를 Integer로 형변환하여 올바른 다중정의 메서드를 선택하게 하면 해결된다. 혹은 Integer.valueOf를 이용해 i를 Integer로 변환한 후 list.remove에 전달해도 된다. 어느 방식을 쓰든 원래 기대한 "[-3, -2, -1] [-3, -2, -1]"을 출력한다.

```
for (int i = 0; i < 3; i++) {
    set.remove(i);
    list.remove((Integer) i); // 혹은 remove(Integer.valueOf(i))
}
```

이 예가 혼란스러웠던 이유는 List<E> 인터페이스가 remove(Object)와 remove(int)를 다중정의했기 때문이다. 제네릭이 도입되기 전인 자바 4까지의 List에서는 Object와 int가 근본적으로 달라서 문제가 없었다. 그런데 제네릭과 오토박싱이 등장하면서 두 메서드의 매개변수 타입이 더는 근본적으로 다르지 않게 되었다. 정리하자면, 자바 언어에 제네릭과 오토박싱을 더한 결과 List 인터페이스가 취약해졌다. 다행히 같은 피해를 입은 API는 거의 없지만, 다중정의 시 주의를 기울여야 할 근거로는 충분하다.

그런데 여기서 끝이 아니다. 자바 8에서 도입한 람다와 메서드 참조 역시 다중정의 시의 혼란을 키웠다. 다음 두 코드 조각을 살펴보자.

```
// 1번. Thread의 생성자 호출
new Thread(System.out::println).start();
```

```
// 2번. ExecutorService의 submit 메서드 호출
ExecutorService exec = Executors.newCachedThreadPool();
exec.submit(System.out::println);
```

1번과 2번이 모습은 비슷하지만, 2번만 컴파일 오류가 난다. 넘겨진 인수는 모두 System.out::println으로 똑같고, 양쪽 모두 Runnable을 받는 형제 메서드를 다중정의하고 있다. 그런데 왜 한쪽만 실패할까? 원인은 바로 submit 다중정의 메서드 중에는 Callable<T>를 받는 메서드도 있다는 데 있다. 하지만 모든 println이 void를 반환하니, 반환값이 있는 Callable과 헷갈릴 리는 없다고 생각할지도 모르겠다. 합리적인 추론이지만, 다중정의 해소(resolution; 적절한 다중정의 메서드를 찾는 알고리즘)는 이렇게 동작하지 않는다. 놀라운 사실 하나는, 만약 println이 다중정의 없이 단 하나만 존재했다면 이 submit 메서드 호출이 제대로 컴파일됐을 거라는 사실이다. 지금은 참조된 메서드(println)와 호출한 메서드(submit) 양쪽 다 다중정의되어, 다중정의 해소 알고리즘이 우리의 기대처럼 동작하지 않는 상황이다.

기술적으로 말하면 System.out::println은 부정확한 메서드 참조(inexact method reference)다.[JLS, 15.13.1] 또한 "암시적 타입 람다식(implicitly typed lambda expression)이나 부정확한 메서드 참조 같은 인수 표현식은 목표 타입이 선택되기 전에는 그 의미가 정해지지 않기 때문에 적용성 테스트 (applicability test) 때 무시된다."[JLS, 15.12.2] 이것이 문제의 원인이다. 컴파일러 제작자를 위한 설명이니 무슨 말인지 이해되지 않더라도 그냥 넘어가자. 핵심은 다중정의된 메서드(혹은 생성자)들이 함수형 인터페이스를 인수로 받을 때, 비록 서로 다른 함수형 인터페이스라도 인수 위치가 같으면 혼란이 생긴다는 것이다. 따라서 **메서드를 다중정의할 때, 서로 다른 함수형 인터페이스라**

도 같은 위치의 인수로 받아서는 안 된다. 이 말은 서로 다른 함수형 인터페이스라도 서로 근본적으로 다르지 않다는 뜻이다. 컴파일할 때 명령줄 스위치로 -Xlint:overloads를 지정하면 이런 종류의 다중정의를 경고해줄 것이다.

Object 외의 클래스 타입과 배열 타입은 근본적으로 다르다. Serializable 과 Cloneable 외의 인터페이스 타입과 배열 타입도 근본적으로 다르다. 한편, String과 Throwable처럼 상위/하위 관계가 아닌 두 클래스는 '관련 없다 (unrelated)'고 한다.[JLS, 5.5] 그리고 어떤 객체도 관련 없는 두 클래스의 공통 인스턴스가 될 수 없으므로, 관련 없는 클래스들끼리도 근본적으로 다르다.

이 외에도 어떤 방향으로도 형변환할 수 없는 타입 쌍이 있지만[JLS, 5.1.12], 어쨌든 앞 문단에서 나열한 간단한 예보다 복잡해지면 대부분 프로그래머는 어떤 다중정의 메서드가 선택될지를 구분하기 어려워할 것이다. 다중정의된 메서드 중 하나를 선택하는 규칙은 매우 복잡하며, 자바가 버전업될수록 더 복잡해지고 있어, 이 모두를 이해하고 사용하는 프로그래머는 극히 드물 것이다.

이번 아이템에서 설명한 지침들을 어기고 싶을 때도 있을 것이다. 이미 만들어진 클래스가 끼어들면 특히 더 그렇다. 예를 들어 String은 자바 4 시절부터 contentEquals(StringBuffer) 메서드를 가지고 있었다. 그런데 자바 5에서 StringBuffer, StringBuilder, String, CharBuffer 등의 비슷한 부류의 타입을 위한 공통 인터페이스로 CharSequence가 등장하였고, 자연스럽게 String에도 CharSequence를 받은 contentEquals가 다중정의되었다.

그 결과 이번 아이템의 지침을 대놓고 어기는 모습이 되었다. 다행히 이 두 메서드는 같은 객체를 입력하면 완전히 같은 작업을 수행해주니 해로울 건 전혀 없다. 이처럼 어떤 다중정의 메서드가 불리는지 몰라도 기능이 똑같다면 신경 쓸 게 없다. 이렇게 하는 가장 일반적인 방법은 상대적으로 더 특수한 다중정의 메서드에서 덜 특수한(더 일반적인) 다중정의 메서드로 일을 넘겨버리는 (forward) 것이다.

코드 52-3 인수를 포워드하여 두 메서드가 동일한 일을 하도록 보장한다.

```java
public boolean contentEquals(StringBuffer sb) {
    return contentEquals((CharSequence) sb);
}
```

자바 라이브러리는 이번 아이템의 정신을 지켜내려 애쓰고 있지만, 실패한 클래스도 몇 개 있다. 예컨대 String 클래스의 valueOf(char[])과 valueOf(Object)는 같은 객체를 건네더라도 전혀 다른 일을 수행한다. 이렇게 해야 할 이유가 없었음에도, 혼란을 불러올 수 있는 잘못된 사례로 남게 되었다.

> **핵심 정리**
>
> 프로그래밍 언어가 다중정의를 허용한다고 해서 다중정의를 꼭 활용하란 뜻은 아니다. 일반적으로 매개변수 수가 같을 때는 다중정의를 피하는 게 좋다. 상황에 따라, 특히 생성자라면 이 조언을 따르기가 불가능할 수 있다. 그럴 때는 헷갈릴 만한 매개변수는 형변환하여 정확한 다중정의 메서드가 선택되도록 해야 한다. 이것이 불가능하면, 예컨대 기존 클래스를 수정해 새로운 인터페이스를 구현해야 할 때는 같은 객체를 입력받는 다중정의 메서드들이 모두 동일하게 동작하도록 만들어야 한다. 그렇지 못하면 프로그래머들은 다중정의된 메서드나 생성자를 효과적으로 사용하지 못할 것이고, 의도대로 동작하지 않는 이유를 이해하지도 못할 것이다.

가변인수는 신중히 사용하라

가변인수(varargs) 메서드[JLS, 8.4.1]는 명시한 타입의 인수를 0개 이상 받을 수 있다. 가변인수 메서드를 호출하면, 가장 먼저 인수의 개수와 길이가 같은 배열을 만들고 인수들을 이 배열에 저장하여 가변인수 메서드에 건네준다.

다음은 입력받은 int 인수들의 합을 계산해주는 가변인수 메서드다. sum(1, 2, 3)은 6을, sum()은 0을 돌려준다.

코드 53-1 간단한 가변인수 활용 예

```
static int sum(int... args) {
    int sum = 0;
    for (int arg : args)
        sum += arg;
    return sum;
}
```

인수가 1개 이상이어야 할 때도 있다. 예컨대 최솟값을 찾는 메서드인데 인수를 0개만 받을 수도 있도록 설계하는 건 좋지 않다. 인수 개수는 런타임에 (자동 생성된) 배열의 길이로 알 수 있다.

코드 53-2 인수가 1개 이상이어야 하는 가변인수 메서드 - 잘못 구현한 예!

```
static int min(int... args) {
    if (args.length == 0)
        throw new IllegalArgumentException("인수가 1개 이상 필요합니다.");
    int min = args[0];
    for (int i = 1; i < args.length; i++)
        if (args[i] < min)
            min = args[i];
    return min;
}
```

이 방식에는 문제가 몇 개 있다. 가장 심각한 문제는 인수를 0개만 넣어 호출하면 (컴파일타임이 아닌) 런타임에 실패한다는 점이다. 코드도 지저분하다.

args 유효성 검사를 명시적으로 해야 하고, min의 초깃값을 Integer.MAX_VALUE 로 설정하지 않고는 (더 명료한) for-each 문도 사용할 수 없다.

다행히 훨씬 나은 방법이 있다. 다음 코드처럼 매개변수를 2개 받도록 하면 된다. 즉, 첫 번째로는 평범함 매개변수를 받고, 가변인수는 두 번째로 받으면 앞서의 문제가 말끔히 사라진다.

코드 53-3 인수가 1개 이상이어야 할 때 가변인수를 제대로 사용하는 방법

```java
static int min(int firstArg, int... remainingArgs) {
    int min = firstArg;
    for (int arg : remainingArgs)
        if (arg < min)
            min = arg;
    return min;
}
```

이상의 예에서 보듯, 가변인수는 인수 개수가 정해지지 않았을 때 아주 유용하다. printf는 가변인수와 한 묶음으로 자바에 도입되었고, 이때 핵심 리플렉션 기능(아이템 65)도 재정비되었다. printf와 리플렉션 모두 가변인수 덕을 톡톡히 보고 있다.

그런데 성능에 민감한 상황이라면 가변인수가 길림돌이 될 수 있다. 가변인수 메서드는 호출될 때마다 배열을 새로 하나 할당하고 초기화한다. 다행히, 이 비용을 감당할 수는 없지만 가변인수의 유연성이 필요할 때 선택할 수 있는 멋진 패턴이 있다. 예를 들어 해당 메서드 호출의 95%가 인수를 3개 이하로 사용한다고 해보자. 그렇다면 다음처럼 인수가 0개인 것부터 4개인 것까지, 총 5 개를 다중정의하자. 마지막 다중정의 메서드가 인수 4개 이상인 5%의 호출을 담당하는 것이다.

```java
public void foo() { }
public void foo(int a1) { }
public void foo(int a1, int a2) { }
public void foo(int a1, int a2, int a3) { }
public void foo(int a1, int a2, int a3, int... rest) { }
```

따라서 메서드 호출 중 단 5%만이 배열을 생성한다. 대다수의 성능 최적화와 마찬가지로 이 기법도 보통 때는 별 이득이 없지만, 꼭 필요한 특수 상황에서는 사막의 오아시스가 되어줄 것이다.

EnumSet의 정적 팩터리도 이 기법을 사용해 열거 타입 집합 생성 비용을 최소화한다.

EnumSet은 비트 필드(아이템 36)를 대체하면서 성능까지 유지해야 하므로 아주 적절하게 활용한 예라 할 수 있다.

핵심 정리

인수 개수가 일정하지 않은 메서드를 정의해야 한다면 가변인수가 반드시 필요하다. 메서드를 정의할 때 필수 매개변수는 가변인수 앞에 두고, 가변인수를 사용할 때는 성능 문제까지 고려하자.

아이템 54

null이 아닌, 빈 컬렉션이나 배열을 반환하라

다음은 주변에서 흔히 볼 수 있는 메서드다.

코드 54-1 컬렉션이 비었으면 null을 반환한다. - 따라 하지 말 것!
```java
private final List<Cheese> cheesesInStock = ...;

/**
 * @return 매장 안의 모든 치즈 목록을 반환한다.
 *     단, 재고가 하나도 없다면 null을 반환한다.
 */
public List<Cheese> getCheeses() {
    return cheesesInStock.isEmpty() ? null
        : new ArrayList<>(cheesesInStock);
}
```

사실 재고가 없다고 해서 특별히 취급한 이유는 없다. 그럼에도 이 코드처럼 null을 반환한다면, 클라이언트는 이 null 상황을 처리하는 코드를 추가로 작성해야 한다.

```java
List<Cheese> cheeses = shop.getCheeses();
if (cheeses != null && cheeses.contains(Cheese.STILTON))
    System.out.println("좋았어, 바로 그거야.");
```

컬렉션이나 배열 같은 컨테이너(container)가 비었을 때 null을 반환하는 메서드를 사용할 때면 항시 이와 같은 방어 코드를 넣어줘야 한다. 클라이언트에서 방어 코드를 빼먹으면 오류가 발생할 수 있다. 실제로 객체가 0개일 가능성이 거의 없는 상황에서는 수년 뒤에야 오류가 발생하기도 한다. 한편, null을 반환하려면 반환하는 쪽에서도 이 상황을 특별히 취급해줘야 해서 코드가 더 복잡해진다.

때로는 빈 컨테이너를 할당하는 데도 비용이 드니 null을 반환하는 쪽이 낫다는 주장도 있다. 하지만 이는 두 가지 면에서 틀린 주장이다. 첫 번째, 성능 분석 결과 이 할당이 성능 저하의 주범이라고 확인되지 않는 한(아이템 67), 이 정도의 성능 차이는 신경 쓸 수준이 못 된다. 두 번째, 빈 컬렉션과 배열은 굳이 새로 할당하지 않고도 반환할 수 있다. 다음은 빈 컬렉션을 반환하는 전형적인 코드로, 대부분의 상황에서는 이렇게 하면 된다.

코드 54-2 빈 컬렉션을 반환하는 올바른 예

```java
public List<Cheese> getCheeses() {
    return new ArrayList<>(cheesesInStock);
}
```

가능성은 작지만, 사용 패턴에 따라 빈 컬렉션 할당이 성능을 눈에 띄게 떨어뜨릴 수도 있다. 다행히 해법은 간단하다. 매번 똑같은 빈 '불변' 컬렉션을 반환하는 것이다. 알다시피 불변 객체는 자유롭게 공유해도 안전하다(아이템 17). 다음 코드에서 사용하는 Collections.emptyList 메서드가 그러한 예다. 집합이 필요하면 Collections.emptySet을, 맵이 필요하면 Collections.emptyMap을 사용하면 된다. 단, 이 역시 최적화에 해당하니 꼭 필요할 때만 사용하자. 최적화가 필요하다고 판단되면 수정 전과 후의 성능을 측정하여 실제로 성능이 개선되는지 꼭 확인하자.

코드 54-3 최적화 - 빈 컬렉션을 매번 새로 할당하지 않도록 했다.

```java
public List<Cheese> getCheeses() {
    return cheesesInStock.isEmpty() ? Collections.emptyList()
        : new ArrayList<>(cheesesInStock);
}
```

배열을 쓸 때도 마찬가지다. 절대 null을 반환하지 말고 길이가 0인 배열을 반환하라. 보통은 단순히 정확한 길이의 배열을 반환하기만 하면 된다. 그 길이가 0일 수도 있을 뿐이다. 다음 코드에서 toArray 메서드에 건넨 길이 0짜리 배열은 우리가 원하는 반환 타입(이 경우엔 Cheese[])을 알려주는 역할을 한다.

코드 54-4 길이가 0일 수도 있는 배열을 반환하는 올바른 방법

```java
public Cheese[] getCheeses() {
    return cheesesInStock.toArray(new Cheese[0]);
}
```

이 방식이 성능을 떨어뜨릴 것 같다면 길이 0짜리 배열을 미리 선언해두고 매번 그 배열을 반환하면 된다. 길이 0인 배열은 모두 불변이기 때문이다.

코드 54-5 최적화 - 빈 배열을 매번 새로 할당하지 않도록 했다.

```
private static final Cheese[] EMPTY_CHEESE_ARRAY = new Cheese[0];

public Cheese[] getCheeses() {
    return cheesesInStock.toArray(EMPTY_CHEESE_ARRAY);
}
```

이 최적화 버전의 getCheeses는 항상 EMPTY_CHEESE_ARRAY를 인수로 넘겨 toArray를 호출한다. 따라서 cheesesInStock이 비었을 때면 언제나 EMPTY_CHEESE_ARRAY를 반환하게 된다.[1] 단순히 성능을 개선할 목적이라면 toArray에 넘기는 배열을 미리 할당하는 건 추천하지 않는다. 오히려 성능이 떨어진다는 연구 결과도 있다.[Shipilëv16]

코드 54-6 나쁜 예 - 배열을 미리 할당하면 성능이 나빠진다.

```
return cheesesInStock.toArray(new Cheese[cheesesInStock.size()]);
```

> **핵심 정리**
>
> **null이 아닌, 빈 배열이나 컬렉션을 반환하라.** null을 반환하는 API는 사용하기 어렵고 오류 처리 코드도 늘어난다. 그렇다고 성능이 좋은 것도 아니다.

---

1 (옮긴이) <T> T[] List.toArray(T[] a) 메서드는 주어진 배열 a가 충분히 크면 a 안에 원소를 담아 반환하고, 그렇지 않으면 T[] 타입 배열을 새로 만들어 그 안에 원소를 담아 반환한다. 따라서 코드 54-5의 경우 원소가 하나라도 있다면 Cheese[] 타입의 배열을 새로 생성해 반환하고, 원소가 0개면 EMPTY_CHEESE_ARRAY를 반환한다.

옵셔널 반환은 신중히 하라

자바 8 전에는 메서드가 특정 조건에서 값을 반환할 수 없을 때 취할 수 있는 선택지가 두 가지 있었다. 예외를 던지거나, (반환 타입이 객체 참조라면) null을 반환하는 것이다. 두 방법 모두 허점이 있다. 예외는 진짜 예외적인 상황에서만 사용해야 하며(아이템 69) 예외를 생성할 때 스택 추적 전체를 캡처하므로 비용도 만만치 않다. null을 반환하면 이런 문제가 생기지 않지만, 그 나름의 문제가 있다. null을 반환할 수 있는 메서드를 호출할 때는, (null이 반환될 일이 절대 없다고 확신하지 않는 한) 별도의 null 처리 코드를 추가해야 한다. null 처리를 무시하고 반환된 null 값을 어딘가에 저장해두면 언젠가 NullPointerException이 발생할 수 있다. 그것도 근본적인 원인, 즉 null을 반환하게 한 실제 원인과는 전혀 상관없는 코드에서 말이다.

자바 버전이 8로 올라가면서 또 하나의 선택지가 생겼다. 그 주인공인 Optional<T>는 null이 아닌 T 타입 참조를 하나 담거나, 혹은 아무것도 담지 않을 수 있다. 아무것도 담지 않은 옵셔널은 '비었다'고 말한다. 반대로 어떤 값을 담은 옵셔널은 '비지 않았다'고 한다. 옵셔널은 원소를 최대 1개 가질 수 있는 '불변' 컬렉션이다. Optional<T>가 Collection<T>를 구현하지는 않았지만, 원칙적으로 그렇다는 말이다.

보통은 T를 반환해야 하지만 특정 조건에서는 아무것도 반환하지 않아야 할 때 T 대신 Optional<T>를 반환하도록 선언하면 된다. 그러면 유효한 반환값이 없을 때는 빈 결과를 반환하는 메서드가 만들어진다. 옵셔널을 반환하는 메서드는 예외를 던지는 메서드보다 유연하고 사용하기 쉬우며, null을 반환하는 메서드보다 오류 가능성이 작다.

아이템 30에서도 등장했던 코드 55-1은 주어진 컬렉션에서 최댓값을 뽑아주는 메서드다.

코드 55-1 컬렉션에서 최댓값을 구한다(컬렉션이 비었으면 예외를 던진다).

```java
public static <E extends Comparable<E>> E max(Collection<E> c) {
    if (c.isEmpty())
        throw new IllegalArgumentException("빈 컬렉션");

    E result = null;
    for (E e : c)
        if (result == null || e.compareTo(result) > 0)
            result = Objects.requireNonNull(e);

    return result;
}
```

이 메서드에 빈 컬렉션을 건네면 IllegalArgumentException을 던진다. 아이템 30에서도 Optional<E>를 반환하는 편이 더 낫다고 이야기했는데, 그렇게 수정한 모습은 다음과 같다.

코드 55-2 컬렉션에서 최댓값을 구해 Optional<E>로 반환한다.

```java
public static <E extends Comparable<E>>
        Optional<E> max(Collection<E> c) {
    if (c.isEmpty())
        return Optional.empty();

    E result = null;
    for (E e : c)
        if (result == null || e.compareTo(result) > 0)
            result = Objects.requireNonNull(e);

    return Optional.of(result);
}
```

보다시피 옵셔널을 반환하도록 구현하기는 어렵지 않다. 적절한 정적 팩터리를 사용해 옵셔널을 생성해주기만 하면 된다. 이 코드에서는 두 가지 팩터리를 사용했다. 빈 옵셔널은 Optional.empty()로 만들고, 값이 든 옵셔널은 Optional.of(value)로 생성했다. Optional.of(value)에 null을 넣으면 NullPointerException을 던지니 주의하자. null 값도 허용하는 옵셔널을 만들려면 Optional.ofNullable(value)를 사용하면 된다. **옵셔널을 반환하는 메서드에서는 절대 null을 반환하지 말자.** 옵셔널을 도입한 취지를 완전히 무시하는 행위다.

스트림의 종단 연산 중 상당수가 옵셔널을 반환한다. 앞의 max 메서드를 스

트림 버전으로 다시 작성한다면 Stream의 max 연산이 우리에게 필요한 옵셔널
을 생성해줄 것이다(비교자를 명시적으로 전달해야 하지만).

코드 55-3 컬렉션에서 최댓값을 구해 Optional<E>로 반환한다. - 스트림 버전

```java
public static <E extends Comparable<E>>
        Optional<E> max(Collection<E> c) {
    return c.stream().max(Comparator.naturalOrder());
}
```

그렇다면 null을 반환하거나 예외를 던지는 대신 옵셔널 반환을 선택해야 하는
기준은 무엇인가? **옵셔널은 검사 예외와 취지가 비슷하다**(아이템 71). 즉, 반환
값이 없을 수도 있음을 API 사용자에게 명확히 알려준다. 비검사 예외를 던지
거나 null을 반환한다면 API 사용자가 그 사실을 인지하지 못해 끔찍한 결과로
이어질 수 있다. 하지만 검사 예외를 던지면 클라이언트에서는 반드시 이에 대
처하는 코드를 작성해넣어야 한다.

비슷하게, 메서드가 옵셔널을 반환한다면 클라이언트는 값을 받지 못했을
때 취할 행동을 선택해야 한다. 그중 하나는 기본값을 설정하는 방법이다.

코드 55-4 옵셔널 활용 1 - 기본값을 정해둘 수 있다.

```java
String lastWordInLexicon = max(words).orElse("단어 없음...");
```

또는 상황에 맞는 예외를 던질 수 있다. 다음 코드에서 실제 예외가 아니라 예
외 팩터리를 건넨 것에 주목하자. 이렇게 하면 예외가 실제로 발생하지 않는
한 예외 생성 비용은 들지 않는다.

코드 55-5 옵셔널 활용 2 - 원하는 예외를 던질 수 있다.

```java
Toy myToy = max(toys).orElseThrow(TemperTantrumException::new);
```

옵셔널에 항상 값이 채워져 있다고 확신한다면 그냥 곧바로 값을 꺼내 사용하
는 선택지도 있다. 다만 잘못 판단한 것이라면 NoSuchElementException이 발생
할 것이다.

코드 55-6 옵셔널 활용 3 - 항상 값이 채워져 있다고 가정한다.

```java
Element lastNobleGas = max(Elements.NOBLE_GASES).get();
```

이따금 기본값을 설정하는 비용이 아주 커서 부담이 될 때가 있다. 그럴 때는 Supplier\<T\>를 인수로 받는 orElseGet을 사용하면, 값이 처음 필요할 때 Supplier\<T\>를 사용해 생성하므로 초기 설정 비용을 낮출 수 있다(사실 이 메서드는 compute로 시작하는 Map 메서드들과 밀접하니 orElseCompute로 이름 짓는 게 더 나았을지도 모르겠다). 더 특별한 쓰임에 대비한 메서드도 준비되어 있다. 바로 filter, map, flatMap, ifPresent다. 앞서의 기본 메서드로 처리하기 어려워 보인다면 API 문서를 참조해 이 고급 메서드들이 문제를 해결해줄 수 있을지 검토해보자.

여전히 적합한 메서드를 찾지 못했다면 isPresent 메서드를 살펴보자. 안전밸브 역할의 메서드로, 옵셔널이 채워져 있으면 true를, 비어 있으면 false를 반환한다. 이 메서드로는 원하는 모든 작업을 수행할 수 있지만 신중히 사용해야 한다. 실제로 isPresent를 쓴 코드 중 상당수는 앞서 언급한 메서드들로 대체할 수 있으며, 그렇게 하면 더 짧고 명확하고 용법에 맞는 코드가 된다.

다음 코드를 예로 생각해보자. 부모 프로세스의 프로세스 ID를 출력하거나, 부모가 없다면 "N/A"를 출력하는 코드다. 자바 9에서 소개된 ProcessHandle 클래스를 사용했다.

```
Optional<ProcessHandle> parentProcess = ph.parent();
System.out.println("부모 PID: " + (parentProcess.isPresent() ?
    String.valueOf(parentProcess.get().pid()) : "N/A"));
```

이 코드는 Optional의 map을 사용하여 다음처럼 다듬을 수 있다.

```
System.out.println("부모 PID: " +
    ph.parent().map(h -> String.valueOf(h.pid())).orElse("N/A"));
```

스트림을 사용한다면 옵셔널들을 Stream\<Optional\<T\>\>로 받아서, 그중 채워진 옵셔널들에서 값을 뽑아 Stream\<T\>에 건네 담아 처리하는 경우가 드물지 않다. 자바 8에서는 다음과 같이 구현할 수 있다.

```
streamOfOptionals
    .filter(Optional::isPresent)
    .map(Optional::get)
```

보다시피 옵서널에 값이 있다면(Optional::isPresent) 그 값을 꺼내 (Optional::get) 스트림에 매핑한다.

자바 9에서는 Optional에 stream() 메서드가 추가되었다. 이 메서드는 Optional을 Stream으로 변환해주는 어댑터다. 옵서널에 값이 있으면 그 값을 원소로 담은 스트림으로, 값이 없다면 빈 스트림으로 변환한다. 이를 Stream의 flatMap 메서드(아이템 45)와 조합하면 앞의 코드를 다음처럼 명료하게 바꿀 수 있다.

```
streamOfOptionals
    .flatMap(Optional::stream)
```

반환값으로 옵서널을 사용한다고 해서 무조건 득이 되는 건 아니다. **컬렉션, 스트림, 배열, 옵서널 같은 컨테이너 타입은 옵서널로 감싸면 안 된다.** 빈 Optional<List<T>>를 반환하기보다는 빈 List<T>를 반환하는 게 좋다(아이템 54). 빈 컨테이너를 그대로 반환하면 클라이언트에 옵서널 처리 코드를 넣지 않아도 된다. 참고로 ProcessHandle.Info 인터페이스의 arguments 메서드는 Optional<String[]>을 반환하는데, 이는 예외적인 경우이니 따라 하지 말자.

그렇다면 어떤 경우에 메서드 반환 타입을 T 대신 Optional<T>로 선언해야 할까? 기본 규칙은 이렇다. **결과가 없을 수 있으며, 클라이언트가 이 상황을 특별하게 처리해야 한다면 Optional<T>를 반환한다.** 그런데 이렇게 하더라도 Optional<T>를 반환하는 데는 대가가 따른다. Optional도 엄연히 새로 할당하고 초기화해야 하는 객체이고, 그 안에서 값을 꺼내려면 메서드를 호출해야 하니 한 단계를 더 거치는 셈이다. 그래서 성능이 중요한 상황에서는 옵서널이 맞지 않을 수 있다. 어떤 메서드가 이 상황에 처하는지 알아내려면 세심히 측정해보는 수밖에 없다(아이템 67).

박싱된 기본 타입을 담는 옵서널은 기본 타입 자체보다 무거울 수밖에 없다. 값을 두 겹이나 감싸기 때문이다. 그래서 자바 API 설계자는 int, long, double 전용 옵서널 클래스들을 준비해놨다. 바로 OptionalInt, OptionalLong, OptionalDouble이다. 이 옵서널들도 Optional<T>가 제공하는 메서드를 거의 다 제공한다. 이렇게 대체재까지 있으니 **박싱된 기본 타입을 담은 옵서널**

을 반환하는 일은 없도록 하자. 단, '덜 중요한 기본 타입'용인 Boolean, Byte, Character, Short, Float은 예외일 수 있다.

지금까지 옵셔널을 반환하고 반환된 옵셔널을 처리하는 이야기를 나눴다. 다른 쓰임에 관해서는 논하지 않았는데, 대부분 적절치 않기 때문이다. 예컨대 옵셔널을 맵의 값으로 사용하면 절대 안 된다. 만약 그리 한다면 맵 안에 키가 없다는 사실을 나타내는 방법이 두 가지가 된다. 하나는 키 자체가 없는 경우고, 다른 하나는 키는 있지만 그 키가 속이 빈 옵셔널인 경우다. 쓸데없이 복잡성만 높여서 혼란과 오류 가능성을 키울 뿐이다. 더 일반화해 이야기하면 **옵셔널을 컬렉션의 키, 값, 원소나 배열의 원소로 사용하는 게 적절한 상황은 거의 없다.**

그렇다면 커다란 의문이 하나 남는다. 옵셔널을 인스턴스 필드에 저장해두는 게 필요할 때가 있을까? 이런 상황 대부분은 필수 필드를 갖는 클래스와, 이를 확장해 선택적 필드를 추가한 하위 클래스를 따로 만들어야 함을 암시하는 '나쁜 냄새'다. 하지만 가끔은 적절한 상황도 있다. 예를 들어 아이템 2의 NutritionFacts 클래스를 떠올려보자. NutritionFacts 인스턴스의 필드 중 상당수는 필수가 아니다. 또한 그 필드들은 기본 타입이라 값이 없음을 나타낼 방법이 마땅치 않다. 이런 NutritionFacts라면 선택적 필드의 게터(getter) 메서드들이 옵셔널을 반환하게 해주면 좋았을 것이다. 따라서 이럴 때는 필드 자체를 옵셔널로 선언하는 것도 좋은 방법이다.

> **핵심 정리**
>
> 값을 반환하지 못할 가능성이 있고, 호출할 때마다 반환값이 없을 가능성을 염두에 둬야 하는 메서드라면 옵셔널을 반환해야 할 상황일 수 있다. 하지만 옵셔널 반환에는 성능 저하가 뒤따르니, 성능에 민감한 메서드라면 null을 반환하거나 예외를 던지는 편이 나을 수 있다. 그리고 옵셔널을 반환값 이외의 용도로 쓰는 경우는 매우 드물다.

공개된 API 요소에는 항상 문서화 주석을 작성하라

API를 쓸모 있게 하려면 잘 작성된 문서도 곁들여야 한다. 전통적으로 API 문서는 사람이 직접 작성하므로 코드가 변경되면 매번 함께 수정해줘야 하는데, 자바에서는 자바독(Javadoc)이라는 유틸리티가 이 귀찮은 작업을 도와준다. 자바독은 소스코드 파일에서 문서화 주석(doc comment; 자바독 주석)이라는 특수한 형태로 기술된 설명을 추려 API 문서로 변환해준다.

　문서화 주석을 작성하는 규칙은 공식 언어 명세에 속하진 않지만 자바 프로그래머라면 응당 알아야 하는 업계 표준 API라 할 수 있다. 이 규칙은 「문서화 주석 작성법(How to Write Doc Comments)」 웹페이지에 기술되어 있다.[Javadocguide] 자바 4 이후로는 갱신되지 않은 페이지지만, 그 가치는 여전하다. 자바 버전이 올라가며 추가된 중요한 자바독 태그로는 자바 5의 `@literal`과 `@code`, 자바 8의 `@implSpec`, 자바 9의 `@index`를 꼽을 수 있다. 앞서의 웹페이지에는 이 태그들에 관한 설명이 없으니 이번 아이템에서 설명하겠다.

　여러분의 API를 올바로 문서화하려면 공개된 모든 클래스, 인터페이스, 메서드, 필드 선언에 문서화 주석을 달아야 한다. 직렬화할 수 있는 클래스라면 직렬화 형태(아이템 87)에 관해서도 적어야 한다. 문서화 주석이 없다면 자바독도 그저 공개 API 요소들의 '선언'만 나열해주는 게 전부다. 문서가 잘 갖춰지지 않은 API는 쓰기 헷갈려서 오류의 원인이 되기 쉽다. 기본 생성자에는 문서화 주석을 달 방법이 없으니 공개 클래스는 절대 기본 생성자를 사용하면 안된다. 한편, 유지보수까지 고려한다면 대다수의 공개되지 않은 클래스, 인터페이스, 생성자, 메서드, 필드에도 문서화 주석을 달아야 할 것이다. 공개 API만큼 친절하게 설명하진 않더라도 말이다.

　메서드용 문서화 주석에는 해당 메서드와 클라이언트 사이의 규약을 명료하게 기술해야 한다. 상속용으로 설계된 클래스(아이템 19)의 메서드가 아니라면 (그 메서드가 어떻게 동작하는지가 아니라) 무엇을 하는지를 기술해야 한다. 즉, how가 아닌 what을 기술해야 한다. 문서화 주석에는 클라이언트가 해당 메서드를 호출하기 위한 전제조건(precondition)을 모두 나열해야 한다. 또한 메서드가 성공적으로 수행된 후에 만족해야 하는 사후조건(postcondition)도 모두 나열해야 한다. 일반적으로 전제조건은 @throws 태그로 비검사 예외를 선언하여 암시적으로 기술한다. 비검사 예외 하나가 전제조건 하나와 연결되는 것이다. 또한, @param 태그를 이용해 그 조건에 영향받는 매개변수에 기술할 수도 있다.

전제조건과 사후조건뿐만 아니라 부작용도 문서화해야 한다. 부작용이란 사후조건으로 명확히 나타나지는 않지만 시스템의 상태에 어떠한 변화를 가져오는 것을 뜻한다. 예컨대 백그라운드 스레드를 시작시키는 메서드라면 그 사실을 문서에 밝혀야 한다.

메서드의 계약(contract)을 완벽히 기술하려면 모든 매개변수에 @param 태그를, 반환 타입이 void가 아니라면 @return 태그를, 발생할 가능성이 있는 (검사든 비검사든) 모든 예외에 @throws 태그를(아이템 74) 달아야 한다. 여러분이 따르는 고딩 표준에서 허락한다면 @return 태그의 실명이 메서드 실명과 같을 때 @return 태그를 생략해도 좋다.

관례상 @param 태그와 @return 태그의 설명은 해당 매개변수가 뜻하는 값이나 반환값을 설명하는 명사구를 쓴다. 드물게는 명사구 대신 산술 표현식을 쓰기도 한다. 예가 궁금하면 BigInteger의 API 문서를 보라. @throws 태그의 설명은 if로 시작해 해당 예외를 던지는 조건을 설명하는 절이 뒤따른다. 역시 관례상 @param, @return, @throws 태그의 설명에는 마침표를 붙이지 않는다.[2] 다음은 이상의 규칙을 모두 반영한 문서화 주석의 예다.

```
/**
 * Returns the element at the specified position in this list.
 *
 * <p>This method is <i>not</i> guaranteed to run in constant
 * time. In some implementations it may run in time proportional
 * to the element position.
 *
```

---

2 (옮긴이) 설명을 한글로 작성할 경우 온전한 종결 어미로 끝나면 마침표를 써주는 게 일관돼 보인다.

```
 * @param   index index of element to return; must be
 *          non-negative and less than the size of this list
 * @return the element at the specified position in this list
 * @throws IndexOutOfBoundsException if the index is out of range
 *          ({@code index < 0 || index >= this.size()})
 */
E get(int index);
```

우리말로 번역하면 다음과 같다.[3]

```
/**
 * 이 리스트에서 지정한 위치의 원소를 반환한다.
 *
 * <p>이 메서드는 상수 시간에 수행됨을 보장하지 <i>않는다</i>. 구현에 따라
 * 원소의 위치에 비례해 시간이 걸릴 수도 있다.
 *
 * @param   index 반환할 원소의 인덱스; 0 이상이고 리스트 크기보다 작아야 한다.
 * @return 이 리스트에서 지정한 위치의 원소
 * @throws IndexOutOfBoundsException index가 범위를 벗어나면,
 *          즉, ({@code index < 0 || index >= this.size()})이면 발생한다.
 */
E get(int index);
```

문서화 주석에 HTML 태그(<p>와 <i>)를 쓴 점에 주목하자. 자바독 유틸리티
는 문서화 주석을 HTML로 변환하므로 문서화 주석 안의 HTML 요소들이 최종
HTML 문서에 반영된다. 드물기는 하지만 자바독 설명에 HTML 표(table)까지
집어넣는 프로그래머도 있다.

@throws 절에 사용한 {@code} 태그도 살펴보자. 이 태그의 효과는 두 가지다.
첫 번째, 태그로 감싼 내용을 코드용 폰트로 렌더링한다. 두 번째, 태그로 감싼
내용에 포함된 HTML 요소나 다른 자바독 태그를 무시한다. 두 번째 효과 덕에
HTML 메타문자인 < 기호 등을 별다른 처리 없이 바로 사용할 수 있다. 문서화
주석에 여러 줄로 된 코드 예시를 넣으려면 {@code} 태그를 다시 <pre> 태그로
감싸면 된다. 다시 말해 <pre>{@code ... 코드 ... }</pre> 형태로 쓰면 된다.
이렇게 하면 HTML의 탈출 메타문자를 쓰지 않아도 코드의 줄바꿈이 그대로
유지된다. 단, @ 기호에는 무조건 탈출문자를 붙여야 하니 문서화 주석 안의 코
드에서 애너테이션을 사용한다면 주의하기 바란다.

---

3   (옮긴이) 오픈소스 프로젝트에 참여하는 등 API 설명을 영어로 작성해야 할 사람도 많을 것 같아 이번 장의 예에서
    는 영문 주석과 한글 주석을 함께 실었다.

마지막으로, 영문 문서화 주석에서 쓴 "this list"라는 단어에 주목하자. 관례상, 인스턴스 메서드의 문서화 주석에 쓰인 "this"는 호출된 메서드가 자리하는 객체를 가리킨다.

아이템 15에서 이야기했듯, 클래스를 상속용으로 설계할 때는 자기사용 패턴(self-use pattern)에 대해서도 문서에 남겨 다른 프로그래머에게 그 메서드를 올바로 재정의하는 방법을 알려줘야 한다. 자기사용 패턴은 자바 8에 추가된 @implSpec 태그로 문서화한다. 다시 말하지만, 일반적인 문서화 주석은 해당 메서드와 클라이언트 사이의 계약을 설명한다. 반면, @implSpec 주석은 해당 메서드와 하위 클래스 사이의 계약을 설명하여, 하위 클래스들이 그 메서드를 상속하거나 super 키워드를 이용해 호출할 때 그 메서드가 어떻게 동작하는지를 명확히 인지하고 사용하도록 해줘야 한다.

```
/**
 * Returns true if this collection is empty.
 *
 * @implSpec
 * This implementation returns {@code this.size() == 0}.
 *
 * @return true if this collection is empty
 */
public boolean isEmpty() { ... }
```

우리말로 번역하면 다음과 같다.

```
/**
 * 이 컬렉션이 비었다면 true를 반환한다.
 *
 * @implSpec
 * 이 구현은 {@code this.size() == 0}의 결과를 반환한다.
 *
 * @return 이 컬렉션이 비었다면 true, 그렇지 않으면 false
 */
public boolean isEmpty() { ... }
```

자바 11까지도 자바독 명령줄에서 -tag "implSpec:a:Implementation Requirements:" 스위치를 켜주지 않으면 @implSpec 태그를 무시해버린다. 다음 버전에서는 기본값으로 적용되길 기대해본다.

API 설명에 <, >, & 등의 HTML 메타문자를 포함시키려면 특별한 처리를 해줘야 함을 잊지 말자. 가장 좋은 방법은 {@literal} 태그로 감싸는 것이다. 이 태그는 HTML 마크업이나 자바독 태그를 무시하게 해준다. 앞서 본 {@code} 태그와 비슷하지만 코드 폰트로 렌더링하지는 않는다. 예를 살펴보자.

```
* A geometric series converges if {@literal |r| < 1}.
```

우리말로 번역하면 다음과 같다.

```
* {@literal |r| < 1}이면 기하 수열이 수렴한다.
```

이 주석은 "|r| < 1이면 **기하 수열이 수렴한다.**"로 변환된다. 사실 < 기호만 {@literal}로 감싸도 결과는 똑같지만, 그렇게 하면 코드에서의 문서화 주석을 읽기 어려워진다.[4] 문서화 주석은 코드에서건 변환된 API 문서에서건 읽기 쉬워야 한다는 게 일반 원칙이다. 양쪽을 만족하지 못하겠다면 API 문서에서의 가독성을 우선하자.

각 문서화 주석의 첫 번째 문장은 해당 요소의 요약 설명(summary description)으로 간주된다. 이번 아이템 첫 예시 코드의 "**이 리스트에서 지정한 위치의 원소를 반환한다.**"라는 문장이 여기에 속한다. 요약 설명은 반드시 대상의 기능을 고유하게 기술해야 한다. 헷갈리지 않으려면 **한 클래스(혹은 인터페이스) 안에서 요약 설명이 똑같은 멤버(혹은 생성자)가 둘 이상이면 안 된다.** 다중정의된 메서드가 있다면 특히 더 조심하자. 다중정의된 메서드들의 설명은 같은 문장으로 시작하는 게 자연스럽겠지만 문서화 주석에서는 허용되지 않는다.

요약 설명에서는 마침표(.)에 주의해야 한다. 예컨대 문서화 주석의 첫 문장이 "머스터드 대령이나 Mrs. 피콕 같은 용의자."라면 첫 번째 마침표가 나오는 "머스터드 대령이나 Mrs."까지만 요약 설명이 된다. 요약 설명이 끝나는 판단 기준은 처음 발견되는 {⟨마침표⟩⟨공백⟩⟨다음 문장 시작⟩} 패턴의 ⟨마침표⟩까지다. 여기서 ⟨공백⟩은 스페이스(space), 탭(tab), 줄바꿈(혹은 첫 번째 블록 태그)[Javadoc-ref]이며 ⟨다음 문장 시작⟩은 '소문자가 아닌' 문자다. 이 예에서는 "Mrs." 다음에 공백이 나오고 다음 단어인 '피'가 소문자가 아니므로 요약 설명

---

4 (옮긴이) 아래처럼 작성한다는 뜻이다.
  |r| {@literal <} 1이면 **기하 수열이 수렴한다.**

이 끝났다고 판단한 것이다. 가장 좋은 해결책은 의도치 않은 마침표를 포함한 텍스트를 {@literal}로 감싸주는 것이다. 그래서 이 예의 요약 설명을 제대로 끝마치려면 다음처럼 하면 된다.

```
/**
 * A suspect, such as Colonel Mustard or {@literal Mrs. Peacock}.
 */
public class Suspect { ... }
```

우리말로 번역하면 다음과 같다(잘못된 패턴을 남기기 위해 "Mrs. 피콕"은 일부러 번역하지 않았다).

```
/**
 * 머스타드 대령이나 {@literal Mrs. 피콕} 같은 용의자.
 */
public class Suspect { ... }
```

✅ (옮긴이) 자바 10부터는 {@summary}라는 요약 설명 전용 태그가 추가되어, 다음처럼 한 결 깔끔하게 처리할 수 있다.

```
/**
 * {@summary A suspect, such as Colonel Mustard or Mrs. Peacock.}
 */
public enum Suspect { ... }
```

"요약 설명이란 문서화 주석의 첫 문장이다"라고 말하면 살짝 오해의 소지가 있다. 주석 작성 규약에 따르면 요약 설명은 완전한 문장이 되는 경우가 드물기 때문이다. 메서드와 생성자의 요약 설명은 해당 메서드와 생성자의 동작을 설명하는 (주어가 없는) 동사구여야 한다.[5]

다음 예를 보자.

- `ArrayList(int initialCapacity)`: Constructs an empty list with the specified initial capacity.

- `Collection.size()`: Returns the number of elements in this collection.

---

5   (옮긴이) 영어 문장은 주어를 잘 생략하지 않기에 곁들인 설명이다. 반면, 우리말에서는 문맥상 주어가 명확하면 생략하는 게 자연스러운 경우가 많으니, 한글로 작성한 API 설명에서는 '문서화 주석의 첫 문장'이라고 해도 틀린 말이 아니다.

우리말로 번역하면 다음과 같다.

- ArrayList(int initialCapacity): 지정한 초기 용량을 갖는 빈 리스트를 생성한다.
- Collection.size(): 이 컬렉션 안의 원소 개수를 반환한다.

이 예에서처럼 2인칭 문장(return the number)이 아닌 3인칭 문장(returns the number)으로 써야 한다(한글 설명에서는 차이가 없다).

한편 클래스, 인터페이스, 필드의 요약 설명은 대상을 설명하는 명사절이어야 한다. 클래스와 인터페이스의 대상은 그 인스턴스이고, 필드의 대상은 필드 자신이다. 다음 예를 보자.

- Instant: An instantaneous point on the time-line.
- Math.PI: The **double** value that is closer than any other to pi, the ratio of the circumference of a circle to its diameter.

우리말로 번역하면 다음과 같다.

- Instant: 타임라인상의 특정 순간(지점)
- Math.PI: 원주율(pi)에 가장 가까운 **double** 값

자바 9부터는 자바독이 생성한 HTML 문서에 검색(색인) 기능이 추가되어 광대한 API 문서들을 누비는 일이 한결 수월해졌다. API 문서 페이지 오른쪽 위에 있는 검색창에 키워드를 입력하면 관련 페이지들이 드롭다운 메뉴로 나타난다. 클래스, 메서드, 필드 같은 API 요소의 색인은 자동으로 만들어지며, 원한다면 {@index} 태그를 사용해 여러분의 API에서 중요한 용어를 추가로 색인화할 수 있다. 다음 예처럼 단순히 색인으로 만들 용어를 태그로 감싸면 된다.

```
* This method complies with the {@index IEEE 754} standard.
```

우리말로 번역하면 다음과 같다.

```
* 이 메서드는 {@index.IEEE 754} 표준을 준수한다.
```

문서화 주석에서 제네릭, 열거 타입, 애너테이션은 특별히 주의해야 한다. **제네릭 타입이나 제네릭 메서드를 문서화할 때는 모든 타입 매개변수에 주석을 달아야 한다.**

```
/**
 * An object that maps keys to values. A map cannot contain
 * duplicate keys; each key can map to at most one value.
 *
 * (Remainder omitted)
 *
 * @param <K> the type of keys maintained by this map
 * @param <V> the type of mapped values
 */
public interface Map<K, V> { ... }
```

우리말로 번역하면 다음과 같다.

```
/**
 * 키와 값을 매핑하는 객체. 맵은 키를 중복해서 가질 수 없다.
 * 즉, 키 하나가 가리킬 수 있는 값은 최대 1개다.
 *
 * (나머지 설명은 생략)
 *
 * @param <K> 이 맵이 관리하는 키의 타입
 * @param <V> 매핑된 값의 타입
 */
public interface Map<K, V> { ... }
```

열거 타입을 문서화할 때는 상수들에도 주석을 달아야 한다. 열거 타입 자체와 그 열거 타입의 public 메서드도 물론이다. 설명이 짧다면 주석 전체를 한 문장으로 써도 된다.

```
/**
 * An instrument section of a symphony orchestra.
 */
public enum OrchestraSection {
    /** Woodwinds, such as flute, clarinet, and oboe. */
    WOODWIND,

    /** Brass instruments, such as french horn and trumpet. */
    BRASS,

    /** Percussion instruments, such as timpani and cymbals. */
    PERCUSSION,
```

```
    /** Stringed instruments, such as violin and cello. */
    STRING;
}
```

우리말로 번역하면 다음과 같다.

```
/**
 * 심포니 오케스트라의 악기 세션.
 */
public enum OrchestraSection {
    /** 플루트, 클라리넷, 오보 같은 목관악기. */
    WOODWIND,

    /** 프렌치 호른, 트럼펫 같은 금관악기. */
    BRASS,

    /** 탐파니, 심벌즈 같은 타악기. */
    PERCUSSION,

    /** 바이올린, 첼로 같은 현악기. */
    STRING;
}
```

애너테이션 타입을 문서화할 때는 멤버들에도 모두 주석을 달아야 한다. 애너테이션 타입 자체도 물론이다. 필드 설명은 명사구로 한다. 애너테이션 타입의 요약 설명은 프로그램 요소에 이 애너테이션을 단다는 것이 어떤 의미인지를 설명하는 동사구로 한다. 한글로 쓴다면 동사로 끝나는 평범한 문장이면 된다.

```
/**
 * Indicates that the annotated method is a test method that
 * must throw the designated exception to pass.
 */
@Retention(RetentionPolicy.RUNTIME)
@Target(ElementType.METHOD)
public @interface ExceptionTest {
    /**
     * The exception that the annotated test method must throw
     * in order to pass. (The test is permitted to throw any
     * subtype of the type described by this class object.)
     */
    Class<? extends Throwable> value();
}
```

우리말로 번역하면 다음과 같다.

```
/**
 * 이 애너테이션이 달린 메서드는 명시한 예외를 던져야만 성공하는
 * 테스트 메서드임을 나타낸다.
 */
@Retention(RetentionPolicy.RUNTIME)
@Target(ElementType.METHOD)
public @interface ExceptionTest {
    /**
     * 이 애너테이션을 단 테스트 메서드가 성공하려면 던져야 하는 예외.
     * (이 클래스의 하위 타입 예외는 모두 허용된다.)
     */
    Class<? extends Throwable> value();
}
```

패키지를 설명하는 문서화 주석은 package-info.java 파일에 작성한다. 이 파일은 패키지 선언을 반드시 포함해야 하며 패키지 선언 관련 애너테이션을 추가로 포함할 수도 있다. 자바 9부터 지원하는 모듈 시스템(아이템 15)도 이와 비슷하다. 모듈 시스템을 사용한다면 모듈 관련 설명은 module-info.java 파일에 작성하면 된다.

API 문서화에서 자주 누락되는 설명이 두 가지 있으니, 바로 스레드 안전성과 직렬화 가능성이다. **클래스 혹은 정적 메서드가 스레드 안전하든 그렇지 않든, 스레드 안전 수준을 반드시 API 설명에 포함해야 한다**(아이템 82). 또한, 직렬화할 수 있는 클래스라면 직렬화 형태도 API 설명에 기술해야 한다(아이템 87).

자바독은 메서드 주석을 '상속'시킬 수 있다. 문서화 주석이 없는 API 요소를 발견하면 자바독이 가장 가까운 문서화 주석을 찾아준다. 이때 상위 '클래스'보다 그 클래스가 구현한 '인터페이스'를 먼저 찾는다. 상세한 검색 알고리즘은 「자바독 참조 지침(The Javadoc Reference Guide)」[Javadoc-ref]을 참고하기 바란다.

또한 {@inheritDoc} 태그를 사용해 상위 타입의 문서화 주석 일부를 상속할 수 있다. 클래스는 자신이 구현한 인터페이스의 문서화 주석을 (복사해 붙여넣지 않고) 재사용할 수 있다는 뜻이다. 이 기능을 활용하면 거의 똑같은 문서화 주석 여러 개를 유지보수하는 부담을 줄일 수 있지만, 사용하기 까다롭고 제약도 조금 있다. 자세한 내용이 궁금하면 오라클 공식 문서(*http://bit.ly/2vqmCzj*)를 참고하기 바란다.

문서화 주석에 관해 언급해둘 주의사항이 하나 더 있다. 비록 공개된 모든 API 요소에 문서화 주석을 달았더라도, 이것만으로는 충분하지 않을 때가

있다. 여러 클래스가 상호작용하는 복잡한 API라면 문서화 주석 외에도 전체 아키텍처를 설명하는 별도의 설명이 필요할 때가 왕왕 있다. 이런 설명 문서가 있다면 관련 클래스나 패키지의 문서화 주석에서 그 문서의 링크를 제공해주면 좋다.

자바독은 프로그래머가 자바독 문서를 올바르게 작성했는지 확인하는 기능을 제공하며, 이번 아이템에서 소개한 권장사항 중 상당수를 검사해준다. 자바 7에서는 명령줄에서 –Xdoclint 스위치를 켜주면 이 기능이 활성화되고, 자바 8부터는 기본으로 작동한다. 체크스타일(checkstyle) 같은 IDE 플러그인을 사용하면 더 완벽하게 검사된다.[Burn01] 자바독이 생성한 HTML 파일을 HTML 유효성 검사기로 돌리면 문서화 주석의 오류를 한층 더 줄일 수 있다. HTML 유효성 검사기는 잘못 사용한 HTML 태그를 찾아준다. 로컬에 내려받아 사용할 수 있는 설치형 검사기도 있고, 웹에서 바로 사용할 수 있는 W3C 마크업 검사 서비스[W3C-validator]도 있다. 자바 9와 10의 자바독은 기본적으로 HTML 4.01 문서를 생성하지만, 명령줄에서 –html5 스위치를 켜면 HTML 5 버전으로 만들어준다.

이번 아이템에서는 기본적인 내용을 다뤘다. 더 자세한 지침은 「문서화 주석 작성법」[Javadoc-guide]을 참고하기 바란다. 쓰여진 지 15년이나 지난 문서지만 여전히 API 문서 작성법의 정석이라 할만하다.

이번 아이템에서 설명한 지침을 잘 따른다면 여러분의 API를 깔끔히 설명하는 문서를 작성할 수 있다. 하지만 정말 잘 쓰인 문서인지를 확인하는 유일한 방법은 **자바독 유틸리티가 생성한 웹페이지를 읽어보는 길뿐이다.** 다른 사람이 사용할 API라면 반드시 모든 API 요소를 검토하라. 프로그램을 테스트하면 어김없이 수정할 코드가 나오듯이, 생성된 API 문서를 읽어보면 고쳐 써야 할 주석이 눈에 들어오게 마련이다.

> **핵심 정리**
>
> 문서화 주석은 여러분 API를 문서화하는 가장 훌륭하고 효과적인 방법이다. 공개 API라면 빠짐없이 설명을 달아야 한다. 표준 규약을 일관되게 지키자. 문서화 주석에 임의의 HTML 태그를 사용할 수 있음을 기억하라. 단, HTML 메타문자는 특별하게 취급해야 한다.

9장

E f f e c t i v e   J a v a   T h i r d   E d i t i o n

일반적인 프로그래밍 원칙

이번 장에서는 자바 언어의 핵심 요소에 집중한다. 지역변수, 제어구조, 라이브러리, 데이터 타입, 그리고 언어 경계를 넘나드는 기능인 리플렉션과 네이티브 메서드를 다룬다. 마지막으로는 최적화와 명명 규칙을 논한다.

지역변수의 범위를 최소화하라

이번 아이템은 기본적으로 "클래스와 멤버의 접근 권한을 최소화하라"고 한 아이템 15와 취지가 비슷하다. 지역변수의 유효 범위를 최소로 줄이면 코드 가독성과 유지보수성이 높아지고 오류 가능성은 낮아진다.

C와 같이 역사가 깊은 프로그래밍 언어 중에는 지역변수를 코드 블록의 첫머리에 선언하는 경우가 많고, 이 방식을 여전히 습관처럼 따르는 프로그래머도 있다. 하지만 자바에서는 문장을 선언할 수 있는 곳이면 어디서든 변수를 선언할 수 있다(C 언어도 C99 표준부터는 이렇게 바뀌었다).

지역변수의 범위를 줄이는 가장 강력한 기법은 역시 '가장 처음 쓰일 때 선언하기'다. 사용하려면 멀었는데, 미리 선언부터 해두면 코드가 어수선해져 가독성이 떨어진다. 변수를 실제로 사용하는 시점엔 타입과 초깃값이 기억나지 않을 수도 있다.

지역변수를 생각 없이 선언하다 보면 변수가 쓰이는 범위보다 너무 앞서 선언하거나, 다 쓴 뒤에도 여전히 살아 있게 되기 쉽다. 지역변수의 범위는 선언된 지점부터 그 지점을 포함한 블록이 끝날 때까지이므로, 실제 사용하는 블록 바깥에 선언된 변수는 그 블록이 끝난 뒤까지 살아 있게 된다. 그래서 실수로 의도한 범위 앞 혹은 뒤에서 그 변수를 사용하면 끔찍한 결과로 이어질 수 있다.

또한 **거의 모든 지역변수는 선언과 동시에 초기화해야 한다.** 초기화에 필요한 정보가 충분하지 않다면 충분해질 때까지 선언을 미뤄야 한다. try-catch 문은 이 규칙에서 예외다. 변수를 초기화하는 표현식에서 검사 예외를 던질 가능성이 있다면 try 블록 안에서 초기화해야 한다(그렇지 않으면 예외가 블록을 넘어 메서드에까지 전파된다). 한편, 변수 값을 try 블록 바깥에서도 사용해야 한다면 (비록 정확히 초기화하진 못하더라도) try 블록 앞에서 선언해야 한다. 예를 들어 코드 65-1처럼 말이다.

반복문은 독특한 방식으로 변수 범위를 최소화해준다. 예전의 for 형태든 새로운 for-each 형태든, 반복문에서는 반복 변수(loop variable)의 범위가 반복문의 몸체, 그리고 for 키워드와 몸체 사이의 괄호 안으로 제한된다. 따라서 반복 변수의 값을 반복문이 종료된 뒤에도 써야 하는 상황이 아니라면 while 문보다는 for 문을 쓰는 편이 낫다.

예를 들어 다음은 컬렉션을 순회할 때 권장하는 관용구다.

코드 57-1 컬렉션이나 배열을 순회하는 권장 관용구

```
for (Element e : c) {
    ... // e로 무언가를 한다.
}
```

반복자를 사용해야 하는 상황이면(반복자의 remove 메서드를 써야 한다든가) for-each 문 대신 전통적인 for 문을 쓰는 것이 낫다.

코드 57-2 반복자가 필요할 때의 관용구

```
for (Iterator<Element> i = c.iterator(); i.hasNext(); ) {
    Element e = i.next();
    ... // e와 i로 무언가를 한다.
}
```

다음의 두 while 문을 보면 앞서의 for 문이 더 나은 이유를 알 수 있다. 다음 코드에는 버그도 하나 숨어 있다.

```
Iterator<Element> i = c.iterator();
while (i.hasNext()) {
    doSomething(i.next());
}
...

Iterator<Element> i2 = c2.iterator();
while (i.hasNext()) {                  // 버그!
    doSomethingElse(i2.next());
}
```

두 번째 while 문에는 복사해 붙여넣기 오류가 있다. 새로운 반복 변수 i2를 초기화했지만, 실수로 이전 while 문에서 쓴 i를 다시 쓴 것이다. 불행히도 i의 유효 범위는 아직 끝나지 않았으므로, 이 코드는 컴파일도 잘 되고 실행 시 예외도 던지지 않는다. 하지만 두 번째 while 문은 c2를 순회하지 않고 곧장 끝나

버려 c2가 비었다고 착각하게 만든다. 프로그램 오류가 겉으로 드러나지 않으니 오랜 기간 발견되지 않을 수도 있다.

(for-each를 포함한) for 문을 사용하면 이런 복사해 붙여넣기 오류를 컴파일 타임에 잡아준다. 첫 번째 반복문이 사용한 원소와 반복자의 유효 범위가 반복문 종료와 함께 끝나기 때문이다. 다음은 전통적인 for 문에서의 상황을 보여준다.

```
for (Iterator<Element> i = c.iterator(); i.hasNext(); ) {
    Element e = i.next();
    ... // e와 i로 무언가를 한다.
}
...

// 다음 코드는 "i를 찾을 수 없다"는 컴파일 오류를 낸다.
for (Iterator<Element> i2 = c2.iterator(); i.hasNext(); ) {
    Element e2 = i2.next();
    ... // e2와 i2로 무언가를 한다.
}
```

for 문이 복사해 붙여넣기 오류를 줄여주는 이유는 또 있다. 변수 유효 범위가 for 문 범위와 일치하여 똑같은 이름의 변수를 여러 반복문에서 써도 서로 아무런 영향을 주지 않는다. 사실 이렇게 쓰는 게 더 세련되기까지 하다.

for 문의 장점을 하나만 더 이야기해보겠다. 바로 while 문보다 짧아서 가독성이 좋다는 점이다.

다음은 지역변수의 범위를 최소화하는 또 다른 반복문 관용구다.

```
for (int i = 0, n = expensiveComputation(); i < n; i++) {
    ... // i로 무언가를 한다.
}
```

이 관용구에서 주목할 부분은 범위가 정확히 일치하는 두 반복 변수 i와 n이다. 반복 여부를 결정짓는 변수 i의 한곗값을 변수 n에 저장하여, 반복 때마다 다시 계산해야 하는 비용을 없앴다. 같은 값을 반환하는 메서드를 매번 호출한다면 이 관용구를 사용하기 바란다.

지역변수 범위를 최소화하는 마지막 방법은 **메서드를 작게 유지하고 한 가지 기능에 집중하는 것이다.** 한 메서드에서 여러 가지 기능을 처리한다면 그중 한 기능과만 관련된 지역변수라도 다른 기능을 수행하는 코드에서 접근할 수 있을 것이다. 해결책은 간단하다. 단순히 메서드를 기능별로 쪼개면 된다.

전통적인 for 문보다는 for-each 문을 사용하라

아이템 45에서 이야기했듯, 스트림이 제격인 작업이 있고 반복이 제격인 작업이 있다. 다음은 전통적인 for 문으로 컬렉션을 순회하는 코드다.

코드 58-1 컬렉션 순회하기 - 더 나은 방법이 있다.

```
for (Iterator<Element> i = c.iterator(); i.hasNext(); ) {
    Element e = i.next();
    ... // e로 무언가를 한다.
}
```

그리고 다음은 전통적인 for 문으로 배열을 순회하는 코드다.

코드 58-2 배열 순회하기 - 더 나은 방법이 있다.

```
for (int i = 0; i < a.length; i++) {
    ... // a[i]로 무언가를 한나.
}
```

이 관용구들은 while 문보다는 낫지만(아이템 57) 가장 좋은 방법은 아니다. 반복자와 인덱스 변수는 모두 코드를 지저분하게 할 뿐 우리에게 진짜 필요한 건 원소들뿐이다. 더군다나 이처럼 쓰이는 요소 종류가 늘어나면 오류가 생길 가능성이 높아진다. 1회 반복에서 반복자는 세 번 등장하며, 인덱스는 네 번이나 등장하여 변수를 잘못 사용할 틈새가 넓어진다. 혹시라도 잘못된 변수를 사용했을 때 컴파일러가 잡아주리라는 보장도 없다. 마지막으로, 컬렉션이냐 배열이냐에 따라 코드 형태가 상당히 달라지므로 주의해야 한다.

이상의 문제는 for-each 문을 사용하면 모두 해결된다. 참고로 for-each 문의 정식 이름은 '향상된 for 문(enhanced for statement)'이다. 반복자와 인덱스 변수를 사용하지 않으니 코드가 깔끔해지고 오류가 날 일도 없다. 하나의 관용구로 컬렉션과 배열을 모두 처리할 수 있어서 어떤 컨테이너를 다루는지는 신경 쓰지 않아도 된다.

코드 58-3 컬렉션과 배열을 순회하는 올바른 관용구

```
for (Element e : elements) {
    ... // e로 무언가를 한다.
}
```

여기서 콜론(:)은 "안의(in)"라고 읽으면 된다. 따라서 이 반복문은 "elements 안의 각 원소 e에 대해"라고 읽는다. 반복 대상이 컬렉션이든 배열이든, for-each 문을 사용해도 속도는 그대로다. for-each 문이 만들어내는 코드는 사람이 손으로 최적화한 것과 사실상 같기 때문이다.

컬렉션을 중첩해 순회해야 한다면 for-each 문의 이점이 더욱 커진다. 다음 코드에서 버그를 찾아보자. 반복문을 중첩할 때 흔히 저지르는 실수가 담겨 있다.

코드 58-4 버그를 찾아보자.

```
enum Suit { CLUB, DIAMOND, HEART, SPADE }
enum Rank { ACE, DEUCE, THREE, FOUR, FIVE, SIX, SEVEN, EIGHT,
            NINE, TEN, JACK, QUEEN, KING }
...

static Collection<Suit> suits = Arrays.asList(Suit.values());
static Collection<Rank> ranks = Arrays.asList(Rank.values());

List<Card> deck = new ArrayList<>();
for (Iterator<Suit> i = suits.iterator(); i.hasNext(); )
    for (Iterator<Rank> j = ranks.iterator(); j.hasNext(); )
        deck.add(new Card(i.next(), j.next()));
```

버그를 찾지 못하겠더라도 슬퍼하지 말자. 숙련된 프로그래머조차 찾기가 쉽지 않을 것이다. 여기서 문제는 바깥 컬렉션(suits)의 반복자에서 next 메서드가 너무 많이 불린다는 것이다. 마지막 줄의 i.next()를 주목하자. 이 next()는 '숫자(Suit) 하나당' 한 번씩만 불려야 하는데, 안쪽 반복문에서 호출되는 바람에 '카드(Rank) 하나당' 한 번씩 불리고 있다. 그래서 숫자가 바닥나면 반복문에서 NoSuchElementException을 던진다.

정말 운이 나빠서 바깥 컬렉션의 크기가 안쪽 컬렉션 크기의 배수라면(예컨대 같은 컬렉션일 때 이럴 수 있다) 이 반복문은 예외를 던지지 않고 종료한다. 물론 우리가 원하는 일을 수행하지 않은 채 말이다. 예를 들어 주사위를 두 번 굴렸을 때 나올 수 있는 모든 경우의 수를 출력하는 코드를 다음처럼 작성했다고 해보자.

코드 58-5 같은 버그, 다른 증상!

```
enum Face { ONE, TWO, THREE, FOUR, FIVE, SIX }
...
Collection<Face> faces = EnumSet.allOf(Face.class);

for (Iterator<Face> i = faces.iterator(); i.hasNext(); )
    for (Iterator<Face> j = faces.iterator(); j.hasNext(); )
        System.out.println(i.next() + " " + j.next());
```

이 프로그램은 예외를 던지진 않지만, 가능한 조합을 ("ONE ONE"부터 "SIX SIX" 까지) 단 여섯 쌍만 출력하고 끝나버린다(36개 조합이 나와야 한다). 이 문제를 해결하려면 바깥 반복문에 바깥 원소를 저장하는 변수를 하나 추가해야 한다.

코드 58-6 문제는 고쳤지만 보기 좋진 않다. 더 나은 방법이 있다!

```
for (Iterator<Suit> i = suits.iterator(); i.hasNext(); ) {
    Suit suit = i.next();
    for (Iterator<Rank> j = ranks.iterator(); j.hasNext(); )
        deck.add(new Card(suit, j.next()));
}
```

for-each 문을 중첩하는 것으로 이 문제는 간단히 해결된다. 코드도 놀랄 만큼 간결해진다.

코드 58-7 컬렉션이나 배열의 중첩 반복을 위한 권장 관용구

```
for (Suit suit : suits)
    for (Rank rank : ranks)
        deck.add(new Card(suit, rank));
```

하지만 안타깝게도 for-each 문을 사용할 수 없는 상황이 세 가지 존재한다.

- **파괴적인 필터링**(destructive filtering) - 컬렉션을 순회하면서 선택된 원소를 제거해야 한다면 반복자의 remove 메서드를 호출해야 한다. 자바 8부터는 Collection의 removeIf 메서드를 사용해 컬렉션을 명시적으로 순회하는 일을 피할 수 있다.

- **변형**(transforming) - 리스트나 배열을 순회하면서 그 원소의 값 일부 혹은 전체를 교체해야 한다면 리스트의 반복자나 배열의 인덱스를 사용해야 한다.

- **병렬 반복**(parallel iteration) - 여러 컬렉션을 병렬로 순회해야 한다면 각각의 반복자와 인덱스 변수를 사용해 엄격하고 명시적으로 제어해야 한다(의도한 것은 아니지만 앞서의 코드 58-4가 이러한 사례에 속한다).

세 가지 상황 중 하나에 속할 때는 일반적인 for 문을 사용하되 이번 아이템에서 언급한 문제들을 경계하기 바란다.

for-each 문은 컬렉션과 배열은 물론 Iterable 인터페이스를 구현한 객체라면 무엇이든 순회할 수 있다. Iterable 인터페이스는 다음과 같이 메서드가 단하나뿐이다.

```java
public interface Iterable<E> {
    // 이 객체의 원소들을 순회하는 반복자를 반환한다.
    Iterator<E> iterator();
}
```

Iterable을 처음부터 직접 구현하기는 까다롭지만, 원소들의 묶음을 표현하는 타입을 작성해야 한다면 Iterable을 구현하는 쪽으로 고민해보기 바란다. 해당 타입에서 Collection 인터페이스는 구현하지 않기로 했더라도 말이다. Iterable을 구현해두면 그 타입을 사용하는 프로그래머가 for-each 문을 사용할 때마다 여러분에게 감사해할 것이다.

> **핵심 정리**
>
> 전통적인 for 문과 비교했을 때 for-each 문은 명료하고, 유연하고, 버그를 예방해준다. 성능 저하도 없다. 가능한 모든 곳에서 for 문이 아닌 for-each 문을 사용하자.

라이브러리를 익히고 사용하라

무작위 정수 하나를 생성하고 싶다고 해보자. 값의 범위는 0부터 명시한 수 사이다. 아주 흔히 마주치는 문제로, 많은 프로그래머가 다음과 같은 짤막한 메서드를 만들곤 한다.

코드 59-1 흔하지만 문제가 심각한 코드!

```
static Random rnd = new Random();

static int random(int n) {
    return Math.abs(rnd.nextInt()) % n;
}
```

괜찮은 듯 보여도 문제를 세 가지나 내포하고 있다. 첫 번째, n이 그리 크지 않은 2의 제곱수라면 얼마 지나지 않아 같은 수열이 반복된다. 두 번째, n이 2의 제곱수가 아니라면 몇몇 숫자가 평균적으로 더 자주 반환된다. n 값이 크면 이 현상은 더 두드러진다.

다음 코드는 예시를 위해 필자가 신중히 선택한 범위에서 무작위 수를 백만 개를 생성한 다음, 그중 중간 값보다 작은 게 몇 개인지를 출력한다.

```
public static void main(String[] args) {
    int n = 2 * (Integer.MAX_VALUE / 3);
    int low = 0;
    for (int i = 0; i < 1000000; i++)
        if (random(n) < n/2)
            low++;
    System.out.println(low);
}
```

random 메서드가 이상적으로 동작한다면 약 50만 개가 출력돼야 하지만, 실제로 돌려보면 666,666에 가까운 값을 얻는다. 무작위로 생성된 수 중에서 2/3 가량이 중간값보다 낮은 쪽으로 쏠린 것이다.

random 메서드의 세 번째 결함으로, 지정한 범위 '바깥'의 수가 종종 튀어나올 수 있다. rnd.nextInt()가 반환한 값을 Math.abs를 이용해 음수가 아닌 정수로 매핑하기 때문이다. nextInt()가 Integer.MIN_VALUE를 반환하면 Math.abs도 Integer.MIN_VALUE를 반환하고, 나머지 연산자(%)는 음수를 반환해버린다(n이 2의 제곱수가 아닐 때의 시나리오다). 이렇게 되면 여러분의 프로그램은 실패할 것이고, 문제를 해결하고 싶어도 현상을 재현하기가 쉽지 않을 것이다.

이 결함을 해결하려면 의사난수 생성기, 정수론, 2의 보수 계산 등에 조예가 깊어야 한다. 다행히 여러분이 직접 해결할 필요는 없다. Random.nextInt(int) 가 이미 해결해놨으니 말이다. 이 메서드의 자세한 동작 방식은 몰라도 된다 (궁금하다면 API 문서나 소스코드를 살펴보기 바란다). 알고리즘에 능통한 개발자가 설계와 구현과 검증에 시간을 들여 개발했고, 이 분야의 여러 전문가가 잘 동작함을 검증해줬다. 그리고 이 라이브러리가 릴리스된 후 20여 년 가까이 수백만의 개발자가 열심히 사용했지만 버그가 보고된 적이 없다. 혹시 버그가 발견되더라도 다음 릴리스에서 수정될 것이다. **표준 라이브러리를 사용하면 그 코드를 작성한 전문가의 지식과 여러분보다 앞서 사용한 다른 프로그래머들의 경험을 활용할 수 있다.**

자바 7부터는 Random을 더 이상 사용하지 않는 게 좋다. ThreadLocalRandom **으로 대체하면 대부분 잘 작동한다.** Random보다 더 고품질의 무작위 수를 생성할 뿐 아니라 속도도 더 빠르다(내 컴퓨터에서는 3.6배나 빠르다). 한편, 포크-조인 풀이나 병렬 스트림에서는 SplittableRandom을 사용하라.

표준 라이브러리를 쓰는 두 번째 이점은 핵심적인 일과 크게 관련 없는 문제를 해결하느라 시간을 허비하지 않아도 된다는 것이다. 프로그래머들은 하부 공사를 하기보다는 애플리케이션 기능 개발에 집중하고 싶어 한다. 여러분도 마찬가지일 것이다.

세 번째 이점은 따로 노력하지 않아도 성능이 지속해서 개선된다는 점이다. 사용자가 많고, 업계 표준 벤치마크를 사용해 성능을 확인하기 때문에 표준 라이브러리 제작자들은 더 나은 방법을 꾸준히 모색할 수밖에 없다. 자바 플랫폼 라이브러리의 많은 부분이 수 년에 걸쳐 지속해서 다시 작성되며, 때론 성능이 극적으로 개선되기도 한다.

네 번째 이점은 기능이 점점 많아진다는 것이다. 라이브러리에 부족한 부분이 있다면 개발자 커뮤니티에서 이야기가 나오고 논의된 후 다음 릴리스에 해당 기능이 추가되곤 한다.

마지막 이점은 여러분이 작성한 코드가 많은 사람에게 낯익은 코드가 된다는 것이다. 자연스럽게 다른 개발자들이 더 읽기 좋고, 유지보수하기 좋고, 재활용하기 쉬운 코드가 된다.

이상의 이점들에 비춰볼 때 표준 라이브러리의 기능을 사용하는 것이 좋아 보이지만, 실상은 많은 프로그래머가 직접 구현해 쓰고 있다. 왜 그럴까? 아마도 라이브러리에 그런 기능이 있는지 모르기 때문일 것이다. **메이저 릴리스마다 주목할 만한 수많은 기능이 라이브러리에 추가된다.** 자바는 메이저 릴리스마다 새로운 기능을 설명하는 웹페이지를 공시하는데, 한 번쯤 읽어볼 만하다.[Java8-feat, Java9-feat][1] 확실한 예를 보여주기 위해, 지정한 URL의 내용을 가져오는 명령줄 애플리케이션을 작성해보겠다(리눅스의 curl 명령을 생각하면 된다). 예전에는 작성하기가 까다로운 기능이었지만, 자바 9에서 InputStream에 추가된 transferTo 메서드를 사용하면 쉽게 구현할 수 있다. 다음은 transferTo를 이용해 이 기능을 '완벽히' 구현한 코드다.

코드 59-2 transferTo 메서드를 이용해 URL의 내용 가져오기 - 자바 9부터 가능하다.

```java
public static void main(String[] args) throws IOException {
    try (InputStream in = new URL(args[0]).openStream()) {
        in.transferTo(System.out);
    }
}
```

라이브러리가 너무 방대하여 모든 API 문서를 공부하기는 벅차겠지만 **자바 프로그래머라면 적어도 java.lang, java.util, java.io와 그 하위 패키지들에는 익숙해져야 한다.** 다른 라이브러리들은 필요할 때마다 익히기 바란다. 라이브러리는 매년 아주 빠르게 성장하고 있으니 모든 기능을 요약하는 건 무리다.

하지만 언급해둘 만한 라이브러리는 몇 개 있다. 컬렉션 프레임워크와 스트림 라이브러리(아이템 45~48)다. java.util.concurrent의 동시성 기능도 마찬

---

1 (옮긴이) 자바 10과 11의 새로운 기능은 각각 *https://bit.ly/2Qp3uL6*와 *https://bit.ly/2IwYzF7*에서 확인할 수 있다.

가지로 알아두면 큰 도움이 된다. 이 패키지는 멀티스레드 프로그래밍 작업을 단순화해주는 고수준의 편의 기능은 물론, 능숙한 개발자가 자신만의 고수준 개념을 직접 구현할 수 있도록 도와주는 저수준 요소들을 제공한다. `java.util.concurrent`의 고수준 개념은 아이템 80과 81에서 다룬다.

때때로 라이브러리가 여러분에게 필요한 기능을 충분히 제공하지 못할 수 있다. 더 전문적인 기능을 요구할수록 이런 일이 더 자주 생길 것이다. 우선은 라이브러리를 사용하려 시도해보자. 어떤 영역의 기능을 제공하는지 살펴보고, 여러분이 원하는 기능이 아니라 판단되면 대안을 사용하자. 어떤 라이브러리든 제공하는 기능은 유한하므로 항상 빈 구멍이 있기 마련이다. 자바 표준 라이브러리에서 원하는 기능을 찾지 못하면, 그다음 선택지는 고품질의 서드파티 라이브러리가 될 것이다. 구글의 멋진 구아바 라이브러리가 대표적이다.[Guava] 적합한 서드파티 라이브러리도 찾지 못했다면, 다른 선택이 없으니 직접 구현하자.

> **핵심 정리**
>
> 바퀴를 다시 발명하지 말자. 아주 특별한 나만의 기능이 아니라면 누군가 이미 라이브러리 형태로 구현해놓았을 가능성이 크다. 그런 라이브러리가 있다면, 쓰면 된다. 있는지 잘 모르겠다면 찾아보라. 일반적으로 라이브러리의 코드는 여러분이 직접 작성한 것보다 품질이 좋고, 점차 개선될 가능성이 크다. 여러분의 실력을 폄하하는 게 아니다. 코드 품질에도 규모의 경제가 적용된다. 즉, 라이브러리 코드는 개발자 각자가 작성하는 것보다 주목을 훨씬 많이 받으므로 코드 품질도 그만큼 높아진다.

아이템 60

정확한 답이 필요하다면 float와 double은 피하라

float와 double 타입은 과학과 공학 계산용으로 설계되었다. 이진 부동소수점 연산에 쓰이며, 넓은 범위의 수를 빠르게 정밀한 '근사치'로 계산하도록 세심하게 설계되었다. 따라서 정확한 결과가 필요할 때는 사용하면 안 된다. **float와 double 타입은 특히 금융 관련 계산과는 맞지 않는다.** 0.1 혹은 10의 음의 거듭제곱 수(10^{-1}, 10^{-2} 등)를 표현할 수 없기 때문이다.

예를 들어 주머니에 1.03달러가 있었는데 그중 42센트를 썼다고 해보자. 남은 돈은 얼마인가? 다음은 이 문제의 답을 구하기 위해 '어설프게' 작성해본 코드다.

```
System.out.println(1.03 - 0.42);
```

안타깝게도 이 코드는 0.6100000000000001을 출력한다. 이는 특수한 사례도 아니다. 이번엔 주머니에 1달러가 있었는데 10센트짜리 사탕 9개를 샀다고 해보자. 얼마가 남았을까?

```
System.out.println(1.00 - 9 * 0.10);
```

이 코드는 0.09999999999999998을 출력한다.

결괏값을 출력하기 전에 반올림하면 해결되리라 생각할지 모르지만, 반올림을 해도 틀린 답이 나올 수 있다. 예를 들어 주머니에는 1달러가 있고, 선반에 10센트, 20센트, 30센트, … 1달러짜리의 맛있는 사탕이 놓여 있다고 해보자. 10센트짜리부터 하나씩, 살 수 있을 때까지 사보자. 사탕을 몇 개나 살 수 있고, 잔돈을 얼마가 남을까? 다음은 이 문제의 답을 구하는 '어설픈' 코드다.

코드 60-1 **오류 발생! 금융 계산에 부동소수 타입을 사용했다.**

```java
public static void main(String[] args) {
    double funds = 1.00;
    int itemsBought = 0;
    for (double price = 0.10; funds >= price; price += 0.10) {
        funds -= price;
        itemsBought++;
    }
    System.out.println(itemsBought + "개 구입");
    System.out.println("잔돈(달러):" + funds);
}
```

프로그램을 실행해보면 사탕 3개를 구입한 후 잔돈은 **0.3999999999999999달러**가 남았음을 알게 된다. 물론 잘못된 결과다! 이 문제를 올바로 해결하려면 어떻게 해야 할까? **금융 계산에는 BigDecimal, int 혹은 long을 사용해야 한다.**

다음은 앞서의 코드에서 double 타입을 BigDecimal로 교체만 했다. BigDecimal의 생성자 중 문자열을 받는 생성자를 사용했음에 주목하자. 계산 시 부정확한 값이 사용되는 걸 막기 위해 필요한 조치다.[Bloch05, 퍼즐 2]

코드 60-2 **BigDecimal을 사용한 해법. 속도가 느리고 쓰기 불편하다.**

```java
public static void main(String[] args) {
    final BigDecimal TEN_CENTS = new BigDecimal(".10");

    int itemsBought = 0;
    BigDecimal funds = new BigDecimal("1.00");
    for (BigDecimal price = TEN_CENTS;
            funds.compareTo(price) >= 0;
            price = price.add(TEN_CENTS)) {
        funds = funds.subtract(price);
        itemsBought++;
    }
    System.out.println(itemsBought + "개 구입");
    System.out.println("잔돈(달러): " + funds);
}
```

이 프로그램을 실행하면 사탕 4개를 구입한 후 잔돈은 0달러가 남는다. 드디어 올바른 답이 나왔다.

하지만 BigDecimal에는 단점이 두 가지 있다. 기본 타입보다 쓰기가 훨씬 불편하고, 훨씬 느리다. 단발성 계산이라면 느리다는 문제는 무시할 수 있지만, 쓰기 불편하다는 점은 못내 아쉬울 것이다.

BigDecimal의 대안으로 int 혹은 long 타입을 쓸 수도 있다. 그럴 경우 다룰 수 있는 값의 크기가 제한되고, 소수점을 직접 관리해야 한다. 이번 예에서는 모든 계산을 달러 대신 센트로 수행하면 이 문제가 해결된다. 다음은 이 방식으로 구현해본 코드다.

코드 60-3 정수 타입을 사용한 해법

```java
public static void main(String[] args) {
    int itemsBought = 0;
    int funds = 100;
    for (int price = 10; funds >= price; price += 10) {
        funds -= price;
        itemsBought++;
    }
    System.out.println(itemsBought + "개 구입");
    System.out.println("잔돈(센트): " + funds);
}
```

핵심 정리

정확한 답이 필요한 계산에는 float나 double을 피하라. 소수점 추적은 시스템에 맡기고, 코딩 시의 불편함이나 성능 저하를 신경 쓰지 않겠다면 BigDecimal을 사용하라. BigDecimal이 제공하는 여덟 가지 반올림 모드를 이용하여 반올림을 완벽히 제어할 수 있다. 법으로 정해진 반올림을 수행해야 하는 비즈니스 계산에서 아주 편리한 기능이다. 반면, 성능이 중요하고 소수점을 직접 추적할 수 있고 숫자가 너무 크지 않다면 int나 long을 사용하라. 숫자를 아홉 자리 십진수로 표현할 수 있다면 int를 사용하고, 열여덟 자리 십진수로 표현할 수 있다면 long을 사용하라. 열여덟 자리를 넘어가면 BigDecimal을 사용해야 한다.

아이템 61

박싱된 기본 타입보다는 기본 타입을 사용하라

자바의 데이터 타입은 크게 두 가지로 나눌 수 있다. 바로 int, double, boolean 같은 기본 타입과 String, List 같은 참조 타입이다. 그리고 각각의 기본 타입에는 대응하는 참조 타입이 하나씩 있으며, 이를 박싱된 기본 타입이라고 한다. 예컨대 int, double, boolean에 대응하는 박싱된 기본 타입은 Integer, Double, Boolean이다.

아이템 6에서 이야기했듯, 오토박싱과 오토언박싱 덕분에 두 타입을 크게 구분하지 않고 사용할 수는 있지만, 그렇다고 차이가 사라지는 것은 아니다. 둘 사이에는 분명한 차이가 있으니 어떤 타입을 사용하는지는 상당히 중요하다. 주의해서 선택해야 한다는 말이다.

기본 타입과 박싱된 기본 타입의 주된 차이는 크게 세 가지다. 첫 번째, 기본 타입은 값만 가지고 있으나, 박싱된 기본 타입은 값에 더해 식별성(identity)이란 속성을 갖는다. 달리 말하면 박싱된 기본 타입의 두 인스턴스는 값이 같아도 서로 다르다고 식별될 수 있다. 두 번째, 기본 타입의 값은 언제나 유효하나, 박싱된 기본 타입은 유효하지 않은 값, 즉 null을 가질 수 있다. 세 번째, 기본 타입이 박싱된 기본 타입보다 시간과 메모리 사용면에서 더 효율적이다. 이상의 세 가지 차이 때문에 주의하지 않고 사용하면 진짜로 문제가 발생할 수 있다.

다음은 Integer 값을 오름차순으로 정렬하는 비교자다(복습해보자. 비교자의 compare 메서드는 첫 번째 원소가 두 번째 원소보다 작으면 음수, 같으면 0, 크면 양수를 반환한다). Integer는 그 자체로 순서가 있으니 이 비교자가 실질적인 의미는 없지만, 아주 흥미로운 점을 하나 보여준다.

코드 61-1 잘못 구현된 비교자 - 문제를 찾아보자!

```
Comparator<Integer> naturalOrder =
    (i, j) -> (i < j) ? -1 : (i == j ? 0 : 1);
```

별다른 문제를 찾기 어렵고, 실제로 이것저것 테스트해봐도 잘 통과한다. 예컨대 Collections.sort에 원소 백만 개짜리 리스트와 이 비교자를 넣어 돌려도 아무 문제가 없다. 리스트에 중복이 있어도 상관없다. 하지만 심각한 결함이 숨어 있으니…… 이 결함을 눈으로 확인하고 싶다면 naturalOrder.compare(new Integer(42), new Integer(42))의 값을 출력해보자. 두 Integer 인스턴스의 값이 42로 같으므로 0을 출력해야 하지만, 실제로는 1을 출력한다. 즉, 첫 번째 Integer가 두 번째보다 크다고 주장한다.

원인이 뭘까? naturalOrder의 첫 번째 검사(i < j)는 잘 작동한다. 여기서 i와 j가 참조하는 오토박싱된 Integer 인스턴스는 기본 타입 값으로 변환된다. 그런 다음 첫 번째 정숫값이 두 번째 값보다 작은지를 평가한다. 만약 작지 않다면 두 번째 검사(i == j)가 이뤄진다. 그런데 이 두 번째 검사에서는 두 '객체 참조'의 식별성을 검사하게 된다. i와 j가 서로 다른 Integer 인스턴스라면 (비록 값은 같더라도) 이 비교의 결과는 false가 되고, 비교자는 (잘못된 결과인) 1을 반환한다. 즉, 첫 번째 Integer 값이 두 번째보다 크다는 것이다. 이처럼 (같은 객체를 비교하는 게 아니라면) **박싱된 기본 타입에 == 연산자를 사용하면 오류가 일어난다.**

실무에서 이와 같이 기본 타입을 다루는 비교자가 필요하다면 Comparator.naturalOrder()를 사용하자. 비교자를 직접 만들면 비교자 생성 메서드나 기본 타입을 받는 정적 compare 메서드를 사용해야 한다(아이템 14). 그렇더라도 이 문제를 고치려면 지역변수 2개를 두어 각각 박싱된 Integer 매개변수의 값을 기본 타입 정수로 저장한 다음, 모든 비교를 이 기본 타입 변수로 수행해야 한다. 이렇게 하면 오류의 원인인 식별성 검사가 이뤄지지 않는다.

코드 61-2 문제를 수정한 비교자

```
Comparator<Integer> naturalOrder = (iBoxed, jBoxed) -> {
    int i = iBoxed, j = jBoxed; // 오토박싱
    return i < j ? -1 : (i == j ? 0 : 1);
};
```

이제 다음의 간단한 프로그램을 살펴보자.

코드 61-3 기이하게 동작하는 프로그램 - 결과를 맞혀보자!

```java
public class Unbelievable {
    static Integer i;

    public static void main(String[] args) {
        if (i == 42)
            System.out.println("믿을 수 없군!");
    }
}
```

이 프로그램은 물론 "믿을 수 없군!"을 출력하지 않지만 그만큼 기이한 결과를
보여준다. i == 42를 검사할 때 NullPointerException을 던지는 것이다. 원
인은 i가 int가 아닌 Integer이며, 다른 참조 타입 필드와 마찬가지로 i의 초
깃값도 null이라는 데 있다. 즉, i == 42는 Integer와 int를 비교하는 것이
다. 거의 예외 없이 **기본 타입과 박싱된 기본 타입을 혼용한 연산에서는 박
싱된 기본 타입의 박싱이 자동으로 풀린다.** 그리고 null 참조를 언박싱하면
NullPointerException이 발생한다. 이 예에서 보듯, 이런 일은 어디서든 벌어
질 수 있다. 다행히 해법은 간단하다. i를 int로 선언해주면 끝이다.

이번에는 아이템 6의 코드 6-3을 다시 살펴보자.

코드 61-4 끔찍이 느리다! 객체가 만들어지는 위치를 찾았는가? - 코드 6-3과 같음

```java
public static void main(String[] args) {
    Long sum = 0L;
    for (long i = 0; i <= Integer.MAX_VALUE; i++) {
        sum += i;
    }
    System.out.println(sum);
}
```

이 프로그램은 실수로 지역변수 sum을 박싱된 기본 타입으로 선언하여 느려졌
다. 오류나 경고 없이 컴파일되지만, 박싱과 언박싱이 반복해서 일어나 체감될
정도로 성능이 느려진다.

이번 아이템에서 다룬 세 프로그램 모두 문제의 원인은 하나다. 프로그래머
가 기본 타입과 박싱된 기본 타입의 차이를 무시한 대가를 치른 것이다. 처음 두
프로그램은 뼈아픈 실패로 이어졌고, 마지막은 심각한 성능 문제가 발생했다.

그렇다면 박싱된 기본 타입은 언제 써야 하는가? 적절히 쓰이는 경우가 몇 가지 있다. 첫 번째, 컬렉션의 원소, 키, 값으로 쓴다. 컬렉션은 기본 타입을 담을 수 없으므로 어쩔 수 없이 박싱된 기본 타입을 써야만 한다. 더 일반화해 말하면, 매개변수화 타입이나 매개변수화 메서드(5장)의 타입 매개변수로는 박싱된 기본 타입을 써야 한다. 자바 언어가 타입 매개변수로 기본 타입을 지원하지 않기 때문이다. 예컨대 변수를 *ThreadLocal<int>* 타입으로 선언하는 건 불가능하며, 대신 `ThreadLocal<Integer>`를 써야 한다. 마지막으로, 리플렉션(아이템 65)을 통해 메서드를 호출할 때도 박싱된 기본 타입을 사용해야 한다.

> **핵심 정리**
>
> 기본 타입과 박싱된 기본 타입 중 하나를 선택해야 한다면 가능하면 기본 타입을 사용하라. 기본 타입은 간단하고 빠르다. 박싱된 기본 타입을 써야 한다면 주의를 기울이자. **오토박싱이 박싱된 기본 타입을 사용할 때의 번거로움을 줄여주지만, 그 위험까지 없애주지는 않는다.** 두 박싱된 기본 타입을 == 연산자로 비교한다면 식별성 비교가 이뤄지는데, 이는 여러분이 원한 게 아닐 가능성이 크다. 같은 연산에서 기본 타입과 박싱된 기본 타입을 혼용하면 언박싱이 이뤄지며, **언박싱 과정에서 `NullPointerException`을 던질 수 있다.** 마지막으로, 기본 타입을 박싱하는 작업은 필요 없는 객체를 생성하는 부작용을 나을 수 있다.

아이템 62

다른 타입이 적절하다면 문자열 사용을 피하라

문자열(String)은 텍스트를 표현하도록 설계되었고, 그 일을 아주 멋지게 해낸다. 그런데 문자열은 워낙 흔하고 자바가 또 잘 지원해주어 원래 의도하지 않은 용도로도 쓰이는 경향이 있다. 이번 아이템에서는 문자열을 쓰지 않아야 할 사례를 다룬다.

문자열은 다른 값 타입을 대신하기에 적합하지 않다. 많은 사람이 파일, 네트워크, 키보드 입력으로부터 데이터를 받을 때 주로 문자열을 사용한다. 사뭇 자연스러워 보이지만, 입력받을 데이터가 진짜 문자열일 때만 그렇게 하는 게 좋다. 받은 데이터가 수치형이라면 int, float, BigInteger 등 적당한 수치 타입으로 변환해야 한다. '예/아니오' 질문의 답이라면 적절한 열거 타입이나 boolean으로 변환해야 한다. 일반화해 이야기하자면, 기본 타입이든 참조 타입이든 적절한 값 타입이 있다면 그것을 사용하고, 없다면 새로 하나 작성하라. 당연한 조언 같겠지만, 지켜지지 않는 경우가 많아서 하는 이야기다.

문자열은 열거 타입을 대신하기에 적합하지 않다. 아이템 34에서 이야기했듯, 상수를 열거할 때는 문자열보다는 열거 타입이 월등히 낫다.

문자열은 혼합 타입을 대신하기에 적합하지 않다. 여러 요소가 혼합된 데이터를 하나의 문자열로 표현하는 것은 대체로 좋지 않은 생각이다. 예를 들어 다음은 실제 시스템에서 가져온 코드다.

코드 62-1 혼합 타입을 문자열로 처리한 부적절한 예

```
String compoundKey = className + "#" + i.next();
```

이는 단점이 많은 방식이다. 혹여라도 두 요소를 구분해주는 문자 #이 두 요소 중 하나에서 쓰였다면 혼란스러운 결과를 초래한다. 각 요소를 개별로 접근하려면 문자열을 파싱해야 해서 느리고, 귀찮고, 오류 가능성도 커진다. 적절한

equals, toString, compareTo 메서드를 제공할 수 없으며, String이 제공하는 기능에만 의존해야 한다. 그래서 차라리 전용 클래스를 새로 만드는 편이 낫다. 이런 클래스는 보통 private 정적 멤버 클래스로 선언한다(아이템 24).

문자열은 권한을 표현하기에 적합하지 않다. 권한(capacity)을 문자열로 표현하는 경우가 종종 있다. 예를 들어 스레드 지역변수 기능을 설계한다고 해보자. 그 이름처럼 각 스레드가 자신만의 변수를 갖게 해주는 기능이다. 자바가 이 기능을 지원하기 시작한 때는 자바 2부터로, 그 전에는 프로그래머가 직접 구현해야 했다. 그 당시 이 기능을 설계해야 했던 여러 프로그래머가 독립적으로 방법을 모색하다가 종국에는 똑같은 설계에 이르렀다. 바로 클라이언트가 제공한 문자열 키로 스레드별 지역변수를 식별한 것이다.

코드 62-2 잘못된 예 - 문자열을 사용해 권한을 구분하였다.

```java
public class ThreadLocal {
    private ThreadLocal() { } // 객체 생성 불가

    // 현 스레드의 값을 키로 구분해 저장한다.
    public static void set(String key, Object value);

    // (키가 가리키는) 현 스레드의 값을 반환한다.
    public static Object get(String key);
}
```

이 방식의 문제는 스레드 구분용 문자열 키가 전역 이름공간에서 공유된다는 점이다. 이 방식이 의도대로 동작하려면 각 클라이언트가 고유한 키를 제공해야 한다. 그런데 만약 두 클라이언트가 서로 소통하지 못해 같은 키를 쓰기로 결정한다면, 의도치 않게 같은 변수를 공유하게 된다. 결국 두 클라이언트 모두 제대로 기능하지 못할 것이다. 보안도 취약하다. 악의적인 클라이언트라면 의도적으로 같은 키를 사용하여 다른 클라이언트의 값을 가져올 수도 있다.

이 API는 문자열 대신 위조할 수 없는 키를 사용하면 해결된다. 이 키를 권한(capacity)이라고도 한다.

코드 62-3 Key 클래스로 권한을 구분했다.

```java
public class ThreadLocal {
    private ThreadLocal() { } // 객체 생성 불가

    public static class Key { // (권한)
```

```
        Key() { }
    }

    // 위조 불가능한 고유 키를 생성한다.
    public static Key getKey() {
        return new Key();
    }

    public static void set(Key key, Object value);
    public static Object get(Key key);
}
```

이 방법은 앞서의 문자열 기반 API의 문제 두 가지를 모두 해결해주지만, 개선할 여지가 있다. set과 get은 이제 정적 메서드일 이유가 없으니 Key 클래스의 인스턴스 메서드로 바꾸자. 이렇게 하면 Key는 더 이상 스레드 지역변수를 구분하기 위한 키가 아니라, 그 자체가 스레드 지역변수가 된다. 결과적으로 지금의 톱레벨 클래스인 ThreadLocal은 별달리 하는 일이 없어지므로 치워버리고, 중첩 클래스 Key의 이름을 ThreadLocal로 바꿔버리자. 그러면 다음처럼 변한다.

코드 62-4 리팩터링하여 Key를 ThreadLocal로 변경

```
public final class ThreadLocal {
    public ThreadLocal();
    public void set(Object value);
    public Object get();
}
```

이 API에서는 get으로 얻은 Object를 실제 타입으로 형변환해 써야 해서 타입안전하지 않다. 처음의 문자열 기반 API는 타입안전하게 만들 수 없으며, Key를 사용한 API도 타입안전하게 만들기 어렵다. 하지만 ThreadLocal을 매개변수화 타입(아이템29)으로 선언하면 간단하게 문제가 해결된다.

코드 62-5 매개변수화하여 타입안전성 확보

```
public final class ThreadLocal<T> {
    public ThreadLocal();
    public void set(T value);
    public T get();
}
```

이제 자바의 java.lang.ThreadLocal과 흡사해졌다. 문자열 기반 API의 문제를

해결해주며, 키 기반 API보다 빠르고 우아하다.

> **핵심 정리**
>
> 더 적합한 데이터 타입이 있거나 새로 작성할 수 있다면, 문자열을 쓰고 싶은 유혹을 뿌
> 리쳐라. 문자열은 잘못 사용하면 번거롭고, 덜 유연하고, 느리고, 오류 가능성도 크다. 문
> 자열을 잘못 사용하는 흔한 예로는 기본 타입, 열거 타입, 혼합 타입이 있다.

아이템 63

문자열 연결은 느리니 주의하라

문자열 연결 연산자(+)는 여러 문자열을 하나로 합쳐주는 편리한 수단이다. 그런데 한 줄짜리 출력값 혹은 작고 크기가 고정된 객체의 문자열 표현을 만들 때라면 괜찮지만, 본격적으로 사용하기 시작하면 성능 저하를 감내하기 어렵다. **문자열 연결 연산자로 문자열 n개를 잇는 시간은 n^2에 비례한다.** 문자열은 불변(아이템 17)이라서 두 문자열을 연결할 경우 양쪽의 내용을 모두 복사해야 하므로 성능 저하는 피할 수 없는 결과다.

예를 들어 다음 메서드는 청구서의 품목(item)을 전부 하나의 문자열로 연결해준다.

코드 63-1 문자열 연결을 잘못 사용한 예 - 느리다!
```java
public String statement() {
    String result = "";
    for (int i = 0; i < numItems(); i++)
        result += lineForItem(i); // 문자열 연결
    return result;
}
```

품목이 많을 경우 이 메서드는 심각하게 느려질 수 있다. **성능을 포기하고 싶지 않다면 String 대신 StringBuilder를 사용하자.**

코드 63-2 **StringBuilder를 사용하면 문자열 연결 성능이 크게 개선된다.**
```java
public String statement2() {
    StringBuilder b = new StringBuilder(numItems() * LINE_WIDTH);
    for (int i = 0; i < numItems(); i++)
        b.append(lineForItem(i));
    return b.toString();
}
```

자바 6 이후 문자열 연결 성능을 다방면으로 개선했지만, 이 두 메서드의 성능 차이는 여전히 크다. 품목을 100개로 하고 lineForItem이 길이 80인 문자열을

반환하게 하여 내 컴퓨터에서 실행해보니 코드 63-2의 statement2가 6.5배나 빨랐다. statement 메서드의 수행 시간은 품목 수의 제곱이 비례해 늘어나고 statement2는 선형으로 늘어나므로, 품목 수가 늘어날수록 성능 격차도 점점 벌어질 것이다. statement2에서 StringBuilder를 전체 결과를 담기에 충분한 크기로 초기화한 점을 잊지 말자. 하지만 기본값을 사용하더라도 여전히 5.5배나 빨랐다.

> **핵심 정리**
>
> 원칙은 간단하다. 성능에 신경 써야 한다면 **많은 문자열을 연결할 때는 문자열 연결 연산자(+)를 피하자.** 대신 StringBuilder의 append 메서드를 사용하라. 문자 배열을 사용하거나, 문자열을 (연결하지 않고) 하나씩 처리하는 방법도 있다.

아이템 64

객체는 인터페이스를 사용해 참조하라

아이템 51에서 매개변수 타입으로 클래스가 아니라 인터페이스를 사용하라고 했다. 이 조언을 "객체는 클래스가 아닌 인터페이스로 참조하라"고까지 확장할 수 있다. **적합한 인터페이스만 있다면 매개변수뿐 아니라 반환값, 변수, 필드를 전부 인터페이스 타입으로 선언하라.** 객체의 실제 클래스를 사용해야 할 상황은 '오직' 생성자로 생성할 때뿐이다. 예를 들어 다음은 Set 인터페이스를 구현한 LinkedHashSet 변수를 선언하는 올바른 모습이다.

```
// 좋은 예. 인터페이스를 타입으로 사용했다.
Set<Son> sonSet = new LinkedHashSet<>();
```

다음은 좋지 않은 예다.

```
// 나쁜 예. 클래스를 타입으로 사용했다!
LinkedHashSet<Son> sonSet = new LinkedHashSet<>();
```

인터페이스를 타입으로 사용하는 습관을 길러두면 프로그램이 훨씬 유연해질 것이다. 나중에 구현 클래스를 교체하고자 한다면 그저 새 클래스의 생성자(혹은 다른 정적 팩터리)를 호출해주기만 하면 된다. 예컨대 처음 선언은 다음처럼 바뀔 것이다.

```
Set<Son> sonSet = new HashSet<>();
```

이것으로 끝! 다른 코드는 전혀 손대지 않고 새로 구현한 클래스로의 교체가 완료됐다. 주변 코드는 옛 클래스의 존재를 애초부터 몰랐으니 이러한 변화에 아무런 영향도 받지 않는다.

　단, 주의할 점이 하나 있다. 원래의 클래스가 인터페이스의 일반 규약 이외의 특별한 기능을 제공하며, 주변 코드가 이 기능에 기대어 동작한다면 새로운 클래스도 반드시 같은 기능을 제공해야 한다. 예컨대 첫 번째 선언의 주변 코드가 LinkedHashSet이 따르는 순서 정책을 가정하고 동작하는 상황에서 이를 HashSet으로 바꾸면 문제가 될 수 있다. HashSet은 반복자의 순회 순서를 보장하지 않기 때문이다.

구현 타입을 바꾸려 하는 동기는 무엇일까? 원래 것보다 성능이 좋거나 멋진 신기능을 제공하기 때문일 수 있다. 예를 들어 HashMap을 참조하던 변수가 있다고 하자. 이를 EnumMap으로 바꾸면 속도가 빨라지고 순회 순서도 키의 순서와 같아진다. 단, EnumMap은 키가 열거 타입일 때만 사용할 수 있다. 한편 키 타입과 상관없이 사용할 수 있는 LinkedHashMap으로 바꾼다면 성능은 비슷하게 유지하면서 순회 순서를 예측할 수 있다.

선언 타입과 구현 타입을 동시에 바꿀 수 있으니 변수를 구현 타입으로 선언해도 괜찮을 거라 생각할 수도 있다. 하지만 자칫하면 프로그램이 컴파일되지 않는다. 예컨대 클라이언트에서 기존 타입에서만 제공하는 메서드를 사용했거나, 기존 타입을 사용해야 하는 다른 메서드에 그 인스턴스를 넘겼다고 해보자. 그러면 새로운 코드에서는 컴파일되지 않을 것이다. 변수를 인터페이스 타입으로 선언하면 이런 일이 발생하지 않는다.

적합한 인터페이스가 없다면 당연히 클래스로 참조해야 한다. String과 BigInteger 같은 값 클래스가 그렇다. 값 클래스를 여러 가지로 구현될 수 있다고 생각하고 설계하는 일은 거의 없다. 따라서 final인 경우가 많고 상응하는 인터페이스가 별도로 존재하는 경우가 드물다. 이런 값 클래스는 매개변수, 변수, 필드, 반환 타입으로 사용해도 무방하다.

적합한 인터페이스가 없는 두 번째 부류는 클래스 기반으로 작성된 프레임워크가 제공하는 객체들이다. 이런 경우라도 특정 구현 클래스보다는 (보통은 추상 클래스인) 기반 클래스를 사용해 참조하는 게 좋다. OutputStream 등 java.io 패키지의 여러 클래스가 이 부류에 속한다.

적합한 인터페이스가 없는 마지막 부류는 인터페이스에는 없는 특별한 메서드를 제공하는 클래스들이다. 예를 들어 PriorityQueue 클래스는 Queue 인터페이스에는 없는 comparator 메서드를 제공한다. 클래스 타입을 직접 사용하는 경우는 이런 추가 메서드를 꼭 사용해야 하는 경우로 최소화해야 하며, 절대

남발하지 말아야 한다.

이상의 세 부류는 인터페이스 대신 클래스 타입을 사용해도 되는 예도 있음을 보여주기 위한 것일 뿐이므로 모든 상황을 다 설명하지는 못한다. 실전에서는 주어진 객체를 표현할 적절한 인터페이스가 있는지 찾아서 그 인터페이스로 참조하면 더 유연하고 세련된 프로그램을 만들 수 있다. **적합한 인터페이스가 없다면 클래스의 계층구조 중 필요한 기능을 만족하는 가장 덜 구체적인(상위의) 클래스를 타입으로 사용하자.**

리플렉션보다는 인터페이스를 사용하라

리플렉션 기능(java.lang.reflect)을 이용하면 프로그램에서 임의의 클래스에 접근할 수 있다. Class 객체가 주어지면 그 클래스의 생성자, 메서드, 필드에 해당하는 Constructor, Method, Field 인스턴스를 가져올 수 있고, 이어서 이 인스턴스들로는 그 클래스의 멤버 이름, 필드 타입, 메서드 시그니처 등을 가져올 수 있다.

나아가 Constructor, Method, Field 인스턴스를 이용해 각각에 연결된 실제 생성자, 메서드, 필드를 조작할 수도 있다. 이 인스턴스들을 통해 해당 클래스의 인스턴스를 생성하거나, 메서드를 호출하거나, 필드에 접근할 수 있다는 뜻이다. 예를 들어 Method.invoke는 어떤 클래스의 어떤 객체가 가진 어떤 메서드라도 호출할 수 있게 해준다(물론 일반적인 보안 제약사항은 준수해야 한다). 리플렉션을 이용하면 컴파일 당시에 존재하지 않던 클래스도 이용할 수 있는데, 물론 단점이 있다.

- **컴파일타임 타입 검사가 주는 이점을 하나도 누릴 수 없다.** 예외 검사도 마찬가지다. 프로그램이 리플렉션 기능을 써서 존재하지 않는 혹은 접근할 수 없는 메서드를 호출하려 시도하면 (주의해서 대비 코드를 작성해두지 않았다면) 런타임 오류가 발생한다.
- **리플렉션을 이용하면 코드가 지저분하고 장황해진다.** 지루한 일이고, 읽기도 어렵다.
- **성능이 떨어진다.** 리플렉션을 통한 메서드 호출은 일반 메서드 호출보다 훨씬 느리다. 고려해야 하는 요소가 많아 정확한 차이는 이야기하기 어렵지만, 내 컴퓨터에서 입력 매개변수가 없고 int를 반환하는 메서드로 실험해보니 11배나 느렸다.

코드 분석 도구나 의존관계 주입 프레임워크처럼 리플렉션을 써야 하는 복잡한 애플리케이션이 몇 가지 있다. 하지만 이런 도구들마저 리플렉션 사용을 점차 줄이고 있다. 단점이 명백하기 때문이다. 여러분의 애플리케이션에 리플렉션이 필요한지 확신할 수 없다면 아마도 필요 없을 가능성이 클 것이다.

리플렉션은 아주 제한된 형태로만 사용해야 그 단점을 피하고 이점만 취할 수 있다. 컴파일타임에 이용할 수 없는 클래스를 사용해야만 하는 프로그램은 비록 컴파일타임이라도 적절한 인터페이스나 상위 클래스를 이용할 수는 있을 것이다(아이템 64). 다행히 이런 경우라면 **리플렉션은 인스턴스 생성에만 쓰고, 이렇게 만든 인스턴스는 인터페이스나 상위 클래스로 참조해 사용하자.**

예를 들어 다음 프로그램은 Set<String> 인터페이스의 인스턴스를 생성하는데, 정확한 클래스는 명령줄의 첫 번째 인수로 확정한다. 그리고 생성한 집합(Set)에 두 번째 이후의 인수들을 추가한 다음 화면에 출력한다. 첫 번째 인수와 상관없이 이후의 인수들에서 중복은 제거한 후 출력한다. 반면, 이 인수들이 출력되는 순서는 첫 번째 인수로 지정한 클래스가 무엇이냐에 따라 달라진다. java.util.HashSet을 지정하면 무작위 순서가 될 것이고, java.util.TreeSet을 지정하면 (TreeSet은 원소를 정렬하니) 알파벳 순서로 출력될 것이다.

코드 65-1 리플렉션으로 생성하고 인터페이스로 참조해 활용한다.

```
public static void main(String[] args) {
    // 클래스 이름을 Class 객체로 변환
    Class<? extends Set<String>> cl = null;
    try {
        cl = (Class<? extends Set<String>>) // 비검사 형변환!
                Class.forName(args[0]);
    } catch (ClassNotFoundException e) {
        fatalError("클래스를 찾을 수 없습니다.");
    }

    // 생성자를 얻는다.
    Constructor<? extends Set<String>> cons = null;
    try {
        cons = cl.getDeclaredConstructor();
    } catch (NoSuchMethodException e) {
        fatalError("매개변수 없는 생성자를 찾을 수 없습니다.");
    }
```

```
        // 집합의 인스턴스를 만든다.
        Set<String> s = null;
        try {
            s = cons.newInstance();
        } catch (IllegalAccessException e) {
            fatalError("생성자에 접근할 수 없습니다.");
        } catch (InstantiationException e) {
            fatalError("클래스를 인스턴스화할 수 없습니다.");
        } catch (InvocationTargetException e) {
            fatalError("생성자가 예외를 던졌습니다: " + e.getCause());
        } catch (ClassCastException e) {
            fatalError("Set을 구현하지 않은 클래스입니다.");
        }

        // 생성한 집합을 사용한다.
        s.addAll(Arrays.asList(args).subList(1, args.length));
        System.out.println(s);
    }

    private static void fatalError(String msg) {
        System.err.println(msg);
        System.exit(1);
    }
}
```

 간단한 프로그램이지만 여기서 선보인 기법은 꽤나 강력하다. 이 프로그램은 손쉽게 제네릭 집합 테스터로 변신할 수 있다. 즉, 명시한 Set 구현체를 공격적으로 조작해보며 Set 규약을 잘 지키는지 검사해볼 수 있다. 비슷하게, 제네릭 집합 성능 분석 도구로 활용할 수도 있다. 사실 이 기법은 완벽한 서비스 제공자 프레임워크(아이템 1)를 구현할 수 있을 만큼 강력하다. 대부분의 경우 리플렉션 기능은 이 정도만 사용해도 충분하다.

이 예는 리플렉션의 단점 두 가지를 보여준다. 첫 번째, 런타임에 총 여섯 가지나 되는 예외를 던질 수 있다. 그 모두가 인스턴스를 리플렉션 없이 생성했다면 컴파일타임에 잡아낼 수 있었을 예외들이다(재미 삼아 명령줄 인수를 일부러 잘못 입력해보자. 이 여섯 가지 예외를 모두 발생시킬 수 있다). 두 번째, 클래스 이름만으로 인스턴스를 생성해내기 위해 무려 25줄이나 되는 코드를 작성했다. 리플렉션이 아니라면 생성자 호출 한 줄로 끝났을 일이다. 참고로, 리플렉션 예외 각각을 잡는 대신 모든 리플렉션 예외의 상위 클래스인 ReflectiveOperationException을 잡도록 하여 코드 길이를 줄일 수도 있다(ReflectiveOperationException은 자바 7부터 지원된다). 두 단점 모두 객체를 생성하는 부분에만 국한된다. 객체가 일단 만들어지면 그 후의 코드는 여타의 Set 인스턴스를 사용할 때와 똑같다. 그래서 실제 프로그램에서는 이런 제약에 영향받는 코드는 일부에 지나지 않는다.

이 프로그램을 컴파일하면 비검사 형변환 경고가 뜬다. 하지만 Class<? extends Set<String>>으로의 형변환은 심지어 명시한 클래스가 Set을 구현하지 않았더라도 성공할 것이라, 실제 문제로 이어지지는 않는다. 단, 그 클래스의 인스턴스를 생성하려 할 때 ClassCastException을 던지게 된다. 이 경고를 숨기는 방법은 아이템 27을 참고하기 바란다.

드물긴 하지만, 리플렉션은 런타임에 존재하지 않을 수도 있는 다른 클래스, 메서드, 필드와의 의존성을 관리할 때 적합하다. 이 기법은 버전이 여러 개 존재하는 외부 패키지를 다룰 때 유용하다. 가동할 수 있는 최소한의 환경, 즉 주로 가장 오래된 버전만을 지원하도록 컴파일한 후, 이후 버전의 클래스와 메서드 등은 리플렉션으로 접근하는 방식이다. 이렇게 하려면 접근하려는 새로운 클래스나 메서드가 런타임에 존재하지 않을 수 있다는 사실을 반드시 감안해야 한다. 즉, 같은 목적을 이룰 수 있는 대체 수단을 이용하거나 기능을 줄여 동작하는 등의 적절한 조치를 취해야 한다.

> **핵심 정리**
>
> 리플렉션은 복잡한 특수 시스템을 개발할 때 필요한 강력한 기능이지만, 단점도 많다. 컴파일타임에는 알 수 없는 클래스를 사용하는 프로그램을 작성한다면 리플렉션을 사용해야 할 것이다. 단, 되도록 객체 생성에만 사용하고, 생성한 객체를 이용할 때는 적절한 인터페이스나 컴파일타임에 알 수 있는 상위 클래스로 형변환해 사용해야 한다.

네이티브 메서드는 신중히 사용하라

자바 네이티브 인터페이스(Java Native Interface, JNI)는 자바 프로그램이 네이티브 메서드를 호출하는 기술이다. 여기서 네이티브 메서드란 C나 C++ 같은 네이티브 프로그래밍 언어로 작성한 메서드를 말한다. 전통적으로 네이티브 메서드의 주요 쓰임은 다음 세 가지다. 첫 번째, 레지스트리 같은 플랫폼 특화 기능을 사용한다. 두 번째, 네이티브 코드로 작성된 기존 라이브러리를 사용한다. 레거시 데이터를 사용하는 레거시 라이브러리가 그 예다. 세 번째, 성능 개선을 목적으로 성능에 결정적인 영향을 주는 영역만 따로 네이티브 언어로 작성한다.

플랫폼 특화 기능을 활용하려면 네이티브 메서드를 사용해야 한다. 하지만 자바가 성숙해가면서 (OS 같은) 하부 플랫폼의 기능들을 점차 흡수하고 있다. 그래서 네이티브 메서드를 사용할 필요가 계속 줄어들고 있다. 예컨대 자바 9은 새로 process API를 추가해 OS 프로세스에 접근하는 길을 열어주었다. 대체할 만한 자바 라이브러리가 없는 네이티브 라이브러리를 사용해야 할 때도 네이티브 메서드를 써야 한다.

성능을 개선할 목적으로 네이티브 메서드를 사용하는 것은 거의 권장하지 않는다. 자바 초기 시절(자바 3 전)이라면 이야기가 다르지만, JVM은 그동안 엄청난 속도로 발전해왔다. 대부분 작업에서 지금의 자바는 다른 플랫폼에 견줄만한 성능을 보인다. 예컨대 java.math가 처음 추가된 자바 1.1 시절 BigInteger는 C로 작성한 고성능 라이브러리에 의지했다. 그러다 자바 3 때 순수 자바로 다시 구현되면서 세심히 튜닝한 결과, 원래의 네이티브 구현보다도 더 빨라졌다.

여기에는 슬픈 뒷이야기가 남아 있다. 그 후로 BigInteger는 자바 8에서 큰 수의 곱셈 성능을 개선한 것을 제외하고는 더 이상의 커다란 변화가 없었다.

한편, 네이티브 라이브러리 쪽은 GNU 다중 정밀 연산 라이브러리(GMP)를 필두로 개선 작업이 계속돼왔다. 그래서 정말로 고성능의 다중 정밀 연산이 필요한 자바 프로그래머라면 이제 네이티브 메서드를 통해 GMP를 사용하는 걸 고려해도 좋다.[Blum14]

네이티브 메서드에는 심각한 단점이 있다. 네이티브 언어가 안전하지 않으므로(아이템 50) 네이티브 메서드를 사용하는 애플리케이션도 메모리 훼손 오류로부터 더 이상 안전하지 않다. 네이티브 언어는 자바보다 플랫폼을 많이 타서 이식성도 낮다. 디버깅도 더 어렵다. 주의하지 않으면 속도가 오히려 느려질 수도 있다. 가비지 컬렉터가 네이티브 메모리는 자동 회수하지 못하고, 심지어 추적조차 할 수 없다(아이템 8). 자바 코드와 네이티브 코드의 경계를 넘나들 때마다 비용도 추가된다. 마지막으로 네이티브 메서드와 자바 코드 사이의 '접착 코드(glue code)'를 작성해야 하는데, 이는 귀찮은 작업이기도 하거니와 가독성도 떨어진다.

> **핵심 정리**
>
> 네이티브 메서드를 사용하려거든 한번 더 생각하라. 네이티브 메서드가 성능을 개선해주는 일은 많지 않다. 저수준 자원이나 네이티브 라이브러리를 사용해야만 해서 어쩔 수 없더라도 네이티브 코드는 최소한만 사용하고 철저히 테스트하라. 네이티브 코드 안에 숨은 단 하나의 버그가 여러분 애플리케이션 전체를 훼손할 수도 있다.

아이템 67

최적화는 신중히 하라

모든 사람이 마음 깊이 새겨야 할 최적화 격언 세 개를 소개한다.

(맹목적인 어리석음을 포함해) 그 어떤 핑계보다 효율성이라는 이름 아래 행해진 컴퓨팅 죄악이 더 많다(심지어 효율을 높이지도 못하면서).

— 윌리엄 울프[Wulf72]

(전체의 97% 정도인) 자그마한 효율성은 모두 잊자. 섣부른 최적화가 만악의 근원이다.

— 도널드 크누스[Knuth74]

최적화를 할 때는 다음 두 규칙을 따르라.
첫 번째, 하지 마라.
두 빈째, (전문가 한정) 아직 하지 마라. 다시 말해, 완전히 명백하고 최적화되지 않은 해법을 찾을 때까지는 하지 마라.

— M. A. 잭슨[Jackson75]

이 격언들은 자바가 탄생하기 20년 전에 나온 것으로, 최적화의 어두운 진실을 이야기해준다. 최적화는 좋은 결과보다는 해로운 결과로 이어지기 쉽고, 섣불리 진행하면 특히 더 그렇다. 빠르지도 않고 제대로 동작하지도 않으면서 수정하기는 어려운 소프트웨어를 탄생시키는 것이다.

성능 때문에 견고한 구조를 희생하지 말자. **빠른 프로그램보다는 좋은 프로그램을 작성하라.** 좋은 프로그램이지만 원하는 성능이 나오지 않는다면 그 아키텍처 자체가 최적화할 수 있는 길을 안내해줄 것이다. 좋은 프로그램은 정보 은닉 원칙을 따르므로 개별 구성요소의 내부를 독립적으로 설계할 수 있다. 따라서 시스템의 나머지에 영향을 주지 않고도 각 요소를 다시 설계할 수 있다 (아이템 15).

프로그램을 완성할 때까지 성능 문제를 무시하라는 뜻이 아니다. 구현상의 문제는 나중에 최적화해 해결할 수 있지만, 아키텍처의 결함이 성능을 제한하는 상황이라면 시스템 전체를 다시 작성하지 않고는 해결하기 불가능할 수 있다. 완성된 설계의 기본 틀을 변경하려다 보면 유지보수하거나 개선하기 어려운 꼬인 구조의 시스템이 만들어지기 쉽기 때문이다. 따라서 설계 단계에서 성능을 반드시 염두에 두어야 한다.

성능을 제한하는 설계를 피하라. 완성 후 변경하기가 가장 어려운 설계 요소는 바로 컴포넌트끼리, 혹은 외부 시스템과의 소통 방식이다. API, 네트워크 프로토콜, 영구 저장용 데이터 포맷 등이 대표적이다. 이런 설계 요소들은 완성 후에는 변경하기 어렵거나 불가능할 수 있으며, 동시에 시스템 성능을 심각하게 제한할 수 있다.

API를 설계할 때 성능에 주는 영향을 고려하라. public 타입을 가변으로 만들면, 즉 내부 데이터를 변경할 수 있게 만들면 불필요한 방어적 복사를 수없이 유발할 수 있다(아이템 50). 비슷하게, 컴포지선으로 해결할 수 있음에도 상속 방식으로 설계한 public 클래스는 상위 클래스에 영원히 종속되며 그 성능 제약까지도 물려받게 된다(아이템 18). 인터페이스도 있는데 굳이 구현 타입을 사용하는 것 역시 좋지 않다. 특정 구현체에 종속되게 하여, 나중에 더 빠른 구현체가 나오더라도 이용하지 못하게 된다(아이템 64).

API 설계가 성능에 주는 영향은 현실적인 문제다. `java.awt.Component` 클래스의 `getSize` 메서드를 생각해보자. 이 API 설계자는 이 메서드가 `Dimension` 인스턴스를 반환하도록 결정했다. 여기에 더해 `Dimension`은 가변으로 설계했으니 `getSize`를 호출하는 모든 곳에서 `Dimension` 인스턴스를 (방어적으로 복사하느라) 새로 생성해야만 한다. 요즘 VM이라면 이런 작은 객체를 몇 개 생성하는 게 큰 부담은 아니지만, 수백만 개를 생성해야 한다면 이야기가 달라진다.

이 API를 다르게 설계했을 수도 있다. `Dimension`을 불변(아이템 17)으로 만드는 게 가장 이상적이지만, `getSize`를 `getWidth`와 `getHeight`로 나누는 방법도 있다. 즉, `Dimension` 객체의 기본 타입 값들을 따로따로 반환하는 방식이다. 실제로도 자바 2에서는 성능 문제를 해결하고자 `Component` 클래스에 이 메서드들을 추가했다. 하지만 기존 클라이언트 코드는 여전히 `getSize` 메서드를 호출하며 원래 내렸던 API 설계 결정의 폐해를 감내하고 있다.

다행히 잘 설계된 API는 성능도 좋은 게 보통이다. 그러니 **성능을 위해 API 를 왜곡하는 건 매우 안 좋은 생각이다.** API를 왜곡하도록 만든 그 성능 문제는 해당 플랫폼이나 아랫단 소프트웨어의 다음 버전에서 사라질 수도 있지만, 왜 곡된 API와 이를 지원하는 데 따르는 고통은 영원히 계속될 것이다.

신중하게 설계하여 깨끗하고 명확하고 멋진 구조를 갖춘 프로그램을 완성한 다음에야 최적화를 고려해볼 차례가 된다. 물론 성능에 만족하지 못할 경우에 한정된다.

잭슨이 소개한 최적화 규칙 두 가지를 상기해보자. 첫 번째는 "하지 마라", 두 번째는 "(전문가 한정) 아직 하지 마라"였다. 여기에 하나를 더 추가한다면 **"각각의 최적화 시도 전후로 성능을 측정하라"** 정도가 되겠다. 아마도 측정 결 과에 놀랄 때가 많을 것이다. 시도한 최적화 기법이 성능을 눈에 띄게 높이지 못하는 경우가 많고, 심지어 더 나빠지게 할 때도 있다. 주요 원인은 여러분 프 로그램에서 시간을 잡아먹는 부분을 추측하기가 어렵기 때문이다. 느릴 거라 고 짐작한 부분이 사실은 성능에 별다른 영향을 주지 않는 곳이라면 여러분의 시간만 허비한 꼴이 된다. 일반적으로 90%의 시간을 단 10%의 코드에서 사용 한다는 사실을 기억해두자.

프로파일링 도구(profiling tool)는 최적화 노력을 어디에 집중해야 할지 찾 는 데 도움을 준다. 이런 도구는 개별 메서드의 소비 시간과 호출 횟수 같은 런 타임 정보를 제공하여, 집중할 곳은 물론 알고리즘을 변경해야 한다는 사실을 알려주기도 한다. 프로그램에 시간이 거듭제곱으로 증가하는(혹은 더 나쁜) 알 고리즘이 숨어 있다면 더 효율적인 것으로 교체해야 한다. 그러면 다른 튜닝을 하지 않아도 문제가 사라질 것이다. 시스템 규모가 커질수록 프로파일러가 더 중요해진다. 건초더미에서 바늘찾기와 비슷하다. 건초더미가 거대해질수록 금 속탐지기가 더 절실해진다. 그 외에 jmh도 언급해둘 만한 도구다. 프로파일러 는 아니지만 자바 코드의 상세한 성능을 알기 쉽게 보여주는 마이크로 벤치마 킹 프레임워크다.[JMH]

최적화 시도 전후의 성능 측정은 C와 C++ 같은 전통적인 언어에서도 중요하 지만, 성능 모델이 덜 정교한 자바에서는 중요성이 더욱 크다. 자바는 다양한 기본 연산에 드는 상대적인 비용을 덜 명확하게 정의하고 있다. 다시 말해, 프로그래머가 작성하는 코드와 CPU에서 수행하는 명령 사이의 '추상화 격차'가 커서 최적화로 인한 성능 변화를 일정하게 예측하기가 그만큼 더 어렵다. 그래서인지 최적화와 관련해 일부만 맞거나 터무니없는 미신들이 떠돌아다닌다.

자바의 성능 모델은 정교하지 않을뿐더러 구현 시스템, 릴리스, 프로세서마다 차이가 있다. 여러분의 프로그램을 여러 가지 자바 플랫폼이나 여러 하드웨어 플랫폼에서 구동한다면 최적화의 효과를 그 각각에서 측정해야 한다. 그러다 보면 다른 구현 혹은 하드웨어 플랫폼 사이에서 성능을 타협해야 하는 상황도 마주할 것이다.

이 책의 초판을 쓰고 거의 20년이 지나면서 자바 소프트웨어 스택의 모든 요소가 훨씬 복잡해졌다. 프로세서부터 가상머신과 라이브러리, 그리고 자바가 수행되는 하드웨어 종류도 무척 다양해졌다. 이런 모든 요소가 하나로 얽혀 자바 프로그램의 성능 예측을 2001년 당시보다 훨씬 어렵게 한다. 그에 비례해 측정의 중요성도 커졌다.

> **핵심 정리**
>
> 빠른 프로그램을 작성하려 안달하지 말자. 좋은 프로그램을 작성하다 보면 성능은 따라오게 마련이다. 하지만 시스템을 설계할 때, 특히 API, 네트워크 프로토콜, 영구 저장용 데이터 포맷을 설계할 때는 성능을 염두에 두어야 한다. 시스템 구현을 완료했다면 이제 성능을 측정해보라. 충분히 빠르면 그것으로 끝이다. 그렇지 않다면 프로파일러를 사용해 문제의 원인이 되는 지점을 찾아 최적화를 수행하라. 가장 먼저 어떤 알고리즘을 사용했는지를 살펴보자. 알고리즘을 잘못 골랐다면 다른 저수준 최적화는 아무리 해봐야 소용이 없다. 만족할 때까지 이 과정을 반복하고, 모든 변경 후에는 성능을 측정하라.

아이템 68

일반적으로 통용되는 명명 규칙을 따르라

자바 플랫폼은 명명 규칙이 잘 정립되어 있으며, 그중 많은 것이 자바 언어 명세[JLS, 6.1]에 기술되어 있다. 자바의 명명 규칙은 크게 철자와 문법, 두 범주로 나뉜다.

철자 규칙은 패키지, 클래스, 인터페이스, 메서드, 필드, 타입 변수의 이름을 다룬다. 이 규칙들은 특별한 이유가 없는 한 반드시 따라야 한다. 이 규칙을 어긴 API는 사용하기 어렵고, 유지보수하기 어렵다. 철자 규칙이나 문법 규칙을 어기면 다른 프로그래머들이 그 코드를 읽기 번거로울 뿐 아니라 다른 뜻으로 오해할 수도 있고 그로 인해 오류까지 발생할 수 있다.

패키지와 모듈 이름은 각 요소를 점(.)으로 구분하여 계층적으로 짓는다. 요소들은 모두 소문자 알파벳 혹은 (드물게) 숫자로 이뤄진다. 여러분 조직 바깥에서도 사용될 패키지라면 조직의 인터넷 도메인 이름을 역순으로 사용한다. 예컨대 edu.cmu, com.google, org.eff 식이다. 예외적으로 표준 라이브러리와 선택적 패키지들은 각각 java와 javax로 시작한다. 도메인 이름을 패키지 이름의 접두어로 변환하는 자세한 규칙은 자바 언어 명세[JLS, 6.1]에 적혀 있다.

패키지 이름의 나머지는 해당 패키지를 설명하는 하나 이상의 요소로 이뤄진다. 각 요소는 일반적으로 8자 이하의 짧은 단어로 한다. utilities보다는 util처럼 의미가 통하는 약어를 추천한다. 여러 단어로 구성된 이름이라면 awt처럼 각 단어의 첫 글자만 따서 써도 좋다. 요소의 이름은 보통 한 단어 혹은 약어로 이뤄진다.

인터넷 도메인 이름 뒤에 요소 하나만 붙인 패키지가 많지만, 많은 기능을 제공하는 경우엔 계층을 나눠 더 많은 요소로 구성해도 좋다. 예를 들어 java.util은 java.util.concurrent.atomic과 같이 그 밑에 수많은 패키지를 가지고 있다. 자바가 패키지 계층에 관해 언어 차원에서 지원하는 건 거의 없지만, 어쨌든 이처럼 하부의 패키지를 하위 패키지(subpackage)라 부른다.

(열거 타입과 애너테이션을 포함해) 클래스와 인터페이스의 이름은 하나 이상의 단어로 이뤄지며, 각 단어는 대문자로 시작한다(List, FutherTask 등). 여러 단어의 첫 글자만 딴 약자나 max, min처럼 널리 통용되는 줄임말을 제외하고는 단어를 줄여 쓰지 않도록 한다. 약자의 경우 첫 글자만 대문자로 할지 전체를 대문자로 할지는 살짝 논란이 있다. 전체를 대문자로 쓰는 프로그래머도 있지만, 그래도 첫 글자만 대문자로 하는 쪽이 훨씬 많다. HttpUrl처럼 여러 약자가 혼합된 경우라도 각 약자의 시작과 끝을 명확히 알 수 있기 때문이다(HTTPURL과 비교해보자).

메서드와 필드 이름은 첫 글자를 소문자로 쓴다는 점만 빼면 클래스 명명 규칙과 같다(remove, ensureCapacity 등). 첫 단어가 약자라면 단어 전체가 소문자여야 한다.

단 '상수 필드'는 예외다. 상수 필드를 구성하는 단어는 모두 대문자로 쓰며 단어 사이는 밑줄로 구분한다(VALUES, NEGATIVE_INFINITY 등). 상수 필드는 값이 불변인 static final 필드를 말한다. 달리 말하면 static final 필드의 타입이 기본 타입이나 불변 참조 타입(아이템 17)이라면 상수 필드에 해당한다. static final 필드이면서 가리키는 객체가 불변이라면 비록 그 타입은 가변이더라도 상수 필드다. 이름에 밑줄을 사용하는 요소로는 상수 필드가 유일하다는 사실도 기억해두자.

지역변수에도 다른 멤버와 비슷한 명명 규칙이 적용된다. 단, 약어를 써도 좋다. 약어를 써도 그 변수가 사용되는 문맥에서 의미를 쉽게 유추할 수 있기 때문이다(i, denom, houseNum 등). 입력 매개변수도 지역변수의 하나다. 하지만 메서드 설명 문서에까지 등장하는 만큼 일반 지역변수보다는 신경을 써야 한다.

타입 매개변수 이름은 보통 한 문자로 표현한다. 대부분은 다음의 다섯 가지중 하나다. 임의의 타입엔 T를, 컬렉션 원소의 타입은 E를, 맵의 키와 값에는 K와 V를, 예외에는 X를, 메서드의 반환 타입에는 R을 사용한다.[2] 그 외에 임의 타

---

2 (옮긴이) 차례로 Type, Element, Key, Value, eXception, Return에서 따왔다.

입의 시퀀스에는 T, U, V 혹은 T1, T2, T3를 사용한다.

이상의 철자 규칙을 기억하기 쉽도록 표로 정리하면 다음과 같다.

식별자 타입	예
패키지와 모듈	org.junit.jupiter.api, com.google.common.collect
클래스와 인터페이스	Stream, FutureTask, LinkedHashMap, HttpClient
메서드와 필드	remove, groupingBy, getCrc
상수 필드	MIN_VALUE, NEGATIVE_INFINITY
지역변수	i, denom, houseNum
타입 매개변수	T, E, K, V, X, R, U, V, T1, T2

문법 규칙은 철자 규칙과 비교하면 더 유연하고 논란도 많다. 패키지에 대한 규칙은 따로 없다. 객체를 생성할 수 있는 클래스(열거 타입 포함)의 이름은 보통 단수 명사나 명사구를 사용한다(Thread, PriorityQueue, ChessPiece 등). 객체를 생성할 수 없는 클래스(아이템 4)의 이름은 보통 복수형 명사로 짓는다(Collectors, Collections 등). 인터페이스 이름은 클래스와 똑같이 짓거나(Collection, Comparator 등), able 혹은 ible로 끝나는 형용사로 짓는다(Runnable, Iterable, Accessible). 애너테이션은 워낙 다양하게 활용되어 지배적인 규칙이 없이 명사, 동사, 전치사, 형용사가 두루 쓰인다(BindingAnnotation, Inject, ImplementedBy, Singleton 등).

어떤 동작을 수행하는 메서드의 이름은 동사나 (목적어를 포함한) 동사구로 짓는다(append, drawImage). boolean 값을 반환하는 메서드라면 보통 is나 (드물게) has로 시작하고 명사나 명사구, 혹은 형용사로 기능하는 아무 단어나 구로 끝나도록 짓는다(isDigit, isProbablePrime, isEmpty, isEnabled, hasSiblings 등).

반환 타입이 boolean이 아니거나 해당 인스턴스의 속성을 반환하는 메서드의 이름은 보통 명사, 명사구, 혹은 get으로 시작하는 동사구로 짓는다(size, hashCode, getTime 등). 세 번째 형식, 즉 get으로 시작하는 형태만 써야 한다는 주장도 있지만, 근거가 빈약하다. 다음 코드에서 보듯 보통은 처음 두 형태를 사용한 코드의 가독성이 더 좋기 때문이다.

```
if (car.speed() > 2 * SPEED_LIMIT)
    generateAudibleAlert("경찰 조심하세요!");
```

get으로 시작하는 형태는 주로 자바빈즈(JavaBeans) 명세에 뿌리를 두고 있다. 자바빈즈는 재사용을 위한 컴포넌트 아키텍처의 초기 버전 중 하나로, 최근의 도구 중에도 이 명명 규칙을 따르는 경우가 제법 많다. 따라서 이런 도구와 어우러지는 코드를 작성한다면 이 규칙을 따라도 상관없다. 한편 클래스가 한 속성의 게터와 세터를 모두 제공할 때도 적합한 규칙이다. 이런 경우라면 보통 getAttribute와 setAttribute 형태의 이름을 갖게 될 것이다.

꼭 언급해둬야 할 특별한 메서드 이름이 몇 가지 있다. 객체의 타입을 바꿔서, 다른 타입의 또 다른 객체를 반환하는 인스턴스 메서드의 이름은 보통 to*Type* 형태로 짓는다(toString, toArray 등). 객체의 내용을 다른 뷰로 보여주는 메서드(아이템 6)의 이름은 as*Type* 형태로 짓는다(asList 등). 객체의 값을 기본 타입 값으로 반환하는 메서드의 이름은 보통 *type*Value 형태로 짓는다(intValue 등). 마지막으로, 정적 팩터리의 이름은 다양하지만 from, of, valueOf, instance, getInstance, newInstance, get*Type*, new*Type*(아이템 1)을 흔히 사용한다.

필드 이름에 관한 문법 규칙은 클래스, 인터페이스, 메서드 이름에 비해 덜 명확하고 덜 중요하다. API 설계를 잘 했다면 필드가 직접 노출될 일이 거의 없기 때문이다. boolean 타입의 필드 이름은 보통 boolean 접근자 메서드에서 앞 단어를 뺀 형태다(initialized, composite 등). 다른 타입의 필드라면 명사나 명사구를 사용한다(height, digits, bodyStyle 등). 지역변수 이름도 필드와 비슷하게 지으면 되나, 조금 더 느슨하다.

> **핵심 정리**
>
> 표준 명명 규칙을 체화하여 자연스럽게 베어 나오도록 하자. 철자 규칙은 직관적이라 모호한 부분이 적은 데 반해, 문법 규칙은 더 복잡하고 느슨하다. 자바 언어 명세[JLS, 6.1]의 말을 인용하자면 "오랫동안 따라온 규칙과 충돌한다면 그 규칙을 맹종해서는 안 된다." 상식이 이끄는 대로 따르자.

10장

예외

예외를 제대로 활용한다면 프로그램의 가독성, 신뢰성, 유지보수성이 높아지지만, 잘못 사용하면 반대의 효과만 나타난다. 이번 장에서는 예외를 효과적으로 활용하는 지침을 다룬다.

아이템 69

예외는 진짜 예외 상황에만 사용하라

운이 없다면 언제가 다음과 같은 코드와 마주칠지도 모른다.

코드 69-1 예외를 완전히 잘못 사용한 예 - 따라 하지 말 것!

```
try {
    int i = 0;
    while(true)
        range[i++].climb();
} catch (ArrayIndexOutOfBoundsException e) {
}
```

무슨 일을 하는 코드인지 알겠는가? 전혀 직관적이지 않다는 사실 하나만으로도 코드를 이렇게 작성하면 안 되는 이유는 충분하다(아이템 67). 이 코드는 배열의 원소를 순회하는데, 아주 끔찍한 방식으로 하고 있다. 무한루프를 돌다가 배열의 끝에 도달해 ArrayIndexOutOfBoundsException이 발생하면 끝을 내는 것이다. 이 코드를 다음과 같이 표준적인 관용구대로 작성했다면 모든 자바 프로그래머가 곧바로 이해했을 것이다.

```
for (Mountain m : range)
    m.climb();
```

그런데 예외를 써서 루프를 종료한 이유는 도대체 뭘까? 잘못된 추론을 근거로 성능을 높여보려 한 것이다. JVM은 배열에 접근할 때마다 경계를 넘지 않는지 검사하는데, 일반적인 반복문도 배열 경계에 도달하면 종료한다. 따라서 이 검사를 반복문에도 명시하면 같은 일이 중복되므로 하나를 생략한 것이다. 하지만 세 가지 면에서 잘못된 추론이다.

1. 예외는 예외 상황에 쓸 용도로 설계되었으므로 JVM 구현자 입장에서는 명확한 검사만큼 빠르게 만들어야 할 동기가 약하다(최적화에 별로 신경 쓰

지 않았을 가능성이 크다).

2. 코드를 try-catch 블록 안에 넣으면 JVM이 적용할 수 있는 최적화가 제한된다.

3. 배열을 순회하는 표준 관용구는 앞서 걱정한 중복 검사를 수행하지 않는다. JVM이 알아서 최적화해 없애준다.

실상은 예외를 사용한 쪽이 표준 관용구보다 훨씬 느리다. 내 컴퓨터에서 원소 100개짜리 배열로 테스트해보니 2배 정도 느렸다.

예외를 사용한 반복문의 해악은 코드를 헷갈리게 하고 성능을 떨어뜨리는 데서 끝나지 않는다. 심지어 제대로 동작하지 않을 수도 있다. 반복문 안에 버그가 숨어 있다면 흐름 제어에 쓰인 예외가 이 버그를 숨겨 디버깅을 훨씬 어렵게 할 것이다. 반복문의 몸체에서 호출한 메서드가 내부에서 관련 없는 배열을 사용하다가 ArrayIndexOutOfBoundsException을 일으켰다고 해보자. 표준 관용구였다면 이 버그는 예외를 잡지 않고 (스택 추적 정보를 남기고) 해당 스레드를 즉각 종료시킬 것이다. 반면 예외를 사용한 반복문은 버그 때문에 발생한 엉뚱한 예외를 정상적인 반복문 종료 상황으로 오해하고 넘어간다.

이 이야기의 교훈은 간단하다. **예외는 (그 이름이 말해주듯) 오직 예외 상황에서만 써야 한다. 절대로 일상적인 제어 흐름용으로 쓰여선 안 된다.** 더 일반화해 이야기하면 표준적이고 쉽게 이해되는 관용구를 사용하고, 성능 개선을 목적으로 과하게 머리를 쓴 기법은 자제하라. 실제로 성능이 좋아지더라도 자바 플랫폼이 꾸준히 개선되고 있으니 최적화로 얻은 상대적인 성능 우위가 오래가지 않을 수 있다. 반면 과하게 영리한 기법에 숨겨진 미묘한 버그의 폐해와 어려워진 유지보수 문제는 계속 이어질 것이다.

이 원칙은 API 설계에도 적용된다. **잘 설계된 API라면 클라이언트가 정상적인 제어 흐름에서 예외를 사용할 일이 없게 해야 한다.** 특정 상태에서만 호출할 수 있는 '상태 의존적' 메서드를 제공하는 클래스는 '상태 검사' 메서드도 함께 제공해야 한다. Iterator 인터페이스의 next와 hasNext가 각각 상태 의존적 메서드와 상태 검사 메서드에 해당한다. 그리고 별도의 상태 검사 메서드 덕분에 다음과 같은 표준 for 관용구를 사용할 수 있다(for-each도 내부적으로 hasNext

를 사용한다).

```
for (Iterator<Foo> i = collection.iterator(); i.hasNext(); ) {
    Foo foo = i.next();
    ...
}
```

Iterator가 hasNext를 제공하지 않았다면 그 일을 클라이언트가 대신해야만
했다.

```
// 컬렉션을 이런 식으로 순회하지 말 것!
try {
    Iterator<Foo> i = collection.iterator();
    while(true) {
        Foo foo = i.next();
        ...
    }
} catch (NoSuchElementException e) {
}
```

이 코드는 배열을 순회하던 코드 69-1과 상당히 비슷해 보인다. 반복문에 예외
를 사용하면 장황하고 헷갈리며 속도도 느리고, 엉뚱한 곳에서 발생한 버그를
숨기기도 한다.

상태 검사 메서드 대신 사용할 수 있는 선택지도 있다. 올바르지 않은 상태
일 때 빈 옵셔널(아이템 55) 혹은 null 같은 특수한 값을 반환하는 방법이다.

상태 검사 메서드, 옵셔널, 특정 값 중 하나를 선택하는 지침을 몇 개 소개하
겠다.

1. 외부 동기화 없이 여러 스레드가 동시에 접근할 수 있거나 외부 요인으로
   상태가 변할 수 있다면 옵셔널이나 특정 값을 사용한다. 상태 검사 메서드
   와 상태 의존적 메서드 호출 사이에 객체의 상태가 변할 수 있기 때문이다.
2. 성능이 중요한 상황에서 상태 검사 메서드가 상태 의존적 메서드의 작업
   일부를 중복 수행한다면 옵셔널이나 특정 값을 선택한다.
3. 다른 모든 경우엔 상태 검사 메서드 방식이 조금 더 낫다고 할 수 있다. 가
   독성이 살짝 더 좋고, 잘못 사용했을 때 발견하기가 쉽다. 상태 검사 메서
   드 호출을 깜빡 잊었다면 상태 의존적 메서드가 예외를 던져 버그를 확실

히 드러낼 것이다. 반면 특정 값은 검사하지 않고 지나쳐도 발견하기가 어렵다(옵셔널에는 해당하지 않는 문제다).

> **핵심 정리**
>
> 예외는 예외 상황에서 쓸 의도로 설계되었다. 정상적인 제어 흐름에서 사용해서는 안 되며, 이를 프로그래머에게 강요하는 API를 만들어서도 안 된다.

복구할 수 있는 상황에는 검사 예외를, 프로그래밍 오류에는 런타임 예외를 사용하라

자바는 문제 상황을 알리는 타입(throwable)으로 검사 예외, 런타임 예외, 에러, 이렇게 세 가지를 제공하는데, 언제 무엇을 사용해야 하는지 헷갈려 하는 프로그래머들이 종종 있다. 언제나 100% 명확한 건 아니지만 이럴 때 참고하면 좋은 멋진 지침들이 있으니 함께 살펴보자.

호출하는 쪽에서 복구하리라 여겨지는 상황이라면 검사 예외를 사용하라. 이것이 검사와 비검사 예외를 구분하는 기본 규칙이다. 검사 예외를 던지면 호출자가 그 예외를 catch로 잡아 처리하거나 더 바깥으로 전파하도록 강제하게 된다. 따라서 메서드 선언에 포함된 검사 예외 각각은 그 메서드를 호출했을 때 발생할 수 있는 유력한 결과임을 API 사용자에게 알려주는 것이다.

달리 말하면, API 설계자는 API 사용자에게 검사 예외를 던져주어 그 상황에서 회복해내라고 요구한 것이다. 물론 사용자는 예외를 잡기만 하고 별다른 조치를 취하지 않을 수도 있지만, 이는 보통 좋지 않은 생각이다(아이템 77).

비검사 throwable은 두 가지로, 바로 런타임 예외와 에러다. 둘 다 동작 측면에서는 다르지 않다. 이 둘은 프로그램에서 잡을 필요가 없거나 혹은 통상적으로는 잡지 말아야 한다. 프로그램에서 비검사 예외나 에러를 던졌다는 것은 복구가 불가능하거나 더 실행해봐야 득보다는 실이 많다는 뜻이다. 이런 throwable을 잡지 않은 스레드는 적절한 오류 메시지를 내뱉으며 중단된다.

프로그래밍 오류를 나타낼 때는 런타임 예외를 사용하자. 런타임 예외의 대부분은 전제조건을 만족하지 못했을 때 발생한다. 전제조건 위배란 단순히 클라이언트가 해당 API의 명세에 기록된 제약을 지키지 못했다는 뜻이다. 예컨대 배열의 인덱스는 0에서 '배열 크기 -1' 사이여야 한다. ArrayIndexOutOf BoundsException이 발생했다는 건 이 전제조건이 지켜지지 않았다는 뜻이다.

이상의 조건에서 문제가 하나 있다면, 복구할 수 있는 상황인지 프로그래밍

오류인지가 항상 명확히 구분되지는 않는다는 사실이다. 예를 들어 자원 고갈
은 말도 안 되는 크기의 배열을 할당해 생긴 프로그래밍 오류일 수도 있고 진
짜로 자원이 부족해서 발생한 문제일 수도 있다. 만약 자원이 일시적으로만 부
족하거나 수요가 순간적으로만 몰린 것이라면 충분히 복구할 수 있는 상황일
것이다. 따라서 해당 자원 고갈 상황이 복구될 수 있는 것인지는 API 설계자의
판단에 달렸다. 복구 가능하다고 믿는다면 검사 예외를, 그렇지 않다면 런타임
예외를 사용하자. 확신하기 어렵다면 아마도 비검사 예외를 선택하는 편이 나
을 것이다(이유는 아이템 71에서 이야기하겠다).

에러는 보통 JVM이 자원 부족, 불변식 깨짐 등 더 이상 수행을 계속할 수 없
는 상황을 나타낼 때 사용한다. 자바 언어 명세가 요구하는 것은 아니지만 업
계에 널리 퍼진 규약이니, Error 클래스를 상속해 하위 클래스를 만드는 일
은 자제하기 바란다. 다시 말해 **여러분이 구현하는 비검사 throwable은 모두
RuntimeException의 하위 클래스여야 한다**(직접적이든 간접적이든). Error는
상속하지 말아야 할 뿐 아니라, throw 문으로 직접 던지는 일도 없어야 한다
(AssertionError는 예외다).

Exception, RuntimeException, Error를 상속하지 않는 throwable을 만들 수도
있다. 자바 언어 명세에서 이런 throwable을 직접 다루지는 않지만, 암묵적으로
일반적인 검사 예외(Exception의 하위 클래스 중 RuntimeException을 상속하지
않은)처럼 다룬다. 그렇다면 이런 throwable은 언제 사용하면 좋을까? 한마디
로 답하겠다. 이로울 게 없으니 절대로 사용하지 말자! throwable은 정상적인 검
사 예외보다 나을 게 하나도 없으면서 API 사용자를 헷갈리게 할 뿐이다.

API 설계자들도 예외 역시 어떤 메서드라도 정의할 수 있는 완벽한 객체라는
사실을 잊곤 한다. 예외의 메서드는 주로 그 예외를 일으킨 상황에 관한 정보
를 코드 형태로 전달하는 데 쓰인다. 이런 메서드가 없다면 프로그래머들은 오
류 메시지를 파싱해 정보를 빼내야 하는데, 대단히 나쁜 습관이다(아이템 12).
throwable 클래스들은 대부분 오류 메시지 포맷을 상세히 기술하지 않는데,
이는 JVM이나 릴리스에 따라 포맷이 달라질 수 있다는 뜻이다. 따라서 메시
지 문자열을 파싱해 얻은 코드는 깨지기 쉽고 다른 환경에서 동작하지 않을 수
있다.

검사 예외는 일반적으로 복구할 수 있는 조건일 때 발생한다. 따라서 호출자가 예외 상황에서 벗어나는 데 필요한 정보를 알려주는 메서드를 함께 제공하는 것이 중요하다. 예컨대 쇼핑몰에서 물건을 구입하려는 데 카드 잔고가 부족하여 검사 예외가 발생했다고 해보자. 그렇다면 이 예외는 잔고가 얼마나 부족한지를 알려주는 접근자 메서드를 제공해야 한다. 이 주제는 아이템 75에서 더 이야기할 것이다.

> **핵심 정리**
>
> 복구할 수 있는 상황이면 검사 예외를, 프로그래밍 오류라면 비검사 예외를 던지자. 확실하지 않다면 비검사 예외를 던지자. 검사 예외도 아니고 런타임 예외도 아닌 throwable은 정의하지도 말자. 검사 예외라면 복구에 필요한 정보를 알려주는 메서드도 제공하자.

필요 없는 검사 예외 사용은 피하라

검사 예외를 싫어하는 자바 프로그래머가 많지만 제대로 활용하면 API와 프로그램의 질을 높일 수 있다. 결과를 코드로 반환하거나 비검사 예외를 던지는 것과 달리, 검사 예외는 발생한 문제를 프로그래머가 처리하여 안전성을 높이게끔 해준다. 물론, 검사 예외를 과하게 사용하면 오히려 쓰기 불편한 API가 된다. 어떤 메서드가 검사 예외를 던질 수 있다고 선언됐다면, 이를 호출하는 코드에서는 catch 블록을 두어 그 예외를 붙잡아 처리하거나 더 바깥으로 던져 문제를 전파해야만 한다. 어느 쪽이든 API 사용자에게 부담을 준다. 더구나 검사 예외를 던지는 메서드는 스트림 안에서 직접 사용할 수 없기 때문에(아이템 45~48) 자바 8부터는 부담이 더욱 커졌다.

API를 제대로 사용해도 발생할 수 있는 예외이거나, 프로그래머가 의미 있는 조치를 취할 수 있는 경우라면 이 정도 부담쯤은 받아들일 수 있을 것이다. 그러나 둘 중 어디에도 해당하지 않는다면 비검사 예외를 사용하는 게 좋다. 검사 예외와 비검사 예외 중 어느 것을 선택해야 할지는 프로그래머가 그 예외를 어떻게 다룰지 생각해보면 알 수 있다. 다음과 같이 하는 게 최선인가?

```
} catch (TheCheckedException e) {
    throw new AssertionError(); // 일어날 수 없다!
}
```

아니면 다음 방식은 어떤가?

```
} catch (TheCheckedException e) {
    e.printStackTrace(); // 이런, 우리가 졌다.
    System.exit(1);
}
```

더 나은 방법이 없다면 비검사 예외를 선택해야 한다.

검사 예외가 프로그래머에게 지우는 부담은 메서드가 단 하나의 검사 예외만 던질 때가 특히 크다. 이미 다른 검사 예외도 던지는 상황에서 또 다른 검사 예외를 추가하는 경우라면 기껏해야 catch 문 하나 추가하는 선에서 끝이다. 하지만 검사 예외가 단 하나뿐이라면 오직 그 예외 때문에 API 사용자는 try 블록을 추가해야 하고 스트림에서 직접 사용하지 못하게 된다. 그러니 이런 상황이라면 검사 예외를 안 던지는 방법이 없는지 고민해볼 가치가 있다.

검사 예외를 회피하는 가장 쉬운 방법은 적절한 결과 타입을 담은 옵셔널을 반환하는 것이다(아이템 55). 검사 예외를 던지는 대신 단순히 빈 옵셔널을 반환하면 된다. 이 방식의 단점이라면 예외가 발생한 이유를 알려주는 부가 정보를 담을 수 없다는 것이다. 반면, 예외를 사용하면 구체적인 예외 타입과 그 타입이 제공하는 메서드들을 활용해 부가 정보를 제공할 수 있다(아이템 70).

또 다른 방법으로, 검사 예외를 던지는 메서드를 2개로 쪼개 비검사 예외로 바꿀 수 있다. 이 방식에서 첫 번째 메서드는 예외가 던져질지 여부를 boolean 값으로 반환한다. 다음의 예를 보자.

코드 71-1 검사 예외를 던지는 메서드 - 리팩터링 전

```
try {
    obj.action(args);
} catch (TheCheckedException e) {
    ... // 예외 상황에 대처한다.
}
```

리팩터링하면 다음처럼 된다.

코드 71-2 상태 검사 메서드와 비검사 예외를 던지는 메서드 - 리팩터링 후

```
if (obj.actionPermitted(args)) {
    obj.action(args);
} else {
    ... // 예외 상황에 대처한다.
}
```

이 리팩터링을 모든 상황에 적용할 수는 없다. 그래도 적용할 수만 있다면 더 쓰기 편한 API를 제공할 수 있다. 리팩터링 후의 API가 딱히 더 아름답진 않지만, 더 유연한 것은 확실하다. 프로그래머가 이 메서드가 성공하리라는 걸 안다거나, 실패 시 스레드를 중단하길 원한다면 다음처럼 한 줄로 작성해도 무방하다.

```
obj.action(args);
```

이 한 줄짜리 호출 방식이 주로 쓰일 거로 판단되면 리팩터링하는 편이 바람직하다. 한편, actionPermitted는 상태 검사 메서드에 해당하므로 아이템 69에서 말한 단점도 그대로 적용되니 주의해야 한다. 즉, 외부 동기화 없이 여러 스레드가 동시에 접근할 수 있거나 외부 요인에 의해 상태가 변할 수 있다면 이 리팩터링은 적절하지 않다. actionPermitted와 action 호출 사이에 객체의 상태가 변할 수 있기 때문이다. 또한 actionPermitted가 action 메서드의 작업 일부를 중복 수행한다면 성능에서 손해이니, 역시 이 리팩터링이 적절하지 않을 수 있다.

> **핵심 정리**
>
> 꼭 필요한 곳에만 사용한다면 검사 예외는 프로그램의 안전성을 높여주지만, 남용하면 쓰기 고통스러운 API를 낳는다. API 호출자가 예외 상황에서 복구할 방법이 없다면 비검사 예외를 던지자. 복구가 가능하고 호출자가 그 처리를 해주길 바란다면, 우선 옵셔널을 반환해도 될지 고민하자. 옵셔널만으로는 상황을 처리하기에 충분한 정보를 제공할 수 없을 때만 검사 예외를 던지자.

아이템 72

표준 예외를 사용하라

숙련된 프로그래머는 그렇지 못한 프로그래머보다 더 많은 코드를 재사용한다. 예외도 마찬가지로 재사용하는 것이 좋으며, 자바 라이브러리는 대부분 API에서 쓰기에 충분한 수의 예외를 제공한다.

표준 예외를 재사용하면 얻는 게 많다. 그중 최고는 여러분의 API가 다른 사람이 익히고 사용하기 쉬워진다는 것이다. 많은 프로그래머에게 이미 익숙해진 규약을 그대로 따르기 때문이다. 여러분의 API를 사용한 프로그램도 낯선 예외를 사용하지 않게 되어 읽기 쉽게 된다는 장점도 크다. 마지막으로, 예외 클래스 수가 적을수록 메모리 사용량도 줄고 클래스를 적재하는 시간도 적게 걸린다.

가장 많이 재사용되는 예외는 IllegalArgumentException이다(아이템 49). 호출자가 인수로 부적절한 값을 넘길 때 던지는 예외로, 예를 들어 반복 횟수를 지정하는 매개변수에 음수를 건넬 때 쓸 수 있다.

IllegalStateException도 자주 재사용된다. 이 예외는 대상 객체의 상태가 호출된 메서드를 수행하기에 적합하지 않을 때 주로 던진다. 예컨대 제대로 초기화되지 않은 객체를 사용하려 할 때 던질 수 있다.

메서드가 던지는 모든 예외를 잘못된 인수나 상태라고 뭉뚱그릴 수도 있겠지만, 그중 특수한 일부는 따로 구분해 쓰는 게 보통이다. null 값을 허용하지 않는 메서드에 null을 건네면 관례상 IllegalArgumentException이 아닌 NullPointerException을 던진다. 비슷하게, 어떤 시퀀스의 허용 범위를 넘는 값을 건넬 때도 IllegalArgumentException보다는 IndexOutOfBoundsException을 던진다.

재사용하기 좋은 또 다른 예외인 ConcurrentModificationException은 단일 스레드에서 사용하려고 설계한 객체를 여러 스레드가 동시에 수정하려 할 때 던진다(외부 동기화 방식으로 사용하려고 설계한 객체도 마찬가지다). 사실 동시 수정을 확실히 검출할 수 있는 안정된 방법은 없으니, 이 예외는 문제가 생길 가능성을 알려주는 정도의 역할로 쓰인다.

마지막으로 소개할 표준 예외는 UnsupportedOperationException이다. 이 예외는 클라이언트가 요청한 동작을 대상 객체가 지원하지 않을 때 던진다. 대부분 객체는 자신이 정의한 메서드를 모두 지원하니 흔히 쓰이는 예외는 아니다. 보통은 구현하려는 인터페이스의 메서드 일부를 구현할 수 없을 때 쓰는데, 예컨대 원소를 넣을 수만 있는 List 구현체에 대고 누군가 remove 메서드를 호출하면 이 예외를 던질 것이다.

Exception, RuntimeException, Throwable, Error는 직접 재사용하지 말자. 이 클래스들은 추상 클래스라고 생각하길 바란다. 이 예외들은 다른 예외들의 상위 클래스이므로, 즉 여러 성격의 예외들을 포괄하는 클래스이므로 안정적으로 테스트할 수 없다.

다음 표에 지금까지 설명한 널리 재사용되는 예외들을 정리해보았다.

예외	주요 쓰임
IllegalArgumentException	허용하지 않는 값이 인수로 건네졌을 때(null은 따로 NullPointerException으로 처리)
IllegalStateException	객체가 메서드를 수행하기에 적절하지 않은 상태일 때
NullPointerException	null을 허용하지 않는 메서드에 null을 건넸을 때
IndexOutOfBoundsException	인덱스가 범위를 넘어섰을 때
ConcurrentModificationException	허용하지 않는 동시 수정이 발견됐을 때
UnsupportedOperationException	호출한 메서드를 지원하지 않을 때

이상이 확실히 가장 흔하게 재사용되는 예외지만, 다른 상황에서는 다른 예외도 재사용할 수 있다. 예컨대 복소수나 유리수를 다루는 객체를 작성한다면 ArithmeticException이나 NumberFormatException을 재사용할 수 있을 것이다. 상황에 부합한다면 항상 표준 예외를 재사용하자. 이때 API 문서를 참고해 그 예외가 어떤 상황에서 던져지는지 꼭 확인해야 한다. 예외의 이름뿐 아니라 예외가 던져지는 맥락도 부합할 때만 재사용한다. 더 많은 정보를 제공하길 원한

다면 표준 예외를 확장해도 좋다. 단, 예외는 직렬화할 수 있다는 사실을 기억하자(12장). (직렬화에는 많은 부담이 따르니) 이 사실만으로도 나만의 예외를 새로 만들지 않아야 할 근거로 충분할 수 있다.

앞서의 표로 정리한 '주요 쓰임'이 상호 배타적이지 않은 탓에, 종종 재사용할 예외를 선택하기가 어려울 때도 있다. 예를 들어 카드 덱을 표현하는 객체가 있고, 인수로 건넨 수만큼의 카드를 뽑아 나눠주는 메서드를 제공한다고 해보자. 이때 덱에 남아 있는 카드 수보다 큰 값을 건네면 어떤 예외를 던져야 할까? 인수의 값이 너무 크다고 본다면 IllegalArgumentException을, 덱에 남은 카드 수가 너무 적다고 본다면 IllegalStateException을 선택할 것이다. 이런 상황에서의 일반적인 규칙은 이렇다. **인수 값이 무엇이었든 어차피 실패했을 거라면 IllegalStateException을, 그렇지 않으면 IllegalArgumentException을 던지자.**

아이템 73

추상화 수준에 맞는 예외를 던지라

수행하려는 일과 관련 없어 보이는 예외가 튀어나오면 당황스러울 것이다. 메서드가 저수준 예외를 처리하지 않고 바깥으로 전파해버릴 때 종종 일어나는 일이다. 사실 이는 단순히 프로그래머를 당황시키는 데 그치지 않고, 내부 구현 방식을 드러내어 윗 레벨 API를 오염시킨다. 다음 릴리스에서 구현 방식을 바꾸면 다른 예외가 튀어나와 기존 클라이언트 프로그램을 깨지게 할 수도 있는 것이다.

이 문제를 피하려면 **상위 계층에서는 저수준 예외를 잡아 자신의 추상화 수준에 맞는 예외로 바꿔 던져야 한다.** 이를 예외 번역(exception translation)이라 한다.

코드 73-1 예외 번역

```
try {
    ... // 저수준 추상화를 이용한다.
} catch (LowerLevelException e) {
    // 추상화 수준에 맞게 번역한다.
    throw new HigherLevelException(...);
}
```

다음은 AbstractSequentialList에서 수행하는 예외 번역의 예다. Abstract SequentialList는 List 인터페이스의 골격 구현(아이템 20)이다. 이 예에서 수행한 예외 번역은 List<E> 인터페이스의 get 메서드 명세에 명시된 필수사항임을 기억해두자.

```
/**
 * 이 리스트 안의 지정한 위치의 원소를 반환한다.
 * @throws IndexOutOfBoundsException index가 범위 밖이라면,
 *         즉 ({@code index < 0 || index >= size()})이면 발생한다.
 */
public E get(int index) {
```

```
        ListIterator<E> i = listIterator(index);
        try {
            return i.next();
        } catch (NoSuchElementException e) {
            throw new IndexOutOfBoundsException("인덱스: " + index);
        }
}
```

예외를 번역할 때, 저수준 예외가 디버깅에 도움이 된다면 예외 연쇄(excep-
tion chaining)를 사용하는 게 좋다. 예외 연쇄란 문제의 근본 원인(cause)인 저
수준 예외를 고수준 예외에 실어 보내는 방식이다. 그러면 별도의 접근자 메서
드(Throwable의 getCause 메서드)를 통해 필요하면 언제든 저수준 예외를 꺼내
볼 수 있다.

코드 73-2 예외 연쇄
```
try {
    ... // 저수준 추상화를 이용한다.
} catch (LowerLevelException cause) {
    // 저수준 예외를 고수준 예외에 실어 보낸다.
    throw new HigherLevelException(cause);
}
```

고수준 예외의 생성자는 (예외 연쇄용으로 설계된) 상위 클래스의 생성자에
이 '원인'을 건네주어, 최종적으로 Throwable(Throwable) 생성자까지 건네지게
한다.

코드 73-3 예외 연쇄용 생성자
```
class HigherLevelException extends Exception {
    HigherLevelException(Throwable cause) {
        super(cause);
    }
}
```

대부분의 표준 예외는 예외 연쇄용 생성자를 갖추고 있다. 그렇지 않은 예외라
도 Throwable의 initCause 메서드를 이용해 '원인'을 직접 못박을 수 있다. 예외
연쇄는 문제의 원인을 (getCause 메서드로) 프로그램에서 접근할 수 있게 해주
며, 원인과 고수준 예외의 스택 추적 정보를 잘 통합해준다.

**무턱대고 예외를 전파하는 것보다야 예외 번역이 우수한 방법이지만, 그렇
다고 남용해서는 곤란하다.** 가능하다면 저수준 메서드가 반드시 성공하도록

하여 아래 계층에서는 예외가 발생하지 않도록 하는 것이 최선이다. 때론 상위 계층 메서드의 매개변수 값을 아래 계층 메서드로 건네기 전에 미리 검사하는 방법으로 이 목적을 달성할 수 있다.

차선책도 알아보자. 아래 계층에서의 예외를 피할 수 없다면, 상위 계층에서 그 예외를 조용히 처리하여 문제를 API 호출자에까지 전파하지 않는 방법이 있다. 이 경우 발생한 예외는 java.util.logging 같은 적절한 로깅 기능을 활용하여 기록해두면 좋다. 그렇게 해두면 클라이언트 코드와 사용자에게 문제를 전파하지 않으면서도 프로그래머가 로그를 분석해 추가 조치를 취할 수 있게 해준다.

> **핵심 정리**
>
> 아래 계층의 예외를 예방하거나 스스로 처리할 수 없고, 그 예외를 상위 계층에 그대로 노출하기 곤란하다면 예외 번역을 사용하라. 이때 예외 연쇄를 이용하면 상위 계층에는 맥락에 어울리는 고수준 예외를 던지면서 근본 원인도 함께 알려주어 오류를 분석하기에 좋다(아이템 75).

메서드가 던지는 모든 예외를 문서화하라

메서드가 던지는 예외는 그 메서드를 올바로 사용하는 데 아주 중요한 정보다. 따라서 각 메서드가 던지는 예외 하나하나를 문서화하는 데 충분한 시간을 쏟아야 한다(아이템 56).

검사 예외는 항상 따로따로 선언하고, 각 예외가 발생하는 상황을 자바독의 @throws 태그를 사용하여 정확히 문서화하자. 공통 상위 클래스 하나로 뭉뚱그려 선언하는 일은 삼가자. 극단적인 예로 메서드가 Exception이나 Throwable을 던진다고 선언해서는 안 된다. 메서드 사용자에게 각 예외에 대처할 수 있는 힌트를 주지 못할뿐더러, 같은 맥락에서 발생할 여지가 있는 다른 예외들까지 삼켜버릴 수 있어 API 사용성을 크게 떨어뜨린다. 이 규칙에 유일한 예외가 있다면 바로 main 메서드다. main은 오직 JVM만이 호출하므로 Exception을 던지도록 선언해도 괜찮다.

자바 언어가 요구하는 것은 아니지만 비검사 예외도 검사 예외처럼 정성껏 문서화해두면 좋다. 비검사 예외는 일반적으로 프로그래밍 오류를 뜻하는데(아이템 70), 자신이 일으킬 수 있는 오류들이 무엇인지 알려주면 프로그래머는 자연스럽게 해당 오류가 나지 않도록 코딩하게 된다. 잘 정비된 비검사 예외 문서는 사실상 그 메서드를 성공적으로 수행하기 위한 전제조건이 된다. public 메서드라면 필요한 전제조건을 문서화해야 하며(아이템 56), 그 수단으로 가장 좋은 것이 바로 비검사 예외들을 문서화하는 것이다.

발생 가능한 비검사 예외를 문서로 남기는 일은 인터페이스 메서드에서 특히 중요하다. 이 조건이 인터페이스의 일반 규약에 속하게 되어 그 인터페이스를 구현한 모든 구현체가 일관되게 동작하도록 해주기 때문이다.

메서드가 던질 수 있는 예외를 각각 @throws 태그로 문서화하되, 비검사 예외는 메서드 선언의 throws 목록에 넣지 말자. 검사냐 비검사냐에 따라 API 사용자가 해야 할 일이 달라지므로 이 둘을 확실히 구분해주는 게 좋다. 자바독 유틸리티는 메서드 선언의 throws 절에 등장하고 메서드 주석의 @throws 태그에도 명시한 예외와 @throws 태그에만 명시한 예외를 시각적으로 구분해준다. 그래서 프로그래머는 어느 것이 비검사 예외인지를 바로 알 수 있다.

비검사 예외도 모두 문서화하라고는 했지만 현실적으로 불가능할 때도 있다. 클래스를 수정하면서 새로운 비검사 예외를 던지게 되어도 소스 호환성과 바이너리 호환성이 그대로 유지된다는 게 가장 큰 이유다. 예컨대 다른 사람이 작성한 클래스를 사용하는 메서드가 있다고 해보자. 그리고 발생 가능한 모든 예외를 공들여 문서화했다. 하지만 후에 이 외부 클래스가 새로운 비검사 예외를 던지게 수정된다면, 아무 수정도 하지 않은 우리 메서드는 문서에 언급되지 않은 새로운 비검사 예외를 전파하게 될 것이다.

한 클래스에 정의된 많은 메서드가 같은 이유로 같은 예외를 던진다면 그 예외를 (각각의 메서드가 아닌) 클래스 설명에 추가하는 방법도 있다. Null PointerException이 가장 흔한 사례다. 이럴 때는 클래스의 문서화 주석에 "이 클래스의 모든 메서드는 인수로 null이 넘어오면 NullPointerException을 던신나"라고 적어도 좋나.

핵심 정리

메서드가 던질 가능성이 있는 모든 예외를 문서화하라. 검사 예외든 비검사 예외든, 추상 메서드든 구체 메서드든 모두 마찬가지다. 문서화에는 자바독의 @throws 태그를 사용하면 된다. 검사 예외만 메서드 선언의 throws 문에 일일이 선언하고, 비검사 예외는 메서드 선언에는 기입하지 말자. 발생 가능한 예외를 문서로 남기지 않으면 다른 사람이 그 클래스나 인터페이스를 효과적으로 사용하기 어렵거나 심지어 불가능할 수도 있다.

예외의 상세 메시지에 실패 관련 정보를 담으라

예외를 잡지 못해 프로그램이 실패하면 자바 시스템은 그 예외의 스택 추적 (stack trace) 정보를 자동으로 출력한다. 스택 추적은 예외 객체의 toString 메서드를 호출해 얻는 문자열로, 보통은 예외의 클래스 이름 뒤에 상세 메시지가 붙는 형태다. 이 정보가 실패 원인을 분석해야 하는 프로그래머 혹은 사이트 신뢰성 엔지니어(site reliability engineer, SRE)가 얻을 수 있는 유일한 정보인 경우가 많다. 더구나 그 실패를 재현하기 어렵다면 더 자세한 정보를 얻기가 어렵거나 불가능하다. 따라서 예외의 toString 메서드에 실패 원인에 관한 정보를 가능한 한 많이 담아 반환하는 일은 아주 중요하다. 달리 말하면, 사후 분석을 위해 실패 순간의 상황을 정확히 포착해 예외의 상세 메시지에 담아야 한다.

실패 순간을 포착하려면 발생한 예외에 관여된 모든 매개변수와 필드의 값을 실패 메시지에 담아야 한다. 예컨대 IndexOutOfBoundsException의 상세 메시지는 범위의 최솟값과 최댓값, 그리고 그 범위를 벗어났다는 인덱스의 값을 담아야 한다. 이 정보는 실패에 관한 많은 것을 알려준다. 셋 중 한두 개 혹은 셋 모두가 잘못됐을 수 있다. 예컨대 인덱스가 최솟값보다 1만큼 작거나 최댓값과 같을 수도 있다(인덱스는 0부터 시작하므로 최댓값과 같으면 안 된다). 혹은 범위를 아주 크게 벗어났을 수도 있다. 심지어 최솟값이 최댓값보다 클 수도 있다(내부의 불변식이 심각히 깨진 경우다). 이상의 현상들은 모두 원인이 다르므로, 현상을 보면 무엇을 고쳐야 할지를 분석하는 데 큰 도움이 된다.

 보안과 관련한 정보는 주의해서 다뤄야 한다. 문제를 진단하고 해결하는 과정에서 스택 추적 정보를 많은 사람이 볼 수 있으므로 **상세 메시지에 비밀번호나 암호 키 같은 정보까지 담아서는 안 된다.**

관련 데이터를 모두 담아야 하지만 장황할 필요는 없다. 문제를 분석하는 사람은 스택 추적뿐 아니라 관련 문서와 (필요하다면) 소스코드를 함께 살펴본다. 스택 추적에는 예외가 발생한 파일 이름과 줄번호는 물론 스택에서 호출한 다른 메서드들의 파일 이름과 줄번호까지 정확히 기록되어 있는 게 보통이다. 그러니 문서와 소스코드에서 얻을 수 있는 정보는 길게 늘어놔봐야 군더더기가 될 뿐이다.

예외의 상세 메시지와 최종 사용자에게 보여줄 오류 메시지를 혼동해서는 안 된다. 최종 사용자에게는 친절한 안내 메시지를 보여줘야 하는 반면, 예외 메시지는 가독성보다는 담긴 내용이 훨씬 중요하다. 예외 메시지의 주 소비층은 문제를 분석해야 할 프로그래머와 SRE 엔지니어이기 때문이다. 또한 최종 사용자용 메시지는 현지어로 번역해주기도 하지만, 예외 메시지는 그런 일이 거의 없다.

실패를 적절히 포착하려면 필요한 정보를 예외 생성자에서 모두 받아서 상세 메시지까지 미리 생성해놓는 방법도 괜찮다. 예를 들어 현재의 IndexOutOfBoundsException 생성자는 String을 받지만, 다음과 같이 구현했어도 좋았을 것이다.

```
/**
 * IndexOutOfBoundsException을 생성한다.
 *
 * @param lowerBound 인덱스의 최솟값
 * @param upperBound 인덱스의 최댓값 + 1
 * @param index 인덱스의 실젯값
 */
public IndexOutOfBoundsException(int lowerBound, int upperBound,
                                 int index) {
    // 실패를 포착하는 상세 메시지를 생성한다.
    super(String.format(
            "최솟값: %d, 최댓값: %d, 인덱스: %d",
            lowerBound, upperBound, index));

    // 프로그램에서 이용할 수 있도록 실패 정보를 저장해둔다.
    this.lowerBound = lowerBound;
    this.upperBound = upperBound;
    this.index = index;
}
```

자바 9에서는 IndexOutOfBoundsException에 드디어 정수 인덱스 값을 받는 생성자가 추가되었다. 하지만 아쉽게도 최솟값과 최댓값까지 받지는 않는다. 이처럼 자바 라이브러리에서는 이 조언을 적극 수용하지는 않지만, 나는 강력히 권장하는 바이다. 이렇게 해두면 프로그래머가 던지는 예외는 자연스럽게 실패를 더 잘 포착한다. 실패를 포착하지 못하게 만드는 게 오히려 더 어려울 것이다. 또한 고품질의 상세 메시지를 만들어내는 코드를 예외 클래스 안으로 모아주는 효과도 있어, 클래스 사용자가 메시지를 만드는 작업을 중복하지 않아도 된다.

아이템 70에서 제안하였듯, 예외는 실패와 관련한 정보를 얻을 수 있는 접근자 메서드를 적절히 제공하는 것이 좋다(앞의 예에서라면 lowerBound, upperBound, index 정도가 적당할 것이다). 포착한 실패 정보는 예외 상황을 복구하는 데 유용할 수 있으므로 접근자 메서드는 비검사 예외보다는 검사 예외에서 더 빛을 발한다. (전혀 없지는 않겠지만) 비검사 예외의 상세 정보에 프로그램적으로 접근하길 원하는 프로그래머는 드물 것이다. 하지만 'toSting이 반환한 값에 포함된 정보를 얻어올 수 있는 API를 제공하자'하는 일반 원칙(75쪽)을 따른다는 관점에서, 비검사 예외라도 상세 정보를 알려주는 접근자 메서드를 제공하라고 권하고 싶다.

가능한 한 실패 원자적으로 만들라

작업 도중 예외가 발생해도 그 객체는 여전히 정상적으로 사용할 수 있는 상태라면 멋지지 않은가? 검사 예외를 던진 경우라면 호출자가 오류 상태를 복구할 수 있을 테니 특히 더 유용할 것이다. **일반화해 이야기하면, 호출된 메서드가 실패하더라도 해당 객체는 메서드 호출 전 상태를 유지해야 한다.** 이러한 특성을 실패 원자적(failure-atomic)이라고 한다.

메서드를 실패 원자적으로 만드는 방법은 다양하다. 가장 간단한 방법은 불변 객체(아이템 17)로 설계하는 것이다. 불변 객체는 태생적으로 실패 원자적이다. 메서드가 실패하면 새로운 객체가 만들어지지는 않을 수 있으나 기존 객체가 불안정한 상태에 빠지는 일은 결코 없다. 불변 객체의 상태는 생성 시점에 고정되어 절대 변하지 않기 때문이다.

가변 객체의 메서드를 실패 원자적으로 만드는 가장 흔한 방법은 작업 수행에 앞서 매개변수의 유효성을 검사하는 것이다(아이템 49). 객체의 내부 상태를 변경하기 전에 잠재적 예외의 가능성 대부분을 걸러낼 수 있는 방법이다. 코드 7-2의 Stack.pop 메서드를 예로 생각해보자.

```java
public Object pop() {
    if (size == 0)
        throw new EmptyStackException();
    Object result = elements[--size];
    elements[size] = null; // 다 쓴 참조 해제
    return result;
}
```

이 메서드는 처음의 if 문에서 size의 값을 확인하여 0이면 예외를 던진다. 사실 이 부분을 제거하더라도 스택이 비었다면 여전히 예외를 던진다. 다만 size의 값이 음수가 되어 다음번 호출도 실패하게 만들며, 이때 던지는 ArrayIndex

OutOfBoundsException은 추상화 수준이 상황에 어울리지 않다고 볼 수 있다(아이템 73).

이와 비슷한 취지로 실패할 가능성이 있는 모든 코드를, 객체의 상태를 바꾸는 코드보다 앞에 배치하는 방법도 있다. 계산을 수행해보기 전에는 인수의 유효성을 검사해볼 수 없을 때 앞서의 방식에 덧붙여 쓸 수 있는 기법이다. Tree Map을 예로 생각해보자. TreeMap은 원소들을 어떤 기준으로 정렬한다. TreeMap에 원소를 추가하려면 그 원소는 TreeMap의 기준에 따라 비교할 수 있는 타입이어야 한다. 엉뚱한 타입의 원소를 추가하려 들면 트리를 변경하기 앞서, 해당 원소가 들어갈 위치를 찾는 과정에서 ClassCastException을 던질 것이다.

실패 원자성을 얻는 세 번째 방법은 객체의 임시 복사본에서 작업을 수행한 다음, 작업이 성공적으로 완료되면 원래 객체와 교체하는 것이다. 데이터를 임시 자료구조에 저장해 작업하는 게 더 빠를 때 적용하기 좋은 방식이다. 예를 들어 어떤 정렬 메서드에서는 정렬을 수행하기 전에 입력 리스트의 원소들을 배열로 옮겨 담는다. 배열을 사용하면 정렬 알고리즘의 반복문에서 원소들에 훨씬 빠르게 접근할 수 있기 때문이다. 물론 이는 성능을 높이고자 취한 결정이지만, 혹시나 정렬에 실패하더라도 입력 리스트는 변하지 않는 효과를 덤으로 얻게 된다.

이제 마지막 방법을 알아보자. 작업 도중 발생하는 실패를 가로채는 복구 코드를 작성하여 작업 전 상태로 되돌리는 방법이다. 주로 (디스크 기반의) 내구성(durability)을 보장해야 하는 자료구조에 쓰이는데, 자주 쓰이는 방법은 아니다.

실패 원자성은 일반적으로 권장되는 덕목이지만 항상 달성할 수 있는 것은 아니다. 예를 들어 두 스레드가 동기화 없이 같은 객체를 동시에 수정한다면 그 객체의 일관성이 깨질 수 있다. 따라서 ConcurrentModificationException을 잡아냈다고 해서 그 객체가 여전히 쓸 수 있는 상태라고 가정해서는 안 된다. 한편, Error는 복구할 수 없으므로 AssertionError에 대해서는 실패 원자적으로 만들려는 시도조차 할 필요가 없다.

실패 원자적으로 만들 수 있더라도 항상 그리 해야 하는 것도 아니다. 실패 원자성을 달성하기 위한 비용이나 복잡도가 아주 큰 연산도 있기 때문이다. 그래도 문제가 무엇인지 알고 나면 실패 원자성을 공짜로 얻을 수 있는 경우가 더 많다.

메서드 명세에 기술한 예외라면 설혹 예외가 발생하더라도 객체의 상태는 메서드 호출 전과 똑같이 유지돼야 한다는 것이 기본 규칙이다. 이 규칙을 지키지 못한다면 실패 시의 객체 상태를 API 설명에 명시해야 한다. 이것이 이상적이나, 아쉽게도 지금의 API 문서 상당 부분이 잘 지키지 않고 있다.

아이템 77

예외를 무시하지 말라

너무 뻔한 조언 같지만 반복해 각인시켜야 할 정도로 사람들이 자주 어기고 있다. API 설계자가 메서드 선언에 예외를 명시하는 까닭은, 그 메서드를 사용할 때 적절한 조치를 취해달라고 말하는 것이다. API 설계자의 목소리를 흘러버리지 말자. 안타깝게도 예외를 무시하기란 아주 쉽다. 해당 메서드 호출을 try 문으로 감싼 후 catch 블록에서 아무 일도 하지 않으면 끝이다.

```
// catch 블록을 비워두면 예외가 무시된다. 아주 의심스러운 코드다!
try {
    ...
} catch (SomeException e) {
}
```

예외는 문제 상황에 잘 대처하기 위해 존재하는데 **catch 블록을 비워두면 예외가 존재할 이유가 없어진다.** 비유하자면 화재경보를 무시하는 수준을 넘어 아예 꺼버려, 다른 누구도 화재가 발생했음을 알지 못하게 하는 것과 같다. 운이 좋아 별 탈이 없으면 다행이지만 끔찍한 참사로 이어질 수도 있으니, 빈 catch 블록을 목격한다면 여러분 머릿속에 사이렌을 울려야 한다.

물론 예외를 무시해야 할 때도 있다. 예를 들어 FileInputStream을 닫을 때가 그렇다. (입력 전용 스트림이므로) 파일의 상태를 변경하지 않았으니 복구할 것이 없으며, (스트림을 닫는다는 건) 필요한 정보는 이미 다 읽었다는 뜻이니 남은 작업을 중단할 이유도 없다. 혹시나 같은 예외가 자주 발생한다면 조사해보는 것이 좋을 테니 파일을 닫지 못했다는 사실을 로그로 남기는 것도 좋은 생각이다. 어쨌든 **예외를 무시하기로 했다면 catch 블록 안에 그렇게 결정한 이유를 주석으로 남기고 예외 변수의 이름도 ignored로 바꿔놓도록 하자.**

```
Future<Integer> f = exec.submit(planarMap::chromaticNumber);
```

```
int numColors = 4; // 기본값. 어떤 지도라도 이 값이면 충분하다.
try {
    numColors = f.get(1L, TimeUnit.SECONDS);
} catch (TimeoutException | ExecutionException ignored) {
    // 기본값을 사용한다(색상 수를 최소화하면 좋지만, 필수는 아니다).
}
```

이번 절의 내용은 검사와 비검사 예외에 똑같이 적용된다. 예측할 수 있는 예외 상황이든 프로그래밍 오류든, 빈 catch 블록으로 못 본 척 지나치면 그 프로그램은 오류를 내재한 채 동작하게 된다. 그러다 어느 순간 문제의 원인과 아무 상관없는 곳에서 갑자기 죽어버릴 수도 있다. 예외를 적절히 처리하면 오류를 완전히 피할 수도 있다. 무시하지 않고 바깥으로 전파되게만 놔둬도 최소한 디버깅 정보를 남긴 채 프로그램이 신속히 중단되게는 할 수 있다.

11장

E f f e c t i v e J a v a T h i r d E d i t i o n

동시성

스레드는 여러 활동을 동시에 수행할 수 있게 해준다. 하지만 동시성 프로그래
밍은 단일 스레드 프로그래밍보다 어렵다. 잘못될 수 있는 일이 늘어나고 문제
를 재현하기도 어려워지기 때문이다. 그렇다고 동시성 프로그래밍으로부터 언
제까지나 도망 다닐 수는 없다. 자바 플랫폼 자체에 내재되어 있을 뿐 아니라,
오늘날 어디서나 쓰이는 멀티코어 프로세서의 힘을 세내로 활용하리면 빈드시
내 것으로 만들어야만 하는 기술이기 때문이다. 그래서 이번 장에는 동시성 프
로그램을 명확하고 정확하게 만들고 잘 문서화하는 데 도움이 되는 조언들을
담았다.

공유 중인 가변 데이터는 동기화해 사용하라

synchronized 키워드는 해당 메서드나 블록을 한번에 한 스레드씩 수행하도록 보장한다. 많은 프로그래머가 동기화를 배타적 실행, 즉 한 스레드가 변경하는 중이라서 상태가 일관되지 않은 순간의 객체를 다른 스레드가 보지 못하게 막는 용도로만 생각한다. 먼저 이 관점에서 얘기해보자. 한 객체가 일관된 상태를 가지고 생성되고(아이템 17), 이 객체에 접근하는 메서드는 그 객체에 락(lock)을 건다. 락을 건 메서드는 객체의 상태를 확인하고 필요하면 수정한다. 즉, 객체를 하나의 일관된 상태에서 다른 일관된 상태로 변화시킨다. 동기화를 제대로 사용하면 어떤 메서드도 이 객체의 상태가 일관되지 않은 순간을 볼 수 없을 것이다.

맞는 설명이지만, 동기화에는 중요한 기능이 하나 더 있다. 동기화 없이는 한 스레드가 만든 변화를 다른 스레드에서 확인하지 못할 수 있다. 동기화는 일관성이 깨진 상태를 볼 수 없게 하는 것은 물론, 동기화된 메서드나 블록에 들어간 스레드가 같은 락의 보호하에 수행된 모든 이전 수정의 최종 결과를 보게 해준다.

언어 명세상 long과 double 외의 변수를 읽고 쓰는 동작은 원자적(atomic)이다.[JLS, 17.4, 17.7] 여러 스레드가 같은 변수를 동기화 없이 수정하는 중이라도, 항상 어떤 스레드가 정상적으로 저장한 값을 온전히 읽어옴을 보장한다는 뜻이다.

이 말을 듣고 "성능을 높이려면 원자적 데이터를 읽고 쓸 때는 동기화하지 말아야겠다"고 생각하기 쉬운데, 아주 위험한 발상이다. 자바 언어 명세는 스레드가 필드를 읽을 때 항상 '수정이 완전히 반영된' 값을 얻는다고 보장하지만, 한 스레드가 저장한 값이 다른 스레드에게 '보이는가'는 보장하지 않는다. **동기화는 배타적 실행뿐 아니라 스레드 사이의 안정적인 통신에 꼭 필요하다.**

이는 한 스레드가 만든 변화가 다른 스레드에게 언제 어떻게 보이는지를 규정한 자바의 메모리 모델 때문이다.[JLS, 17.4; Goetz06, 16]

공유 중인 가변 데이터를 비록 원자적으로 읽고 쓸 수 있을지라도 동기화에 실패하면 처참한 결과로 이어질 수 있다. 다른 스레드를 멈추는 작업을 생각해보자. Thread.stop 메서드는 안전하지 않아 이미 오래전에 사용 자제 (deprecated) API로 지정되었다(이 메서드를 사용하면 데이터가 훼손될 수 있다). 그러니 **Thread.stop은 사용하지 말자!**[1] 다른 스레드를 멈추는 올바른 방법은 다음과 같다. 첫 번째 스레드는 자신의 boolean 필드를 폴링하면서 그 값이 true가 되면 멈춘다. 이 필드를 false로 초기화해놓고, 다른 스레드에서 이 스레드를 멈추고자 할 때 true로 변경하는 식이다. boolean 필드를 읽고 쓰는 작업은 원자적이라 어떤 프로그래머는 이런 필드에 접근할 때 동기화를 제거하기도 한다.

코드 78-1 잘못된 코드 - 이 프로그램은 얼마나 오래 실행될까?

```java
public class StopThread {
    private static boolean stopRequested;

    public static void main(String[] args)
            throws InterruptedException {
        Thread backgroundThread = new Thread(() -> {
            int i = 0;
            while (!stopRequested)
                i++;
        });
        backgroundThread.start();

        TimeUnit.SECONDS.sleep(1);
        stopRequested = true;
    }
}
```

이 프로그램이 1초 후에 종료되리라 생각하는가? 메인 스레드가 1초 후 stopRequested를 true로 설정하면 backgroundThread는 반복문을 빠져나올 것처럼 보일 것이다. 하지만 내 컴퓨터에서는 도통 끝날 줄 모르고 영원히 수행되었다.

---

1 (옮긴이) Thread.stop(Throwable obj) 메서드는 자바 11에서 드디어 제거되었다. 1996년에 등장해 1998년부터 사용 자제 API로 지정되었지만, 완전히 제거되기까지는 20년이 더 걸렸다. 공개 API를 신중하게 설계해야 하는 단적인 예라 할 수 있다. 아무 매개변수도 받지 않는 Thread.stop()은 아직까지 구체적인 제거 계획이 없는 듯하다.

원인은 동기화에 있다. 동기화하지 않으면 메인 스레드가 수정한 값을 백그라운드 스레드가 언제쯤에나 보게 될지 보증할 수 없다. 동기화가 빠지면 가상 머신이 다음과 같은 최적화를 수행할 수도 있는 것이다.

```
// 원래 코드
while (!stopRequested)
    i++;

// 최적화한 코드
if (!stopRequested)
    while (true)
        i++;
```

OpenJDK 서버 VM이 실제로 적용하는 끌어올리기(hoisting)라는 최적화 기법이다. 이 결과 프로그램은 응답 불가(liveness failure) 상태가 되어 더 이상 진전이 없다. stopRequested 필드를 동기화해 접근하면 이 문제를 해결할 수 있다. 그래서 다음처럼 바꾸면 기대한 대로 1초 후에 종료된다.

코드 78-2 적절히 동기화해 스레드가 정상 종료한다.

```
public class StopThread {
    private static boolean stopRequested;

    private static synchronized void requestStop() {
        stopRequested = true;
    }

    private static synchronized boolean stopRequested() {
        return stopRequested;
    }

    public static void main(String[] args)
            throws InterruptedException {
        Thread backgroundThread = new Thread(() -> {
            int i = 0;
            while (!stopRequested())
                i++;
        });
        backgroundThread.start();

        TimeUnit.SECONDS.sleep(1);
        requestStop();
    }
}
```

쓰기 메서드(requestStop)와 읽기 메서드(stopRequested) 모두를 동기화했음에 주목하자. 쓰기 메서드만 동기화해서는 충분하지 않다. **쓰기와 읽기 모두가 동기화되지 않으면 동작을 보장하지 않는다.** 어떤 기기에서는 둘 중 하나만 동기화해도 동작하는 듯 보이지만, 겉모습에 속아서는 안 된다. 사실 이 두 메서드는 단순해서 동기화 없이도 원자적으로 동작한다. 앞서 이야기했듯이 동기화는 배타적 수행과 스레드 간 통신이라는 두 가지 기능을 수행하는데, 이 코드에서는 그중 통신 목적으로만 사용된 것이다.

반복문에서 매번 동기화하는 비용이 크진 않지만 속도가 더 빠른 대안을 소개하겠다. 코드 78-2에서 stopRequested 필드를 volatile으로 선언하면 동기화를 생략해도 된다. volatile 한정자는 배타적 수행과는 상관없지만 항상 가장 최근에 기록된 값을 읽게 됨을 보장한다.

코드 78-3 volatile 필드를 사용해 스레드가 정상 종료한다.

```java
public class StopThread {
    private static volatile boolean stopRequested;

    public static void main(String[] args)
            throws InterruptedException {
        Thread backgroundThread = new Thread(() -> {
            int i = 0;
            while (!stopRequested)
                i++;
        });
        backgroundThread.start();

        TimeUnit.SECONDS.sleep(1);
        stopRequested = true;
    }
}
```

volatile은 주의해서 사용해야 한다. 예를 들어 다음은 일련번호를 생성할 의도로 작성한 메서드다.

코드 78-4 잘못된 코드 - 동기화가 필요하다!

```java
private static volatile int nextSerialNumber = 0;

public static int generateSerialNumber() {
    return nextSerialNumber++;
}
```

이 메서드는 매번 고유한 값을 반환할 의도로 만들어졌다(값이 2^{32}을 넘어가지 않는다면). 이 메서드의 상태는 nextSerialNumber라는 단 하나의 필드로 결정되는데, 원자적으로 접근할 수 있고 어떤 값이든 허용한다. 따라서 굳이 동기화하지 않더라도 불변식을 보호할 수 있어 보인다. 하지만 이 역시 동기화 없이는 올바로 동작하지 않는다.

문제는 증가 연산자(++)다. 이 연산자는 코드상으로는 하나지만 실제로는 nextSerialNumber 필드에 두 번 접근한다. 먼저 값을 읽고, 그런 다음 (1 증가한) 새로운 값을 저장하는 것이다. 만약 두 번째 스레드가 이 두 접근 사이를 비집고 들어와 값을 읽어가면 첫 번째 스레드와 똑같은 값을 돌려받게 된다. 프로그램이 잘못된 결과를 계산해내는 이런 오류를 안전 실패(safety failure)라고 한다.

generateSerialNumber 메서드에 synchronized 한정자를 붙이면 이 문제가 해결된다. 동시에 호출해도 서로 간섭하지 않으며 이전 호출이 변경한 값을 읽게 된다는 뜻이다. 메서드에 synchronized를 붙였다면 nextSerialNumber 필드에서는 volatile을 제거해야 한다. 이 메서드를 더 견고하게 하려면 int 대신 long을 사용하거나 nextSerialNumber가 최댓값에 도달하면 예외를 던지게 하자.

아직 끝이 아니다. 아이템 59의 조언을 따라 java.util.concurrent.atomic 패키지의 AtomicLong을 사용해보자. 이 패키지에는 락 없이도(lock-free; 락-프리) 스레드 안전한 프로그래밍을 지원하는 클래스들이 담겨 있다. volatile은 동기화의 두 효과 중 통신 쪽만 지원하지만 이 패키지는 원자성(배타적 실행)까지 지원한다. 우리가 generateSerialNumber에 원하는 바로 그 기능이다. 더구나 성능도 동기화 버전보다 우수하다.

코드 78-5 java.util.concurrent.atomic을 이용한 락-프리 동기화

```java
private static final AtomicLong nextSerialNum = new AtomicLong();

public static long generateSerialNumber() {
    return nextSerialNum.getAndIncrement();
}
```

이번 아이템에서 언급한 문제들을 피하는 가장 좋은 방법은 물론 애초에 가변 데이터를 공유하지 않는 것이다. 불변 데이터(아이템 17)만 공유하거나 아무것도 공유하지 말자. 다시 말해 **가변 데이터는 단일 스레드에서만 쓰도록 하자.** 이 정책을 받아들였다면 그 사실을 문서에 남겨 유지보수 과정에서도 정책이 계속 지켜지도록 하는 게 중요하다. 또한, 사용하려는 프레임워크와 라이브러리를 깊이 이해하는 것도 중요하다. 이런 외부 코드가 여러분이 인지하지 못한 스레드를 수행하는 복병으로 작용하는 경우도 있기 때문이다.

한 스레드가 데이터를 다 수정한 후 다른 스레드에 공유할 때는 해당 객체에서 공유하는 부분만 동기화해도 된다. 그러면 그 객체를 다시 수정할 일이 생기기 전까지 다른 스레드들은 동기화 없이 자유롭게 값을 읽어갈 수 있다. 이런 객체를 사실상 불변(effectively immutable)이라 하고[Goetz06, 3.5.4] 다른 스레드에 이런 객체를 건네는 행위를 안전 발행(safe publication)이라 한다.[Goetz06, 3.5.3] 객체를 안전하게 발행하는 방법은 많다. 클래스 초기화 과정에서 객체를 정적 필드, volatile 필드, final 필드, 혹은 보통의 락을 통해 접근하는 필드에 저장해도 된다. 그리고 동시성 컬렉션(아이템 81)에 저장하는 방법도 있다.

핵심 정리

여러 스레드가 가변 데이터를 공유한다면 그 데이터를 읽고 쓰는 동작은 반드시 동기화해야 한다. 동기화하지 않으면 한 스레드가 수행한 변경을 다른 스레드가 보지 못할 수도 있다. 공유되는 가변 데이터를 동기화하는 데 실패하면 응답 불가 상태에 빠지거나 안전 실패로 이어질 수 있다. 이는 디버깅 난이도가 가장 높은 문제에 속한다. 간헐적이거나 특정 타이밍에만 발생할 수도 있고, VM에 따라 현상이 달라지기도 한다. 배타적 실행은 필요 없고 스레드끼리의 통신만 필요하다면 volatile 한정자만으로 동기화할 수 있다. 다만 올바로 사용하기가 까다롭다.

과도한 동기화는 피하라

아이템 78에서 충분하지 못한 동기화의 피해를 다뤘다면, 이번 아이템에서는 반대 상황을 다룬다. 과도한 동기화는 성능을 떨어뜨리고, 교착상태에 빠뜨리고, 심지어 예측할 수 없는 동작을 낳기도 한다.

응답 불가와 안전 실패를 피하려면 동기화 메서드나 동기화 블록 안에서는 제어를 절대로 클라이언트에 양도하면 안 된다. 예를 들어 동기화된 영역 안에서는 재정의할 수 있는 메서드는 호출하면 안 되며, 클라이언트가 넘겨준 함수 객체(아이템 24)를 호출해서도 안 된다. 동기화된 영역을 포함한 클래스 관점에서는 이런 메서드는 모두 바깥 세상에서 온 외계인이다. 그 메서드가 무슨 일을 할지 알지 못하며 통제할 수도 없다는 뜻이다. 외계인 메서드(alien method)가 하는 일에 따라 동기화된 영역은 예외를 일으키거나, 교착상태에 빠지거나, 데이터를 훼손할 수도 있다.

구체적인 예를 보자. 다음은 어떤 집합(Set)을 감싼 래퍼 클래스이고, 이 클래스의 클라이언트는 집합에 원소가 추가되면 알림을 받을 수 있다. 바로 관찰자 패턴이다.[Gamma95] 핵심만 보여주기 위해 원소가 제거될 때 알려주는 기능은 생략했다(원한다면 쉽게 추가할 수 있다). 그리고 아이템 18에서 사용한 ForwardingSet을 재사용해 구현했다.

코드 79-1 잘못된 코드. 동기화 블록 안에서 외계인 메서드를 호출한다.

```
public class ObservableSet<E> extends ForwardingSet<E> {
    public ObservableSet(Set<E> set) { super(set); }

    private final List<SetObserver<E>> observers
            = new ArrayList<>();

    public void addObserver(SetObserver<E> observer) {
        synchronized(observers) {
            observers.add(observer);
```

```
        }
    }

    public boolean removeObserver(SetObserver<E> observer) {
        synchronized(observers) {
            return observers.remove(observer);
        }
    }

    private void notifyElementAdded(E element) {
        synchronized(observers) {
            for (SetObserver<E> observer : observers)
                observer.added(this, element);
        }
    }

    @Override public boolean add(E element) {
        boolean added = super.add(element);
        if (added)
            notifyElementAdded(element);
        return added;
    }

    @Override public boolean addAll(Collection<? extends E> c) {
        boolean result = false;
        for (E element : c)
            result |= add(element); // notifyElementAdded를 호출한다.
        return result;
    }
}
```

관찰자들은 addObserver와 removeObserver 메서드를 호출해 구독을 신청하거나 해지한다. 두 경우 모두 다음 콜백 인터페이스의 인스턴스를 메서드에 건넨다.

```
@FunctionalInterface public interface SetObserver<E> {
    // ObservableSet에 원소가 더해지면 호출된다.
    void added(ObservableSet<E> set, E element);
}
```

이 인터페이스는 구조적으로 BiConsumer<ObservableSet<E>,E>와 똑같다. 그럼에도 커스텀 함수형 인터페이스를 정의한 이유는 이름이 더 직관적이고 다중 콜백을 지원하도록 확장할 수 있어서다. 하지만 BiConsumer를 그대로 사용했더라도 별 무리는 없었을 것이다(아이템 44).

눈으로 보기에 ObservableSet은 잘 동작할 것 같다. 예컨대 다음 프로그램은 0부터 99까지를 출력한다.

```
public static void main(String[] args) {
    ObservableSet<Integer> set =
            new ObservableSet<>(new HashSet<>());

    set.addObserver((s, e) -> System.out.println(e));

    for (int i = 0; i < 100; i++)
        set.add(i);
}
```

이제 조금 흥미진진한 시도를 해보자. 평상시에는 앞서와 같이 집합에 추가된 정숫값을 출력하다가, 그 값이 23이면 자기 자신을 제거(구독해지)하는 관찰자를 추가해보자.

```
set.addObserver(new SetObserver<>() {
    public void added(ObservableSet<Integer> s, Integer e) {
        System.out.println(e);
        if (e == 23)
            s.removeObserver(this);
    }
});
```

 람다를 사용한 이전 코드와 달리 익명 클래스를 사용했다. s.removeObserver 메서드에 함수 객체 자신을 넘겨야 하기 때문이다. 람다는 자신을 참조할 수단이 없다(아이템 42).

이 프로그램은 0부터 23까지 출력한 후 관찰자 자신을 구독해지한 다음 조용히 종료할 것이다. 그런데 실제로 실행해 보면 그렇게 진행되지 않는다! 이 프로그램은 23까지 출력한 다음 ConcurrentModificationException을 던진다. 관찰자의 added 메서드 호출이 일어난 시점이 notifyElementAdded가 관찰자들의 리스트를 순회하는 도중이기 때문이다. added 메서드는 ObservableSet의 removeObserver 메서드를 호출하고, 이 메서드는 다시 observers.remove 메서드를 호출한다. 여기서 문제가 발생한다. 리스트에서 원소를 제거하려 하는데, 마침 지금은 이 리스트를 순회하는 도중이다. 즉, 허용되지 않은 동작이다. notifyElementAdded 메서드에서 수행하는 순회는 동기화 블록 안에 있으므로 동시 수정이 일어나지 않도록 보장하지만, 정작 자신이 콜백을 거쳐 되돌아와 수정하는 것까지 막지는 못한다.

이번에는 이상한 것을 시도해보자. 구독해지를 하는 관찰자를 작성하는데, removeObserver를 직접 호출하지 않고 실행자 서비스(ExecutorService, 아이템 80)를 사용해 다른 스레드한테 부탁할 것이다.

코드 79-2 쓸데없이 백그라운드 스레드를 사용하는 관찰자

```
set.addObserver(new SetObserver<>() {
    public void added(ObservableSet<Integer> s, Integer e) {
        System.out.println(e);
        if (e == 23) {
            ExecutorService exec =
                Executors.newSingleThreadExecutor();
            try {
                exec.submit(() -> s.removeObserver(this)).get();
            } catch (ExecutionException | InterruptedException ex) {
                throw new AssertionError(ex);
            } finally {
                exec.shutdown();
            }
        }
    }
});
```

☑ 이 프로그램은 catch 구문 하나에서 두 가지 예외를 잡고 있다. 다중 캐치(multi-catch)라고도 하는 이 기능은 자바 7부터 지원한다. 이 기법은 똑같이 처리해야 하는 예외가 여러 개일 때 프로그램 크기를 줄이고 코드 가독성을 크게 개선해준다.

이 프로그램을 실행하면 예외는 나지 않지만 교착상태에 빠진다. 백그라운드 스레드가 s.removeObserver를 호출하면 관찰자를 잠그려 시도하지만 락을 얻을 수 없다. 메인 스레드가 이미 락을 쥐고 있기 때문이다. 그와 동시에 메인 스레드는 백그라운드 스레드가 관찰자를 제거하기만을 기다리는 중이다. 바로 교착상태다!

사실 관찰자가 자신을 구독해지하는 데 굳이 백그라운드 스레드를 이용할 이유가 없으니 좀 억지스러운 예지만, 여기서 보인 문제 자체는 진짜다. 실제 시스템(특히 GUI 툴킷)에서도 동기화된 영역 안에서 외계인 메서드를 호출하여 교착상태에 빠지는 사례는 자주 있다.

앞서의 두 예(예외와 교착상태)에서는 운이 좋았다. 동기화 영역이 보호하는 자원(관찰자)은 외계인 메서드(added)가 호출될 때 일관된 상태였으니 말이다.

그렇다면 똑같은 상황이지만 불변식이 임시로 깨진 경우라면 어떻게 될까? 자바 언어의 락은 재진입(reentrant)을 허용하므로 교착상태에 빠지지는 않는다. 예외를 발생시킨 첫 번째 예에서라면 외계인 메서드를 호출하는 스레드는 이미 락을 쥐고 있으므로 다음번 락 획득도 성공한다. 그 락이 보호하는 데이터에 대해 개념적으로 관련이 없는 다른 작업이 진행 중인데도 말이다. 이것 때문에 실로 참혹한 결과가 빚어질 수도 있다. 문제의 주 원인은 락이 제 구실을 하지 못했기 때문이다. 재진입 가능 락은 객체 지향 멀티스레드 프로그램을 쉽게 구현할 수 있도록 해주지만, 응답 불가(교착상태)가 될 상황을 안전 실패(데이터 훼손)로 변모시킬 수도 있다.

다행히 이런 문제는 대부분 어렵지 않게 해결할 수 있다. 외계인 메서드 호출을 동기화 블록 바깥으로 옮기면 된다. notifyElementAdded 메서드에서라면 관찰자 리스트를 복사해 쓰면 락 없이도 안전하게 순회할 수 있다. 이 방식을 적용하면 앞서의 두 예제에서 예외 발생과 교착상태 증상이 사라진다.

코드 79-3 외계인 메서드를 동기화 블록 바깥으로 옮겼다.

```java
private void notifyElementAdded(E element) {
    List<SetObserver<E>> snapshot = null;
    synchronized(observers) {
        snapshot = new ArrayList<>(observers);
    }
    for (SetObserver<E> observer : snapshot)
        observer.added(this, element);
}
```

사실 외계인 메서드 호출을 동기화 블록 바깥으로 옮기는 더 나은 방법이 있다. 자바의 동시성 컬렉션 라이브러리의 CopyOnWriteArrayList가 정확히 이 목적으로 특별히 설계된 것이다. 이름이 말해주듯 ArrayList를 구현한 클래스로, 내부를 변경하는 작업은 항상 깨끗한 복사본을 만들어 수행하도록 구현했다. 내부의 배열은 절대 수정되지 않으니 순회할 때 락이 필요 없어 매우 빠르다. 다른 용도로 쓰인다면 CopyOnWriteArrayList는 끔찍이 느리겠지만, 수정할 일은 드물고 순회만 빈번히 일어나는 관찰자 리스트 용도로는 최적이다.

ObservableSet을 CopyOnWriteArrayList를 사용해 다시 구현하면 메서드들은 다음처럼 바꾸면 된다(add와 addAll 메서드는 수정할 게 없다). 명시적으로 동기화한 곳이 사라졌다는 것에 주목하자.

코드 79-4 `CopyOnWriteArrayList`를 사용해 구현한 스레드 안전하고 관찰 가능한 집합

```
private final List<SetObserver<E>> observers =
        new CopyOnWriteArrayList<>();

public void addObserver(SetObserver<E> observer) {
    observers.add(observer);
}

public boolean removeObserver(SetObserver<E> observer) {
    return observers.remove(observer);
}

private void notifyElementAdded(E element) {
    for (SetObserver<E> observer : observers)
        observer.added(this, element);
}
```

코드 79-3처럼 동기화 영역 바깥에서 호출되는 외계인 메서드를 열린 호출 (open call)이라 한다.[Goetz06, 10.1.4] 외계인 메서드는 얼마나 오래 실행될지 알 수 없는데, 동기화 영역 안에서 호출된다면 그동안 다른 스레드는 보호된 자원을 사용하지 못하고 대기해야만 한다. 따라서 열린 호출은 실패 방지 효과 외에도 동시성 효율을 크게 개선해준다.

기본 규칙은 동기화 영역에서는 가능한 한 일을 적게 하는 것이다. 락을 얻고, 공유 데이터를 검사하고, 필요하면 수정하고, 락을 놓는다. 오래 걸리는 작업이라면 아이템 78의 지침을 어기지 않으면서 동기화 영역 바깥으로 옮기는 방법을 찾아보자.

자, 지금까지 정확성에 관해 이야기했으니 이제 성능 측면도 간단히 살펴보자. 자바의 동기화 비용은 빠르게 낮아져 왔지만, 과도한 동기화를 피하는 일은 오히려 과거 어느 때보다 중요하다. 멀티코어가 일반화된 오늘날, 과도한 동기화가 초래하는 진짜 비용은 락을 얻는 데 드는 CPU 시간이 아니다. 바로 경쟁하느라 낭비하는 시간, 즉 병렬로 실행할 기회를 잃고, 모든 코어가 메모리를 일관되게 보기 위한 지연시간이 진짜 비용이다. 가상머신의 코드 최적화를 제한한다는 점도 과도한 동기화의 또 다른 숨은 비용이다.

가변 클래스를 작성하려거든 다음 두 선택지 중 하나를 따르자. 첫 번째, 동기화를 전혀 하지 말고, 그 클래스를 동시에 사용해야 하는 클래스가 외부에서 알아서 동기화하게 하자. 두 번째, 동기화를 내부에서 수행해 스레드 안전한 클래스로 만들자(아이템 82). 단, 클라이언트가 외부에서 객체 전체에 락을 거는 것보다 동시성을 월등히 개선할 수 있을 때만 두 번째 방법을 선택해야 한다. java.util은 (이제 구식이 된 Vector와 Hashtable을 제외하고) 첫 번째 방식을 취했고, java.util.concurrent는 두 번째 방식을 취했다(아이템 81).

자바도 초창기에는 이 지침을 따르지 않은 클래스가 많았다. 예컨대 String Buffer 인스턴스는 거의 항상 단일 스레드에서 쓰였음에도 내부적으로 동기화를 수행했다. 뒤늦게 StringBuilder가 등장한 이유이기도 하다(StringBuilder는 그저 동기화하지 않은 StringBuffer다). 비슷한 이유로, 스레드 안전한 의사 난수 발생기인 java.util.Random은 동기화하지 않는 버전인 java.util.concurrent.ThreadLocalRandom으로 대체되었다. 선택하기 어렵다면 동기화하지 말고, 대신 문서에 "스레드 안전하지 않다"고 명기하자.

클래스를 내부에서 동기화하기로 했다면, 락 분할(lock splitting), 락 스트라이핑(lock striping), 비차단 동시성 제어(nonblocking concurrency control) 등 다양한 기법을 동원해 동시성을 높여줄 수 있다. 이 책에서는 이 기법들을 다루지 않으니 관심 있는 독자는 [Goetz06]과 [Herlihy12]를 살펴보기 바란다.

여러 스레드가 호출할 가능성이 있는 메서드가 정적 필드를 수정한다면 그 필드를 사용하기 전에 반드시 동기해야 한다(비결정적 행동도 용인하는 클래스라면 상관없다). 그런데 클라이언트가 여러 스레드로 복제돼 구동되는 상황이라면 다른 클라이언트에서 이 메서드를 호출하는 걸 막을 수 없으니 외부에서 동기화할 방법이 없다. 결과적으로, 이 정적 필드가 심지어 private라도 서로 관련 없는 스레드들이 동시에 읽고 수정할 수 있게 된다. 사실상 전역 변수와 같아진다는 뜻이다. 코드 78-4의 generateSerialNumber 메서드에서 쓰인 nextSerialNumber 필드가 바로 이러한 사례다.

> **핵심 정리**
>
> 교착상태와 데이터 훼손을 피하려면 동기화 영역 안에서 외계인 메서드를 절대 호출하

지 말자. 일반화해 이야기하면, 동기화 영역 안에서의 작업은 최소한으로 줄이자. 가변
클래스를 설계할 때는 스스로 동기화해야 할지 고민하자. 멀티코어 세상인 지금은 과도
한 동기화를 피하는 게 과거 어느 때보다 중요하다. 합당한 이유가 있을 때만 내부에서
동기화하고, 동기화했는지 여부를 문서에 명확히 밝히자(아이템 82).

스레드보다는 실행자, 태스크, 스트림을 애용하라

이 책 초판의 아이템 49에서는 단순한 작업 큐(work queue)를 선보였다. 그 클래스는 클라이언트가 요청한 작업을 백그라운드 스레드에 위임해 비동기적으로 처리해줬다. 작업 큐가 필요 없어지면 클라이언트는 큐에 중단을 요청할 수 있고, 그러면 큐는 남아 있는 작업을 마저 완료한 후 스스로 종료한다. 예시용의 간단한 코드였지만 책 한 페이지를 가득 메웠는데, 안전 실패나 응답 불가가 될 여지를 없애는 코드를 추가해야 했기 때문이다. 다행히도 더 이상은 이런 코드를 작성하지 않아도 된다.

이 책의 2판이 나오기 앞서 java.util.concurrent 패키지가 등장했다. 이 패키지는 실행자 프레임워크(Executor Framework)라고 하는 인터페이스 기반의 유연한 태스크 실행 기능을 담고 있다. 그래서 초판의 코드보다 모든 면에서 뛰어난 작업 큐를 다음의 단 한 줄로 생성할 수 있게 되었다.

```
ExecutorService exec = Executors.newSingleThreadExecutor();
```

다음은 이 실행자에 실행할 태스크(task; 작업)를 넘기는 방법이다.

```
exec.execute(runnable);
```

그리고 다음은 실행자를 우아하게 종료시키는 방법이다(이 작업이 실패하면 VM 자체가 종료되지 않을 것이다).

```
exec.shutdown();
```

실행자 서비스의 기능은 이 외에도 많다. 다음은 실행자 서비스의 주요 기능들이다.

- 특정 태스크가 완료되기를 기다린다(코드 79-2에서 본 get 메서드).
- 태스크 모음 중 아무것 하나(invokeAny 메서드) 혹은 모든 태스크(invoke All 메서드)가 완료되기를 기다린다.
- 실행자 서비스가 종료하기를 기다린다(awaitTermination 메서드).
- 완료된 태스크들의 결과를 차례로 받는다(ExecutorCompletionService 이용).
- 태스크를 특정 시간에 혹은 주기적으로 실행하게 한다(ScheduledThread PoolExecutor 이용).

큐를 둘 이상의 스레드가 처리하게 하고 싶다면 간단히 다른 정적 팩터리를 이용하여 다른 종류의 실행자 서비스(스레드 풀)를 생성하면 된다. 스레드 풀의 스레드 개수는 고정할 수도 있고 필요에 따라 늘어나거나 줄어들게 설정할 수도 있다. 여러분에게 필요한 실행자 대부분은 java.util.concurrent.Executors 의 정적 팩터리들을 이용해 생성할 수 있을 것이다. 평범하지 않은 실행자를 원한다면 ThreadPoolExecutor 클래스를 직접 사용해도 된다. 이 클래스로는 스레드 풀 동작을 결정하는 거의 모든 속성을 설정할 수 있다.

실행자 서비스를 사용하기에 까다로운 애플리케이션도 있다. 작은 프로그램이나 가벼운 서버라면 Executors.newCachedThreadPool이 일반적으로 좋은 선택일 것이다. 특별히 설정할 게 없고 일반적인 용도에 적합하게 동작한다. 하지만 CachedThreadPool은 무거운 프로덕션 서버에는 좋지 못하다! Cached ThreadPool에서는 요청받은 태스크들이 큐에 쌓이지 않고 즉시 스레드에 위임돼 실행된다. 가용한 스레드가 없다면 새로 하나를 생성한다. 서버가 아주 무겁다면 CPU 이용률이 100%로 치닫고, 새로운 태스크가 도착하는 족족 또 다른 스레드를 생성하며 상황을 더욱 악화시킨다. 따라서 무거운 프로덕션 서버에서는 스레드 개수를 고정한 Executors.newFixedThreadPool을 선택하거나 완전히 통제할 수 있는 ThreadPoolExecutor를 직접 사용하는 편이 훨씬 낫다.

작업 큐를 손수 만드는 일은 삼가야 하고, 스레드를 직접 다루는 것도 일반적으로 삼가야 한다. 스레드를 직접 다루면 Thread가 작업 단위와 수행 메커니즘 역할을 모두 수행하게 된다. 반면 실행자 프레임워크에서는 작업 단위와 실행 메커니즘이 분리된다. 작업 단위를 나타내는 핵심 추상 개념이 태스크다. 태스크에는 두 가지가 있다. 바로 Runnable과 그 사촌인 Callable이다(Callable은 Runnable과 비슷하지만 값을 반환하고 임의의 예외를 던질 수 있다). 그리고 태스크를 수행하는 일반적인 메커니즘이 바로 실행자 서비스다. 태스크 수행을 실행자 서비스에 맡기면 원하는 태스크 수행 정책을 선택할 수 있고, 생각이 바뀌면 언제든 변경할 수 있다. 핵심은 (컬렉션 프레임워크가 데이터 모음을 담당하듯) 실행자 프레임워크가 작업 수행을 담당해준다는 것이다.

자바 7이 되면서 실행자 프레임워크는 포크-조인(fork-join) 태스크를 지원하도록 확장되었다. 포크-조인 태스크는 포크-조인 풀이라는 특별한 실행자 서비스가 실행해준다. 포크-조인 태스크, 즉 ForkJoinTask의 인스턴스는 작은 하위 태스크로 나뉠 수 있고, ForkJoinPool을 구성하는 스레드들이 이 태스크들을 처리하며, 일을 먼저 끝낸 스레드는 다른 스레드의 남은 태스크를 가져와 대신 처리할 수도 있다. 이렇게 하여 모든 스레드가 바쁘게 움직여 CPU를 최대한 활용하면서 높은 처리량과 낮은 지연시간을 달성한다. 이러한 포크-조인 태스크를 직접 작성하고 튜닝하기란 어려운 일이지만, 포크-조인 풀을 이용해 만든 병렬 스트림(아이템 48)을 이용하면 적은 노력으로 그 이점을 얻을 수 있다. 물론 포크-조인에 적합한 형태의 작업이어야 한다.

실행자 프레임워크의 기능은 이 외에도 많지만 이 책에서는 여기까지만 다루겠다. 관심 있는 독자는 『자바 병렬 프로그래밍』(에이콘출판사, 2008) [Goetz06]를 참고하기 바란다.

wait와 notify보다는 동시성 유틸리티를 애용하라

이 책의 초판 아이템 50에서는 wait와 notify를 올바르게 사용하는 방법을 안내했다. 그 조언은 여전히 유효하여 이번 아이템 마지막에 정리해두었지만, 중요도가 예전만 못한 것 또한 사실이다. 지금은 wait와 notify를 사용해야 할 이유가 많이 줄었다. 자바 5에서 도입된 고수준의 동시성 유틸리티가 이전이라면 wait와 notify로 하드코딩해야 했던 전형적인 일들을 대신 처리해주기 때문이다. **wait와 notifiy는 올바르게 사용하기가 아주 까다로우니 고수준 동시성 유틸리티를 사용하자.**

java.util.concurrent의 고수준 유틸리티는 세 범주로 나눌 수 있다. 바로 실행자 프레임워크, 동시성 컬렉션(concurrent collection), 동기화 장치(synchronizer)다. 실행자 프레임워크는 아이템 80에서 가볍게 살펴보았고, 동시성 컬렉션과 동기화 장치는 이번 아이템에서 살펴본다.

동시성 컬렉션은 List, Queue, Map 같은 표준 컬렉션 인터페이스에 동시성을 가미해 구현한 고성능 컬렉션이다. 높은 동시성에 도달하기 위해 동기화를 각자의 내부에서 수행한다(아이템 79). 따라서 **동시성 컬렉션에서 동시성을 무력화하는 건 불가능하며, 외부에서 락을 추가로 사용하면 오히려 속도가 느려진다.**

동시성 컬렉션에서 동시성을 무력화하지 못하므로 여러 메서드를 원자적으로 묶어 호출하는 일 역시 불가능하다. 그래서 여러 기본 동작을 하나의 원자적 동작으로 묶는 '상태 의존적 수정' 메서드들이 추가되었다. 이 메서드들은 아주 유용해서 자바 8에서는 일반 컬렉션 인터페이스에도 디폴트 메서드(아이템 21) 형태로 추가되었다.

예를 들어 Map의 putIfAbsent(key, value) 메서드는 주어진 키에 매핑된 값이 아직 없을 때만 새 값을 집어넣는다. 그리고 기존 값이 있었다면 그 값을 반환하고, 없었다면 null을 반환한다. 이 메서드 덕에 스레드 안전한 정규화 맵 (canonicalizing map)을 쉽게 구현할 수 있다. 다음은 String.intern의 동작을 흉내 내어 구현한 메서드다.

코드 81-1 ConcurrentMap으로 구현한 동시성 정규화 맵 - 최적은 아니다.

```
private static final ConcurrentMap<String, String> map =
        new ConcurrentHashMap<>();

public static String intern(String s) {
    String previousValue = map.putIfAbsent(s, s);
    return previousValue == null ? s : previousValue;
}
```

아직 개선할 게 남았다. ConcurrentHashMap은 get 같은 검색 기능에 최적화되었다. 따라서 get을 먼저 호출하여 필요할 때만 putIfAbsent를 호출하면 더 빠르다.

코드 81-2 ConcurrentMap으로 구현한 동시성 정규화 맵 - 더 빠르다!

```
public static String intern(String s) {
    String result = map.get(s);
    if (result == null) {
        result = map.putIfAbsent(s, s);
        if (result == null)
            result = s;
    }
    return result;
}
```

ConcurrentHashMap은 동시성이 뛰어나며 속도도 무척 빠르다. 내 컴퓨터에서 이 메서드는 String.intern보다 6배나 빠르다(하지만 String.intern에는 오래 실행되는 프로그램에서 메모리 누수를 방지하는 기술도 들어가 있음을 감안하자). 동시성 컬렉션은 동기화한 컬렉션을 낡은 유산으로 만들어버렸다. 대표적인 예로, 이제는 **Collections.synchronizedMap보다는 ConcurrentHashMap을 사용하는 게 훨씬 좋다.** 동기화된 맵을 동시성 맵으로 교체하는 것만으로 동시성 애플리케이션의 성능은 극적으로 개선된다.

컬렉션 인터페이스 중 일부는 작업이 성공적으로 완료될 때까지 기다리도록 (즉, 차단되도록) 확장되었다. 예를 살펴보자. Queue를 확장한 BlockingQueue 에 추가된 메서드 중 take는 큐의 첫 원소를 꺼낸다. 이때 만약 큐가 비었다면 새로운 원소가 추가될 때까지 기다린다. 이런 특성 덕에 BlockingQueue는 작업 큐(생산자-소비자 큐)로 쓰기에 적합하다. 작업 큐는 하나 이상의 생산자(producer) 스레드가 작업(work)을 큐에 추가하고, 하나 이상의 소비자(consumer) 스레드가 큐에 있는 작업을 꺼내 처리하는 형태다. 짐작하다시피 ThreadPoolExecutor를 포함한 대부분의 실행자 서비스(아이템 80) 구현체에서 이 BlockingQueue를 사용한다.

동기화 장치는 스레드가 다른 스레드를 기다릴 수 있게 하여, 서로 작업을 조율할 수 있게 해준다. 가장 자주 쓰이는 동기화 장치는 CountDownLatch와 Semaphore다. CyclicBarrier와 Exchanger는 그보다 덜 쓰인다. 그리고 가장 강력한 동기화 장치는 바로 Phaser다.

카운트다운 래치(latch; 걸쇠)는 일회성 장벽으로, 하나 이상의 스레드가 또 다른 하나 이상의 스레드 작업이 끝날 때까지 기다리게 한다. CountDownLatch의 유일한 생성자는 int 값을 받으며, 이 값이 래치의 countDown 메서드를 몇 번 호출해야 대기 중인 스레드들을 깨우는지를 결정한다.

이 간단한 장치를 활용하면 유용한 기능들을 놀랍도록 쉽게 구현할 수 있다. 예를 들어 어떤 동작들을 동시에 시작해 모두 완료하기까지의 시간을 재는 간단한 프레임워크를 구축한다고 해보자. 이 프레임워크는 메서드 하나로 구성되며, 이 메서드는 동작들을 실행할 실행자와 동작을 몇 개나 동시에 수행할 수 있는지를 뜻하는 동시성 수준(concurrency)을 매개변수로 받는다. 타이머 스레드가 시계를 시작하기 전에 모든 작업자 스레드는 동작을 수행할 준비를 마친다. 마지막 작업자 스레드가 준비를 마치면 타이머 스레드가 '시작 방아쇠'를 당겨 작업자 스레드들이 일을 시작하게 한다. 마지막 작업자 스레드가 동작을 마치자마자 타이머 스레드는 시계를 멈춘다. 이상의 기능을 wait와 notify만으로 구현하려면 아주 난해하고 지저분한 코드가 탄생하지만, CountDownLatch를 쓰면 놀랍도록 직관적으로 구현할 수 있다.

코드 81-3 동시 실행 시간을 재는 간단한 프레임워크

```
public static long time(Executor executor, int concurrency,
            Runnable action) throws InterruptedException {
    CountDownLatch ready = new CountDownLatch(concurrency);
    CountDownLatch start = new CountDownLatch(1);
```

```
CountDownLatch done = new CountDownLatch(concurrency);

for (int i = 0; i < concurrency; i++) {
    executor.execute(() -> {
        // 타이머에게 준비를 마쳤음을 알린다.
        ready.countDown();
        try {
            // 모든 작업자 스레드가 준비될 때까지 기다린다.
            start.await();
            action.run();
        } catch (InterruptedException e) {
            Thread.currentThread().interrupt();
        } finally {
            // 타이머에게 작업을 마쳤음을 알린다.
            done.countDown();
        }
    });
}

ready.await(); // 모든 작업자가 준비될 때까지 기다린다.
long startNanos = System.nanoTime();
start.countDown(); // 작업자들을 깨운다.
done.await(); // 모든 작업자가 일을 끝마치기를 기다린다.
return System.nanoTime() - startNanos;
}
```

이 코드는 카운트다운 래치를 3개 사용한다. ready 래치는 작업자 스레드들이
준비가 완료됐음을 타이머 스레드에 통지할 때 사용한다. 통지를 끝낸 작업자
스레드들은 두 번째 래치인 start가 열리기를 기다린다. 마지막 작업자 스레드
가 ready.countDown을 호출하면 타이머 스레드가 시작 시각을 기록하고 start.
countDown을 호출하여 기다리던 작업자 스레드들을 깨운다. 그 직후 타이머 스
레드는 세 번째 래치인 done이 열리기를 기다린다. done 래치는 마지막 남은 작
업자 스레드가 동작을 마치고 done.countDown을 호출하면 열린다. 타이머 스레
드는 done 래치가 열리자마자 깨어나 종료 시각을 기록한다.

몇 가지 세부사항을 더 언급하겠다. time 메서드에 넘겨진 실행자(executor)
는 concurrency 매개변수로 지정한 동시성 수준만큼의 스레드를 생성할 수 있
어야 한다. 그렇지 못하면 이 메서드는 결코 끝나지 않을 것이다. 이런 상태
를 스레드 기아 교착상태(thread starvation deadlock)라 한다.[Goetz06, 8.1.1]
InterruptedException을 캐치한 작업자 스레드는 Thread.currentThread().
interrupt() 관용구를 사용해 인터럽트(interrupt)를 되살리고 자신은 run 메서

드에서 빠져나온다. 이렇게 해야 실행자가 인터럽트를 적절하게 처리할 수 있다. 이 코드에서 System.nanoTime 메서드를 사용해 시간을 잰 것에 주목하자. **시간 간격을 잴 때는 항상 System.currentTimeMillis가 아닌 System.nanoTime을 사용하자.** System.nanoTime은 더 정확하고 정밀하며 시스템의 실시간 시계의 시간 보정에 영향받지 않는다. 마지막으로, 이 예제의 코드는 작업에 충분한 시간(예: 1초 이상)이 걸리지 않는다면 정확한 시간을 측정할 수 없을 것이다. 정밀한 시간 측정은 매우 어려운 작업이라, 꼭 해야 한다면 jmh 같은 특수 프레임워크를 사용해야 한다.[JMH]

이번 아이템은 동시성 유틸리티를 맛만 살짝 보여준다. 예컨대 앞 예에서 사용한 카운트다운 래치 3개는 CyclicBarrier(혹은 Phaser) 인스턴스 하나로 대체할 수 있다. 이렇게 하면 코드가 더 명료해지겠지만 아마도 이해하기는 더 어려울 것이다.

새로운 코드라면 언제나 wait와 notify가 아닌 동시성 유틸리티를 써야 한다. 하지만 어쩔 수 없이 레거시 코드를 다뤄야 할 때도 있을 것이다. wait 메서드는 스레드가 어떤 조건이 충족되기를 기다리게 할 때 사용한다. 락 객체의 wait 메서드는 반드시 그 객체를 잠근 동기화 영역 안에서 호출해야 한다. wait를 사용하는 표준 방식은 다음과 같다.

코드 81-4 wait 메서드를 사용하는 표준 방식

```
synchronized (obj) {
    while (<조건이 충족되지 않았다>)
        obj.wait(); // (락을 놓고, 깨어나면 다시 잡는다.)

    ... // 조건이 충족됐을 때의 동작을 수행한다.
}
```

wait 메서드를 사용할 때는 반드시 대기 반복문(wait loop) 관용구를 사용하라. 반복문 밖에서는 절대로 호출하지 말자. 이 반복문은 wait 호출 전후로 조건이 만족하는지를 검사하는 역할을 한다.

대기 전에 조건을 검사하여 조건이 이미 충족되었다면 wait를 건너뛰게 한 것은 응답 불가 상태를 예방하는 조치다. 만약 조건이 이미 충족되었는데 스레드가 notify(혹은 notifyAll) 메서드를 먼저 호출한 후 대기 상태로 빠지면, 그 스레드를 다시 깨울 수 있다고 보장할 수 없다.

한편, 대기 후에 조건을 검사하여 조건이 충족되지 않았다면 다시 대기하게 하는 것은 안전 실패를 막는 조치다. 만약 조건이 충족되지 않았는데 스레드가 동작을 이어가면 락이 보호하는 불변식을 깨뜨릴 위험이 있다. 조건이 만족되지 않아도 스레드가 깨어날 수 있는 상황이 몇 가지 있으니, 다음이 그 예다.

- 스레드가 notify를 호출한 다음 대기 중이던 스레드가 깨어나는 사이에 다른 스레드가 락을 얻어 그 락이 보호하는 상태를 변경한다.
- 조건이 만족되지 않았음에도 다른 스레드가 실수로 혹은 악의적으로 notify를 호출한다. 공개된 객체를 락으로 사용해 대기하는 클래스는 이런 위험에 노출된다. 외부에 노출된 객체의 동기화된 메서드 안에서 호출하는 wait는 모두 이 문제에 영향을 받는다.
- 깨우는 스레드는 지나치게 관대해서, 대기 중인 스레드 중 일부만 조건이 충족되어도 notifyAll을 호출해 모든 스레드를 깨울 수도 있다.
- 대기 중인 스레드가 (드물게) notify 없이도 깨어나는 경우가 있다. 허위 각성(spurious wakeup)이라는 현상이다.[POSIX, 11.4.3.6.1; Java9-api]

이와 관련하여 notify와 notifyAll 중 무엇을 선택하느냐 하는 문제도 있다. (notify는 스레드 하나만 깨우며, notifyAll은 모든 스레드를 깨운다.) 일반적으로 언제나 notifyAll을 사용하라는 게 합리적이고 안전한 조언이 될 것이다. 깨어나야 하는 모든 스레드가 깨어남을 보장하니 항상 정확한 결과를 얻을 것이다. 다른 스레드까지 깨어날 수도 있긴 하지만, 그것이 여러분 프로그램의 정확성에는 영향을 주지 않을 것이다. 깨어난 스레드들은 기다리던 조건이 충족되었는지 확인하여, 충족되지 않았다면 다시 대기할 것이다.

모든 스레드가 같은 조건을 기다리고, 조건이 한 번 충족될 때마다 단 하나의 스레드만 혜택을 받을 수 있다면 notifyAll 대신 notify를 사용해 최적화할 수 있다.

하지만 이상의 전제조건들이 만족될지라도 notify 대신 notifyAll을 사용해야 하는 이유가 있다. 외부로 공개된 객체에 대해 실수로 혹은 악의적으로 notify를 호출하는 상황에 대비하기 위해 wait를 반복문 안에서 호출했듯, notify 대신 notifyAll을 사용하면 관련 없는 스레드가 실수로 혹은 악의적으로 wait를 호출하는 공격으로부터 보호할 수 있다. 그런 스레드가 중요한 notify를 삼켜버린다면 꼭 깨어났어야 할 스레드들이 영원히 대기하게 될 수 있다.

> **핵심 정리**
>
> wait와 notify를 직접 사용하는 것을 동시성 '어셈블리 언어'로 프로그래밍하는 것에 비유할 수 있다. 반면 java.util.concurrent는 고수준 언어에 비유할 수 있다. **코드를 새로 작성한다면 wait와 notify를 쓸 이유가 거의(어쩌면 전혀) 없다.** 이들을 사용하는 레거시 코드를 유지보수해야 한다면 wait는 항상 표준 관용구에 따라 while 문 안에서 호출하도록 하자. 일반적으로 notify보다는 notifyAll을 사용해야 한다. 혹시라도 notify를 사용한다면 응답 불가 상태에 빠지지 않도록 각별히 주의하자.

스레드 안전성 수준을 문서화하라

한 메서드를 여러 스레드가 동시에 호출할 때 그 메서드가 어떻게 동작하느냐는 해당 클래스와 이를 사용하는 클라이언트 사이의 중요한 계약과 같다. API 문서에서 아무런 언급도 없으면 그 클래스 사용자는 나름의 가정을 해야만 한다. 만약 그 가정이 틀리면 클라이언트 프로그램은 동기화를 충분히 하지 못하거나(아이템 78) 지나치게 한(아이템 79) 상태일 것이며, 두 경우 모두 심각한 오류로 이어질 수 있다.

API 문서에 synchronized 한정자가 보이는 메서드는 스레드 안전하다는 이야기를 들었을지 모르겠다. 하지만 이 말은 몇 가지 면에서 틀렸다. 자바독이 기본 옵션에서 생성한 API 문서에는 synchronized 한정자가 포함되지 않는다. 물론 합당한 이유가 있다. **메서드 선언에 synchronized 한정자를 선언할지는 구현 이슈일 뿐 API에 속하지 않는다.** 따라서 이것만으로는 그 메서드가 스레드 안전하다고 믿기 어렵다.

더구나 synchronized 유무로 스레드 안전성을 알 수 있다는 주장은 '스레드 안전성은 모 아니면 도'라는 오해에 뿌리를 둔 것이다. 하지만 스레드 안전성에도 수준이 나뉜다. **멀티스레드 환경에서도 API를 안전하게 사용하게 하려면 클래스가 지원하는 스레드 안전성 수준을 정확히 명시해야 한다.** 다음 목록은 스레드 안전성이 높은 순으로 나열한 것이다. 완벽하진 않지만 일반적인 경우는 포괄한다.

- **불변**(immutable): 이 클래스의 인스턴스는 마치 상수와 같아서 외부 동기화도 필요 없다. String, Long, BigInteger(아이템 7)가 대표적이다.
- **무조건적 스레드 안전**(unconditionally thread-safe): 이 클래스의 인스턴스는 수정될 수 있으나, 내부에서 충실히 동기화하여 별도의 외부 동기화 없

이 동시에 사용해도 안전하다. `AtomicLong`, `ConcurrentHashMap`이 여기에 속한다.

- **조건부 스레드 안전**(conditionally thread-safe): 무조건적 스레드 안전과 같으나, 일부 메서드는 동시에 사용하려면 외부 동기화가 필요하다. `Collections.synchronized` 래퍼 메서드가 반환한 컬렉션들이 여기 속한다 (이 컬렉션들이 반환한 반복자는 외부에서 동기화해야 한다).
- **스레드 안전하지 않음**(not thread-safe): 이 클래스의 인스턴스는 수정될 수 있다. 동시에 사용하려면 각각의(혹은 일련의) 메서드 호출을 클라이언트가 선택한 외부 동기화 메커니즘으로 감싸야 한다. `ArrayList`, `HashMap` 같은 기본 컬렉션이 여기 속한다.
- **스레드 적대적**(thread-hostile): 이 클래스는 모든 메서드 호출을 외부 동기화로 감싸더라도 멀티스레드 환경에서 안전하지 않다. 이 수준의 클래스는 일반적으로 정적 데이터를 아무 동기화 없이 수정한다. 이런 클래스를 고의로 만드는 사람은 없겠지만, 동시성을 고려하지 않고 작성하다 보면 우연히 만들어질 수 있다. 스레드 적대적으로 밝혀진 클래스나 메서드는 일반적으로 문제를 고쳐 재배포하거나 사용 자제(deprecated) API로 지정한다. 426쪽에서 설명했듯이, 아이템 78의 `generateSerialNumber` 메서드에서 내부 동기화를 생략하면 스레드 적대적이게 된다.

이 분류는 (스레드 적대적만 빼면) 『자바 병렬 프로그래밍』의 부록 A에 나오는 스레드 안전성 애너테이션(@Immutable, @ThreadSafe, @NotThreadSafe)과 대략 일치한다. 앞 분류의 무조건적 스레드 안전과 조건부 스레드 안전은 모두 @ThreadSafe 애너테이션 밑에 속한다.

조건부 스레드 안전한 클래스는 주의해서 문서화해야 한다. 어떤 순서로 호출할 때 외부 동기화가 필요한지, 그리고 그 순서로 호출하려면 어떤 락 혹은 (드물게) 락들을 얻어야 하는지 알려줘야 한다. 일반적으로 인스턴스 자체를 락으로 얻지만 예외도 있다. 예를 들어 `Collections.synchronizedMap`의 API 문서에는 다음과 같이 써 있다.

> synchronizedMap이 반환한 맵의 컬렉션 뷰를 순회하려면 반드시 그 맵을 락으로 사용해
> 수동으로 동기화하라.
>
> ```
> Map<K, V> m = Collections.synchronizedMap(new HashMap<>());
> Set<K> s = m.keySet(); // 동기화 블록 밖에 있어도 된다.
>     ...
> synchronized(m) { // s가 아닌 m을 사용해 동기화해야 한다!
>     for (K key : s)
>         key.f();
> }
> ```
>
> 이대로 따르지 않으면 동작을 예측할 수 없다.

클래스의 스레드 안전성은 보통 클래스의 문서화 주석에 기재하지만, 독특한
특성의 메서드라면 해당 메서드의 주석에 기재하도록 하자. 열거 타입은 굳이
불변이라고 쓰지 않아도 된다. 반환 타입만으로는 명확히 알 수 없는 정적 팩
터리라면 자신이 반환하는 객체의 스레드 안전성을 반드시 문서화해야 한다.
앞서의 Collections.synchronizedMap이 좋은 예다.

클래스가 외부에서 사용할 수 있는 락을 제공하면 클라이언트에서 일련의
메서드 호출을 원자적으로 수행할 수 있다. 하지만 이 유연성에는 대가가 따른
다. 내부에서 처리하는 고성능 동시성 제어 메커니즘과 혼용할 수 없게 되는
것이다. 그래서 ConcurrentHashMap 같은 동시성 컬렉션과는 함께 사용하지 못
한다. 또한, 클라이언트가 공개된 락을 오래 쥐고 놓지 않는 서비스 거부 공격
(denial-of-service attack)을 수행할 수도 있다.

서비스 거부 공격을 막으려면 synchronized 메서드(이 역시 공개된 락이나
마찬가지다) 대신 비공개 락 객체를 사용해야 한다.

코드 82-1 비공개 락 객체 관용구 - 서비스 거부 공격을 막아준다.

```
private final Object lock = new Object();

public void foo() {
    synchronized(lock) {
        ...
    }
}
```

비공개 락 객체는 클래스 바깥에서는 볼 수 없으니 클라이언트가 그 객체의 동

기화에 관여할 수 없다. 사실 아이템 15의 조언을 따라 락 객체를 동기화 대상 객체 안으로 캡슐화한 것이다.

 앞의 코드에서 lock 필드를 final로 선언했다. 이는 우연히라도 락 객체가 교체되는 일을 예방해준다. 락이 교체되면 끔찍한 결과로 이어진다(아이템 78). 아이템 17의 조언을 따라 다시 한번 락 필드의 변경 가능성을 최소화한 것이다. 이 예처럼 **락 필드는 항상 final로 선언하라.** (앞서 보여준) 일반적인 감시 락이든 java.util.concurrent.locks 패키지에서 가져온 락이든 마찬가지다.

비공개 락 객체 관용구는 무조건적 스레드 안전 클래스에서만 사용할 수 있다. 조건부 스레드 안전 클래스에서는 특정 호출 순서에 필요한 락이 무엇인지를 클라이언트에게 알려줘야 하므로 이 관용구를 사용할 수 없다.

비공개 락 객체 관용구는 상속용으로 설계한 클래스(아이템 19)에 특히 잘 맞는다. 상속용 클래스에서 자신의 인스턴스를 락으로 사용한다면, 하위 클래스는 아주 쉽게, 그리고 의도치 않게 기반 클래스의 동작을 방해할 수 있다(그 반대도 마찬가지다). 같은 락을 다른 목적으로 사용하게 되어 하위 클래스와 기반 클래스는 '서로가 서로를 훼방놓는' 상태에 빠진다. 단지 가능성에 그치지 않고 실제로 Thread 클래스에서 나타나곤 하는 문제다.[Bloch05, 퍼즐 77]

> **핵심 정리**
>
> 모든 클래스가 자신의 스레드 안전성 정보를 명확히 문서화해야 한다. 정확한 언어로 명확히 설명하거나 스레드 안전성 애너테이션을 사용할 수 있다. synchronized 한정자는 문서화와 관련이 없다. 조건부 스레드 안전 클래스는 메서드를 어떤 순서로 호출할 때 외부 동기화가 요구되고, 그때 어떤 락을 얻어야 하는지도 알려줘야 한다. 무조건적 스레드 안전 클래스를 작성할 때는 synchronized 메서드가 아닌 비공개 락 객체를 사용하자. 이렇게 해야 클라이언트나 하위 클래스에서 동기화 메커니즘을 깨뜨리는 걸 예방할 수 있고, 필요하다면 다음에 더 정교한 동시성을 제어 메커니즘으로 재구현할 여지가 생긴다.

지연 초기화는 신중히 사용하라

지연 초기화(lazy initialization)는 필드의 초기화 시점을 그 값이 처음 필요할 때까지 늦추는 기법이다. 그래서 값이 전혀 쓰이지 않으면 초기화도 결코 일어나지 않는다. 이 기법은 정적 필드와 인스턴스 필드 모두에 사용할 수 있다. 지연 초기화는 주로 최적화 용도로 쓰이지만, 클래스와 인스턴스 초기화 때 발생하는 위험한 순환 문제를 해결하는 효과도 있다.[Bloch05, 퍼즐 51]

다른 모든 최적화와 마찬가지로 지연 초기화에 대해 해줄 최선의 조언은 "필요할 때까지는 하지 말라"다(아이템 67). 지연 초기화는 양날의 검이다. 클래스 혹은 인스턴스 생성 시의 초기화 비용은 줄지만 그 대신 지연 초기화하는 필드에 접근하는 비용은 커진다. 지연 초기화하려는 필드들 중 결국 초기화가 이뤄지는 비율에 따라, 실제 초기화에 드는 비용에 따라, 초기화된 각 필드를 얼마나 빈번히 호출하느냐에 따라 지연 초기화가 (다른 수많은 최적화와 마찬가지로) 실제로는 성능을 느려지게 할 수도 있다.

그럼에도 지연 초기화가 필요할 때가 있다. 해당 클래스의 인스턴스 중 그 필드를 사용하는 인스턴스의 비율이 낮은 반면, 그 필드를 초기화하는 비용이 크다면 지연 초기화가 제 역할을 해줄 것이다. 하지만 안타깝게도 정말 그런지를 알 수 있는 유일한 방법은 지연 초기화 적용 전후의 성능을 측정해보는 것이다.

멀티스레드 환경에서는 지연 초기화를 하기가 까다롭다. 지연 초기화하는 필드를 둘 이상의 스레드가 공유한다면 어떤 형태로든 반드시 동기화해야 한다. 그렇지 않으면 심각한 버그로 이어질 것이다(아이템 78). 참고로 이번 아이템에서 다루는 모든 초기화 기법은 스레드 안전하다.

대부분의 상황에서 일반적인 초기화가 지연 초기화보다 낫다. 다음은 인스턴스 필드를 선언할 때 수행하는 일반적인 초기화의 모습이다. `final` 한정자를 사용했음에 주목하자(아이템 17).

코드 83-1 인스턴스 필드를 초기화하는 일반적인 방법

```
private final FieldType field = computeFieldValue();
```

지연 초기화가 초기화 순환성(initialization circularity)을 깨뜨릴 것 같으면 **synchronized**를 단 접근자를 사용하자. 이 방법이 가장 간단하고 명확한 대안이다.

코드 83-2 인스턴스 필드의 지연 초기화 - synchronized 접근자 방식

```
private FieldType field;

private synchronized FieldType getField() {
    if (field == null)
        field = computeFieldValue();
    return field;
}
```

이상의 두 관용구(보통의 초기화와 synchronized 접근자를 사용한 지연 초기화)는 정적 필드에도 똑같이 적용된다. 물론 필드와 접근자 메서드 선언에 static 한정자를 추가해야 한다.

성능 때문에 정적 필드를 지연 초기화해야 한다면 지연 초기화 홀더 클래스 (lazy initialization holder class) 관용구를 사용하자. 클래스는 클래스가 처음 쓰일 때 비로소 초기화된다는 특성을 이용한 관용구다.[JLS, 12.4.1] 어떻게 동작하는지 함께 보자.

코드 83-3 정적 필드용 지연 초기화 홀더 클래스 관용구

```
private static class FieldHolder {
    static final FieldType field = computeFieldValue();
}

private static FieldType getField() { return FieldHolder.field; }
```

getField가 처음 호출되는 순간 FieldHolder.field가 처음 읽히면서, 비로소 FieldHolder 클래스 초기화를 촉발한다. 이 관용구의 멋진 점은 getField 메서드가 필드에 접근하면서 동기화를 전혀 하지 않으니 성능이 느려질 거리가 전혀 없다는 것이다. 일반적인 VM은 오직 클래스를 초기화할 때만 필드 접근을

동기화할 것이다. 클래스 초기화가 끝난 후에는 VM이 동기화 코드를 제거하
여, 그다음부터는 아무런 검사나 동기화 없이 필드에 접근하게 된다.

**성능 때문에 인스턴스 필드를 지연 초기화해야 한다면 이중검사(double-
check) 관용구를 사용하라.** 이 관용구는 초기화된 필드에 접근할 때의 동기화
비용을 없애준다(아이템 79). (이름에서 알 수 있듯) 필드의 값을 두 번 검사하
는 방식으로, 한 번은 동기화 없이 검사하고, (필드가 아직 초기화되지 않았다
면) 두 번째는 동기화하여 검사한다. 두 번째 검사에서도 필드가 초기화되지
않았을 때만 필드를 초기화한다. 필드가 초기화된 후로는 동기화하지 않으므
로 해당 필드는 반드시 volatile로 선언해야 한다(아이템 78). 구체적인 예를
보자.

코드 83-4 인스턴스 필드 지연 초기화용 이중검사 관용구

```
private volatile FieldType field;

private FieldType getField() {
    FieldType result = field;
    if (result != null) { // 첫 번째 검사 (락 사용 안 함)
        return result;

    synchronized(this) {
        if (field == null) // 두 번째 검사 (락 사용)
            field = computeFieldValue();
        return field;
    }
}
```

코드가 다소 난해할 것이다. 특히 result라는 지역변수가 필요한 이유는 뭘까?
이 변수는 필드가 이미 초기화된 상황(일반적인 상황이다)에서는 그 필드를 딱
한 번만 읽도록 보장하는 역할을 한다. 반드시 필요하지는 않지만 성능을 높여
주고, 저수준 동시성 프로그래밍에 표준적으로 적용되는 더 우아한 방법이다.
내 컴퓨터에서는 지역변수를 사용하지 않을 때보다 1.4배 빠르게 동작한다.

이중검사를 정적 필드에도 적용할 수 있지만 굳이 그럴 이유는 없다. 이보다
는 지연 초기화 홀더 클래스 방식이 더 낫다.

이중검사에는 언급해둘 만한 변종이 두 가지 있다. 이따금 반복해서 초기화
해도 상관없는 인스턴스 필드를 지연 초기화해야 할 때가 있는데, 이런 경우라

면 이중검사에서 두 번째 검사를 생략할 수 있다. 이 변종의 이름은 자연히 단일검사(single-check) 관용구가 된다. 다음은 그 예다. 필드는 여전히 volatile로 선언했음을 확인하자.

코드 83-5 단일검사 관용구 - 초기화가 중복해서 일어날 수 있다!

```java
private volatile FieldType field;

private FieldType getField() {
    FieldType result = field;
    if (result == null)
        field = result = computeFieldValue();
    return result;
}
```

이번 아이템에서 이야기한 모든 초기화 기법은 기본 타입 필드와 객체 참조 필드 모두에 적용할 수 있다. 이중검사와 단일검사 관용구를 수치 기본 타입 필드에 적용한다면 필드의 값을 null 대신 (숫자 기본 타입 변수의 기본값인) 0과 비교하면 된다.

모든 스레드가 필드의 값을 다시 계산해도 상관없고 필드의 타입이 long과 double을 제외한 다른 기본 타입이라면, 단일검사의 필드 선언에서 volatile 한정자를 없애도 된다. 이 변종은 짜릿한 단일검사(racy single-check) 관용구라 불린다. 이 관용구는 어떤 환경에서는 필드 접근 속도를 높여주지만, 초기화가 스레드당 최대 한 번 더 이뤄질 수 있다. 아주 이례적인 기법으로, 보통은 거의 쓰지 않는다.

> **핵심 정리**
>
> 대부분의 필드는 지연시키지 말고 곧바로 초기화해야 한다. 성능 때문에 혹은 위험한 초기화 순환을 막기 위해 꼭 지연 초기화를 써야 한다면 올바른 지연 초기화 기법을 사용하자. 인스턴스 필드에는 이중검사 관용구를, 정적 필드에는 지연 초기화 홀더 클래스 관용구를 사용하자. 반복해 초기화해도 괜찮은 인스턴스 필드에는 단일검사 관용구도 고려 대상이다.

아이템 84

프로그램의 동작을 스레드 스케줄러에 기대지 말라

여러 스레드가 실행 중이면 운영체제의 스레드 스케줄러가 어떤 스레드를 얼마나 오래 실행할지 정한다. 정상적인 운영체제라면 이 작업을 공정하게 수행하지만 구체적인 스케줄링 정책은 운영체제마다 다를 수 있다. 따라서 잘 작성된 프로그램이라면 이 정책에 좌지우지돼서는 안 된다. **정확성이나 성능이 스레드 스케줄러에 따라 달라지는 프로그램이라면 다른 플랫폼에 이식하기 어렵다.**

견고하고 빠릿하고 이식성 좋은 프로그램을 작성하는 가장 좋은 방법은 실행 가능한 스레드의 평균적인 수를 프로세서 수보다 지나치게 많아지지 않도록 하는 것이다. 그래야 스레드 스케줄러가 고민할 거리가 줄어든다. 실행 준비가 된 스레드들은 맡은 작업을 완료할 때까지 계속 실행되도록 만들자. 이런 프로그램이라면 스레드 스케줄링 정책이 아주 상이한 시스템에서도 동작이 크게 달라지지 않는다. 여기서 실행 가능한 스레드의 수와 전체 스레드 수는 구분해야 한다. 전체 스레드 수는 훨씬 많을 수 있고, 대기 중인 스레드는 실행 가능하지 않다.

실행 가능한 스레드 수를 적게 유지하는 주요 기법은 각 스레드가 무언가 유용한 작업을 완료한 후에는 다음 일거리가 생길 때까지 대기하도록 하는 것이다. **스레드는 당장 처리해야 할 작업이 없다면 실행돼서는 안 된다.** 실행자 프레임워크(아이템 80)를 예로 들면, 스레드 풀 크기를 적절히 설정하고 [Goetz06, 8.2] 작업은 짧게 유지하면 된다. 단, 너무 짧으면 작업을 분배하는 부담이 오히려 성능을 떨어뜨릴 수도 있다.

스레드는 절대 바쁜 대기(busy waiting) 상태가 되면 안 된다. 공유 객체의 상태가 바뀔 때까지 쉬지 않고 검사해서는 안 된다는 뜻이다. 바쁜 대기는 스레드 스케줄러의 변덕에 취약할 뿐 아니라, 프로세서에 큰 부담을 주어 다른 유용한 작업이 실행될 기회를 박탈한다. 우리가 피해야 할 극단적인 예로, CountDownLatch를 삐딱하게 구현한 코드를 살펴보자.

코드 84-1 끔찍한 CountDownLatch 구현 - 바쁜 대기 버전!

```java
public class SlowCountDownLatch {
    private int count;

    public SlowCountDownLatch(int count) {
        if (count < 0)
            throw new IllegalArgumentException(count + " < 0");
        this.count = count;
    }

    public void await() {
        while (true) {
            synchronized(this) {
                if (count == 0)
                    return;
            }
        }
    }

    public synchronized void countDown() {
        if (count != 0)
            count--;
    }
}
```

내 컴퓨터에서 래치를 기다리는 스레드를 1,000개 만들어 자바의 CountDown Latch와 비교해보니 약 10배가 느렸다. 이 예가 좀 억지스러워 보일지 모르지만, 하나 이상의 스레드가 필요도 없이 실행 가능한 상태인 시스템은 흔하게 볼 수 있다. 이런 시스템은 성능과 이식성이 떨어질 수 있다.

특정 스레드가 다른 스레드들과 비교해 CPU 시간을 충분히 얻지 못해서 간신히 돌아가는 프로그램을 보더라도 **Thread.yield를 써서 문제를 고쳐보려는 유혹을 떨쳐내자.** 증상이 어느 정도는 호전될 수도 있지만 이식성은 그렇지 않을 것이다. 처음 JVM에서는 성능을 높여준 yield가 두 번째 JVM에서는 아무 효과가 없고, 세 번째에서는 오히려 느려지게 할 수도 있다. **Thread.yield는 테스트할 수단도 없다.** 차라리 애플리케이션 구조를 바꿔 동시에 실행 가능한 스레드 수가 적어지도록 조치해주자.

이런 상황에서 스레드 우선순위를 조절하는 방법도 있지만, 역시 비슷한 위험이 따른다. 스레드 우선순위는 자바에서 이식성이 가장 나쁜 특성에 속한다. 스레드 몇 개의 우선순위를 조율해서 애플리케이션의 반응 속도를 높이는 것도 일견 타당할 수 있으나, 정말 그래야 할 상황은 드물고 이식성이 떨어진다. 심각한 응답 불가 문제를 스레드 우선순위로 해결하려는 시도는 절대 합리적이지 않다. 진짜 원인을 찾아 수정하기 전까지 같은 문제가 반복해서 터져 나올 것이다.

> **핵심 정리**
>
> 프로그램의 동작을 스레드 스케줄러에 기대지 말자. 견고성과 이식성을 모두 해치는 행위다. 같은 이유로, Thread.yield와 스레드 우선순위에 의존해서도 안 된다. 이 기능들은 스레드 스케줄러에 제공하는 힌트일 뿐이다. 스레드 우선순위는 이미 잘 동작하는 프로그램의 서비스 품질을 높이기 위해 드물게 쓰일 수는 있지만, 간신히 동작하는 프로그램을 '고치는 용도'로 사용해서는 절대 안 된다.

12장

직렬화

이번 장은 객체 직렬화를 다룬다. 객체 직렬화란 자바가 객체를 바이트 스트림으로 인코딩하고(직렬화) 그 바이트 스트림으로부터 다시 객체를 재구성하는 (역직렬화) 메커니즘이다. 직렬화된 객체는 다른 VM에 전송하거나 디스크에 저장한 후 나중에 역직렬화할 수 있다. 이번 장은 직렬화가 품고 있는 위험과 그 위험을 최소화하는 방법에 집중한다.

자바 직렬화의 대안을 찾으라

1997년, 자바에 처음으로 직렬화가 도입되었다. 그때만 하더라도 직렬화는 연구용 언어인 모듈라-3(Modula-3)에서나 시도되었을 뿐, 대중적 언어에 적용된 건 처음이었기에 다소 위험하지 않겠냐는 이야기가 나왔다. 프로그래머가 어렵지 않게 분산 객체를 만들 수 있다는 구호는 매력적이었지만, 보이지 않는 생성자, API와 구현 사이의 모호해진 경계, 잠재적인 정확성 문제, 성능, 보안, 유지보수성 등 그 대가가 컸다. 지지자들은 장점이 이런 위험성을 압도한다고 생각했지만, 지금까지 경험한 바로는 그 반대다.

이 책의 2판에서 제기한 보안 문제는 실제로도 우려한 만큼 심각한 것으로 밝혀졌다. 2000년대 초반에 논의된 취약점들이 그 후로 십 년 이상 심각하게 악용되었다. 2016년 11월에는 샌프란시스코 시영 교통국(San Francisco Municipal Transportation Agency, SFMTA)이 랜섬웨어(ransomware) 공격을 받아 요금 징수 시스템이 이틀간 마비되는 사태를 겪기도 했다.[Gallagher16]

직렬화의 근본적인 문제는 공격 범위가 너무 넓고 지속적으로 더 넓어져 방어하기 어렵다는 점이다. `ObjectInputStream`의 `readObject` 메서드를 호출하면서 객체 그래프가 역직렬화되기 때문이다. `readObject` 메서드는 (`Serializable` 인터페이스를 구현했다면) 클래스패스 안의 거의 모든 타입의 객체를 만들어 낼 수 있는, 사실상 마법 같은 생성자다. 바이트 스트림을 역직렬화하는 과정에서 이 메서드는 그 타입들 안의 모든 코드를 수행할 수 있다. 이 말인즉슨, 그 타입들의 코드 전체가 공격 범위에 들어간다는 뜻이다.

자바의 표준 라이브러리나 아파치 커먼즈 컬렉션 같은 서드파티 라이브러리는 물론 애플리케이션 자신의 클래스들도 공격 범위에 포함된다. 관련한 모든 모범 사례를 따르고 모든 직렬화 가능 클래스들을 공격에 대비하도록 작성한다 해도, 여러분의 애플리케이션은 여전히 취약할 수 있다. CERT 조정 센터의 기술 관리자인 로버트 시커드(Robert Seacord)의 말을 들어보자.

> 자바의 역직렬화는 명백하고 현존하는 위험이다. 이 기술은 지금도 애플리케이션에서 직접 혹은, 자바 하부 시스템(RMI(Remote Method Invocation), JMX(Java Management Extension), JMS(Java Messaging System) 같은)을 통해 간접적으로 쓰이고 있기 때문이다. 신뢰할 수 없는 스트림을 역직렬화하면 원격 코드 실행(remote code execution, RCE), 서비스 거부(denial-of-service, DoS) 등의 공격으로 이어질 수 있다. 잘못한 게 아무것도 없는 애플리케이션이라도 이런 공격에 취약해질 수 있다.[Seacord17]

공격자와 보안 전문가들은 자바 라이브러리와 널리 쓰이는 서드파티 라이브러리에서 직렬화 가능 타입들을 연구하여 역직렬화 과정에서 호출되어 잠재적으로 위험한 동작을 수행하는 메서드들을 찾아보았다. 이런 메서드를 가젯(gadget)이라 부른다. 여러 가젯을 함께 사용하여 가젯 체인을 구성할 수도 있는데, 가끔씩 공격자가 기반 하드웨어의 네이티브 코드를 마음대로 실행할 수 있는 아주 강력한 가젯 체인도 발견되곤 한다. 그래서 아주 신중하게 제작한 바이트 스트림만 역직렬화해야 한다. 샌프란시스코 교통국을 마비시킨 공격이 정확히 이런 사례로, 가젯들이 체인으로 엮여 피해기 더욱 컸다. 이 외에도 여러 공격이 있었을 것이고, 앞으로도 더 있을 것이다.

 가젯까지 갈 것도 없이, 역직렬화에 시간이 오래 걸리는 짧은 스트림을 역직렬화하는 것만으로도 서비스 거부 공격에 쉽게 노출될 수 있다. 이런 스트림을 역직렬화 폭탄(deserialization bomb)이라고 한다.[Svoboda16] 여기 바우터르 쿠카르츠(Wouter Coekaerts)가 HashSet과 문자열만 사용해 만든 예를 준비했다.[Coekaerts15]

코드 85-1 역직렬화 폭탄 - 이 스트림의 역직렬화는 영원히 계속된다.

```
static byte[] bomb() {
    Set<Object> root = new HashSet<>();
    Set<Object> s1 = root;
    Set<Object> s2 = new HashSet<>();
    for (int i = 0; i < 100; i++) {
        Set<Object> t1 = new HashSet<>();
        Set<Object> t2 = new HashSet<>();
        t1.add("foo"); // t1을 t2와 다르게 만든다.
        s1.add(t1); s1.add(t2);
```

```
        s2.add(t1); s2.add(t2);
        s1 = t1;
        s2 = t2;
    }
    return serialize(root); // 간결하게 하기 위해 이 메서드의 코드는 생략함
}
```

이 객체 그래프는 201개의 HashSet 인스턴스로 구성되며, 그 각각은 3개 이하의 객체 참조를 갖는다. 스트림의 전체 크기는 5,744바이트지만, 역직렬화는 태양이 불타 식을 때까지도 끝나지 않을 것이다. 문제는 HashSet 인스턴스를 역직렬화하려면 그 원소들의 해시코드를 계산해야 한다는 데 있다. 루트 HashSet에 담긴 두 원소는 각각 (루트와 마찬가지로) 다른 HashSet 2개씩을 원소로 갖는 HashSet이다. 그리고 반복문에 의해 이 구조가 깊이 100단계까지 만들어진다. 따라서 이 HashSet을 역직렬화하려면 hashCode 메서드를 2^{100}번 넘게 호출해야 한다. 역직렬화가 영원히 계속된다는 것도 문제지만, 무언가 잘못되었다는 신호조차 주지 않는다는 것도 큰 문제. 이 코드는 단 몇 개의 객체만 생성해도 스택 깊이 제한에 걸려버린다.

그렇다면 이 문제들을 어떻게 대처해야 할까? 애초에 신뢰할 수 없는 바이트 스트림을 역직렬화하는 일 자체가 스스로를 공격에 노출하는 행위다. 따라서 **직렬화 위험을 회피하는 가장 좋은 방법은 아무것도 역직렬화하지 않는 것이다.** 〈워게임(WarGames)〉이라는 1983년 영화에서 조슈아라는 컴퓨터는 이렇게 말한다. "승리하는 유일한 길은 전쟁하지 않는 것이다." 마찬가지로 **여러분이 작성하는 새로운 시스템에서 자바 직렬화를 써야 할 이유는 전혀 없다.** 객체와 바이트 시퀀스를 변환해주는 다른 메커니즘이 많이 있다. 이 방식들은 자바 직렬화의 여러 위험을 회피하면서 다양한 플랫폼 지원, 우수한 성능, 풍부한 지원 도구, 활발한 커뮤니티와 전문가 집단 등 수많은 이점까지 제공한다. 이런 메커니즘들도 직렬화 시스템이라 불리기도 하지만, 이 책에서는 자바 직렬화와 구분하고자 크로스-플랫폼 구조화된 데이터 표현(cross-platform structured-data representation)[1]이라 한다.

---

[1] (옮긴이) 뜻을 온전히 보존하면서 더 간결한 표현을 찾고 싶었지만, 그렇지 못해 지금처럼 직역했다. 이 용어는 이 책을 통틀어 3번, 그것도 다 이번 아이템에서만 쓰이니 양해를 부탁드린다.

이 표현들의 공통점은 자바 직렬화보다 훨씬 간단하다는 것이다. 임의 객체 그래프를 자동으로 직렬화/역직렬화하지 않는다. 대신 속성-값 쌍의 집합으로 구성된 간단하고 구조화된 데이터 객체를 사용한다. 그리고 기본 타입 몇 개와 배열 타입만 지원할 뿐이다. 이런 간단한 추상화만으로도 아주 강력한 분산 시스템을 구축하기에 충분하고, 자바 직렬화가 가져온 심각한 문제들을 회피할 수 있음이 밝혀졌다.

크로스-플랫폼 구조화된 데이터 표현의 선두주자는 JSON과 프로토콜 버퍼 (Protocol Buffers 혹은 짧게 protobuf)다. JSON은 더글라스 크록퍼드(Douglas Crockford)가 브라우저와 서버의 통신용으로 설계했고, 프로토콜 버퍼는 구글이 서버 사이에 데이터를 교환하고 저장하기 위해 설계했다. 보통은 이들을 언어 중립적이라고 하지만, 사실 JSON은 자바스크립트용으로, 프로토콜 버퍼는 C++용으로 만들어졌고, 아직도 그 흔적이 남아 있다.

둘의 가장 큰 차이는 JSON은 텍스트 기반이라 사람이 읽을 수 있고, 프로토콜 버퍼는 이진 표현이라 효율이 훨씬 높다는 점이다. 또한 JSON은 오직 데이터를 표현하는 데만 쓰이지만, 프로토콜 버퍼는 문서를 위한 스키마(타입)를 제공하고 올바로 쓰도록 강요한다. 효율은 프로토콜 버퍼가 훨씬 좋지만 텍스트 기반 표현에는 JSON이 아주 효과적이다. 또한, 프로토콜 버퍼는 이진 표현뿐 아니라 사람이 읽을 수 있는 텍스트 표현(pbtxt)도 지원한다.

레거시 시스템 때문에 자바 직렬화를 완전히 배제할 수 없을 때의 차선책은 **신뢰할 수 없는 데이터는 절대 역직렬화하지 않는 것이다.** 특히, 신뢰할 수 없는 발신원으로부터의 RMI는 절대 수용해서는 안 된다. 자바의 공식 보안 코딩 지침에서는 "신뢰할 수 없는 데이터의 역직렬화는 본질적으로 위험하므로 절대로 피해야 한다"라고 조언한다. 이 문장은 글씨가 크고 굵으며, 붉은 색에 기울임꼴로 되어 있다. 문서 전체에서 이 문장만 이렇게 강조해 놓았다.[Java-secure]

직렬화를 피할 수 없고 역직렬화한 데이터가 안전한지 완전히 확신할 수 없다면 객체 역직렬화 필터링(`java.io.ObjectInputFilter`)을 사용하자(자바 9에 추가되었고, 이전 버전에서도 쓸 수 있도록 이식되었다). 객체 역직렬화 필터링은 데이터 스트림이 역직렬화되기 전에 필터를 설치하는 기능이다. 클래스 단위로, 특정 클래스를 받아들이거나 거부할 수 있다. '기본 수용' 모드에서는 블랙리스트에 기록된 잠재적으로 위험한 클래스들을 거부한다. 반대로 '기본 거부' 모드에서는 화이트리스트에 기록된 안전하다고 알려진 클래스들만 수용한다. **블랙리스트 방식보다는 화이트리스트 방식을 추천한다.** 블랙리스트 방식은 이미 알려진 위험으로부터만 보호할 수 있기 때문이다. 여러분의 애플리케이션을 위한 화이트리스트를 자동으로 생성해주는 스왓(SWAT, Serial Whitelist Application Trainer)이라는 도구도 있으니 참고하자.[Schneider16] 필터링 기능은 메모리를 과하게 사용하거나 객체 그래프가 너무 깊어지는 사태로부터도 보호해준다. 하지만 앞서 보여준 직렬화 폭탄은 걸러내지 못한다.

안타깝게도 직렬화는 여전히 자바 생태계 곳곳에 쓰이고 있다. 자바 직렬화를 사용하는 시스템을 관리해야 한다면 시간과 노력을 들여서라도 크로스-플랫폼 구조화된 데이터 표현으로 마이그레이션하는 것을 심각하게 고민해보길 바란다. 하지만 현실적인 이유로 지금도 직렬화 가능 클래스를 작성하거나 유지보수해야 하는 사람이 있을 수 있다. 직렬화 가능 클래스를 올바르고 안전하고 효율적으로 작성하려면 상당한 주의가 필요하다. 다음 아이템부터는 이런 분들을 위한 조언을 담았다.

> **핵심 정리**
>
> 직렬화는 위험하니 피해야 한다. 시스템을 밑바닥부터 설계한다면 JSON이나 프로토콜 버퍼 같은 대안을 사용하자. 신뢰할 수 없는 데이터는 역직렬화하지 말자. 꼭 해야 한다면 객체 역직렬화 필터링을 사용하되, 이마저도 모든 공격을 막아줄 수는 없음을 기억하자. 클래스가 직렬화를 지원하도록 만들지 말고, 꼭 그렇게 만들어야 한다면 정말 신경 써서 작성해야 한다.

아이템 86

Serializable을 구현할지는 신중히 결정하라

어떤 클래스의 인스턴스를 직렬화할 수 있게 하려면 클래스 선언에 implements Serializable만 덧붙이면 된다. 너무 쉽게 적용할 수 있기 때문에 프로그래머가 특별히 신경 쓸 게 없다는 오해가 생길 수 있지만, 진실은 훨씬 더 복잡하다. 직렬화를 지원하기란 짧게 보면 손쉬워 보이지만, 길게 보면 아주 값비싼 일이다.

Serializable을 구현하면 릴리스한 뒤에는 수정하기 어렵다. 클래스가 Serializable을 구현하면 직렬화된 바이트 스트림 인코딩(직렬화 형태)도 하나의 공개 API가 된다. 그래서 이 클래스가 널리 퍼진다면 그 직렬화 형태도 (다른 공개 API와 마찬가지로) 영원히 지원해야 하는 것이다. 커스텀 직렬화 형태를 설계하지 않고 자바의 기본 방식을 사용하면 직렬화 형태는 최소 적용 당시 클래스의 내부 구현 방식에 영원히 묶여버린다. 달리 말하면, 기본 직렬화 형태에서는 클래스의 private과 package-private 인스턴스 필드들마저 API로 공개되는 꼴이 된다(캡슐화가 깨진다). 필드로의 접근을 최대한 막아 정보를 은닉하라는 조언(아이템 15)도 무력화된다.

뒤늦게 클래스 내부 구현을 손보면 원래의 직렬화 형태와 달라지게 된다. 한쪽은 구버전 인스턴스를 직렬화하고 다른 쪽은 신버전 클래스로 역직렬화한다면 실패를 맛볼 것이다. (ObjectOutputStream.putFields와 ObjectInputStream.readFields를 이용하면) 원래의 직렬화 형태를 유지하면서 내부 표현을 바꿀 수도 있지만, 어렵기도 하거니와 소스코드에 지저분한 혹을 남겨놓게 된다. 그러니 직렬화 가능 클래스를 만들고자 한다면, 길게 보고 감당할 수 있을 만큼 고품질의 직렬화 형태도 주의해서 함께 설계해야 한다(아이템 87, 90). 초기 개발 비용은 높아지지만 그만한 보상을 해줄 것이다. 직렬화 형태를 잘 설계하더라도 클래스를 개선하는 데 제약이 될 수 있으니, 잘못 설계한 경우라면 더 말할 것도 없다.

직렬화가 클래스 개선을 방해하는 간단한 예를 보자. 대표적으로는 스트림 고유 식별자, 즉 직렬 버전 UID(serial version UID)를 들 수 있다. 모든 직렬화된 클래스는 고유 식별 번호를 부여받는다. serialVersionUID라는 이름의 static final long 필드로, 이 번호를 명시하지 않으면 시스템이 런타임에 암호 해시 함수(SHA-1)를 적용해 자동으로 클래스 안에 생성해 넣는다. 이 값을 생성하는 데는 클래스 이름, 구현한 인터페이스들, 컴파일러가 자동으로 생성해 넣은 것을 포함한 대부분의 클래스 멤버들이 고려된다. 그래서 나중에 편의 메서드를 추가하는 식으로 이들 중 하나라도 수정한다면 직렬 버전 UID 값도 변한다. 다시 말해, 자동 생성되는 값에 의존하면 쉽게 호환성이 깨져버려 런타임에 InvalidClassException이 발생할 것이다.

Serializable 구현의 두 번째 문제는 버그와 보안 구멍이 생길 위험이 높아진다는 점이다(아이템 85). 객체는 생성자를 사용해 만드는 게 기본이다. 즉, 직렬화는 언어의 기본 메커니즘을 우회하는 객체 생성 기법인 것이다. 기본 방식을 따르든 재정의해 사용하든, 역직렬화는 일반 생성자의 문제가 그대로 적용되는 '숨은 생성자'다. 이 생성자는 전면에 드러나지 않으므로 "생성자에서 구축한 불변식을 모두 보장해야 하고 생성 도중 공격자가 객체 내부를 들여다볼 수 없도록 해야 한다"는 사실을 떠올리기 어렵다. 기본 역직렬화를 사용하면 불변식 깨짐과 허가되지 않은 접근에 쉽게 노출된다는 뜻이다(아이템 88).

Serializable 구현의 세 번째 문제는 해당 클래스의 신버전을 릴리스할 때 테스트할 것이 늘어난다는 점이다. 직렬화 가능 클래스가 수정되면 신버전 인스턴스를 직렬화한 후 구버전으로 역직렬화할 수 있는지, 그리고 그 반대도 가능한지를 검사해야 한다. 따라서 테스트해야 할 양이 직렬화 가능 클래스의 수와 릴리스 횟수에 비례해 증가한다. 양방향 직렬화/역직렬화가 모두 성공하고, 원래의 객체를 충실히 복제해내는지를 반드시 확인해야 한다. 클래스를 처음 제작할 때 커스텀 직렬화 형태를 잘 설계해놨다면 이러한 테스트 부담을 줄일 수 있다(아이템 87, 90).

Serializable 구현 여부는 가볍게 결정할 사안이 아니다. 단, 객체를 전송하거나 저장할 때 자바 직렬화를 이용하는 프레임워크용으로 만든 클래스라면 선택의 여지가 없다. Seriazliable을 반드시 구현해야 하는 다른 클래스의 컴포넌트로 쓰일 클래스도 마찬가지다. 하지만 Serializable 구현에 따르는 비용이 적지 않으니, 클래스를 설계할 때마다 그 이득과 비용을 잘 저울질해야 한다. 역사적으로 BigInteger와 Instant 같은 '값' 클래스와 컬렉션 클래스들은 Serializable을 구현하고, 스레드 풀처럼 '동작'하는 객체를 표현하는 클래스들은 대부분 Serializable을 구현하지 않았다.

상속용으로 설계된 클래스(아이템 19)는 대부분 Serializable을 구현하면 안 되며, 인터페이스도 대부분 Serializable을 확장해서는 안 된다. 이 규칙을 따르지 않으면, 그런 클래스를 확장하거나 그런 인터페이스를 구현하는 이에게 커다란 부담을 지우게 된다. 이 규칙을 어겨야 하는 상황도 있다. 예컨대 Serializable을 구현한 클래스만 지원하는 프레임워크를 사용하는 상황이라면 다른 방도가 없을 것이다.

상속용으로 설계된 클래스 중 Serializable을 구현한 예로는 Throwable과 Component가 있다. Throwable은 서버가 RMI를 통해 클라이언트로 예외를 보내기 위해 Serializable을 구현했다. Component는 GUI를 전송하고 저장하고 복원하기 위해 Serializable을 구현했지만, Swing과 AWT가 널리 쓰이던 시절에도 현업에서 이런 용도로는 거의 쓰이지 않았다.

여러분이 작성하는 클래스의 인스턴스 필드가 직렬화와 확장이 모두 가능하다면 주의할 점이 몇 가지 있다. 인스턴스 필드 값 중 불변식을 보장해야 할 게 있다면 반드시 하위 클래스에서 finalize 메서드를 재정의하지 못하게 해야 한다. 즉, finalize 메서드를 자신이 재정의하면서 final로 선언하면 된다. 이렇게 해두지 않으면 finalizer 공격(아이템 8)을 당할 수 있다. 마지막으로, 인스턴스 필드 중 기본값(정수형은 0, boolean은 false, 객체 참조 타입은 null)으로 초기화되면 위배되는 불변식이 있다면 클래스에 다음의 readObjectNoData 메서드를 반드시 추가해야 한다.

코드 86-1 상태가 있고, 확장 가능하고, 직렬화 가능한 클래스용 readObjectNoData 메서드

```
private void readObjectNoData() throws InvalidObjectException {
    throw new InvalidObjectException("스트림 데이터가 필요합니다");
}
```

이 메서드는 자바 4에 추가된 것으로, 기존의 직렬화 가능 클래스에 직렬화 가능 상위 클래스를 추가하는 드문 경우를 위한 메서드다.[Serialization, 3.5]

Serializable을 구현하지 않기로 할 때는 한 가지만 주의하면 된다. 상속용 클래스인데 직렬화를 지원하지 않으면 그 하위 클래스에서 직렬화를 지원하려 할 때 부담이 늘어난다. 보통은 이런 클래스를 역직렬화하려면 그 상위 클래스는 매개변수가 없는 생성자를 제공해야 하는데,[Serialization, 1.10] 여러분이 이런 생성자를 제공하지 않으면 하위 클래스에서는 어쩔 수 없이 직렬화 프록시 패턴(아이템 90)을 사용해야 한다.

내부 클래스(아이템 24)는 직렬화를 구현하지 말아야 한다. 내부 클래스에는 바깥 인스턴스의 참조와 유효 범위 안의 지역변수 값들을 저장하기 위해 컴파일러가 생성한 필드들이 자동으로 추가된다. 익명 클래스와 지역 클래스의 이름을 짓는 규칙이 언어 명세에 나와 있지 않듯, 이 필드들이 클래스 정의에 어떻게 추가되는지도 정의되지 않았다. 다시 말해 내부 클래스에 대한 기본 직렬화 형태는 분명하지가 않다. 단, 정적 멤버 클래스는 Serializable을 구현해도 된다.

> **핵심 정리**
>
> Serializable은 구현한다고 선언하기는 아주 쉽지만, 그것은 눈속임일 뿐이다. 한 클래스의 여러 버전이 상호작용할 일이 없고 서버가 신뢰할 수 없는 데이터에 노출될 가능성이 없는 등, 보호된 환경에서만 쓰일 클래스가 아니라면 Serializable 구현은 아주 신중하게 이뤄져야 한다. 상속할 수 있는 클래스라면 주의사항이 더욱 많아진다.

커스텀 직렬화 형태를 고려해보라

개발 일정에 쫓기는 상황에서는 API 설계에 노력을 집중하는 편이 나을 것이다. 이 말은 종종 다음 릴리스에서 제대로 다시 구현하기로 하고, 이번 릴리스에서는 그냥 동작만 하도록 만들어 놓으라는 뜻이다. 보통은 크게 문제되지 않는 전략이다. 하지만 클래스가 Serializable을 구현하고 기본 직렬화 형태를 사용한다면 다음 릴리스 때 버리려 한 현재의 구현에 영원히 발이 묶이게 된다. 기본 직렬화 형태를 버릴 수 없게 되는 것이다. 실제로도 BigInteger 같은 일부 자바 클래스가 이 문제에 시달리고 있다.

먼저 고민해보고 괜찮다고 판단될 때만 기본 직렬화 형태를 사용하라. 기본 직렬화 형태는 유연성, 성능, 정확성 측면에서 신중히 고민한 후 합당할 때만 사용해야 한다. 일반적으로 여러분이 직접 설계하더라도 기본 직렬화 형태와 거의 같은 결과가 나올 경우에만 기본 형태를 써야 한다.

어떤 객체의 기본 직렬화 형태는 그 객체를 루트로 하는 객체 그래프의 물리적 모습을 나름 효율적으로 인코딩한다. 다시 말해, 객체가 포함한 데이터들과 그 객체에서부터 시작해 접근할 수 있는 모든 객체를 담아내며, 심지어 이 객체들이 연결된 위상(topology)까지 기술한다. 그러나 아쉽게도 이상적인 직렬화 형태라면 물리적인 모습과 독립된 논리적인 모습만을 표현해야 한다.

객체의 물리적 표현과 논리적 내용이 같다면 기본 직렬화 형태라도 무방하다. 예컨대 사람의 성명을 간략히 표현한 다음 예는 기본 직렬화 형태를 써도 괜찮을 것이다.

코드 87-1 기본 직렬화 형태에 적합한 후보

```
public class Name implements Serializable {
    /**
     * 성. null이 아니어야 함.
     * @serial
```

```
    */
    private final String lastName;

    /**
     * 이름. null이 아니어야 함.
     * @serial
     */
    private final String firstName;

    /**
     * 중간이름. 중간이름이 없다면 null.
     * @serial
     */
    private final String middleName;

    ... // 나머지 코드는 생략
}
```

성명은 논리적으로 이름, 성, 중간이름이라는 3개의 문자열로 구성되며, 앞 코드의 인스턴스 필드들은 이 논리적 구성요소를 정확히 반영했다.

기본 직렬화 형태가 적합하다고 결정했더라도 불변식 보장과 보안을 위해 readObject 메서드를 제공해야 할 때가 많다. 앞의 Name 클래스의 경우에는 readObject 메서드가 lastName과 firstName 필드가 null이 아님을 보장해야 한다. 이 주제는 아이템 88과 90에서 길게 이야기한다.

 Name의 세 필드 모두 private임에도 문서화 주석이 달려 있다. 이 필드들은 결국 클래스의 직렬화 형태에 포함되는 공개 API에 속하며 공개 API는 모두 문서화해야 하기 때문이다. private 필드의 설명을 API 문서에 포함하라고 자바독에 알려주는 역할은 @serial 태그가 한다. @serial 태그로 기술한 내용은 API 문서에서 직렬화 형태를 설명하는 특별한 페이지에 기록된다.

다음 클래스는 직렬화 형태에 적합하지 않은 예로, 문자열 리스트를 표현하고 있다(표준 List 구현체들을 사용하면 더 잘 구현할 수 있다는 생각은 잠시 접어두자).

코드 87-2 기본 직렬화 형태에 적합하지 않은 클래스
```java
public final class StringList implements Serializable {
    private int size = 0;
    private Entry head = null;
```

```
private static class Entry implements Serializable {
    String data;
    Entry next;
    Entry previous;
}

... // 나머지 코드는 생략
}
```

논리적으로 이 클래스는 일련의 문자열을 표현한다. 물리적으로는 문자열들을 이중 연결 리스트로 연결했다. 이 클래스에 기본 직렬화 형태를 사용하면 각 노드의 양방향 연결 정보를 포함해 모든 엔트리(Entry)를 철두철미하게 기록한다.

객체의 물리적 표현과 논리적 표현의 차이가 클 때 기본 직렬화 형태를 사용하면 크게 네 가지 면에서 문제가 생긴다.

1. **공개 API가 현재의 내부 표현 방식에 영구히 묶인다.** 앞의 예에서 private 클래스인 StringList.Entry가 공개 API가 되어 버린다. 다음 릴리스에서 내부 표현 방식을 바꾸더라도 StringList 클래스는 여전히 연결 리스트로 표현된 입력도 처리할 수 있어야 한다. 즉, 연결 리스트를 더는 사용하지 않더라도 관련 코드를 절대 제거할 수 없다.

2. **너무 많은 공간을 차지할 수 있다.** 앞 예의 직렬화 형태는 연결 리스트의 모든 엔트리와 연결 정보까지 기록했지만, 엔트리와 연결 정보는 내부 구현에 해당하니 직렬화 형태에 포함할 가치가 없다. 이처럼 직렬화 형태가 너무 커져서 디스크에 저장하거나 네트워크로 전송하는 속도가 느려진다.

3. **시간이 너무 많이 걸릴 수 있다.** 직렬화 로직은 객체 그래프의 위상에 관한 정보가 없으니 그래프를 직접 순회해볼 수밖에 없다. 앞의 예에서는 간단히 다음 참조를 따라 가보는 정도로 충분하다.

4. **스택 오버플로를 일으킬 수 있다.** 기본 직렬화 과정은 객체 그래프를 재귀 순회하는데, 이 작업은 중간 정도 크기의 객체 그래프에서도 자칫 스택 오버플로를 일으킬 수 있다. 내 컴퓨터에서는 StringList에 원소를 1,000~1,800개 정도 담으면 직렬화 과정에서 StackOverflowError가 뜬다. 놀랍게도 (내 컴퓨터에서는) 스택 오버플로를 일으키는 최소 크기가 실행

할 때마다 달라지기까지 한 것이다. 이 문제를 일으키는 데 필요한 리스트의 최소 크기는 아마도 플랫폼 구현과 명령줄 플래그에 따라 달라지는 것 같다. 어떤 플랫폼에서는 이 문제가 전혀 나타나지 않을 수도 있다.

StringList를 위한 합리적인 직렬화 형태는 무엇일까? 단순히 리스트가 포함한 문자열의 개수를 적음 다음, 그 뒤로 문자열들을 나열하는 수준이면 될 것이다. StringList의 물리적인 상세 표현은 배제한 채 논리적인 구성만 담는 것이다. 다음은 StringList를 이 방식으로 구현한 모습이다. writeObject와 readObject가 직렬화 형태를 처리한다. 한 가지, 일시적이란 뜻의 transient 한정자는 해당 인스턴스 필드가 기본 직렬화 형태에 포함되지 않는다는 표시다.

코드 87-3 합리적인 커스텀 직렬화 형태를 갖춘 StringList

```java
public final class StringList implements Serializable {
    private transient int size = 0;
    private transient Entry head = null;

    // 이제는 직렬화되지 않는다.
    private static class Entry {
        String data;
        Entry next;
        Entry previous;
    }

    // 지정한 문자열을 이 리스트에 추가한다.
    public final void add(String s) { ... }

    /**
     * 이 {@code StringList} 인스턴스를 직렬화한다.
     *
     * @serialData 이 리스트의 크기(포함된 문자열의 개수)를 기록한 후
     * ({@code int}), 이어서 모든 원소를(각각은 {@code String})
     * 순서대로 기록한다.
     */
    private void writeObject(ObjectOutputStream s)
            throws IOException {
        s.defaultWriteObject();
        s.writeInt(size);

        // 모든 원소를 올바른 순서로 기록한다.
        for (Entry e = head; e != null; e = e.next)
            s.writeObject(e.data);
    }

    private void readObject(ObjectInputStream s)
```

```
            throws IOException, ClassNotFoundException {
        s.defaultReadObject();
        int numElements = s.readInt();

        // 모든 원소를 읽어 이 리스트에 삽입한다.
        for (int i = 0; i < numElements; i++)
            add((String) s.readObject());
    }

    ... // 나머지 코드는 생략
}
```

StringList의 필드 모두가 transient더라도 writeObject와 readObject는 각각 가장 먼저 defaultWriteObject와 defaultReadObject를 호출한다. 클래스의 인스턴스 필드 모두가 transient면 defaultWriteObject와 defaultReadObject를 호출하지 않아도 된다고 들었을지 모르지만, 직렬화 명세는 이 작업을 무조건 하라고 요구한다. 이렇게 해야 향후 릴리스에서 transient가 아닌 인스턴스 필드가 추가되더라도 상호(상위와 하위 모두) 호환되기 때문이다. 신버전 인스턴스를 직렬화한 후 구버전으로 역직렬화하면 새로 추가된 필드들은 무시될 것이다. 구버전 readObjecl 메서드에서 defaultReadObject를 호출하지 않는다면 역직렬화할 때 StreamCorruptedException이 발생할 것이다.

 writeObject는 private 메서드임에도 문서화 주석이 달려 있다. 앞서 Name 클래스의 private 필드에 문서화 주석을 단 이유의 연장선이다. 이 private 메서드는 직렬화 형태에 포함되는 공개 API에 속하며, 공개 API는 모두 문서화해야 한다. 필드용의 @serial 태그처럼 메서드에 달린 @serialData 태그는 자바독 유틸리티에게 이 내용을 직렬화 형태 페이지에 추가하도록 요청하는 역할을 한다.

앞서 이야기한 성능 문제가 어느 정도인지 알아보자. 문자열들의 길이가 평균 10이라면, 개선 버전의 StringList의 직렬화 형태는 원래 버전의 절반 정도의 공간을 차지하며, 내 컴퓨터에서는 두 배 정도 빠르게 수행된다. 마지막으로, 개선한 StringList는 스택 오버플로가 전혀 발생하지 않아 실질적으로 직렬화할 수 있는 크기 제한이 없어졌다.

StringList에서도 기본 직렬화 형태는 적합하지 않았지만 상태가 훨씬 심한 클래스들도 있다. StringList의 기본 직렬화 형태는 비록 유연성과 성능이 떨어졌더라도, 객체를 직렬화한 후 역직렬화하면 원래 객체를 그 불변식까지 포함해 제대로 복원해낸다는 점에서 정확하다고 할 수 있다. 하지만 그 불변식이 세부 구현에 따라 달라지는 객체에서는 이 정확성마저 깨질 수 있다.

해시테이블을 예로 생각해보자. 해시테이블은 물리적으로는 키-값 엔트리들을 담은 해시 버킷을 차례로 나열한 형태다. 어떤 엔트리를 어떤 버킷에 담을지는 키에서 구한 해시코드가 결정하는데, 그 계산 방식은 구현에 따라 달라질 수 있다. 사실, 계산할 때마다 달라지기도 한다. 따라서 해시테이블에 기본 직렬화를 사용하면 심각한 버그로 이어질 수 있다. 해시테이블을 직렬화한 후 역직렬화하면 불변식이 심각하게 훼손된 객체들이 생겨날 수 있는 것이다.

기본 직렬화를 수용하든 하지 않든 defaultWriteObject 메서드를 호출하면 transient로 선언하지 않은 모든 인스턴스 필드가 직렬화된다. 따라서 transient로 선언해도 되는 인스턴스 필드에는 모두 transient 한정자를 붙여야 한다. 캐시된 해시 값처럼 다른 필드에서 유도되는 필드도 여기 해당한다. JVM을 실행할 때마다 값이 달라지는 필드도 마찬가지인데, 네이티브 자료구조를 가리키는 long 필드가 여기 속한다. **해당 객체의 논리적 상태와 무관한 필드라고 확신할 때만 transient 한정자를 생략해야 한다.** 그래서 커스텀 직렬화 형태를 사용한다면, 앞서의 StringList 예에서처럼 대부분의 (혹은 모든) 인스턴스 필드를 transient로 선언해야 한다.

기본 직렬화를 사용한다면 transient 필드들은 역직렬화될 때 기본값으로 초기화됨을 잊지 말자. 객체 참조 필드는 null로, 숫자 기본 타입 필드는 0으로, boolean 필드는 false로 초기화된다.[JLS, 4.12.5] 기본값을 그대로 사용해서는 안 된다면 readObject 메서드에서 defaultReadObject를 호출한 다음, 해당 필드를 원하는 값으로 복원하자(아이템 88). 혹은 그 값을 처음 사용할 때 초기화하는 방법도 있다(아이템 83).

기본 직렬화 사용 여부와 상관없이 **객체의 전체 상태를 읽는 메서드에 적용해야 하는 동기화 메커니즘을 직렬화에도 적용해야 한다.** 따라서 예컨대 모든 메서드를 synchronized로 선언하여 스레드 안전하게 만든 객체(아이템 82)에서 기본 직렬화를 사용하려면 writeObject도 다음 코드처럼 synchronized로 선언해야 한다.

코드 87-4 기본 직렬화를 사용하는 동기화된 클래스를 위한 **writeObject** 메서드

```
private synchronized void writeObject(ObjectOutputStream s)
        throws IOException {
    s.defaultWriteObject();
}
```

writeObject 메서드 안에서 동기화하고 싶다면 클래스의 다른 부분에서 사용하는 락 순서를 똑같이 따라야 한다. 그렇지 않으면 자원 순서 교착상태 (resource-ordering deadlock)에 빠질 수 있다.[Goetz06, 10.1.5]

어떤 직렬화 형태를 택하든 직렬화 가능 클래스 모두에 직렬 버전 UID를 명시적으로 부여하자. 이렇게 하면 직렬 버전 UID가 일으키는 잠재적인 호환성 문제가 사라진다(아이템 86). 성능도 조금 빨라지는데, 직렬 버전 UID를 명시하지 않으면 런타임에 이 값을 생성하느라 복잡한 연산을 수행하기 때문이다.

직렬 버전 UID 선언은 각 클래스에 아래 같은 한 줄만 추가해주면 끝이다.

```
private static final long serialVersionUID = <무작위로 고른 long 값>;
```

새로 작성하는 클래스에서는 어떤 long 값을 선택하든 상관없다. 클래스 일련번호를 생성해주는 serialver 유틸리티를 사용해노 되며, 그냥 생각나는 아무 값이나 선택해도 된다. 직렬 버전 UID가 꼭 고유할 필요는 없다. 한편 직렬 버전 UID가 없는 기존 클래스를 구버전으로 직렬화된 인스턴스와 호환성을 유지한 채 수정하고 싶다면, 구버전에서 사용한 자동 생성된 값을 그대로 사용해야 한다. 이 값은 직렬화된 인스턴스가 존재하는 구버전 클래스를 serialver 유틸리티에 입력으로 주어 실행하면 얻을 수 있다.

기본 버전 클래스와의 호환성을 끊고 싶다면 단순히 직렬 버전 UID의 값을 바꿔주면 된다. 이렇게 하면 기존 버전의 직렬화된 인스턴스를 역직렬화할 때 InvalidClassException이 던져질 것이다. **구버전으로 직렬화된 인스턴스들과의 호환성을 끊으려는 경우를 제외하고는 직렬 버전 UID를 절대 수정하지 말자.**

핵심 정리

클래스를 직렬화하기로 했다면(아이템 86) 어떤 직렬화 형태를 사용할지 심사숙고하기

바란다. 자바의 기본 직렬화 형태는 객체를 직렬화한 결과가 해당 객체의 논리적 표현에 부합할 때만 사용하고, 그렇지 않으면 객체를 적절히 설명하는 커스텀 직렬화 형태를 고안하라. 직렬화 형태도 공개 메서드(아이템 51)를 설계할 때에 준하는 시간을 들여 설계해야 한다. 한번 공개된 메서드는 향후 릴리스에서 제거할 수 없듯이, 직렬화 형태에 포함된 필드도 마음대로 제거할 수 없다. 직렬화 호환성을 유지하기 위해 영원히 지원해야 하는 것이다. 잘못된 직렬화 형태를 선택하면 해당 클래스의 복잡성과 성능에 영구히 부정적인 영향을 남긴다.

아이템 88

readObject 메서드는 방어적으로 작성하라

아이템 50에서는 불변인 날짜 범위 클래스를 만드는 데 가변인 Date 필드를 이
용했다. 그래서 불변식을 지키고 불변을 유지하기 위해 생성자와 접근자에서
Date 객체를 방어적으로 복사하느라 코드가 상당히 길어졌다. 다음이 바로 그
클래스다.

코드 88-1 방어적 복사를 사용하는 불변 클래스

```java
public final class Period {
    private final Date start;
    private final Date end;

    /**
     * @param start 시작 시각
     * @param end 종료 시각; 시작 시각보다 뒤여야 한다.
     * @throws IllegalArgumentException 시작 시각이 종료 시각보다 늦을 때 발생한다.
     * @throws NullPointerException start나 end가 null이면 발행한다.
     */
    public Period(Date start, Date end) {
        this.start = new Date(start.getTime());
        this.end = new Date(end.getTime());
        if (this.start.compareTo(this.end) > 0)
            throw new IllegalArgumentException(
                start + "가 " + end + "보다 늦다.");
    }

    public Date start() { return new Date(start.getTime()); }
    public Date end() { return new Date(end.getTime()); }
    public String toString() { return start + " - " + end; }

    ... // 나머지 코드는 생략
}
```

이 클래스를 직렬화하기로 결정했다고 해보자. Period 객체의 물리적 표현이
논리적 표현과 부합하므로 기본 직렬화 형태(아이템 87)를 사용해도 나쁘지
않다. 그러니 이 클래스 선언에 implements Serializable을 추가하는 것으로

모든 일을 끝낼 수 있을 것 같다. 하지만 이렇게 해서는 이 클래스의 주요한 불변식을 더는 보장하지 못하게 된다.

문제는 readObject 메서드가 실질적으로 또 다른 public 생성자이기 때문이다. 따라서 다른 생성자와 똑같은 수준으로 주의를 기울여야 한다. 보통의 생성자처럼 readObject 메서드에서도 인수가 유효한지 검사해야 하고(아이템 49) 필요하다면 매개변수를 방어적으로 복사해야 한다(아이템 50). readObject가 이 작업을 제대로 수행하지 못하면 공격자는 아주 손쉽게 해당 클래스의 불변식을 깨뜨릴 수 있다.

쉽게 말해, readObject는 매개변수로 바이트 스트림을 받는 생성자라 할 수 있다. 보통의 경우 바이트 스트림은 정상적으로 생성된 인스턴스를 직렬화해 만들어진다. 하지만 불변식을 깨뜨릴 의도로 임의 생성한 바이트 스트림을 건네면 문제가 생긴다. 정상적인 생성자로는 만들어낼 수 없는 객체를 생성해낼 수 있기 때문이다.

단순히 Period 클래스 선언에 implements Serializable만 추가했다고 해보자. 그러면 다음의 괴이한 프로그램을 수행해 종료 시각이 시작 시각보다 앞서는 Period 인스턴스를 만들 수 있다.

코드 88-2 허용되지 않는 Period 인스턴스를 생성할 수 있다.

```java
public class BogusPeriod {
    // 진짜 Period 인스턴스에서는 만들어질 수 없는 바이트 스트림
    private static final byte[] serializedForm = {
        (byte)0xac, (byte)0xed, 0x00, 0x05, 0x73, 0x72, 0x00, 0x06,
        0x50, 0x65, 0x72, 0x69, 0x6f, 0x64, 0x40, 0x7e, (byte)0xf8,
        0x2b, 0x4f, 0x46, (byte)0xc0, (byte)0xf4, 0x02, 0x00, 0x02,
        0x4c, 0x00, 0x03, 0x65, 0x6e, 0x64, 0x74, 0x00, 0x10, 0x4c,
        0x6a, 0x61, 0x76, 0x61, 0x2f, 0x75, 0x74, 0x69, 0x6c, 0x2f,
        0x44, 0x61, 0x74, 0x65, 0x3b, 0x4c, 0x00, 0x05, 0x73, 0x74,
        0x61, 0x72, 0x74, 0x71, 0x00, 0x7e, 0x00, 0x01, 0x78, 0x70,
        0x73, 0x72, 0x00, 0x0e, 0x6a, 0x61, 0x76, 0x61, 0x2e, 0x75,
        0x74, 0x69, 0x6c, 0x2e, 0x44, 0x61, 0x74, 0x65, 0x68, 0x6a,
        (byte)0x81, 0x01, 0x4b, 0x59, 0x74, 0x19, 0x03, 0x00, 0x00,
        0x78, 0x70, 0x77, 0x08, 0x00, 0x00, 0x00, 0x66, (byte)0xdf,
        0x6e, 0x1e, 0x00, 0x78, 0x73, 0x71, 0x00, 0x7e, 0x00, 0x03,
        0x77, 0x08, 0x00, 0x00, 0x00, (byte)0xd5, 0x17, 0x69, 0x22,
        0x00, 0x78
    };

    public static void main(String[] args) {
```

```
        Period p = (Period) deserialize(serializedForm);
        System.out.println(p);
    }

    // 주어진 직렬화 형태(바이트 스트림)로부터 객체를 만들어 반환한다.
    static Object deserialize(byte[] sf) {
        try {
            return new ObjectInputStream(
                new ByteArrayInputStream(sf)).readObject();
        } catch (IOException | ClassNotFoundException e) {
            throw new IllegalArgumentException(e);
        }
    }
}
```

 이 코드의 serializedForm에서 상위 비트가 1인 바이트 값들은 byte로 형변환했는데,
이는 자바가 바이트 리터럴을 지원하지 않고 byte 타입은 부호 있는(signed) 타입이기
때문이다.

serializedForm을 초기화하는 데 사용한 바이트 배열 리터럴은 정상 Period
인스턴스를 직렬화한 다음 손수 수정해 만들었다(지금 주제와는 상관없지
만, 직렬화된 바이트 스트림의 포맷이 궁금하다면 자바 객체 직렬화 명세
[Serialization, 6]를 찾아보기 바란다). 이 프로그램을 실행하면 Fri Jan 01
12:00:00 PST 1999 - Sun Jan 01 12:00:00 PST 1984를 출력한다. 보다시피
Period를 직렬화할 수 있도록 선언한 것만으로 클래스의 불변식을 깨뜨리는
객체를 만들 수 있게 된 것이다.

이 문제를 고치려면 Period의 readObject 메서드가 defaultReadObject를 호
출한 다음 역직렬화된 객체가 유효한지 검사해야 한다. 이 유효성 검사에 실패
하면 InvalidObjectException을 던지게 하여 잘못된 역직렬화가 일어나는 것
을 막을 수 있다.

코드 88-3 유효성 검사를 수행하는 readObject 메서드 - 아직 부족하다!

```
private void readObject(ObjectInputStream s)
        throws IOException, ClassNotFoundException {
    s.defaultReadObject();

    // 불변식을 만족하는지 검사한다.
    if (start.compareTo(end) > 0)
        throw new InvalidObjectException(start + "가 " + end + "보다 늦다.");
}
```

이상의 작업으로 공격자가 허용되지 않는 Period 인스턴스를 생성하는 일을 막을 수 있지만, 아직도 미묘한 문제 하나가 숨어 있다. 정상 Period 인스턴스에서 시작된 바이트 스트림 끝에 private Date 필드로의 참조를 추가하면 가변 Period 인스턴스를 만들어낼 수 있다. 공격자는 ObjectInputStream에서 Period 인스턴스를 읽은 후 스트림 끝에 추가된 이 '악의적인 객체 참조'를 읽어 Period 객체의 내부 정보를 얻을 수 있다. 이제 이 참조로 얻은 Date 인스턴스들을 수정할 수 있으니, Period 인스턴스는 더는 불변이 아니게 되는 것이다. 다음은 이 공격이 어떻게 이뤄지는지 보여주는 예다.

코드 88-4 가변 공격의 예

```java
public class MutablePeriod {
    // Period 인스턴스
    public final Period period;

    // 시작 시각 필드 - 외부에서 접근할 수 없어야 한다.
    public final Date start;

    // 종료 시각 필드 - 외부에서 접근할 수 없어야 한다.
    public final Date end;

    public MutablePeriod() {
        try {
            ByteArrayOutputStream bos =
                new ByteArrayOutputStream();
            ObjectOutputStream out =
                new ObjectOutputStream(bos);

            // 유효한 Period 인스턴스를 직렬화한다.
            out.writeObject(new Period(new Date(), new Date()));

            /*
             * 악의적인 '이전 객체 참조', 즉 내부 Date 필드로의 참조를 추가한다.
             * 상세 내용은 자바 객체 직렬화 명세의 6.4절을 참고하자.
             */
            byte[] ref = { 0x71, 0, 0x7e, 0, 5 }; // 참조 #5
            bos.write(ref); // 시작(start) 필드
            ref[4] = 4; // 참조 # 4
            bos.write(ref); // 종료(end) 필드

            // Period 역직렬화 후 Date 참조를 '훔친다'.
            ObjectInputStream in = new ObjectInputStream(
                new ByteArrayInputStream(bos.toByteArray()));
            period = (Period) in.readObject();
            start = (Date) in.readObject();
            end = (Date) in.readObject();
```

```
        } catch (IOException | ClassNotFoundException e) {
            throw new AssertionError(e);
        }
    }
}
```

다음 코드를 실행하면 이 공격이 실제로 이뤄지는 모습을 확인할 수 있다.

```
public static void main(String[] args) {
    MutablePeriod mp = new MutablePeriod();
    Period p = mp.period;
    Date pEnd = mp.end;

    // 시간을 되돌리자!
    pEnd.setYear(78);
    System.out.println(p);

    // 60년대로 회귀!
    pEnd.setYear(69);
    System.out.println(p);
}
```

내 컴퓨터에서는 다음의 결과를 출력했다.

```
Wed Nov 22 00:21:29 PST 2017 - Wed Nov 22 00:21:29 PST 1978
Wed Nov 22 00:21:29 PST 2017 - Sat Nov 22 00:21:29 PST 1969
```

이 예에서 Period 인스턴스는 불변식을 유지한 채 생성됐지만, 의도적으로 내부의 값을 수정할 수 있었다. 이처럼 변경할 수 있는 Period 인스턴스를 획득한 공격자는 이 인스턴스가 불변이라고 가정하는 클래스에 넘겨 엄청난 보안 문제를 일으킬 수 있다. 이것이 너무 극단적인 예가 아닌 것이, 실제로도 보안 문제를 String이 불변이라는 사실에 기댄 클래스들이 존재하기 때문이다.

이 문제의 근원은 Period의 readObject 메서드가 방어적 복사를 충분히 하지 않은 데 있다. **객체를 역직렬화할 때는 클라이언트가 소유해서는 안 되는 객체 참조를 갖는 필드를 모두 반드시 방어적으로 복사해야 한다.** 따라서 readObject에서는 불변 클래스 안의 모든 private 가변 요소를 방어적으로 복사해야 한다. 다음의 readObject 메서드라면 Period의 불변식과 불변 성질을 지켜내기에 충분하다.

```
private void readObject(ObjectInputStream s)
        throws IOException, ClassNotFoundException {
    s.defaultReadObject();

    // 가변 요소들을 방어적으로 복사한다.
    start = new Date(start.getTime());
    end = new Date(end.getTime());

    // 불변식을 만족하는지 검사한다.
    if (start.compareTo(end) > 0)
        throw new InvalidObjectException(start + "가 " + end + "보다 늦다.");
}
```

방어적 복사를 유효성 검사보다 앞서 수행하며, Date의 clone 메서드는 사용하지 않았음에 주목하자. 두 조치 모두 Period를 공격으로부터 보호하는 데 필요하다(아이템 50). 또한 final 필드는 방어적 복사가 불가능하니 주의하자. 그래서 이 readObject 메서드를 사용하려면 start와 end 필드에서 final 한정자를 제거해야 한다. 아쉬운 일이지만 앞서 살펴본 공격 위험에 노출되는 것보다야 낫다. start와 end에서 final 한정자를 제거하고 이 새로운 readObject를 적용하면 코드 88-4의 MutablePeriod 클래스도 힘을 쓰지 못한다. 그 결과 앞서의 공격 프로그램은 이제 다음 내용을 출력한다.

```
Wed Nov 22 00:23:41 PST 2017 - Wed Nov 22 00:23:41 PST 2017
Wed Nov 22 00:23:41 PST 2017 - Wed Nov 22 00:23:41 PST 2017
```

기본 readObject 메서드를 써도 좋을지를 판단하는 간단한 방법을 소개하겠다. transient 필드를 제외한 모든 필드의 값을 매개변수로 받아 유효성 검사 없이 필드에 대입하는 public 생성자를 추가해도 괜찮은가? 답이 "아니오"라면 커스텀 readObject 메서드를 만들어 (생성자에서 수행했어야 할) 모든 유효성 검사와 방어적 복사를 수행해야 한다. 혹은 직렬화 프록시 패턴(아이템 90)을 사용하는 방법도 있다. 이 패턴은 역직렬화를 안전하게 만드는 데 필요한 노력을 상당히 경감해주므로 적극 권장하는 바다.

final이 아닌 직렬화 가능 클래스라면 readObject와 생성자의 공통점이 하나 더 있다. 마치 생성자처럼 readObject 메서드도 재정의 가능 메서드를 (직접적으로든 간접적으로든) 호출해서는 안 된다(아이템 19). 이 규칙을 어겼는데 해당 메서드가 재정의되면, 하위 클래스의 상태가 완전히 역직렬화되기 전에 하위 클래스에서 재정의된 메서드가 실행된다. 결국 프로그램 오작동으로 이어질 것이다.[Bloch05, 퍼즐 91]

핵심 정리

readObject 메서드를 작성할 때는 언제나 public 생성자를 작성하는 자세로 임해야 한다. readObject는 어떤 바이트 스트림이 넘어오더라도 유효한 인스턴스를 만들어내야 한다. 바이트 스트림이 진짜 직렬화된 인스턴스라고 가정해서는 안 된다. 이번 아이템에서는 기본 직렬화 형태를 사용한 클래스를 예로 들었지만 커스텀 직렬화를 사용하더라도 모든 문제가 그대로 발생할 수 있다. 이어서 안전한 readObject 메서드를 작성하는 지침을 요약해보았다.

- private이어야 하는 객체 참조 필드는 각 필드가 가리키는 객체를 방어적으로 복사하라. 불변 클래스 내의 가변 요소가 여기 속한다.
- 모든 불변식을 검사하여 어긋나는 게 발견되면 InvalidObjectException을 던진다. 방어적 복사 다음에는 반드시 불변식 검사가 뒤따라야 한다.
- 역직렬화 후 객체 그래프 전체의 유효성을 검사해야 한다면 ObjectInputValidation 인터페이스를 사용하라(이 책에서는 다루지 않는다).
- 직접적이든 간접적이든, 재정의할 수 있는 메서드는 호출하지 말자.

인스턴스 수를 통제해야 한다면 readResolve 보다는 열거 타입을 사용하라

아이템 3에서 싱글턴 패턴을 설명하며 다음 예를 보여주었다. 이 클래스는 바깥에서 생성자를 호출하지 못하게 막는 방식으로 인스턴스가 오직 하나만 만들어짐을 보장했다.

```java
public class Elvis {
    public static final Elvis INSTANCE = new Elvis();
    private Elvis() { ... }

    public void leaveTheBuilding() { ... }
}
```

아이템 3에서 이야기했듯 이 클래스는 그 선언에 implements Serializable을 추가하는 순간 더 이상 싱글턴이 아니게 된다. 기본 직렬화를 쓰지 않더라도(아이템 87), 그리고 명시적인 readObject를 제공하더라도(아이템 88) 소용없다. 어떤 readObject를 사용하든 이 클래스가 초기화될 때 만들어진 인스턴스와는 별개인 인스턴스를 반환하게 된다.

readResolve 기능을 이용하면 readObject가 만들어낸 인스턴스를 다른 것으로 대체할 수 있다.[Serialization, 3.7] 역직렬화한 객체의 클래스가 readResolve 메서드를 적절히 정의해뒀다면, 역직렬화 후 새로 생성된 객체를 인수로 이 메서드가 호출되고, 이 메서드가 반환한 객체 참조가 새로 생성된 객체를 대신해 반환된다. 대부분의 경우 이때 새로 생성된 객체의 참조는 유지하지 않으므로 바로 가비지 컬렉션 대상이 된다.

앞의 Elvis 클래스가 Serializable을 구현한다면 다음의 readReslove 메서드를 추가해 싱글턴이라는 속성을 유지할 수 있다.

```java
// 인스턴스 통제를 위한 readResolve - 개선의 여지가 있다!
private Object readResolve() {
```

```
    // 진짜 Elvis를 반환하고, 가짜 Elvis는 가비지 컬렉터에 맡긴다.
    return INSTANCE;
}
```

이 메서드는 역직렬화한 객체는 무시하고 클래스 초기화 때 만들어진 Elvis 인스턴스를 반환한다. 따라서 Elvis 인스턴스의 직렬화 형태는 아무런 실 데이터를 가질 이유가 없으니 모든 인스턴스 필드를 transient로 선언해야 한다. **사실, readResolve를 인스턴스 통제 목적으로 사용한다면 객체 참조 타입 인스턴스 필드는 모두 transient로 선언해야 한다.** 그렇지 않으면 아이템 88에서 살펴본 MutablePeriod 공격과 비슷한 방식으로 readResolve 메서드가 수행되기 전에 역직렬화된 객체의 참조를 공격할 여지가 남는다.

다소 복잡한 공격 방법이지만 기본 아이디어는 간단하다. 싱글턴이 transient가 아닌(non-transient) 참조 필드를 가지고 있다면, 그 필드의 내용은 readResolve 메서드가 실행되기 전에 역직렬화된다. 그렇다면 잘 조작된 스트림을 써서 해당 참조 필드의 내용이 역직렬화되는 시점에 그 역직렬화된 인스턴스의 참조를 훔쳐올 수 있다.

더 자세히 알아보자. 먼저, readResolve 메서드와 인스턴스 필드 하나를 포함한 '도둑(stealer)' 클래스를 작성한다. 이 인스턴스 필드는 도둑이 '숨길' 직렬화된 싱글턴을 참조하는 역할을 한다. 직렬화된 스트림에서 싱글턴의 비휘발성 필드를 이 도둑의 인스턴스로 교체한다. 이제 싱글턴은 도둑을 참조하고 도둑은 싱글턴을 참조하는 순환고리가 만들어졌다.

싱글턴이 도둑을 포함하므로 싱글턴이 역직렬화될 때 도둑의 readResolve 메서드가 먼저 호출된다. 그 결과, 도둑의 readResolve 메서드가 수행될 때 도둑의 인스턴스 필드에는 역직렬화 도중인 (그리고 readResolve가 수행되기 전인) 싱글턴의 참조가 담겨 있게 된다.

도둑의 readResolve 메서드는 이 인스턴스 필드가 참조한 값을 정적 필드로 복사하여 readResolve가 끝난 후에도 참조할 수 있도록 한다. 그런 다음 이 메서드는 도둑이 숨긴 transient가 아닌 필드의 원래 타입에 맞는 값을 반환한다. 이 과정을 생략하면 직렬화 시스템이 도둑의 참조를 이 필드에 저장하려 할 때 VM이 ClassCastException을 던진다.

다음의 잘못된 싱글턴을 통해 구체적으로 살펴보자.

코드 89-1 잘못된 싱글턴 - transient가 아닌 참조 필드를 가지고 있다!

```java
public class Elvis implements Serializable {
    public static final Elvis INSTANCE = new Elvis();
    private Elvis() { }

    private String[] favoriteSongs =
        { "Hound Dog", "Heartbreak Hotel" };
    public void printFavorites() {
        System.out.println(Arrays.toString(favoriteSongs));
    }

    private Object readResolve() {
        return INSTANCE;
    }
}
```

다음은 앞서의 설명대로 작성한 도둑 클래스다.

코드 89-2 도둑 클래스

```java
public class ElvisStealer implements Serializable {
    static Elvis impersonator;
    private Elvis payload;

    private Object readResolve() {
        // resolve되기 전의 Elvis 인스턴스의 참조를 저장한다.
        impersonator = payload;

        // favoriteSongs 필드에 맞는 타입의 객체를 반환한다.
        return new String[] { "A Fool Such as I" };
    }
    private static final long serialVersionUID = 0;
}
```

마지막으로, 다음의 괴이한 프로그램은 수작업으로 만든 스트림을 이용해 2개의 싱글턴 인스턴스를 만들어낸다. deserialize 메서드는 코드 88-2와 똑같아서 생략했다.

코드 89-3 직렬화의 허점을 이용해 싱글턴 객체를 2개 생성한다.

```java
public class ElvisImpersonator {
    // 진짜 Elvis 인스턴스로는 만들어질 수 없는 바이트 스트림!
    private static final byte[] serializedForm = {
        (byte)0xac, (byte)0xed, 0x00, 0x05, 0x73, 0x72, 0x00, 0x05,
        0x45, 0x6c, 0x76, 0x69, 0x73, (byte)0x84, (byte)0xe6,
        (byte)0x93, 0x33, (byte)0xc3, (byte)0xf4, (byte)0x8b,
```

```
        0x32, 0x02, 0x00, 0x01, 0x4c, 0x00, 0x0d, 0x66, 0x61, 0x76,
        0x6f, 0x72, 0x69, 0x74, 0x65, 0x53, 0x6f, 0x6e, 0x67, 0x73,
        0x74, 0x00, 0x12, 0x4c, 0x6a, 0x61, 0x76, 0x61, 0x2f, 0x6c,
        0x61, 0x6e, 0x67, 0x2f, 0x4f, 0x62, 0x6a, 0x65, 0x63, 0x74,
        0x3b, 0x78, 0x70, 0x73, 0x72, 0x00, 0x0c, 0x45, 0x6c, 0x76,
        0x69, 0x73, 0x53, 0x74, 0x65, 0x61, 0x6c, 0x65, 0x72, 0x00,
        0x00, 0x00, 0x00, 0x00, 0x00, 0x00, 0x00, 0x02, 0x00, 0x01,
        0x4c, 0x00, 0x07, 0x70, 0x61, 0x79, 0x6c, 0x6f, 0x61, 0x64,
        0x74, 0x00, 0x07, 0x4c, 0x45, 0x6c, 0x76, 0x69, 0x73, 0x3b,
        0x78, 0x70, 0x71, 0x00, 0x7e, 0x00, 0x02
    };

    public static void main(String[] args) {
        // ElvisStealer.impersonator를 초기화한 다음,
        // 진짜 Elvis(즉, Elvis.INSTANCE)를 반환한다.
        Elvis elvis = (Elvis) deserialize(serializedForm);
        Elvis impersonator = ElvisStealer.impersonator;

        elvis.printFavorites();
        impersonator.printFavorites();
    }
}
```

이 프로그램을 실행하면 다음 결과를 출력한다. 이것으로 서로 다른 2개의 Elvis 인스턴스를 생성할 수 있음을 증명했다.

```
[Hound Dog, Heartbreak Hotel]
[A Fool Such as I]
```

favoriteSongs 필드를 transient로 선언하여 이 문제를 고칠 수 있지만 Elvis 를 원소 하나짜리 열거 타입으로 바꾸는 편이 더 나은 선택이다(아이템 3). ElvisStealer 공격으로 보여줬듯이 readResolve 메서드를 사용해 '순간적으로' 만들어진 역직렬화된 인스턴스에 접근하지 못하게 하는 방법은 깨지기 쉽고 신경을 많이 써야 하는 작업이다.

직렬화 가능한 인스턴스 통제 클래스를 열거 타입을 이용해 구현하면 선언한 상수 외의 다른 객체는 존재하지 않음을 자바가 보장해준다. 물론 공격자가 AccessibleObject.setAccessible 같은 특권(privileged) 메서드를 악용한다면 이야기가 달라진다. 임의의 네이티브 코드를 수행할 수 있는 특권을 가로챈 공격자에게는 모든 방어가 무력화된다. 다음은 Elvis 예를 열거 타입으로 구현한 모습이다.

코드 89-4 열거 타입 싱글턴 - 전통적인 싱글턴보다 우수하다.

```java
public enum Elvis {
    INSTANCE;
    private String[] favoriteSongs =
        { "Hound Dog", "Heartbreak Hotel" };
    public void printFavorites() {
        System.out.println(Arrays.toString(favoriteSongs));
    }
}
```

인스턴스 통제를 위해 readResolve를 사용하는 방식이 완전히 쓸모없는 것은 아니다. 직렬화 가능 인스턴스 통제 클래스를 작성해야 하는데, 컴파일타임에는 어떤 인스턴스들이 있는지 알 수 없는 상황이라면 열거 타입으로 표현하는 것이 불가능하기 때문이다.

readResolve 메서드의 접근성은 매우 중요하다. final 클래스에서라면 readResolve 메서드는 private이어야 한다. final이 아닌 클래스에서는 다음의 몇 가지를 주의해서 고려해야 한다. private으로 선언하면 하위 클래스에서 사용할 수 없다. package-private으로 선언하면 같은 패키지에 속한 하위 클래스에서만 사용할 수 있다. protected나 public으로 선언하면 이를 재정의하지 않은 모든 하위 클래스에서 사용할 수 있다. protected나 public이면서 하위 클래스에서 재정의하지 않았다면, 하위 클래스의 인스턴스를 역직렬화하면 상위 클래스의 인스턴스를 생성하여 ClassCastException을 일으킬 수 있다.

> **핵심 정리**
>
> 불변식을 지키기 위해 인스턴스를 통제해야 한다면 가능한 한 열거 타입을 사용하자. 여의치 않은 상황에서 직렬화와 인스턴스 통제가 모두 필요하다면 readResolve 메서드를 작성해 넣어야 하고, 그 클래스에서 모든 참조 타입 인스턴스 필드를 transient로 선언해야 한다.

직렬화된 인스턴스 대신 직렬화 프록시 사용을 검토하라

아이템 85와 86에서 언급했고 이번 장 전반에서 이야기했듯, Serializable을 구현하기로 결정한 순간 언어의 정상 메커니즘인 생성자 이외의 방법으로 인스턴스를 생성할 수 있게 된다. 버그와 보안 문제가 일어날 가능성이 커진다는 뜻이다. 하지만 이 위험을 크게 줄여줄 기법이 하나 있다. 바로 직렬화 프록시 패턴(serialization proxy pattern)이다.

직렬화 프록시 패턴은 그리 복잡하지 않다. 먼저, 바깥 클래스의 논리적 상태를 정밀하게 표현하는 중첩 클래스를 설계해 private static으로 선언한다. 이 중첩 클래스가 바로 바깥 클래스의 직렬화 프록시다. 중첩 클래스의 생성자는 단 하나여야 하며, 바깥 클래스를 매개변수로 받아야 한다. 이 생성자는 단순히 인수로 넘어온 인스턴스의 데이터를 복사한다. 일관성 검사니 방어적 복사도 필요 없다. 설계상, 직렬화 프록시의 기본 직렬화 형태는 바깥 클래스의 직렬화 형태로 쓰기에 이상적이다. 그리고 바깥 클래스와 직렬화 프록시 모두 Serializable을 구현한다고 선언해야 한다.

아이템 50에서 작성했고 아이템 88에서 직렬화한 Period 클래스를 예로 살펴보자. 다음은 이 클래스의 직렬화 프록시다. Period는 아주 간단하여 직렬화 프록시도 바깥 클래스와 완전히 같은 필드로 구성되었다.

코드 90-1 Period 클래스용 직렬화 프록시

```java
private static class SerializationProxy implements Serializable {
    private final Date start;
    private final Date end;

    SerializationProxy(Period p) {
        this.start = p.start;
        this.end = p.end;
    }
```

```
    private static final long serialVersionUID =
        234098243823485285L; // 아무 값이나 상관없다. (아이템 87)
}
```

다음으로, 바깥 클래스에 다음의 writeReplace 메서드를 추가한다. 이 메서드
는 범용적이니 직렬화 프록시를 사용하는 모든 클래스에 그대로 복사해 쓰면
된다.

```
// 직렬화 프록시 패턴용 writeReplace 메서드
private Object writeReplace() {
    return new SerializationProxy(this);
}
```

이 메서드는 자바의 직렬화 시스템이 바깥 클래스의 인스턴스 대신 Serializa
tionProxy의 인스턴스를 반환하게 하는 역할을 한다. 달리 말해, 직렬화가 이
뤄지기 전에 바깥 클래스의 인스턴스를 직렬화 프록시로 변환해준다.

  writeReplace 덕분에 직렬화 시스템은 결코 바깥 클래스의 직렬화된 인스턴
스를 생성해낼 수 없다. 하지만 공격자는 불변식을 훼손하고자 이런 시도를 해
볼 수 있다. 다음의 readObject 메서드를 바깥 클래스에 추가하면 이 공격을 가
볍게 막아낼 수 있다.

```
// 직렬화 프록시 패턴용 readObject 메서드
private void readObject(ObjectInputStream stream)
        throws InvalidObjectException {
    throw new InvalidObjectException("프록시가 필요합니다.");
}
```

마지막으로, 바깥 클래스와 논리적으로 동일한 인스턴스를 반환하는 read
Resolve 메서드를 SerializationProxy 클래스에 추가한다. 이 메서드는 역직
렬화 시에 직렬화 시스템이 직렬화 프록시를 다시 바깥 클래스의 인스턴스로
변환하게 해준다.

  readResolve 메서드는 공개된 API만을 사용해 바깥 클래스의 인스턴스를 생
성하는데, 이 패턴이 아름다운 이유가 바로 여기 있다. 직렬화는 생성자를 이
용하지 않고도 인스턴스를 생성하는 기능을 제공하는데, 이 패턴은 직렬화의
이런 언어도단적 특성을 상당 부분 제거한다. 즉, 일반 인스턴스를 만들 때와
똑같은 생성자, 정적 팩터리, 혹은 다른 메서드를 사용해 역직렬화된 인스턴스

를 생성하는 것이다. 따라서 역직렬화된 인스턴스가 해당 클래스의 불변식을 만족하는지 검사할 또 다른 수단을 강구하지 않아도 된다. 그 클래스의 정적 팩터리나 생성자가 불변식을 확인해주고 인스턴스 메서드들이 불변식을 잘 지켜준다면, 따로 더 해줘야 할 일이 없는 것이다.

앞서의 `Period.SerializationProxy`용 `readResolve` 메서드는 이렇게 생겼다.

```
// Period.SerializationProxy용 readResolve 메서드
private Object readResolve() {
    return new Period(start, end); // public 생성자를 사용한다.
}
```

방어적 복사(코드 88-5)처럼, 직렬화 프록시 패턴은 가짜 바이트 스트림 공격(코드 88-2)과 내부 필드 탈취 공격(코드 88-4)을 프록시 수준에서 차단해준다. 앞서의 두 접근법과 달리, 직렬화 프록시는 Period의 필드를 final로 선언해도 되므로 Period 클래스를 진정한 불변(아이템 17)으로 만들 수도 있다. 또한 이리저리 고민할 거리도 거의 없다. 어떤 필드가 기만적인 직렬화 공격의 목표가 될지 고민하지 않아도 되며, 역직렬화 때 유효성 검사를 수행하지 않아도 된다.

직렬화 프록시 패턴이 readObject에서의 방어적 복사보다 강력한 경우가 하나 더 있다. 직렬화 프록시 패턴은 역직렬화한 인스턴스와 원래의 직렬화된 인스턴스의 클래스가 달라도 정상 작동한다. 실전에서 무슨 쓸모가 있나 싶겠지만, 쓸모가 있다.

EnumSet의 사례를 생각해보자(아이템 36). 이 클래스는 public 생성자 없이 정적 팩터리들만 제공한다. 클라이언트 입장에서는 이 팩터리들이 EnumSet 인스턴스를 반환하는 걸로 보이지만, 현재의 OpenJDK를 보면 열거 타입의 크기에 따라 두 하위 클래스 중 하나의 인스턴스를 반환한다. 열거 타입의 원소가 64개 이하면 RegularEnumSet을 사용하고, 그보다 크면 JumboEnumSet을 사용하는 것이다.

이제 원소 64개짜리 열거 타입을 가진 EnumSet을 직렬화한 다음 원소 5개를 추가하고 역직렬화하면 어떤 일이 벌어질지 알아보자. 처음 직렬화된 것은 RegularEnumSet 인스턴스다. 하지만 역직렬화는 JumboEnumSet 인스턴스로 하면 좋을 것이다. 그리고 EnumSet은 직렬화 프록시 패턴을 사용해서 실제로도

이렇게 동작한다. 궁금한 분을 위해 EnumSet의 직렬화 프록시 코드를 가져왔다. 정말 간단하지 않은가!

코드 90-2 EnumSet의 직렬화 프록시

```
private static class SerializationProxy <E extends Enum<E>>
        implements Serializable {
    // 이 EnumSet의 원소 타입
    private final Class<E> elementType;

    // 이 EnumSet 안의 원소들
    private final Enum<?>[] elements;

    SerializationProxy(EnumSet<E> set) {
        elementType = set.elementType;
        elements = set.toArray(new Enum<?>[0]);
    }

    private Object readResolve() {
        EnumSet<E> result = EnumSet.noneOf(elementType);
        for (Enum<?> e : elements)
            result.add((E)e);
        return result;
    }

    private static final long serialVersionUID =
        362491234563181265L;
}
```

직렬화 프록시 패턴에는 한계가 두 가지 있다. 첫 번째, 클라이언트가 멋대로 확장할 수 있는 클래스(아이템 19)에는 적용할 수 없다. 두 번째, 객체 그래프에 순환이 있는 클래스에도 적용할 수 없다. 이런 객체의 메서드를 직렬화 프록시의 readResolve 안에서 호출하려 하면 ClassCastException이 발생할 것이다. 직렬화 프록시만 가졌을 뿐 실제 객체는 아직 만들어진 것이 아니기 때문이다.

마지막으로, 직렬화 프록시 패턴이 주는 강력함과 안전성에도 대가는 따른다. Period 예를 내 컴퓨터에서 실행해보니 방어적 복사 때보다 14%가 느렸다.

> **핵심 정리**
>
> 제3자가 확장할 수 없는 클래스라면 가능한 한 직렬화 프록시 패턴을 사용하자. 이 패턴이 아마도 중요한 불변식을 안정적으로 직렬화해주는 가장 쉬운 방법일 것이다.

부록. 2판과의 아이템 대조표

2판 아이템 번호	3판 아이템 번호와 제목
1	1. 생성자 대신 정적 팩터리 메서드를 고려하라
2	2. 생성자에 매개변수가 많다면 빌더를 고려하라
3	3. private 생성자나 열거 타입으로 싱글턴임을 보증하라
4	4. 인스턴스화를 막으려거든 private 생성자를 사용하라
5	6. 불필요한 객체 생성을 피하라
6	7. 다 쓴 객체 참조를 해제하라
7	8. finalizer와 cleaner 사용을 피하라
8	10. equals는 일반 규약을 지켜 재정의하라
9	11. equals를 재정의하려거든 hashCode도 재정의하라
10	12. toString을 항상 재정의하라
11	13. clone 재정의는 주의해서 진행하라
12	14. Comparable을 구현할지 고려하라
13	15. 클래스와 멤버의 접근 권한을 최소화하라
14	16. public 클래스에서는 public 필드가 아닌 접근자 메서드를 사용하라
15	17. 변경 가능성을 최소화하라
16	18. 상속보다는 컴포지션을 사용하라
17	19. 상속을 고려해 설계하고 문서화하라. 그러지 않았다면 상속을 금지하라
18	20. 추상 클래스보다는 인터페이스를 우선하라
19	22. 인터페이스는 타입을 정의하는 용도로만 사용하라
20	23. 태그 달린 클래스보다는 클래스 계층구조를 활용하라
21	42. 익명 클래스보다는 람다를 사용하라
22	24. 멤버 클래스는 되도록 static으로 만들라
23	26. 로 타입은 사용하지 말라
24	27. 비검사 경고를 제거하라
25	28. 배열보다는 리스트를 사용하라
26	29. 이왕이면 제네릭 타입으로 만들라

참고자료

[Asserts]   *Programming with Assertions*. 2002. Sun Microsystems.
                     http://docs.oracle.com/javase/8/docs/technotes/guides/language/assert.
                     html (단축 URL: *http://bit.ly/2NZ1l7u*)

[Beck04]   Beck, Kent. 2004. *JUnit Pocket Guide*. Sebastopol, CA: O'Reilly Media, Inc.
                     ISBN: 0596007434.

[Bloch01]   『이펙티브 자바 1판』(피어슨에듀케이션코리아, 2002)
                     Bloch, Joshua. 2001. *Effective Java Programming Language Guide*. Boston:
                     Addison-Wesley. ISBN: 0201310058.

[Bloch05]   『자바 퍼즐러』(한빛미디어, 2014)
                     Bloch, Joshua, and Neal Gafter. 2005. *Java Puzzlers: Traps, Pitfalls, and Cor-
                     ner Cases*. Boston: Addison-Wesley. ISBN: 032133678X.

[Blum14]   Blum, Scott. 2014. "Faster RSA in Java with GMP." *The Square Corner* (blog).
                     Feb. 14, 2014. *https://medium.com/square-corner-blog/faster-rsa-in-java-*
                     with-gmp-8b13c51c6ec4 (단축 URL: *http://bit.ly/2O5kZPu*)

[Bracha04]   Bracha, Gilad. 2004. "Lesson: Generics" online supplement to *The Java
                     Tutorial: A Short Course on the Basics*, 6th ed. Upper Saddle River, NJ: Addi-
                     son-Wesley, 2014. *https://docs.oracle.com/javase/tutorial/extra/generics/* (단
                     축 URL: *http://bit.ly/2O3h0Tm*)

[Burn01]   Burn, Oliver. 2001–2017. *Checkstyle*.
                     http://checkstyle.sourceforge.net

[Coekaerts15]   Coekaerts, Wouter (@WouterCoekaerts). 2015. "Billion-laughsstyle DoS for
                     Java serialization *https://gist.github.com/coekie/a27cc406fc9f3dc7a70d*
                     (단축 URL: *http://bit.ly/2Mg2k2E*) … WONTFIX," Twitter, November 9, 2015,
                     9:46 a.m. *https://twitter.com/woutercoekaerts/status/663774695381078016*
                     (단축 URL: *http://bit.ly/2M8QCHm*)

[CompSci17]   Brief of Computer Scientists as Amici Curiae for the United States Court of
                     Appeals for the Federal Circuit, Case No. 17-1118, Oracle America, Inc. v.
                     Google, Inc. in Support of Defendant-Appellee. (2017)

[Dagger]   *Dagger*. 2013. Square, Inc. *http://square.github.io/dagger/*

[Gallagher16]   Gallagher, Sean. 2016. "Muni system hacker hit others by scanning for year-
                     old Java vulnerability." *Ars Technica*, November 29, 2016. *https://arstechnica.*
                     com/information-technology/2016/11/san-francisco-transit-ransomware-
                     attacker-likely-used-year-old-java-exploit/ (단축 URL: *http://bit.ly/2M8FdqP*)

[Gamma95]   『GoF의 디자인 패턴』(프로텍미디어, 2015)
              Gamma, Erich, Richard Helm, Ralph Johnson, and John Vlissides. 1995. *Design Patterns: Elements of Reusable Object-Oriented Software*. Reading, MA: Addison-Wesley. ISBN: 0201633612.

[Goetz06]   『자바 병렬 프로그래밍』(에이콘출판사, 2008)
              Goetz, Brian. 2006. *Java Concurrency in Practice*. With Tim Peierls, Joshua Bloch, Joseph Bowbeer, David Holmes, and Doug Lea. Boston: Addison-Wesley. ISBN: 0321349601.

[Gosling97]   Gosling, James. 1997. "The Feel of Java." *Computer* 30 no. 6 (June 1997): 53-57. *http://dx.doi.org/10.1109/2.587548*

[Guava]   Guava. 2017. Google Inc. *https://github.com/google/guava*

[Guice]   Guice. 2006. Google Inc. *https://github.com/google/guice*

[Herlihy12]   Herlihy, Maurice, and Nir Shavit. 2012. *The Art of Multiprocessor Programming, Revised Reprint*. Waltham, MA: Morgan Kaufmann Publishers. ISBN: 0123973376.

[Jackson75]   Jackson, M. A. 1975. *Principles of Program Design*. London: Academic Press. ISBN: 0123790506.

[Java-secure] *Secure Coding Guidelines for Java SE*. 2020. Oracle. *http://www.oracle.com/javase/seccodeguide.html* (단축 URL: *http://bit.ly/2Z2yWWP*)

[Java8-feat] *What's New in JDK 8*. 2014. Oracle. *http://www.oracle.com/technetwork/java/javase/8-whats-new-2157071.html* (단축 URL: *http://bit.ly/2McNgmH*)

[Java9-feat] *Java Platform, Standard Edition What's New in Oracle JDK 9*. 2017. Oracle. *https://docs.oracle.com/javase/9/whatsnew/toc.htm* (단축 URL: *http://bit.ly/2MbrYG0*)

[Java9-api]   *Java Platform, Standard Edition & Java Development Kit Version 9 API Specification*. 2017. Oracle. *https://docs.oracle.com/javase/9/docs/api/overview-summary.html* (단축 URL: *http://bit.ly/2O2dZCQ*)

[Java-doc-guide] *How to Write Doc Comments for the Javadoc Tool*. 2000–2004. Sun Microsystems. *http://www.oracle.com/technetwork/java/javase/documentation/index-137868.html* (단축 URL: *http://bit.ly/2MbvW1o*)

[Javadoc-ref] *Javadoc Reference Guide*. 2014-2017. Oracle. *https://docs.oracle.com/javase/9/javadoc/javadoc.htm* (단축 URL: *http://bit.ly/2O4v4w1*)

[JLS]   Gosling, James, Bill Joy, Guy Steele, and Gilad Bracha. 2014. *The Java Language Specification, Java SE 8 Edition*. Boston: Addison-Wesley. ISBN: 013390069X.

[JMH]   *Code Tools*: jmh. 2014. Oracle. *http://openjdk.java.net/projects/code-tools/*
                 jmh/ (단축 URL: *http://bit.ly/2McEvJp*)

[JSON]   *Introducing JSON*. 2013. Ecma International. *https://www.json.org*

[Kahan91]   Kahan, William, and J. W. Thomas. 1991. *Augmenting a Programming Lan-*
                 guage with Complex Arithmetic. UCB/CSD-91-667, University of California,
                 Berkeley.

[Knuth74]   Knuth, Donald. 1974. Structured Programming with go to Statements. In
                 Computing Surveys 6: 261–301.

[Lea14]   Lea, Doug. 2014. *When to use parallel streams*. *http://gee.cs.oswego.edu/dl/*
                 html/StreamParallelGuidance.html (단축 URL: *http://bit.ly/2MbbUns*)

[Lieberman86]   Lieberman, Henry. 1986. Using Prototypical Objects to Implement Shared
                 Behavior in Object-Oriented Systems. In *Proceedings of the First ACM Confer-*
                 ence on Object-Oriented Programming Systems, Languages, and Applications,
                 pages 214–223, Portland, September 1986. ACM Press.

[Liskov87]   Liskov, B. 1988. Data Abstraction and Hierarchy. In *Addendum to the Pro-*
                 ceedings of OOPSLA '87 and SIGPLAN Notices, Vol. 23, No. 5: 17–34, May 1988.

[Naftalin07]   Naftalin, Maurice, and Philip Wadler. 2007. *Java Generics and Collections*.
                 Sebastopol, CA: O'Reilly Media, Inc. ISBN: 0596527756.

[Parnas72]   [Parnas72] Parnas, D. L. 1972. On the Criteria to Be Used in Decomposing
                 Systems into Modules. In *Communications of the ACM* 15: 1053–1058.

[POSIX]   9945-1:1996 (ISO/IEC) [IEEE/ANSI Std. 1003.1 1995 Edition] Information
                 Technology—Portable Operating System Interface (POSIX)—Part 1: System
                 Application: Program Interface (API) C Language] (ANSI), IEEE Standards
                 Press, ISBN: 1559375736.

[Protobuf]   *Protocol Buffers*. 2017. Google Inc. *https://developers.google.com/*
                 protocol-buffers (단축 URL: *http://bit.ly/2O5lhpy*)

[Schneider16]   Schneider, Christian. 2016. SWAT (Serial Whitelist Application Trainer).
                 https://github.com/cschneider4711/SWAT/ (단축 URL: *http://bit.ly/*
                 2O3W9PN)

[Seacord17]   Seacord, Robert. 2017. *Combating Java Deserialization Vulnerabilities*
                 with Look-Ahead Object Input Streams (LAOIS). San Francisco: NCC Group
                 Whitepaper. *https://www.nccgroup.trust/globalassets/our-research/us/*
                 *whitepapers/2017/june/ncc_group_combating_java_deserialization_*
                 vulnerabilities_with_look-ahead_object_input_streams1.pdf (단축 URL:
                 http://bit.ly/2MdhHsd)

[Serialization] *Java Object Serialization Specification*. March 2005. Sun
                 Microsystems. *http://docs.oracle.com/javase/9/docs/specs/serialization/in-*
                 dex.html (단축 URL: *http://bit.ly/2M8R1cQ*)

[Sestoft16]   Sestoft, Peter. 2016. *Java Precisely*, 3rd ed. Cambridge, MA: The MIT Press. ISBN: 0262529076.

[Shipilëv16]   sey Shipilëv. 2016. *Arrays of Wisdom of the Ancients. https://shipilev.net/blog/2016/arrays-wisdom-ancients/* (단축 URL: *http://bit.ly/2O4c1Si*)

[Smith62]   Smith, Robert. 1962. Algorithm 116 Complex Division. In *Communications of the ACM* 5, no. 8 (August 1962): 435.

[Snyder86]   Snyder, Alan. 1986. "Encapsulation and Inheritance in Object-Oriented Programming Languages." In *Object-Oriented Programming Systems, Languages, and Applications Conference Proceedings*, 38–45. New York, NY: ACM Press.

[Spring]   *Spring Framework*. Pivotal Software, Inc. 2017. *http://spring.io/projects/spring-framework* (단축 URL: *http://bit.ly/2M9bT3z*)

[Stroustrup]   Stroustrup, Bjarne. [ca. 2000]. "Is Java the language you would have designed if you didn't have to be compatible with C?" *Bjarne Stroustrup's FAQ.* Updated Oocber 1, 2017. *http://www.stroustrup.com/bs_faq.html#Java* (단축 URL: *http://bit.ly/2M8G4I3*)

[Stroustrup95]   Stroustrup, Bjarne. 1995. "Why C++ is not just an object-oriented programming language." In A*ddendum to the proceedings of the 10th annual conference on Object-oriented programming systems, languages, and applications*, edited by Steven Craig Bilow and Patricia S. Bilow New York, NY: ACM. *http://dx.doi.org/10.1145/260094.26020/* (단축 URL: *http://bit.ly/2O5ELKK*)

[Svoboda16]   Svoboda, David. 2016. *Exploiting Java Serialization for Fun and Profit*. Software Engineering Institute, Carnegie Mellon University. *https://resources.sei.cmu.edu/library/asset-view.cfm?assetid=484347* (단축 URL: *http://bit.ly/2O0GUqS*)

[Thomas94]   Thomas, Jim, and Jerome T. Coonen. 1994. "Issues Regarding Imaginary Types for C and C++." In *The Journal of C Language Translation* 5, no. 3 (March 1994): 134–138.

[ThreadStop]   *Why Are Thread.stop, Thread.suspend, Thread.resume and Runtime.runFinalizersOnExit Deprecated?* 1999. Sun Microsystems. *https://docs.oracle.com/javase/8/docs/technotes/guides/concurrency/threadPrimitiveDeprecation.html* (단축 URL: *http://bit.ly/2O5FCuW*)

[Viega01]   Viega, John, and Gary McGraw. 2001. *Building Secure Software: How to Avoid Security Problems the Right Way*. Boston: Addison-Wesley. ISBN: 020172152X.

[W3C-validator]   *W3C Markup Validation Service*. 2007. World Wide Web Consortium. *http://validator.w3.org/*

[Wulf72]   Wulf, W. A Case Against the GOTO. 1972. In *Proceedings of the 25th ACM National Conference 2*: 791–797. New York, NY: ACM Press.

찾아보기